Ernst Trost

Prinz Eugen

Amalthea

Bildquellen:
Archiv für Kunst und Geschichte, Berlin: Seite I, Umschlagrückseite
Bayerische Staatsgemäldesammlungen, München: Seite VI o.r.
Bildarchiv der Österreichischen Nationalbibliothek, Wien: Seiten II o.l.u.r., V o.l.u.r, VI u., VII o.l.u.r., u.l., VIII (3), IX, X o., XI o.r., u., XII u., XIII, XIV (2), XVI, Umschlag-Vorderseite
Heeresgeschichtliches Museum, Wien Seite V u.
Foto Dieter Heins, München: Seiten II u.l.u.r., III (2), IV (2), XII o.
Galleria Pitti, Florenz: Seite VII u.r.
Mainfränkisches Museum, Würzburg: Seite XI o.l.
Österreichisches Staatsarchiv, Wien: Seite X u.
Privatbesitz Karl Graf Draskovich, Wien: Seite XV u.
Privatbesitz Franz Graf Montjoye, Wien: Seite XV o.
Schloß Baden-Baden: Seite VI o.l.

Für Uta, Katharina und Franziska

2. Auflage 1985 6.–16. Tsd.

Lektorat: Helga Zoglmann
Umschlag: Wolf Bachmann,
unter Verwendung eines Bildes des jungen Prinzen Eugen,
um 1685, aus dem Bildarchiv der Österreichischen Nationalbibliothek,
Wien
Satz: SatzStudio Pfeifer, Germering bei München
Gesetzt aus der 10/12 Garamond
Druck und Binden: Wiener Verlag, Himberg bei Wien
Printed in Austria 1985
ISBN 3-85002-207-2

des Prinzen Eugen

Philipp II.
König von Spanien
1527–1598

Karl von Bourbon
Graf von Soissons
1566–1612

Karl Emanuel I.
Herzog von Savoyen
1562–1630
∞
Catharina
1567–1597

Marie v. Bourbon
2.V.1606–4.VI.1692
∞
1625

3. Thomas Franz
Prinz v. **Carignan**
21.XII.1596–
22.I.1656

2. Moritz
1593–1657
∞ **Luise** von Savoyen
1622–1692

1. Victor Amadeus I.
Herzog von **Savoyen**
1587–1637
∞ Christine v. Frankreich
1606–1663

57

4. Eugen Moritz
Graf v. **Soissons**
3.V.1635–
7.VI.1673

2. Emanuel Philibert
Prinz v. **Carignan**
20.VIII.1628–
23.IV.1709
∞ Angela
Catharina von Este

3. Josef
Emanuel
24.VI.1631–
4.I.1656

1. Luise
Christine
1.VIII.1627–
8.VII.1689
∞ Ferdinand
Maximilian
Markgraf von
Baden
1625–1669

Karl Emanuell II.
Herzog v. **Savoyen**
1634–1675
∞ Giovanna
Battista
von Savoyen-
Nemours
1644–1724

Adelheid
1636–1676
∞ Ferdinand Maria
Kurfürst v. **Bayern**
1636–1679

en
oyen
63–
736

Marie Jeanne
de Soissons
1.I.1665–
30.V.1705

Louise
Philiberte
de Carignan
22.XI.1667–
II.1722

Ludwig Wilhelm
Markgraf von Baden
8.IV.1655–
4.I.1707
∞ 28.III.1690
Sybilla Augusta von
Sachsen-Lauenburg
1675–1733

Victor
Amadeus II.
Herzog v. **Savoyen**
14.V.1666–
31.X.1732
∞ Anna v. Orléans
1669–1728

Max Emanuel
Kurfürst v. **Bayern**
11.VII.1662–
26.II.1726

Karl Emanuel III.
König von **Sardinien**
27.IV.1701–
20.II.1773

Ernst Trost

Prinz Eugen

Inhalt

I

»...und hat sogar die Sonne nicht ehender weichen wollen...«

Eugens erster großer Sieg: Zenta 1697

Die Blutspritzer an der Wand zeugen von nächtlichen Schlachten: Gepeinigte Gäste des Hotels Royal im Theiß-Städtchen Senta wehrten sich gegen die Stechmücken aus den nahen Auen. Dem historischen Gemetzel, das dieses jugoslawische Provinznest in die Geschichtsbücher gebracht hat, wird im Restaurant der aller Königlichkeit entkleideten dürftigen Herberge gehuldigt: durch ein gewaltiges Wandgemälde mit Pferdeleibern, geschwungenen Degen und gegeneinanderfallenden Menschenmassen – ein stilisiertes Schlachtengetümmel, abstrahierende Historienmalerei, Kampfestoben in Grautönen, Formen, die zwei ungarische Maler in Kollektivarbeit Picassos »Guernica« nachempfunden haben. Die Zigeuner – der Primas nicht mit der Geige, sondern mit einer Mandoline – zupfen den Drina-Marsch. Der hat jedoch mit einem anderen Krieg zu tun – zwischen den Österreichern und den Serben anno 1914. Von Senta lernt man in der Schule jedoch wegen einer der entscheidendsten Begegnungen in den Türkenkriegen. In unseren Breiten kennt man den Ort eher als Zenta – das ist die ungarische Schreibweise. Gesprochen wird das Z jedoch als stimmhaftes S. Und Ungarn bilden auch heute noch die Mehrheit der zur autonomen Provinz Vojvodina gehörenden Stadt.

Die Grenze ist nah, auch zu Rumänien; nach Temesvár sind es nur 90 Kilometer. Des Mannes, der Senta zu einem Begriff werden ließ, gedenkt man nur durch eine schäbige Gasse am Stadtrand, nahe dem Fluß, wo nach den Friedhöfen der Katholiken und der

Orthodoxen die Industriezone beginnt. Da liegt die Ulica Eugena Savojskoga, die Eugen-von-Savoyen-Straße. Sie führt zu dem blutgetränkten Ufergelände, an dem Prinz Eugen von Savoyen am 11. September 1697 seinen ersten großen Sieg errungen hat.
In Zenta ist die Sonne des 34jährigen Savoyer Prinzen strahlend am europäischen Horizont erschienen. Den Ruf eines ausgezeichneten Offiziers hatte er schon längst. In diesem Sommer betraute ihn Kaiser Leopold I. zum erstenmal mit dem Oberkommando der Armee gegen die Türken. Nun war er mit einem Schlag eine europäische Berühmtheit, ein Star des Kriegstheaters. Sonette in Latein und in Italienisch wurden auf ihn gedichtet. Und ihn selbst erfüllten am Tag nach der Schlacht poetische Eingebungen, als er seinen Rapport an den Kaiser diktierte: »Diese viktoriose Aktion hat sich geendet mit Scheidung Tag und Nachts und hat sogar die Sonne selbst von dem Tage nicht ehender weichen wollen, bis sie mit ihrem glänzenden Auge den völligen Triumph Euer kaiserlichen Majestät glorwürdigsten Waffen hat vollständiglich mit anschauen können...[1]«
Damit wies Eugen auf die ungewöhnliche Tageszeit hin, zu der er die Schlacht begonnen hatte, nämlich nicht im Morgengrauen, wie es die überkommenen Regeln befahlen, sondern erst am späten Nachmittag, als die Sonne den Zenit längst überschritten hatte. Alles hing davon ab, wie er die letzten Stunden vor Sonnenuntergang ausnützte. Eugen tat's in genialer Weise.
Wie war die Ausgangslage? Seit der Befreiung Wiens 1683 und der Eroberung Budas 1686 wurden die Türken Sommer für Sommer weiter zurückgedrängt. Der Krieg zog sich endlos hin und verlief für die Kaiserlichen nicht immer glücklich. 1697 erhielt Prinz Eugen im letzten Augenblick den Oberbefehl, weil der von seiner Stellung her dafür prädestinierte Kurfürst Friedrich August von Sachsen »verhindert« war. Er mußte sich in Polen die Königskrone abholen. Der Kaiser hielt viel von dem Savoyer, aber er hatte auch gewisse Bedenken, daß seine Armee durch eine Unüberlegtheit des Prinzen verlorengehen könnte. In seinen Briefen mahnte er ihn immer wieder zur Behutsamkeit. Leopold setzte zwar große Hoffnungen auf das Unternehmen; die Armee sei »jetzt im

Stand, dem Feind rechtschaffen zu begegnen, und seinen Hochmut dämpfen zu können; wobei jedoch, weil das Totum (das Ganze) an einer Bataille und an derselben glück- oder unglücklichen Ausgang hängt, solche Mesuren nehmen, damit man sich keiner Gefahr, geschlagen zu werden, unterwerfe, folglich dem Feind in solchen Posten begegnen, wo Deine Liebden den Rücken und beide Flanken wohl versichert haben...« Weiters mahnte die Majestät zu reiflicher Überlegung aller Bewegungen und Vorhaben voll »Vernunft, Vigilanz und Vorsichtigkeit.[2]« Aus der Sicht des Wiener Hofes schien es wohl am besten, wenn Eugen jeder Schlacht auswiche, weil der Sieg ja nicht garantiert sei.

Die pessimistische Grundstimmung des Hofes hatte gute Gründe. Der Kaiser war zu einem Dreifrontenkrieg gegen die Franzosen am Rhein und in Oberitalien und gegen die Türken am Balkan gezwungen. Einer seiner besten Heerführer, Karl von Lothringen, ist bereits sieben Jahre tot. Der legendäre »Türkenlouis«, Eugens Vetter Ludwig von Baden, wurde im Westen gebraucht. Wie immer gähnte Leere in den Kassen. Die Armee litt unter Unordnung und Planlosigkeit, unter einer allgemeinen Unsicherheit und Führungsschwäche. Ein halbes Jahr vor dem Tag von Zenta, bei dem er selbst eine ausgezeichnete Rolle spielen sollte, beklagte der kaiserliche General Rabutin die vertrakte Lage: »Unsere Truppen haben ihre Kühnheit verloren und sie auf die Feinde übertragen; und es sind nicht mehr der Herzog von Lothringen und Prinz Louis, die sie kommandieren. Ich will nicht sagen, daß man nicht Generale finden könnte, die dasselbe fertigbrächten, aber es kostet sie Zeit, bevor sie das Vertrauen der Soldaten gewonnen haben, was die Hauptsache ist, wenn die Angreifer Erfolg haben sollen. Vor diesen letzten vier Feldzügen waren die Türken im Vergleich zu unseren Truppen, was die Hasen im Vergleich zu den Jagdhunden sind, aber diese unglücklichen Kampagnen haben sie so geändert, daß sie sich nun gleich sind.[3]«

Mit der Ernennung Eugens war das Führungsproblem gelöst, an Geld fehlte es weiter. In seinen Briefen aus den Feldlagern an Kaiser und Hofkriegsrat mußte sich der Prinz ständig mit Versorgungsfragen beschäftigen. Er bemängelte den schlecht organisier-

ten Nachschub per Schiff auf der Donau, er berichtete von leeren Proviantlagern, und unaufhörlich verlangte er Geld. So schrieb er am 27. Juli aus dem Feldlager vor der Donaufestung Peterwardein an den »Allerdurchlauchtigsten römischen Kaiser« weniger über seine strategischen Konzeptionen als über die Notlage der Armee. »An der Theiß ist nur für vier Wochen Mehl, für zwei bis längstens drei Tage hartes Futter und für zehn Tage Backholz. In hiesiger Kriegskassa befindet sich kein Kreuzer Geld, in Mangel dessen gezwungen worden bin, 1000 Gulden vom Grafen von Herberstein zu entleihen...« Weiters borgte sich der Prinz noch Geld von anderen Offizieren – vom lothringischen Prinzen von Commercy und von General Börner, um damit Proviant zu kaufen. Die «große Miseria« sei »nicht genugsam zu beschreiben[4].«
Voll Energie machte sich der Feldmarschall daran, die Kampfkraft seiner Armee von der materiellen Seite her zu sichern. Er verfügte über ein buntgemischtes Heer – es bestand aus 16 kaiserlichen und neun sächsischen Infanterieregimentern, acht kaiserlichen und drei sächsischen Kavallerieregimentern, dazu kamen dänische und kurbrandenburgische Hilfstruppen. Auf dem Papier zählte seine Streitmacht 80 000 Mann, in Wirklichkeit waren es nie mehr als 50 000 bis 55 000 Mann (samt den aus Siebenbürgen und Ungarn zur Armee gestoßenen Regimentern). In Wien hatte man die 8000 Sachsen so dringend gebraucht, daß man ursprünglich bereit war, als Preis dafür den Oberbefehl eben Kurfürst Friedrich August zu übertragen. Dabei hatte er bereis im Vorjahr gegen die Türken versagt.
Die »Streitmacht des Islams«, die gegen die »Giaurenarmee und das Übel des Ketzertums für das wahre Wort des Glaubens« kämpfen sollte, führte Sultan Mustafa II. der »Weltbeherrscher« persönlich – so blumig schildern türkische Kriegsberichter den Vormarsch ihrer Truppen. Unterstützt von einer mächtigen Donauflotte – nach zwei Kampagnen, die zumindest ohne Niederlage geendet und Prestigeerfolge gebracht hatten –, waren die Türken von neuem Selbstvertrauen erfüllt. Sie hielten sogar Ketten für die zu erwartenden Gefangenen im Offiziersrang bereit.
Die ersten Septembertage vergingen mit einem strategischen

Schachspiel. Beide Armeen bewegten sich in dem Dreieck zwischen Belgrad, Peterwardein und Zenta. Als der Prinz plötzlich wieder vor Peterwardein im Schutz der Festungskanonen in einer günstigen Position lag, verzichteten die Türken auf den Sturm gegen das Donaubollwerk; auch einer offenen Feldschlacht wollten sie ausweichen. Sie beabsichtigten nun, nach Norden vorzustoßen und die nächste größere Stadt und Festung in Ungarn anzugreifen – Szegedin. In dieser Situation zeigten sich Eugens Entschlußkraft und seine Fähigkeit, aus einer geänderten Lage sofort die richtigen Erkenntnisse zu ziehen. Der Prinz folgte den Türken, ja er führte sein Heer fast parallel zu ihnen nach Norden. Ein Gewaltmarsch um diese Jahreszeit in der schattenlosen Tiefebene erfordert von Mensch und Tier die höchsten Anstrengungen. Die Feldherrenqualitäten des Savoyers lassen sich mit der Magie eines modernen Sporttrainers vergleichen, der seine Leute „motiviert", die letzten Kräfte zu mobilisieren.

Als die Türken in aller Ruhe bei Zenta über die Theiß gehen wollten, tauchten völlig überraschend die Spitzen der »Ungläubigen« auf. Der Sultan war mit seiner Kavallerie bereits am anderen Ufer. Herüben deckte ein Brückenkopf mit hohen Erdbastionen die Operation. Die schwere Artillerie und das Gepäck wurden über eine Schiffsbrücke hinübergeschafft. Es war bereits Nachmittag, aber Eugen nahm das Risiko auf sich, zu solch später Stunde noch den Angriff zu wagen. Völlig ungewöhnlich war es auch, die Truppen direkt aus ihrer Marschformation angesichts des Feindes in eine Schlachtordnung zu dirigieren und sich so den feindlichen Positionen zu nähern.

Wie das aus türkischer Sicht aussah, schildert Ali, der Siegelbewahrer des Paschas von Temesvár: »Daß der Feind kommen werde, hatte ja niemand bezweifelt, jedoch war nicht anzunehmen gewesen, daß er noch an einem Tag da sein würde; aber die Giaurenreiter hatten die Infanteristen hinter sich aufs Pferd genommen, und so waren sie in höchster Schnelligkeit herangerückt!« Der Beobachter Ali war bereits über dem Fluß, da »brauste auf dem anderen Ufer Kampfgetöse auf, und Feuer aus Geschützen und Flinten setzte ein[5].«

In halbmondförmiger Front vorgehend, umfaßten die Kaiserlichen den Brückenkopf; den rechten Flügel befehligte Sigbert Heister, den linken Guido Starhemberg. Bei dem niedrigen Wasserstand war eine breite Sandbank im Fluß sichtbar. Eugen ließ sie besetzen. Dadurch erhielten die Türken auch Feuer im Rücken. So sei der Feind »etwas weniges in Confusion« geraten, wie Eugen an den Kaiser schrieb. Für die Infanterie war das der Moment, die Schanzen und die türkische Wagenburg zu stürmen. Eugen wunderte sich später, wie es seine Männer überhaupt geschafft hatten, diese hohen Wälle zu überwinden. Dann »ist mit gesamter Gewalt Alles hineingedrungen, und da war es nicht mehr möglich den Soldaten zu halten; die Kavallerie wurde obligiert, abzusteigen, und sich mit der Hand eine Passage zu machen, wonach sie an etliche Orten den Graben über die Toten passiert hat...[6]«
In dem Getümmel war also die Kavallerie zu Fuß über Dämme von Leichen vorgedrungen. Auf der beschädigten und hoffnungslos verstopften Brücke herrschte schreckliches Chaos. Die Truppen auf der Sandbank schnitten den Türken jeden anderen Fluchtweg über den Fluß ab. Das Blutbad muß unsagbar gewesen sein. Eugen in seinem Bericht: »Der Soldat ist so ergrimmt gewesen, daß er fast keinem Quartier [Pardon] gegeben, obschon Paschas und Offiziere sich gefunden, welche viel Geld versprochen haben, und befinden sich daher gar wenig Gefangene (in unserer hand)[7].«
Noch einmal der Blick von der anderen Seite, aus dem türkischen Lager: »Als wir beim Brückenkopf eintrafen, sahen wir, daß drei oder vier Pontons in der Flußmitte durch Geschützfeuer von drüben zerstört worden waren, der mittlere Teil der Brücke im Wasser versunken war und die Truppen auf dem jenseitigen Ufer teils vorne in den Gräben kämpften, teils jedoch sich in Todesangst in den Fluß gestürzt hatten. Schließlich wurde noch von beiden Seiten eine Salve von dreißig-, vierzigtausend Flintenschüssen abgegeben, und dann war auf einmal nichts mehr zu hören: Da war es ganz offenkundig, daß die Unseren auf dem anderen Ufer den Honigtrank des Märtyrertums getrunken hatten. Es war die Zeit des Abendgebetes und da das Dunkel der Nacht hereinbrach, ritten wir klagend und weinend zurück zum Lager.« Soweit Ali, der

Siegelbewahrer des Paschas von Temesvár, über den Untergang der stolzen Armada des Padischahs[8].

Er konnte sich retten, so wie der Sultan, der erschüttert und gebrochen mit dem Rest seines Heeres in die Festung von Temesvár flüchtete. Die Nacht hatte dem Massaker ein Ende bereitet. Das Ausmaß ihres Sieges erkannten die Kaiserlichen erst, als es wieder Tag geworden war. Für den Prinzen zeigte sich »die gestrige Aktion weit considerabler, als [ich] geglaubt habe, sowohl an Quantität der Toten, als Überkommung großer Anzahl an Stücken, Bomben, Carcassen, Granaten und andere Munition, auch Proviant, vieler Wägen, auch Groß- und Kleinvieh...« Drüben am anderen Ufer lag das verlassene Lager des Sultans mit der Kriegskasse, mit Kamelen und anderem Vieh, mit Waffen, Massen von Lebensmitteln, 6000 Wagen; dazu kamen all die prestigeträchtigen Trophäen eines solchen Sieges – Fahnen, Roßschweife, Pauken – und das türkische Reichssiegel mit dem Monogramm des Sultans: Herrschaftszeichen, Machtsymbol und Prokura für den Großwesir. Soldaten fanden es beim Leichnam Elmas Mohammed Paschas. Mit ihm waren die Wesire von Adana, Anatolien und Bosnien gefallen. Von der Zahl der Toten gibt es nur Schätzungen – es dürften um die 25 000 gewesen sein. Eugen in seinem Rapport: »In dem Übrigen können Sich Euer kais. Majestät Allergnädigst versichern, daß wie länger man nachsucht, je remarquabler wird diese Aktion, und gehen die Soldaten, sonderlich bei der Brücke auf den toten Körpern fast wie auf einer Insel, ja es wird je mehr bestätigt, daß von des Feindes gesamter Infanterie gar nicht wenig und nicht über 200 Mann davon gekommen sind[9].« Die Kaiserlichen hingegen hatten nur 28 Offiziere und 401 Mann an Toten verloren, 133 Offiziere und 1 435 Mann waren verwundet worden. Der Kommandant der sächsischen Hilfstruppen, Graf Reuss, starb an den Folgen seiner Verletzungen, auch ein österreichischer General war blessiert – Heister.

Wie es damals zu den Kriegssitten gehörte, wurde ein verdienter Offizier unmittelbar nach der Schlacht mit der Siegesbotschaft nach Wien entsandt. Eugen wählte den Lothringer Prinzen Vaudemont. Er brauchte von der Theiß bis zur Hofburg vier Tage –

und befreite den Kaiser von der quälenden Ungewißheit über das Schicksal seiner Armee. Eugens detaillierten schriftlichen Schlachtbericht überbrachte vier Tage danach Graf Dietrichstein. Mit einer Geste vornehmer Bescheidenheit gab der Savoyer den Verdienst am Sieg an seine Offiziere und Soldaten weiter: »Es sind zwar etliche, die Gelegenheit gehabt, vor andern, sich zu distinguieren; nicht ein einziger aber ist insgesamt, welcher nicht mehr als seine Schuldigkeit getan habe...« In der Hoffnung, die Gunst des Augenblicks auszunützen, fügte er an den Siegesbericht jedoch auch eine Erinnerung an den fälligen finanziellen Nachschub hinzu. Seine schwache Feder könne den tapferen Heldengeist der Generäle, Offiziere und gemeinen Soldaten nicht »sattsam loben und preisen«. Deshalb sei es aber auch verdient und billig, daß der Kaiser daran denke, seiner »unvergleichlichen Armata mit der schon längst versprochenen Geld-Rimessa« beizuspringen[10].

Dieses Thema geht durch die militärische Korrespondenz Eugens vom Beginn seiner Karriere bis zu seinem Ende. Die Sorge um das leidige Geld für die Armee dürfte ihn in seiner Karriere wohl mehr belastet und beschäftigt haben als alle strategischen und taktischen Überlegungen.

Die Leichenberge wurden verbrannt, ein gräßlicher Gestank lag über der Ebene. Die Armee räumte die Stätte. Noch viel später nannten deutsche Kolonisten frühgeschichtliche Grabhügel an der Theiß und im Banat »Türkengräber«. Und vom sogenannten Wujanahügel erzählte man sich eine traurige Geschichte: In seiner Panik nach der verlorenen Schlacht habe der Sultan seine Lieblingsfrau Wujana erdolcht, damit sie nicht in die Hände der Christen falle. Die fliehenden Türken hätten jeder eine Handvoll Erde auf ihre Leiche gestreut. So sei der Hügel entstanden. Und wie auf so vielen anderen Schlachtfeldern auch, gehen in gewissen Nächten die Geister der Gefallenen um, bei Zenta sollen es gespenstische türkische Reiter sein, die die Nachtschwärmer erschrecken[11].

Aufatmen, ein Gefühl der Befreiung, Jubel, Dankbarkeit – in der Kaiserstadt zelebrierte man den Sieg mit gebührendem Pomp. Das Volk jubelte dem Savoyer zu, als er im November in Wien einzog. Der Kaiser überreichte ihm einen diamantenbesetzten

Degen, der auf 10 000 Taler geschätzt wurde. Gedenkmedaillen wurden geschlagen mit Siegesgöttinnen, gebeugten Türkennakken und dem Konterfei des Prinzen. Dieser kleine, von vielen eher häßlich genannte Welsche, dessen Deutsch man bis zu seinem Tode die fremde Geburt anmerken sollte, war mit einem Schlag zum ersten Helden Österreichs, des Reiches und der Christenheit geworden – und sein Name sollte fortan allen Feinden des Kaisers Angst und Schrecken einjagen.

Es wäre nicht Wien gewesen, wenn die Harmonie des Glorias nicht schrille Dissonanzen neidischer Stimmen gestört hätten. Er habe unüberlegt und riskant gehandelt, sein Sieg sei nur einem Wunder zu verdanken, göttlichem Beistand. So ähnlich schrieb es später sogar ein Mitstreiter, General Rabutin. Eine andere Legende hielt sich lange in den Geschichtsbüchern – Eugen sei die Schlacht vom Hofkriegsrat ausdrücklich verboten worden, und der alte Feldmarschall Caprara habe sogar verlangt, Eugen vor ein Kriegsgericht zu stellen. Das Gerücht davon ging wohl um, ein Produkt jenes wienerischen Tratsches, der die Größe nicht verträgt, jede Leistung zu relativieren versucht und sogar im völlig blauen Himmel noch eine Wolke entdeckt. Es gäbe einige in der Stadt, schrieb der bayerische Resident Mörmann nach München, die Eugens Sieg »für einen Hasard ausdeuten[12].«

Der Kaiser wußte jedenfalls, was er an dem Savoyer hatte. Im Protokoll einer Konferenz des Hofkriegsrates unter dem Vorsitz Leopolds wurden Eugens Umsicht und Feldherrnklugkeit höchstes Lob erwiesen; man betonte ausdrücklich, daß er »mit aller immer möglichen Ordnung und Vorsichtigkeit« vorgegangen wäre[13]. Damit sollten wohl alle Vorwürfe entkräftet werden.

Vom »unabsehbaren, beständigen Kampf nach rückwärts hin, gegen die Mißgunst, den Neid, die Torheit, die Unredlichkeit«, schrieb Hugo von Hofmannsthal in seinem Prinz-Eugen-Artikel zu den ersten Kriegsweihnachten 1914 in der »Neuen Freien Presse«. In der patriotischen Stimmung jener Tage stellte der Dichter den Savoyer als die positive österreichische Modellfigur hin. Sein Leben sei nicht nur dem Widerstand gegen die äußeren Feinde gewidmet gewesen, sondern auch dem Kampf »ohne Rast und Ende gegen den amtlichen Dünkel, die Intrige, die dumme Verleumdung, die geistreiche Niedertracht. Eine Welt von Feinden vor ihm; welch eine Welt aber hinter ihm: aus einer Wurzel entsprossen, dem österreichischen Erbübel: Trägheit der Seele, dumpfe Gedankenlosigkeit, die geringe Schärfe des Pflichtgefühls, die Flucht aus dem Widrigen in die Zerstreuung, nicht Schlechtigkeit zumeist, aber ein schlimmeres, verhaßteres Übel, einer schweren dumpfen Leiblichkeit entsprungen...« Diesen Geist bekam Eugen bereits nach Zenta zu spüren. Aber – so Hofmannsthal – »unversiegbar in ihm ist die Liebe zu diesem Österreich und in dieser Liebe der feste Punkt, von dem aus er die Welt aus den Angeln hob...[14]«

Eugen und Österreich – wann immer dieses Staatswesen ins Schwanken geriet und Identitätsprobleme hatte, klammerte man sich an den schmalwüchsigen Savoyer wie an einen gütigen und schützenden Riesen. Eugen mußte als eine Art säkularer Landespatron herhalten: ein Leopold ohne Heiligenschein. Bei Kriegsbränden diente er als Ersatz-Florian; hatte man das Selbstbewußtsein verloren, ging man zu Eugen wie zum heiligen Antonius, geriet das Staatsschiff in Seenot, wurde er angerufen wie Sankt Nikolaus. Das alles war er ja für dieses Land – die Vierzehn Nothelfer in einer Person, das fleischgewordene Mirakel der Habsburger, Sinnbild jener geheimnisvollen Überlebenskräfte, die so oft Niederlagen in Siege verwandelten und Katastrophen in Triumphe. Was Eugen für Kaiser Leopold I., Kaiser Joseph I. und Kaiser Karl VI. bedeutet hat, wird einem erst bewußt, wenn man sich vorstellt, er wäre 1683 nicht aus Paris nach Passau ins kaiserliche Lager geflohen. Die habsburgische Großmacht, die Monarchie, wie sie bis 1918 überdauert hat, ist ohne diesen einen Mann nicht denkbar. Grillparzer verlegte Österreich in Radetzkys Lager, ohne einen Prinzen Eugen hätte es jedoch ein solches Lager schon längst nicht mehr gegeben.

Das wußten die Majestäten, und das spürte das Volk. Schon zu Lebzeiten eine Sagengestalt, der »edle Ritter« des Liedes, schien er nie so ganz von dieser Welt zu sein. Später erstarrte Eugen in Bronze – in dem Reiterdenkmal auf dem Wiener Heldenplatz. Die

Basteien waren abgebrochen, vor der Hofburg dehnte sich ein weites Feld mit nichts als dem klassizistischen Block des neuen Äußeren Burgtors. Das war der rechte Ort militärischen Denkmalkultes. Der alte Radetzky war gerade gestorben, und die Folgen der verlorenen Schlacht von Solferino lasteten schwer auf den Gemütern, da wurde 1860 Anton Fernkorns Denkmal für Erzherzog Karl eingeweiht. Der nächste Auftrag war die logische Fortsetzung – Prinz Eugen. Der Meister arbeitete in einem staatlichen Atelier, einer ehemaligen Kanonengießerei – später sollte Makart dort einziehen. Fernkorn brauchte jedoch etwas länger, weil Krankheit ihn schwächte und erste Anzeichen eines gestörten Geistes sichtbar wurden. Als sich die Festversammlung am 18. Oktober 1865, dem Tag der Völkerschlacht von Leipzig und dem Geburtstag des Prinzen, vor der Hofburg versammelte, sollte der Savoyer in der gespannten Atmosphäre der Auseinandersetzungen mit Bismarcks Preußen, ein gutes halbes Jahr vor Königgrätz, Sammelpunkt und Widerstandszeichen sein. Während für den Sieger von Aspern die Inschrift »Dem beharrlichen Kämpfer für Deutschlands Ehre« gewählt worden war, dachte man bei Prinz Eugen enger und widmete das Monument »Dem ruhmreichen Sieger über Österreichs Feinde...« Deren gab es ja wieder genug. Der metallene Prinz läßt sein Pferd wohl hochgehen, und unter seinen Hufen liegen Türkentrophäen. Aber es ist keine Schlachtenpose, sondern eine Levade nach den Regeln der Hohe Schule; Eugen hält in der Rechten den Marschallstab, aber er dirigiert damit nicht seine Regimenter, sondern gebraucht ihn eher als Regierungswerkzeug: der Staatsmann im Kriegshelden – das sagen auch die Daten am Sockel. Neben zwei Schlachten – Zenta und Höchstädt – werden zwei Friedensschlüsse genannt, die Eugen zu verdanken sind: Rastatt und Passarowitz.
Und er, der Österreichs Schicksal geformt hatte, wurde nun zur Kulisse, zur Staffage der Geschichte – so etwa, als an einem düsteren Novembertag 1916 die Lafette mit dem Sarg Kaiser Franz Josephs über den Heldenplatz geführt wurde, oder als im September 1983 Papst Johannes Paul II. in seinem Schatten ein geistiges, christliches Europa ohne Grenzen und Barrieren beschwor. So

mancher wird an die Photos von jenem Märztag 1938 denken, da die ihrer Sinne nicht mehr mächtigen Wiener das Ende Österreichs bejubelten und einige sogar den erzenen Eugen erkletterten, um den »Führer« auf dem Balkon der Hofburg besser zu sehen.

In jenen Zeiten wurde die imaginäre Gestalt des Prinzen zum Mittelpunkt totaler Begriffsverwirrung. Die einen reklamierten ihn für ihr Österreich-Bekenntnis, als Symbol der Lebensfähigkeit der Alpenrepublik, ihrer Kraft und ihrer Eigenständigkeit. Die anderen stellten Eugen als Vorkämpfer für die Einheit des Reiches hin und beanspruchten ihn für ihre Anschlußideologie. Der italienisch-französische Prinz wurde zum großen Deutschen. Die Kriegsmarine taufte einen Panzerkreuzer auf seinen Namen, und in Jugoslawien kämpfte eine aus Banater und Siebenbürger deutschen Bauernburschen gebildete SS-Gebirgsdivision »Prinz Eugen« gegen die Partisanen. Eine »Prinz Eugen«-Biographie, die 1941 erschien, war »Der Wehrmacht des Großdeutschen Reiches« gewidmet[15].

Aus der umfangreichen militärischen und politischen Korrespondenz des Savoyers lassen sich Belege für die unterschiedlichsten Ansichten, Ideologien und Zielsetzungen herauskramen, in die Zwangsjacke nationalistischer Vorurteile kann man Eugen nicht stecken. Er war ein universeller Mensch, dessen Interessen weit über das Militärische hinausreichten; seine besten Freunde waren Franzosen oder Italiener, mit keinem Feldherrn verstand er sich besser als mit dem Briten Marlborough, aber seine Loyalität gehörte hundertprozentig dem Hause Österreich. Er diente drei Kaisern in einem mehr als dreißigjährigen Krieg. Oft hat er dabei die Vorteile der Habsburger oder der langsam entstehenden Großmacht Österreich über die des altersschwachen Heiligen Römischen Reiches gestellt. Der Begriff Europäer – damals kaum im politischen Sprachgebrauch –, auf Eugen hätte er gut gepaßt. Dafür zeugt seine Unterschrift »Eugenio von Savoy« – der italienische Vorname, das deutsche »von« und das französische »Savoy«. So hatte er auch seinen Schlachtbericht unterzeichnet, bevor er die Truppen sammelte, klug erkennend, daß die Kräfte zu einem wei-

teren Schlag gegen Temesvár oder Belgrad nicht mehr ausreichten. Der Feind war ins Mark getroffen. Die bald beginnenden Friedensverhandlungen waren das Ergebnis des Sieges von Zenta. Prinz Eugen aber führte einen Teil seiner Truppen zu einem abenteuerlichen Streifzug nach Bosnien – wir werden davon noch hören –, bevor er seine triumphale Heimkehr feiern konnte.
Die Bewohner Zentas suchten inzwischen in den Brandruinen der Hütten und Häuser nach den Resten ihrer Habe. Kolonisten haben das Land später besiedelt, und Zenta wurde zum verschlafenen Provinzstädtchen. Die Theiß hat ihren Lauf verändert, sie wurde durch die Regulierung zivilisiert und begradigt. Dort, wo die Türken im Fluß ertranken, liegen jetzt private Motorboote. Pensonisten lehnen an der Ufermauer und schwadronieren von vergangenen Zeiten. Vor einem neuen Wohnblock spielen Kinder mit Maschinenpistolen und Gewehren aus Plastik Krieg. Es ist ein stiller Septemberabend. Die Sonne hat noch sommerliche Kraft. Sie verbreitet schläfrige Vorabendstimmung. Die Szenerie hat nichts Heroisches. Ein Fluß am Stadtrand, das ist alles.
Ein Stück weiter, wo man die Theiß nur noch ahnt, liegt plötzlich der Stein vor einem: ein Sandsteinblock mit einer weißen Marmortafel. Hohes Gras, Disteln, ein paar vom Wind zerzauste Blumen, rostiger Draht, weggeworfene Konservenbüchsen, ein Autowrack. Zwei Straßen kreuzen sich. Von der Fabrik drüben glotzen ein paar Leute herüber. Sie wundern sich wohl, was der Fremde hier so interessant findet: »A ZENTAI CSATA EMLÉKÉRE 1697-1942« (»Zur Erinnerung an die Schlacht von Zenta«). Damals, im Krieg, war Senta wieder Zenta und hat für ein paar Jahre zu Ungarn gehört. Und da wurde der Stein aufgestellt, 245 Jahre nachdem der Prinz vielleicht von dieser Stelle aus die Situation richtig eingeschätzt und den Angriff befohlen hatte. Es könnte jedoch auch ganz anders gewesen sein – ein sächsischer Grenadier ist hier langsam verblutet, oder ein Janitschar, oder ein verendendes Pferd. Und der Prinz blickte immer wieder bang nach Westen. Die Sonne durfte nicht zu schnell versinken, wenn seine Sonne aufgehen sollte.

II

»...man meinte, daß nichts anderst als ein Abt aus ihm werden sollte...«

Von der Seine zur Donau

Massiv mächtiges Mauerwerk, ein gelber Block, mittelalterlich schroff, beherrscht die Wasserfront zum Inn, kurz bevor dieser Fluß aus dem Gebirge in die Donau mündet: die alte Residenz der Fürstbischöfe, ein Schwerpunkt des Stadtbildes zwischen den drei Wasserläufen Inn, Donau und Ilz. Mehr Bischofsburg als wohnlicher Palast scheint dieser Klotz zu sein – und eine würdige und sichere Zuflucht für einen Kaiser, der aus seiner belagerten Hauptstadt weichen mußte: Kaiser Leopold I. war am 17. Juli 1683 in Passau eingetroffen, mit seiner hochschwangeren Gemahlin, seinem Hofstaat und viel Gottvertrauen und Hoffnungen, ein Entsatzheer auf die Beine zu stellen, um Wien von den Türken zu befreien.

In der Residenz, ursprünglich Pfalz oder Königsburg, ist Leopold 1675 getraut worden, und auch vor ihm sind hier Kaiser und Könige abgestiegen – Heinrich III. mit dem deutschen Papst Leo IX., Heinrich IV., Friedrich Barbarossa, Friedrich II., Rudolf von Habsburg, Friedrich III., Karl V., Ferdinand I., Ferdinand II. Alle, alle verzeichnet eine Tafel im Torbogen. Außen neben dem Emblem des nun im Gebäude amtierenden bayerischen Landgerichtes erzählt eine Marmorinschrift: »1683 nahm hier Kaiser Leopold I. Prinz Eugen von Savoyen in seine Dienste.«

Kommt man von der Stadtseite durch das Tor im Südturm in das enge Zengergäßchen neben dem Dom, begreift man gleich, warum die Bischöfe schon einige Jahrzehnte nach dieser weltgeschichtlichen Begegnung ausgezogen sind und sich ein eleganteres Palais nach der neuen Mode bauen ließen. Denn die alte Residenz wird durch den barocken Dom fast erdrückt. Da bleibt kein Raum für einen repräsentativen Auftritt. Auch damals, in diesem kritischen Sommer, dürfte ein großes Gedränge geherrscht haben, als hier Bediente und Soldaten, Bittsteller und Kuriere, Generäle und Diplomaten ein und aus gingen. Die einen Boten brachten immer neue Unglücksnachrichten aus Wien, und die anderen wieder verbreiteten Optimismus, weil sie das langsame Anrücken der verschiedenen Heersäulen aus Bayern, aus dem Reich und aus Polen meldeten. Schließlich stellten sich Kavaliere aus aller Herren Länder um eine Audienz beim Kaiser an, weil sie für die Rettung Wiens ihr Leben einsetzen wollten.

Am 9. August schrieb Graf Ferdinand Bonaventura Harrach, der Oberstallmeister des Kaisers, in sein Tagebuch: »Es ist gestern der Chevalier de Soissons, des verstorbenen Prinzen von Savoyen Bruder, gekommen, der sagt, daß der Prinz von Conti mit fünfzig anderen der vornehmsten französischen Kavaliere zu unserer Armee habe gehen wollen, der König habe es erfahren und alle arrestieren lassen; er sei aber entflohen und der Prinz von Conti zu Frankfurt ertappt worden. Er sagt, daß die Königin von Frankreich am Krebs in wenigen Tagen gestorben sei; das bekräftigt auch ein savoyischer Kavalier, Tarino genannt, der nach ihm gekommen ist; ...Heute ist der Marchese di Parella, ein Savoyer, mit fünf Kameraden bei mir gewesen; er geht auch zur Armee...[16]«

Der Chevalier de Soissons ist Prinz Eugen, sein Bruder Ludwig Julius war kurz vor der Einschließung Wiens an der Spitze seines Dragonerregimentes in einem unglücklichen Gefecht mit einer Tatarenstreifschar schwer verwundet worden, kurz darauf ist er seinen Verletzungen erlegen. Der Prinz Conti, ein Freund Eugens, ist der Schwiegersohn König Ludwigs XIV. Die Königin von Frankreich war die spanische Habsburgerin Marie Thérèse, eine Schwester der ersten Gattin Kaiser Leopolds, und der Savoyer Graf Vittorio Tarino wurde später einer der getreuesten Gefolgsleute, Berater und Mittelsmänner Eugens.

Die Notiz des Oberstallmeisters bringt uns die nervöse Stimmung in dem provisorischen Hoflager ein wenig näher. Da drängten sich die Edlen aus ganz Europa, um sich für die Sache der Christenheit zu schlagen. Für die Untertanen des allerchristlichsten Königs grenzte das jedoch fast an Hochverrat. Denn Ludwig XIV. war glücklich über den Druck, den die Türken auf den Kaiser ausübten. So hatte er für seine Expansionspolitik am Rhein freie Hand. Wenn nun Prinzen königlichen Geblüts – und das war nicht nur Conti, sondern auch Eugen – zum Kaiser wollte, mußte das heimlich geschehen, die Furcht vor dem königlichen Zorn hatte Conti schließlich zur Umkehr bewogen. Eugen ließ sich jedoch nicht aufhalten. Am Hof von Versailles fühlte er sich als Fremder und Ausgestoßener; der Weg, den ihm der König bestimmt hatte, war nicht mehr der seine.

Dabei ist Eugen am 18. Oktober 1663 in Paris in einem Palast der Könige von Frankreich geboren – im Palais Soissons: einem Renaissanceschloß, das schon das Barock ahnen ließ, von Katharina von Medici erbaut, mit weitläufigen Gärten, Springbrunnen, steinernen Göttern und Nixen, wie es dem Geschmack der Zeit entsprach und einer französischen Königin florentinischen Geblüts würdig war. Wer heute das Geburtshaus Eugens sucht, wird sich vergeblich bemühen. Wo das Palais stand, am Rande des Hallenviertels, ist die Stadt über das »Hotel de la Reine«, das Haus der verwitweten Königin, hinweggewachsen. Die Stadt Paris hat das Palais verfallen lassen, man brauchte Platz für Getreidemagazine, und die letzten Reste verbrannten 1871 während des Aufstandes der Kommune. Nur ein seltsamer, 30 Meter hoher Turm blieb übrig – er lehnt sich direkt an die Produktenbörse in der Rue de Viarmes: das heißt, als man die Böse errichtete, hatte man Respekt vor dem säulenartigen Turm, den die Astronomen und Astrologen der Katharina als Observatorium und Labor für ihre geheimen Experimente benutzten, und verband das neue mit dem alten Bauwerk. Dieser Sternguckerhorst ist also der letzte Rest von Eugens Geburtshaus. Rundherum hat sich die Welt total verändert – da koexistiert das futuristische Konsumparadies des Forum des Halles mit dem ältesten Gewerbe der Welt – käufliche Damen und ihre »Beschützer« bevölkern die Gegend, in der Prinz Eugen seine

Kindheit verlebt hat. So völlig unpassend dürfte jedoch auch diese Umgebung nicht sein, hatte doch ein ausländischer Beobachter den Hof Ludwigs XIV. nicht ganz unzutreffend ein Bordell geschimpft.

Hofkabalen, offene und dunkle Affären, Liaisonen und Liebeleien, Verschwörungen und Giftmordkomplotte, dazu Flucht und Verfolgung, Verkleidung, Verführung, Laster und Spiel – all diese Ingredienzen einer barocken Abenteuerromanze sind in der Jugendgeschichte Eugens von Savoyen enthalten. Alle Voraussetzungen waren gegeben, daß der junge Savoyer in dieser Umgebung verkommen würde. Aber wie Münchhausen hat er sich am eigenen Zopf aus dem Sumpf gezogen. Liselotte von der Pfalz, die deutsche Schwägerin des Königs, in ihren Briefen kritische Chronistin der Hofgesellschaft, hegte keine übertriebenen Sympathien für den Prinzen. Auf die Nachricht vom Sieg bei Zenta bemerkte sie: »Man sagt wohl mit Wahrheit ›der Prophet gilt nichts in seinem Vaterland‹. Wäre Prinz Eugen hier geblieben, wäre er nimmermehr ein so großer General geworden, denn hier plagten ihn alle jungen Leute und lachten ihn aus.« An anderer Stelle hatte sie über ihn und seine Familie wenig positiv geurteilt: »Seine Frau Mutter hatte gar keine Sorge vor ihn, ließ ihn herumlaufen wie einen Gassenjungen, wollte lieber ihr Geld verspielen als an ihren jüngsten Sohn wenden. So sind allgemein die Weiber hier im Lande. Wie Prinz Eugen noch jung war, war er gar nicht zu häßlich. – Eine gute Haltung hat er nie gehabt, noch vornehmes Aussehen. Die Augen hat er nicht häßlich, aber die Nase verschändet sein Gesicht und daß er allzeit den Mund über zwei Zähnen aufhält, allezeit schmutzig ist, fette Haare hat, die er nie frisiert. Wer Prinz Eugenius vom Gesicht gleicht, kann gewiß nicht schön sein. Er ist noch kleiner als sein ältester Bruder. Alle diese, außer Prinz Eugen, haben wenig getaugt[17].«

An dem Prinzen haben der spitzzüngigen Pfälzerin also nur die Augen gefallen. Ihre Briefe werden immer dann als Beleg zitiert, wenn man ihn, der niemals heiratete, in die große Familie berühmter Homosexueller einreihen will. Liselotte hatte ihn einen »lasterhaften Jüngling« genannt, der mit seinen Freunden in Da-

menkleidern herumlief und für alle bösen Spiele zu haben gewesen sei.
Und 1708, als Eugen schon längst der Schrecken Frankreichs geworden war, zeichnete Liselotte für ihre Halbschwester Amalie Elisabeth vor einem Besuch Eugens in Heidelberg ein plastisches Porträt: »Wenn Prinz Eugen nicht geändert ist, werden Euer Liebden ein kurz aufgeschnupftes Näschen, ziemlich langes Kinn und so kurze Oberlefzen sehn, daß er den Mund allzeit ein wenig offen hat und zwei breite, doch weiße Zähne sehen läßt, ist nicht gar groß, schmal von Wuchs und hatte zu meiner Zeit, wie er hier war, schwarze, platte Haare. Ich glaube aber, daß er nun die Perücke trägt. Er hat Verstand, man hat ihn nicht sehr geacht, er war gar jung und man meinte, daß nichts anderst als ein Abt aus ihm werden sollte. Dieser Eckstein ist schon auf viele gefallen und hat sie zermarmelt...[18]«
Die Fehleinschätzung des begabten jungen Mannes durch den König war wohl in seinen Familienverhältnissen begründet. Ludwig hatte Eugens Mutter einmal geliebt, doch endete diese Liebe in tiefer Abneigung, die sich auf den Sohn übertrug. Das bekannteste Bild zeigt eine interessante, aufregende Frau. Das Gemälde mag geschmeichelt sein. Aus dem Porträt der jugendlichen Olympia Mancini spricht starke Sinnlichkeit. Sie ist Südländerin, Römerin, und ihrem Sohn hat sie den schmalen Augenschnitt vererbt, das etwas spitze Gesicht. Auch die unschöne Nase hat er von ihr. Die Lippen sind fest geschlossen und scheinen sich doch öffnen zu wollen, um zu lächeln oder etwas zu sagen. Ein Gesicht, das vieles andeutet und nur wenig verrät. Sie war eine der berühmt-berüchtigten Mazarinetten – eine der Nichten des allmächtigen Kardinals Mazarin. Er hatte die Töchter seiner Schwester Hieronima und Michele Lorenzo Mancinis 1647 nach Paris geholt und sie bei Hof eingeführt. Olympia war damals sieben. Sie wuchs mit den königlichen Prinzen im Palais Royal auf. Olympia wurde zur Spielgefährtin des noch kindlichen Königs. Ludwig und Olympia bildeten bald ein unzertrennliches Paar – und als das Mädchen erwachsener wurde, mag sie, obwohl nur niederem römischen Adel entstammend, mit dem Gedanken gespielt haben,

einmal Königin von Frankreich zu sein. Bei Ausfahrten saß sie an Ludwigs Seite, bei Hoffesten spielten sie in den antikisierten Theaterstücken die Hauptrollen – der König Zeus und Olympia die von ihm begehrte Nymphe; und aus dem Spiel mag dabei wohl Ernst geworden sein.

Der Onkel, der die Staatsfäden in seiner Hand vereinigt hielt, blieb jedoch Realist. Er sah die Rolle seiner Nichten eher auf der zweiten Ebene des Hofgetriebes, als Einflüsterinnen, Schattenspielerinnen, Wissende und elegante Intrigantinnen, wohlversorgt durch vornehme und reiche Ehemänner. Darum suchte er 1657 einen standesgemäßen Gatten für die 17jährige Olympia – den 22jährigen Prinzen Eugen Moritz von Savoyen-Carignan, Graf von Soissons.

Die kleine Römerin heiratete damit in jene dünne Oberschicht ein, die auf Grund ihrer Abkunft sich dazu priviligiert fühlte, die Welt zu beherrschen. Trotz aller Kriege und Fehden gehörte dieses barocke Europa im Grunde einer einzigen großen Familie. Jeder Kaiser, König oder Fürst war mit dem anderen blutsverwandt oder verschwägert, die Verbindungen gingen kreuz und quer und verzahnten und verknoteten sich. Viele Konflikte entwickelten sich aus komplizierten Erbangelegenheiten, und all der Zank war so bitter und böse, weil es sich eben fast immer um Familienzwist, um bösen Streit unter Vettern, Onkeln und Schwägern handelte, und oft auch unter Brüdern und Schwestern.

In Eugen Moritz flossen einige der wichtigsten Blutlinien der europäischen Machtaristokratie zusammen. Zu seinen Vorfahren zählten die Bourbonen ebenso wie die spanischen Habsburger. König Philipp II., der Sohn Kaiser Karls V., war sein Urgroßvater, und Karl von Bourbon, Graf von Soissons, sein Großvater mütterlicherseits, gehörte einer Nebenlinie des französischen Königshauses an.

Der zweite Großvater väterlicherseits war der regierende Herzog von Savoyen, Karl Emanuel I. Der jüngste Sohn aus dessen Ehe mit Katharina von Spanien, Thomas Franz Prinz von Carignan, wurde mit Marie von Bourbon verheiratet. Im Dreißigjährigen Krieg kämpfte er zuerst in spanischen Diensten gegen die Franzosen und trat später, damals gar nicht so unüblich, in französische Dienste über. Damit sicherte er für seinen Sohn Eugen Moritz einen Platz am Pariser Hof. Wie der Vater wählte der die militärische Laufbahn; und Kardinal Mazarin bestimmte seine Mutter – der Vater war ein Jahr früher gestorben –, in die Hochzeit mit Olympia Mancini einzuwilligen. Die Gräfin Soissons erwies damit dem mächtigsten Manne Frankreichs einen Gefallen, und Olympias Stellung bei Hof war durch die Ehe sanktioniert. Das vierte Kind von Eugen Moritz und Olympia wurde Eugen getauft.

Um den Wirrwarr im dynastischen Labyrinth noch zu verdichten, muß eines anderen Kindes gedacht werden, das acht Jahre vor Eugen im selben Haus, im Palais Soissons, geboren wurde: Luise Christine, die Schwester von Eugen Moritz, also Eugens Tante, war aus politischen Gründen Ferdinand Maximilian, dem Markgrafen von Baden, angetraut worden. Diese Ehe widerstrebte ihr jedoch so, daß sie sich weigerte, ihrem Mann in dessen Heimat zu folgen, ja sie war mit ihm nur kurze Zeit zusammen. Wohl zum Glück für das dieser Verbindung entsprungene Kind gelang es dem Vater, den Buben nach Baden zu entführen. Ludwig Wilhelm erlangte später Ruhm als kaiserlicher Feldherr, als »Türkenlouis« – der direkte Vetter Eugens und treue Freund war einer der Wegbereiter seiner Karriere in Wien.

Noch einen regierenden Fürsten durfte Eugen mit »Mon Cousin« begrüßen – Max Emanuel, den Kurfürsten von Bayern; er sollte ihm Kumpan und Gegner sein – und im Alter wieder Freund.

Wenn die Geschichte ihren normalen Lauf genommen hätte, wäre Eugen im Glanz des Sonnenkönigs groß geworden, ein französischer Höfling mit italienischer Verwandtschaft, einer von vielen, deren Lebensinhalt es war, dem König nahe zu sein. Darauf baute Ludwig nach dem Tode Mazarins sein Machtgebäude, das war die Essenz des Absolutismus. Niemand stand über dem König, der Adel hatte jede Selbständigkeit verloren. In einem Netz von Luxus, Klatsch und Rangstreitigkeiten hatte er die Noblen seines Reiches eingesponnen. Die Gunst des Königs galt als höchstes Gut. Als Spielregel für diesen permanenten Wettkampf diente ein ausgeklügeltes Zeremoniell, eine Hackordnung wie im Hühnerhof. Über allem Unrat lag der betörende Duft schweren Parfüms, unter den künstlichen Löwenhäuptern der Allongeperücken wurden die hinterhältigsten Ränke ausgebrütet, wohlgeformte Sätze verschleierten die größten Gemeinheiten, und die teuflischsten Komplotte tarnte die vollendete Etikette.

Olympia Mancini glaubte eine Meisterin dieses Schachspiels um den König zu sein. Sie war ja die erste Dame seines Herzens – auch nach ihrer Eheschließung. Eugen Moritz zog in den Krieg, und die Gräfin Soissons leistete dem König Gesellschaft. Ihr Palais wurde zum Mittelpunkt eines geistvollen Treibens – und jeder Höfling schätzte sich glücklich, bei ihr eingeladen zu sein. Als der Herzog von Saint-Simon, einer der großen Memoiren-Autoren jener Zeit, nach dem Tod Ludwigs XIV. dessen Lebensbilanz zog, bezeichnete er das Haus der Comtesse de Soissons als eine Art Lebensschule des Königs. Olympia verstand es, »aufgrund ihres Geistes und ihrer Geschicklichkeit, den Hof zu beherrschen. Bei ihr trafen sich die vornehmsten Männer und Frauen, und so wurde dieses Haus zum Brennpunkt aller höfischen Liebesintrigen, aller ehrgeizigen Machenschaften und Unternehmungen. In diesen machtvoll glänzenden Strudel stürzte sich der junge König, und dort machte er sich jene höflichen Umgangsformen und jene Zuvorkommenheit zu eigen, die er sein Leben lang beibehielt und die er so vorzüglich mit hoheitsvoller Würde zu verbinden wußte[19].«

Als der König die spanische Infantin heiratete, änderte sich wenig. Um Olympia eine offizielle Position bei Hof zu verschaffen, machte er sie zur Oberintendantin der Königin, zur Obersthofmeisterin. Und er blieb weiter ständiger Gast in den langen Nächten am Spieltisch im Palais Soissons. Eine Entfremdung trat erst Mitte der sechziger Jahre ein. Olympia litt unter übertriebener Selbstsicherheit und Selbstüberschätzung und verstrickte sich in Machenschaften gegen die diversen Mätressen des Königs; einige skandalöse Auftritte und öffentliche Auseinandersetzungen erregten den Unwillen Ludwigs, das Weibergezänk verletzte seine ästhetischen Gefühle. Sein Hof sollte die vollkommenste Form

des gesellschaftlichen Miteinanders bilden – da empfand er die Aufdringlichkeit und das exhibitionistische Gehabe seiner einstigen Favoritin als störend. Er verbannte sie vom Hof. Nach einiger Zeit wieder begnadigt, durfte Olympia nach Paris zurückkehren. Inzwischen war ihr Mann 1673 überraschend gestorben. Kurz vor seinem Tod hat er noch die Vermutung ausgesprochen, vergiftet worden zu sein. Und der Kontakt zu einer Giftmischerin sollte auch das Ende der Hofkarriere Olympias bedeuten. In Sterndeuterei und Wahrsagerei verstrickt, verbrachte die Gräfin Soissons nun ähnlich wie Katharina von Medici viele Nachtstunden auf dem Turm ihres Palais, um sich von Astrologen aus den Gestirnen das Schicksal deuten zu lassen. Zu dem Kreis der Kundigen in den geheimen Wissenschaften gehörte die Hebamme La Voisin. Sie bediente Damen der Gesellschaft mit Prophezeiungen, Ratschlägen, diversen Tränklein, die Liebe fördern oder Abneigung erzeugen sollten, und führte nebenbei eine »Abtreibungsklinik«, wie man das heute nennen würde; und sie kannte sich vor allem bei der Herstellung giftiger Essenzen zur »Bereinigung« von Erbstreitigkeiten oder zur Beseitigung von Rivalen aus. Nach einer Serie rätselhafter Todesfälle in Hofkreisen wurde die Voisin verhaftet. Der Skandal erregte ganz Europa. In dem Prozeß nannte sie viele prominente Kundinnen, darunter die Gräfin Soissons.
Olympias Feinde bei Hof, der Kriegsminister Louvois und die »regierende« Mätresse Madame Montespan, wurden aktiv, um Olympia endgültig auszuschalten. Angesichts der Gerüchte, daß sie möglicherweise ihren Mann vergiftet habe, unterschrieb Ludwig einen Haftbefehl. Er ließ seiner Olympia jedoch die Wahl, unverzüglich aus Frankreich zu verschwinden oder als Gefangene in die Bastille zu gehen.
Am Abend des 22. Jänner 1680 war im Palais Soissons die gewohnte Gesellschaft um den Spieltisch versammelt. Aber, so erzählt es eine andere berühmte Briefschreiberin des 17. Jahrhunderts, die Madame de Sévigné: »Als die Stunde des Soupers kam, wurde den Gästen mitgeteilt, daß die Frau Gräfin in der Stadt soupiere; alle Welt entfernte sich in dem Gefühl, daß etwas Außerordentliches im Gange war. Inzwischen wurde eifrig gepackt, Geld

und Geschmeide zusammengerafft; Lakaien und Kutscher mußten graue Röcke anziehen, acht Pferde wurden vor eine Karosse gespannt. Die Gräfin erklärte ihren Leuten, daß sie sich keine Sorge um sie machen sollten, sie wäre unschuldig, aber diese nichtswürdigen Weiber hätten sich einen Spaß daraus gemacht, sie ins Gerede zu bringen. Sie weinte. Nachdem sie noch bei Madame de Carignan (ihrer Schwiegermutter) gewesen war, verließ sie Paris um drei Uhr Morgens[20].«

Olympia flüchtete in die Niederlande. In Paris aber redete man davon, daß sie die Liebe des Königs durch einen Zaubertrank der Voisin habe zurückgewinnen wollen. Und dann munkelte man eben über den plötzlichen Tod Eugen Moritzs von Savoyen. Der Fall wurde nie geklärt – und Olympia durfte sich zeit ihres Lebens nicht nach Frankreich zurückwagen. Liselotte von der Pfalz legte in einem ihrer Briefe ein gutes Wort für Olympia ein: »Soviel ich sie kenne, so glaube ich, daß sie ganz unschuldig an ihres Herrn Tod ist; ich glaube auch nicht, daß man es hier glaubt, allein man hat getan, als wenn man's glaubte, damit man ihr bang vor dem Gefängnis machte und sie die Partei nehmen mochte, so sie in der Tat genommen hat, nämlich wegzugehen, denn man fürchtet sie hier, weil sie viel Verstand hat und man sie für gar intrigant hält, auch gar viel Leute an sich zog. Dadurch hat sie sich bei allem, was am Höchsten hier ist, sehr verhaßt gemacht[21].«

Bei der Flucht der Mutter war Eugen 17, der jüngste von fünf Brüdern (nach ihm folgten noch zwei Schwestern). Mutterliche Liebe, ein Heim, die Sicherheit einer Familie hat er wohl nie gekannt – was damals in höfischen Kreisen nicht ungewöhnlich war. Über seine Beziehungen zum Vater ist wenig bekannt. Der stand meist im Feld oder reiste in königlicher Mission durch die Lande. Eugen zählte zehn Jahre, als sein Vater starb. Die Mutter scheint sich wenig um ihre Kinder gekümmert zu haben. Als Oberintendantin hatte sie ihre eigenen Appartements in den Tuilerien – und die Erziehung lag in der Hand der Großmutter, der strengen Bourbonin Marie de Carignan; des öfteren mischte sich seine Tante, Luise Christine von Baden, ein. Der savoyische Gesandte, Marquis de Saint-Maurice, entwarf 1673 ein trauriges Bild von Umgang, Benehmen und Erziehung der Kinder des Grafen von Soissons, die in dem riesigen Palais wie verloren wären: Ihre Gesellschaft seien die Kammerfrauen und Diener. Mit denen spielten sie und trieben allerlei Schabernack. Niemals gingen sie aus oder kämen mit Leuten der Gesellschaft und von höherer Bildung zusammen. Sie ließen ihre Launen am Personal aus und behandelten ihren Hofmeister schlecht. All das sei um so bedauerlicher, weil die Kinder gute Anlagen zeigten und nicht unbegabt seien[22].

Die barocken Lebensbeschreibungen Eugens nähren die Legende von seiner frühen Neigung zum Kriegshandwerk. Deshalb habe er sich besonders für Mathematik interessiert, und das Leben Alexander des Großen sei seine Lieblingslektüre gewesen. Noch Alfred Arneth schreibt in der ersten großen Eugen-Biographie 1858: »Durch anhaltende Leibesübungen suchte er seinen von Natur schwächlichen Körper zu den Strapazen des Kriegslebens zu stählen. Gespräche von Schlachten und Belagerungen hatten den größten Reiz für ihn und seine Augen erglänzten bei dem Klange kriegerischer Instrumente[23].« Belege aus seiner Zeit kennt man keine dafür. Eugen selbst hat nie von seiner Jugend erzählt. Eindeutig sind nur die Bemerkungen über seine unvorteilhafte Erscheinung, über diesen »schmutzigen, sehr debauchierten (verdorbenen) Buben, der gar keine Hoffnung zu nichts Rechtes gab« – so das vielzitierte Urteil Liselottes von der Pfalz[24].

Ähnlich dürfte auch der König dem jüngsten Sohn Olympias gegenüber empfunden haben. Der Monarch, der seine eigene Schönheit mit narzißtischer Hingabe zelebrierte und der alles Häßliche zutiefst verabscheute, wollte den »unscheinbaren Gnomen« nicht vor Augen haben. Eugens Wunsch nach einer militärischen Laufbahn war ihm unbegreiflich. Dieser junge Mann schien ihm nur für den geistlichen Stand geeignet, darin dürfte er mit Eugens Mutter einig gewesen sein. Mit 15 empfing der Prinz bereits die Tonsur; danach brauchte der kleine »Abbé«, wie man ihn spöttisch nannte, nur noch darauf zu warten, bis irgendwo eine geistliche Pfründe, ein Kloster, frei würde, dem er als Abt vorgesetzt werden konnte. Damit wäre seine Lebensbahn vorgezeichnet und sein Auskommen gesichert gewesen.

Die Häßlichkeit des Hoflebens hinter der glanzvollen Fassade, die frühen Enttäuschungen, das Schicksal der Mutter, die Verachtung durch den König, die andere wie ein Todesurteil aufnahmen, all diese Erfahrungen haben dem jungen Mann früh die Augen geöffnet. Max Braubach, der das gültige wissenschaftliche Werk über Eugen geschrieben hat, erkennt die formende Kraft dieser negativen Erlebnisse: »Jene trüben Jahre, in denen er emporwuchs inmitten vom Familiengezänk und Skandalen, hin und her gestoßen und verspottet wegen seiner Unansehnlichkeit und Dürftigkeit, haben einmal in ihm eine kühle Nüchternheit des Urteils, eine Schärfe des Blicks und eine Fähigkeit zu raschem Erkennen der jeweiligen Lage und zum Verschweigen seiner Meinungen und Absichten entwickelt, sie haben zugleich aber den Willen, sich über allen Jammer eines unwürdigen Lumpenprinzentums zu erheben, zu einem Ruhm zu gelangen, wie ihn einst der kriegerische Großvater erreicht, der allzu früh gestorbene Vater angestrebt hatte, nicht erschüttern können und erst recht nicht Mut und Tapferkeit, die kaum jemand der verachteten Stumpfnase zugetraut hat[25].«

Zu einer Entscheidung wurde Eugen durch die Nachricht aus Wien vom Tod seines Bruders gedrängt: Ludwig Julius war sechs Tage nach seiner Verwundung am 7. Juli 1683 bei Petronell an der Donau gestorben. Durch die Protektion seines Vetters, des Markgrafen Ludwig von Baden, hatte der Kaiser dem Savoyer Anfang 1683 die Neuaufstellung eines Dragonerregimentes übertragen. Und nun hegte sein jüngerer Bruder die Hoffnung, an seine Stelle treten zu können. Gemeinsam mit Ludwigs Schwiegersohn Louis-Armand Conti brach Eugen in der Nacht zum 27. Juli 1683 auf. Als der mehr wegen der Flucht des Prinzen Conti empörte König die Rheingrenze sperren ließ, befanden sich die beiden jungen Leute bereits auf deutschem Boden. Kuriere Ludwigs alarmierten die französischen Residenten und Agenten in den verschiedenen Städten und Fürstentümern auf der Route zur Donau. Sie sollten die beiden zur Umkehr bewegen, vor allem Conti. Und der ließ sich in einem Frankfurter Gasthaus umstimmen. Der König sicherte ihm volle Vergebung zu. Zum Abschied schenkte

Conti dem mittellosen Freund einen wertvollen Ring und 12 Louisdor. Eugen aber ritt weiter, Passau zu.
In der von Unruhe und Nervosität erfüllten Bischofsstadt suchte der Fremde zuerst Kontakte, um an den Kaiser heranzukommen. Er wandte sich an keinen der anwesenden Savoyer um Hilfe, sondern an den spanischen Botschafter Marchese di Borgomanero. Der Diplomat führte ihn bei Kaiser Leopold ein.
Das heißt, zuerst vergingen ein paar Tage in gespanntem Warten. Der Kaiser war unpäßlich. Graf Harrach notierte am 10. August: »Ihre Kaiserliche Majestät sind heute noch im Bett geblieben, weil das Brechen und der Durchfall nicht ganz aufgehört haben...« 24 Stunden danach: »Ihre Kaiserliche Majestät haben sich heute nachmittag angezogen und befinden sich schon besser[26].« Über der Stadt lagen schwarze Gewitterwolken, am 13. schlug der Blitz in den Turm des nahen Heilig-Geist-Spitals ein. Der Savoyer erhielt seinen Termin beim Kaiser wahrscheinlich am 14. August.
Wer heute zum Präsidenten des Landgerichtes will, folgt dem Weg Prinz Eugens – durch das tiefe Tor der Alten Residenz in den Innenhof, in den der gotische Chor der Hofkapelle ragt. Die Stiegen sind noch nicht von jener majestätischen Breite, wie sie der Savoyer später in seinen Palais und Schlössern konstruieren ließ. Der rote Stein ist arg abgetreten, manche Stufen dürften wohl noch aus der Zeit sein. Die Kreuzbogengewölbe erinnern an ein Kloster oder eine Ritterburg. Im zweiten Stock weist ein altmodisches Schild mit behäbigen Lettern auf das Präsidialbüro hin. Man betritt das Vorzimmer und glaubt schon im Audienzsaal der Fürstbischöfe zu sein – so weitläufig ist dieser Raum; aber da sitzt nur eine Sekretärin, und an der Wand hängt das Porträt eines jugendlichen Bischofs – Erzherzog Karl Joseph, der Bruder Leopolds – er wurde bereits mit 15 Jahren zu Grabe getragen. Die Sekretärin öffnet die Tür zu dem Ort einer historischen Begegnung, die den Lauf der Geschichte veränderte. An diesem Augusttag 1683 haben es wohl weder Leopold noch Eugen geahnt. Das Dekor stimmt nicht mehr. Nach dem Türkenkrieg hat ein Fürstbischof die Inneneinrichtung der Residenz noch einmal modisch erneuert – mit Bildteppichen nach Vorlagen aus den Ateliers des

französischen Königs, mythologische Szenen voll heidnischer Sinnenlust. Verlassen steht der mächtige Schreibtisch des Gerichtspräsidenten in der großen Leere des Saales. Nur die Mitte füllt ein Konferenztisch aus.

Der Blick aus den Fenstern ist so, wie er sich dem Kaiser geboten hat: über den Inn hinweg hinauf zur Kirche Maria Hilf. Der fromme Monarch ist des öfteren hinaufgepilgert, um in seiner Sorge und Verzagtheit Beistand zu erbitten. Ob er gewußt hat, daß sein Gebet erhört worden war, als er den häßlichen Fremden aus Paris empfing? Schön war Leopold selber nicht, darum muß er für den Prinzen eher Sympathie oder eine gewisse Verbundenheit mit ihm empfunden haben. Nun, er hat den Savoyer zwar nicht gleich in die Arme geschlossen und ihm ein Regiment übertragen, ihn jedoch wesentlich besser behandelt als Ludwig – und ihm eine Chance gegeben. Zum Glück für das Haus Habsburg, für Österreich, für Mitteleuropa.

Über Einzelheiten der Begegnung ist nichts bekannt. Eugen dürfte dem Kaiser ein in lateinischer Sprache abgefaßtes Gesuch überreicht haben. Der Entwurf dazu fand sich im Prager Archiv der Familie Fürstenberg. Es ist das erste eigenhändige Dokument aus der Hand des Prinzen. Er will dem Kaiser deutlich machen, warum er diesen Schritt getan hat: »Ich bekenne offen, daß ich diesen Entschluß erst gefaßt habe, nachdem ich versucht hatte, dem Beispiel meiner Ahnen folgend, meinem Land und dem Hause Bourbon mit ganzer Kraft zu dienen, und nachdem ich mehrmals vergeblich bemüht war, in den Dienst der französischen Krone zu treten. Das Schicksal meiner Mutter verhinderte jedoch eine Karriere in der französischen Armee, obwohl weder meiner Mutter noch mir selbst jemals etwas nachgewiesen werden konnte. Ich versichere euch, allergnädigster Kaiser, meiner unverbrüchlichen Treue, und daß ich all meine Kraft, all meinen Mut und notfalls meinen letzten Blutstropfen dem Dienst Eurer Kaiserlichen Majestät sowie dem Wohle und Gedeihen Eures großen Hauses widmen werde...[27]« Kein Wort zuviel, kein Wort der Übertreibung, ein Gelöbnis, das Eugen bis zu seinem Tode nie gebrochen hat. In diesem Augenblick war Eugen aus dem Schatten seiner Vergangenheit getreten, er hatte den Ballast der Familie abgeworfen und dem Sonnenkönig den Kampf angesagt.

Leopold mag das alles nicht so bewußt geworden sein. Er handelte nur nach dem richtigen Instinkt, außerdem war er in seiner verzweifelten Lage froh über jeden Mann, der einen Degen zu führen wußte. Die Savoyer-Dragoner hatten jedoch bereits einen neuen Inhaber. Eugen wurde an den Oberbefehlshaber der Kaiserlichen Truppen des Entsatzheeres verwiesen. Bei ihm sollte er sich melden und, wie so manch anderer europäischer Edelmann, seinen Dienst als Volontär, als Kriegsfreiwilliger, der noch einiges zu lernen hat, antreten.

Die Audienz in Passau war nur ein Geschehnis am Rande der großen Ereignisse. Das Tagesgespräch in der Bischofsstadt war in diesen Stunden die Nachricht, daß der polnische König Johann Sobieski mit seinem Heer endlich von Krakau in Richtung Donau aufbrechen werde.

III

»In gnädigster Anseh- und Erwägung Deroselben Valor und Tapferkeit...«

In den Diensten Leopolds I.

Steile Hänge, Laubwälder, Gebüsch, sanftere Hügel durch Weingärten kultiviert: Wie ein Wasserlauf, der, in vielen Adern gespalten, in der Wüste versickert, so münden die Alpen bei Wien in die pannonische Tiefebene. Und dort, wo das größte Gebirge Europas endet und die Weiten des Ostens beginnen, wurde die Schlacht geschlagen, bei der es um die Vorherrschaft in Mittel- und Osteuropa ging; und darum, ob die Residenz des Kaisers, die Hauptstadt des Heiligen Römischen Reiches, unter den Halbmond fallen oder christlich bleiben würde. Die Ortsnamen aus den Berichten vom 12. September 1683 finden sich heute eher auf Weinkarten und in Riedverzeichnissen. Grinzing und Sievering, der Nußberg, das Muckental, der Schreiberbach und der Erbsenbach, der Krottenbach, Döbling, Heiligenstadt, Nußdorf usw. Das Entsatzheer der Kaiserlichen, der Sachsen, der Bayern, der Franken und der Polen tastete sich in den frühen Morgenstunden durch diese Wein- und Heurigenlandschaft an den Feind heran. Wo heute grüne Buschen die Touristen und die Wiener zu einem reschen »Viertel« locken, erwarteten die Soldaten nur verbrannte und zerstörte Dörfer. Und die Türken...

Über Prinz Eugens Einsatz in der Schlacht zur Befreiung der seit Mitte Juli belagerten Stadt weiß man wenig. Er war einer der europäischen Fürstensöhne, die als »Princes volontaires« mitgefochten hatten. Der Sohn des Polenkönigs Sobieski, Jakob, verzeichnet Eugen in seinem Tagebuch – gemeinsam mit dem Herzog von

Lothringen sei am 7. September neben mehreren Generälen auch der »Dux Eugène Soissons« im polnischen Lager erschienen. Wien, dessen Gesicht er selber einmal durch seine Bauten prägen sollte, hat Eugen zum erstenmal vom Kahlenberg aus erblickt, als sich die Heerführer dort zu einem Bittgottesdienst versammelten. Vom Stephansturm sandten die Belagerten Raketensignale – und die Befreier antworteten ebenso. Die Mauern umschlossen ein mittelalterliches Dächergewirr, davor lagen die verbrannten Vorstädte, die kaum überschaubare Zeltstadt der Türken, und auf der Burgseite das System der Laufgräben, das wie ein wucherndes Krebsgeschwür an den Bastionen fraß.
Die ersten Geplänkel der Vorhut am linken Flügel, die der Donau entlang vorgestoßen war, eröffnete den Kampf. Dann setzte sich das Heer vom Leopoldsberg und vom Kahlenberg zum beschwerlichen Abstieg in Bewegung. Der kaiserliche Hofhistoriograph Johann Peter von Vaelckeren berichtete:
»Kaum hatte die Morgenröte hervorgeblickt, da sahen wir das Gebirge überall voller Volks, welches sich in einer langen und breiten Linie mit beständig geschlossenen Gliedern langsam und allgemach herunterließ und überall einige Stücke (Geschütze) vor sich her führte, auch immerzu auf die unten an dem Berg stehenden Türken losbrannte. Alsdann rückten sie wieder durch Busch und Stauden, durch Hecken und Sträuche die Weingärten herab auf vierzig bis fünfzig Schritte gegen die Türken...[28]«
Wie nahm sich dieses Schauspiel aus dem Blickwinkel der Türken aus? Mehmed, der Silihdar, der Zeremonienmeister der Hohen Pforte, erzählt es in seinem Tagebuch: »Die Giauren tauchten mit ihren Abteilungen auf den Hängen auf wie die Gewitterwolken, starrend vor dunkelblauem Erz. Mit dem einen Flügel gegenüber den Walachen und Moldauern an das Donauufer angelehnt und mit dem anderen Flügel bis zu den äußersten Abteilungen der Tataren hinüberreichend, bedeckten sie Berg und Feld und formierten sich in sichelförmiger Schlachtordnung. Es war, als wälze sich eine Flut von schwarzem Pech bergab, die alles, was sich ihr entgegenstellt, erdrückt und verbrennt[29].«
Während die Polen am rechten Flügel länger brauchten und erst

später eingreifen konnten, wurde zuerst am erbittertsten am linken Flügel zwischen der Donau, dem Kahlenbergerdörfel und dem Nußberg gekämpft. Dort ging es darum, den schmalen, flachen Uferstreifen, wo heute Bahnlinie und Autostraße verlaufen, zum Durchbruch nach Nußdorf und Heiligenstadt zu gewinnen. Die Dragoner des Obersten Heissler, das frühere Regiment Ludwig Julius von Savoyen, saßen ab und kämpften zu Fuß. In diesem Bereich war auch Ludwig Wilhelm von Baden im Einsatz. Und es ist durchaus möglich, daß Eugen an der Seite seines Vetters focht. Die ausländischen Prinzen könnten jedoch auch direkt neben dem kaiserlichen Oberbefehlshaber, dem Herzog Karl von Lothringen, geritten sein.

Gegen Nachmittag erreichten die Heissler-Dragoner und bald danach der Herzog die Mauern der Stadt. Mit Pauken und Trompeten signalisierte er den Belagerten die Rettung. Inzwischen stürmten die Polen über Neustift, Pötzleinsdorf und Dornbach gegen das Türkenlager vor. Und die Türken suchten ihr Heil in der Flucht.

Der Tag war gewonnen, das Abendland gerettet. Eugen wird wohl mit dem Lothringer und dem Badener in die Stadt eingezogen sein, umarmt und umjubelt von der Bevölkerung. Zum erstenmal betrat er den Stephansdom, in dem er einmal seine letzte Ruhe finden sollte, am 14. September beim Te Deum, zum Dank für den großen Sieg. Vier Tage später, nachdem die Sieger ihre Beute gesammelt und geordnet hatten, brach Eugen an der Seite Ludwig Wilhelms zur Verfolgung des Feindes in Richtung Ungarn auf – und er sammelte weitere Kampferfahrung vor Raab, Párkány und beim Sturm auf Gran. 150 Jahre hatte sich der Sitz des Primas von Ungarn in türkischer Hand befunden. Der Burgberg war mit einer Moschee und mit Minaretten gekrönt.

Mehr als einen Monat lang stand der »Volontär« in Ungarn im Feld. Er dürfte sich dabei bewährt und einen guten Namen gemacht haben. Aber davon konnte er nicht leben – er brauchte ein Auskommen, eine Existenzgrundlage. Mittellos, ohne Heim, als einziges Kapital seine hohe Abkunft und seine fürstlichen Verwandtschaften, war er auf die Großzügigkeit seiner Gönner angewiesen. Darum ging all sein Streben nach einem Regiment. Im Laufe des Feldzuges hatte Eugen mit seinem Vetter Max Emanuel, dem nur ein Jahr älteren bayerischen Kurfürsten, Freundschaft geschlossen. Der hat beim Kaiser für Eugen Fürsprache geleistet. Auch von Karl von Lothringen wurde das Ansuchen des Savoyers unterstützt.

Der Kaiser versprach Eugen zuerst ein neuaufzustellendes Regiment. Durch den Tod des Grafen Kuefstein wurde jedoch ein Dragonerregiment frei. Im Linzer Schloß – die Wiener Hofburg war von der Belagerung noch zu sehr beschädigt – setzte Leopold seinen Namen unter das Verleihungspatent. Prinz Eugen erhielt das Regiment »in gnädigster Anseh- und Erwägung Deroselben uns bekannter fürtrefflichen Qualitäten, Geschicklichkeit, auch erweisende Valor und Tapferkeit[30].« Damit war Eugen kaiserlicher Oberst, mit Einkünften, die ihm eine standesgemäße Lebenshaltung ermöglichen sollten. Denn so eine Regimentsinhaberschaft konnte an die 12 000 Gulden im Jahr einbringen – durch den Verkauf der Offiziersstellen und verschiedene Zuschüsse und Gebühren. Wenn zum Beispiel ein Offizier ohne Erben fiel oder starb, gehörte sein Vermögen dem Regimentsinhaber.

Fürs erste brauchte Eugen jedoch eher Geld, um seine durch den Krieg ramponierte Truppe wieder auf den Sollstand zu bringen und auch die fälligen Gebühren an die Kanzlei des Hofkriegsrates zu entrichten. Er sandte Hilferufe nach Turin an den regierenden Herzog Victor Amadeus II. – und hat von ihm auch Geldsendungen bekommen. In Linz und später in Wien wohnte Eugen bei dem spanischen Botschafter Borgomanero, der ihn in Passau dem Kaiser vorgestellt hatte. Eine Einladung des Kurfürsten zum Karneval nach München wollte der Prinz zuerst ausschlagen, weil es ihm seine Mittel nicht erlaubten. Da sandte ihm Max Emanuel 1000 ungarische Goldgulden als »Reisegeld«. Einen Großteil der Summe verbrauchte er jedoch für sein Regiment. Darum verpfändete er den Ring, das Abschiedsgeschenk des Prinzen Conti, um sich den Ausflug nach München leisten zu können.

Dort geriet er in ein verschwenderisches Faschingstreiben mit Max Emanuel als Hauptakteur, mit nächtlichen Schlittenfahrten,

Jagden, Bällen, Komödien – eine nicht abreißende Kette von Festlichkeiten, denen er nach dem Bericht des französischen Gesandten de la Haye nicht allzuviel Freude abgewinnen konnte: »Er liebt nicht die Vergnügungen des Herren Kurfürsten von Bayern. Er hat nicht an den Schlittenfahrten teilnehmen und nicht l'allemande spielen wollen, weil, wie er sagte, es ihm nicht gefalle. Er hat es sehr lächerlich gefunden, daß der Herr Kurfürst ihn am Tage seiner Ankunft eine dumme deutsche Komödie anhören ließ, die vier Stunden dauerte. Dieser junge Prinz von Savoyen ist nicht sehr aufgeweckt, er spricht wenig, und es ist leicht zu sehen, daß er sich an das Treiben des bayerischen Hofes nicht gewöhnen wird[31].« Ihn quälte wohl ständig die Frage, wie er die Münchener Abenteuer finanziell überstehen würde. Zur Heimreise half ihm ein Geldgeschenk des Prinzen Carignan. Der Kurfürst präsentierte ihm zum Adieu drei edle Pferde. Und der Prinz konnte sich wieder um sein Regiment kümmern.

Der Prinz aus dem Palais Soissons hatte also endgültig seinen Herrn gewechselt. Aufs erste war's kein glanzvoller Tausch. Man braucht nur einmal die Bilder der beiden Monarchen miteinander zu vergleichen: Wie gerne muß doch Ludwig XIV. seinen Hofmalern Modell gestanden sein, wie genießt er diese Verherrlichung seiner Erscheinung – stets im Bewußtsein, der Größte und der Strahlendste zu sein, wird dem König die majestätische Pose zur natürlichen Haltung, mit einem Zug Weltverachtung um den Mund und einem Blick, der sogar auf den Himmel von oben herab zu schauen vermag. Die Linke kokett in die Hüfte gestemmt, rafft er seinen hermelinbesetzten Lilienmantel. So zeigt er nicht nur das schwere Schwert an seiner Seite, das Symbol seiner Gerichtsgewalt und seines Kriegsruhmes, sondern auch seine Beine bis weit über die Oberschenkel. Auf ihre wohlgestaltete Form sei der König besonders stolz gewesen; und die Damen wurden nicht müde, deren Reiz zu preisen. Eitelkeit, Schönheitsrausch und die totale Sicherheit eines Übermenschen, der keine weltliche und geistliche Macht über seinem Königtum anerkennt – das verkünden Ludwigs repräsentative Bilder.

Ganz anders Leopold: Manche Maler versuchen ihm zu schmei-

cheln und lassen durch einen günstigen Blickwinkel das habsburgische Erbmal, die überdimensionale Unterlippe, etwas unaufdringlicher erscheinen. Schönheit konnte jedoch auch der geschickteste Künstler dem kaiserlichen Antlitz nicht verleihen. In jüngeren Jahren zwängte man Leopold für die Malsitzungen in einen Küraß oder in eine volle Rüstung, um ihm den Anstrich des Kriegshelden zu verleihen. Kriege hat er ja genug geführt, aber nichts war ihm fremder als das Militärische. Die soldatische Adjustierung paßt zu ihm wie Frauenkleider zu einem General. Seine Augen sind voll des Zweifels an der Welt und an sich selbst. Seinen tiefen Glauben, der ihm über alle Fährnisse hinweghalf, den bewahrte der Kaiser im Herzen. Ludwig erweckt den Eindruck, als ob er die zu malende Szene selbst arrangiert hätte, weil sein ganzes Leben Arrangement und Pose war. Leopold hingegen steht so gezwungen da, daß man ahnt, wieviel Mühe und höflich-vorsichtige Überredung es den Meister gekostet haben muß, bis er den Kaiser in eine einigermaßen herrscherliche Position gebracht hatte.
Die Besucher des Hofes von Versailles dichteten schmeichlerische Hymnen auf die strahlende Erscheinung des Königs, die Gäste in der Wiener Hofburg suchten bestenfalls mit höflichen Worten zu umschreiben, daß das Äußere des Kaisers nicht sehr ansehnlich und annehmlich war. Ludwig mag sich am Bericht seines Botschafters über seinen Widersacher, der sich so gar nicht mit dem Sonnenkönig vergleichen ließe, delektiert haben. Er sei schüchtern, wisse nicht, wie er seinen Hut halten und wohin er mit seinen Händen solle. Er gehe daher, als fürchte er zu fallen. Der Diplomat erwähnt seinen zu Boden gesenkten Blick, billigt ihm gute Gesichtsfarbe und schöne Augen zu, aber der häßliche große Mund entstelle ihn völlig[32].
Wie man in Frankreich über Leopold witzelte, verraten auch die Memoiren des Comte de Gramont. Dieser bemerkte nach der Kaiserkrönung in Frankfurt: »Leopold hat einen ungewöhnlich großen Mund, den er immer offen hält; als er eines Tages mit dem Grafen Portia Kegel spielte und es zu regnen begann, beklagte er sich, daß die Tropfen immer in seinen Mund fielen. Der Graf Portia strengte sein erfinderisches Hirn an und riet nach einigem

Nachdenken, sein königlicher Herr möge doch den Mund zumachen...[33]«

Doch Leopold verstand es, sich auf andere Weise als durch seine Erscheinung Respekt zu verschaffen. Hinter der Barriere des strikt eingehaltenen spanischen Hofzeremoniells verbarg sich ein gebildeter, feinfühliger Mann. Er sprach Französisch, Italienisch und Spanisch. Er war gut in Latein, sammelte Bücher, liebte das Theater und war ein begabter Musiker. Er beherrschte mehrere Instrumente, flüchtete sich oft zu seinem Cembalo und hatte Talent als Komponist. Dann und wann werden Werke Leopolds noch heute aufgeführt. Über allem stand jedoch Leopolds tiefe Frömmigkeit. Sein ungebrochener Glaube an Gott setzte sich fort in dem Glauben an das ihm von Gott übertragene Amt.

»Ich werde mir mit aller Kraft Mühe geben, meine Pflicht zu erfüllen, darauf zu beharren, daß Gerechtigkeit walte und Verbrechen bestraft werden. Aber da ich mich in allen diesen Dingen als schwach kenne, bedarf ich umsomehr Eurer Bitten, frommer Vater, durch die ich hoffe, des göttlichen Beistandes würdig zu werden, um meinem schweren Amte Genüge zu tun«, schrieb der Kaiser 1680 »am Feste des heiligen Franziskus« an seinen Beichtvater, Pater Marco d'Aviano. »Wahrlich, ich würde lieber in einer Wüsteneinsamkeit leben als in meiner Hofburg. Aber da mir Gott diese Last auf meine Schultern geladen hat, so hoffe ich, er wird mir auch die Kraft geben, sie zu tragen...« Eine andere Briefstelle an den Kapuzinerpater wird oft als Beweis für Leopolds mangelnde Entschlußkraft zitiert: »Oh, mein Vater, wie sehr verabscheue ich es, Beschlüsse fassen zu müssen[34].«

Trotzdem muß er sich entschließen, aus den Meinungen seiner Räte auszuwählen, Heere in Kriege zu schicken und Rebellen zum Richtblock. Denn er sieht sich als Vertreter Gottes auf Erden, als Wahrer der Ordnung der Welt: »Er ist niemandem auf Erden, aber Gott im Himmel Rechenschaft schuldig. Über dem Monarchen steht das unabänderliche und ewig geltende Recht«, schreibt Heinrich Benedikt[35]. Und zu dieser Ordnung gehört auch, daß jeder an seinem Platz steht und seine überkommenen Rechte und Privilegien wahrt.

Wer Leopold begreifen will, muß weniger die Apotheosen des über den muselmanischen Erbfeind triumphierenden »Türkenpoldls« studieren als die Pestsäule am Wiener Graben. Da treffen wir Leopold, wie er sich zu sehen wünschte – nicht hoch zu Roß, wie Ludwig auf seinen noch zu Lebzeiten errichteten Denkmälern, sondern demütig kniend, den Blick fromm zum Himmel gerichtet.

Als Eugen nach Wien kam, stand am Graben eine provisorische hölzerne Säule. Leopold hatte dieses Monument in der jüngsten großen Pestepidemie 1679 gelobt. Nun arbeiteten seine besten Künstler daran. 1693 wurde die Säule eingeweiht. Das Programm hat er gemeinsam mit einem Jesuitenpater ausgearbeitet: Auf Wolken schwebende Engel tragen das Gebet des Kaisers zu Gott Vater, Gott Sohn und dem Heiligen Geist empor; wie Gott die Dreifaltigkeit ist, so ruht die Hausmacht des Kaisers auf drei Königreichen – auf Österreich, auf Böhmen und auf Ungarn. Und alle Not läßt sich mit Gottes Hilfe überwinden. Darum beugt der Herrscher die Knie im Gebet – »Ego, Leopoldus humilis servus tuus« – »Ich, Leopold, dein demütiger Diener«, wie es die Inschrift in goldenen Lettern sagt.

Diesem Herrn hat sich Eugen unterworfen, zu einem Zeitpunkt, da Leopold die schwerste politische Krise seiner bisherigen Laufbahn durchmachte. Als er aus Wien flüchtete, war er an einem Punkt angelangt, vom dem aus es nur noch aufwärtsgehen konnte. Eugen sollte einer der stärksten Antriebskräfte dieser Aufwärtsbewegung werden. Und es dauerte nicht lange, bis der Kaiser begriff, daß Eugen ein Geschenk des Himmels war; und er begann, die Karriere des Prinzen energisch zu fördern.

Das Land litt zwar noch unter den Folgen des Türkeneinfalls, die Kassen waren leer, und die Hauptstadt sah traurig aus. Doch nur ein Jahr nach der Befreiung Wiens erschien die Schrift Philipp Wilhelm von Hornigks mit dem ebenso zuversichtlichen wie programmatischen Titel »Österreich über alles, wann es nur will«. Hornigk entwarf ein volkswirtschaftliches Modell, wie Österreich im Geist des Merkantilismus durch Besinnung auf seine eigenen Kräfte, Rohstoffe und Fähigkeiten zur stärksten Macht

Europas werden sollte. Man möge das Geld nur im eigenen Beutel behalten und nicht den französischen Waren nachlaufen. Die Erbländer und Königreiche Leopolds seien »von Gott und der Natur noch gesegnet. Sie seind allesamt einem einzigen Haupt mit gleicher Unterwürfigkeit zugetan, stoßen ohne Mittel aneinander und formieren gleichsam einen eigenen natürlichen Leib. Es kann das eine des anderen Mangel mit seinem Überfluß ersetzen.« Ja, sie könnten »beinahe wie eine kleine Welt in sich selbst bestehen, indem sie ohne fremdes Zutun nicht nur zur Notdurft, sondern auch zu der Bequemlichkeit mit allem dahin erforderlichen Zeug reichlich versehen seind«.

Hornigk wandte sich dann gleich der politisch-militärischen Lage zu und verwies auf die Zusammenhänge zwischen einer gesunden Wirtschaft und militärischer Stärke: »Niemand kann widersprechen, daß, wann einige Monat vor dem würklichen, türkischen Einbruch eine einzige bare Million Thaler mehr, als sich dazumal in der Tat gefunden, zur Hand gewesen, die Werbungen förderlicher eingerichtet, die Regimenter ehender ergänzet, die Armee zur rechten Zeit in einem ganz andern Stand, als nachmals gefunden, die Magazinen und andere Bereitschaften ordentlicher und förmlicher angelegt und beigeschafft, auch noch ein ansehnliches Quantum mehr an Mannschaft und Regimentern auf den Fuß gestellet worden wären, welche infolglich zeitlicher in das Feld kommen, eine rechtschaffene Operation noch für Annäherung der Feindes-Gewalt fürnehmen und hinausführen, selbigem die Lust bis nach Wien zu rücken sicherlich benehmen, und den Weg verrennen können[36].« Eine Million Taler zusätzlich in der Kasse hätte nach Hornigks Meinung genügt, um Wien die Belagerung zu ersparen – eine Meinung, der Eugen und andere Militärs wohl zugestimmt hätten. Eugen diente drei Kaisern, daß die kaiserlichen Finanzen in Ordnung gewesen wären, hat er nie erlebt. Erfolgreiche Kriegführung war immer nur dann möglich, wenn von außen Geld zugeschossen wurde. So hatte der Papst die Verbündeten für den Entsatz von Wien, vor allem Sobieski, honoriert. Im Spanischen Erbfolgekrieg lieferte englisches und holländisches Geld die nötige Energie für die kaiserliche Kriegsmaschine.

Anders in Frankreich: Dort hatte der Minister des Königs, Jean Baptiste Colbert, die nötigen wirtschaftlichen Voraussetzungen für eine militärische Expansionspolitik geschaffen. Sein Merkantilismus, eine vom Staat gelenkte autarke Volkswirtschaft, die sich durch hohe Zölle gegen Importe und ausländische Konkurrenz abschirmt, gilt längst nicht mehr als ökonomisches Allheilmittel. Schon ein halbes Jahrhundert später wurde dieses Prinzip heftig kritisiert, als man die freien Kräfte des Marktes entdeckte. Eines hat Colbert jedoch zustande gebracht – Ludwig verfügte über genügend Geld, sich das stärkste und schlagkräftigste stehende Heer Europas zu leisten, nebenbei noch seine verschwenderische Hofhaltung zu finanzieren und kleinere Fürsten, Diplomaten und Politiker durch hohe Bestechungssummen vor den französischen Karren zu spannen.

Wo immer man in Frankreich unterwegs ist, zeigen Schilder die Richtung nach Paris an, jedes Dörfchen vermerkt seine Entfernung zur Hauptstadt, und alle Wege scheinen zum Palais Royal oder zum Louvre zu führen. Diese Konzentration auf eine künstliche Mitte, dieser strenge Zentralismus geht auf Ludwig XIV. und seine Minister zurück. Colbert setzte in allen Provinzen des Landes seine Intendanten ein. Und die sorgten mit gnadenloser Härte dafür, daß die Steuern nach Paris flossen. Alles ging in die eine große Kasse. Die Stände, der Adel, sogar seine Familienmitglieder hatte der König politisch kastriert. Nur sein Willen galt beziehungsweise das, was ihm seine Minister als seinen Willen einredeten. Aus der Position des entmachteten Adeligen urteilt der Herzog von Saint-Simon: Der König »wußte sehr wohl, daß er einen Standesherrn zwar mit dem Gewicht seiner Ungnade niederdrücken, daß er aber weder ihn noch die Seinen gänzlich auszulöschen vermochte, wenn er dagegen einen Staatssekretär oder einem anderen Minister der gleichen Art die Stellung nahm, dann stürzte er diesen samt den Seinen in die Dunkelheit des Nichts, aus der ein Amt ihn hausgezogen hatte, ohne daß die Reichtümer, die ihm verblieben, ihn aus diesem Nichts jemals wieder hätten emporheben können. Deshalb gefiel sich der König darin, seine Minister über seine vornehmsten Untertanen, über die Prinzen seines eigenen Blutes ganz so wie über alle anderen herrschen zu lassen[37].« Mit Neid und ererbter Abneigung reagierten die Adeligen auf die Macht, die bürgerliche Beamte über sie erhalten hatten. Und der König verfügte über Diener, deren er völlig sicher war.

Von solchen französischen Zuständen hätte Leopold nicht einmal zu träumen gewagt. Er mußte um jeden Groschen mit den Ständen ringen. Der Adel und die Kirche wurden reicher und reicher, während die Hofkammer oft nahe dem Bankrott war. Auch unter Leopold stiegen bürgerliche Juristen zu hohen Ämtern auf – der kleine Kreis der »Geheimen Konferenz«, das innere Kabinett, blieb jedoch dem Hochadel vorbehalten. Und die Aristokraten sorgten dafür, daß die Privilegien ihrer Standesgenossen unangetastet blieben.

Hornigks Gedankengänge wurden diskutiert, sie fanden begeisterte Anhänger, denn sie waren im Ansatz richtig. »Die Zentralbehörden für die habsburgischen Länder konnten jedoch Ideen dieser Art nicht verwirklichen«, urteilt der französische Historiker und Österreich-Spezialist Victor-Lucien Tapié. »Noch weniger vermochten sie, die wirtschaftlichen Möglichkeiten wirksam zu koordinieren, wie es in Frankreich geschehen war. Die höchsten Staatsämter lagen in den Händen einer Aristokratie, die dem Kaiser in Regierung, diplomatischem Dienst und Armee getreulich diente, in den entscheidenden Augenblicken aber eifersüchtig darauf bedacht war, die alte Ordnung und ihre fiskalischen Vorrechte zu erhalten. Sie schienen sich nicht zu fragen, wie denn der Kaiser ohne finanzielle Mittel mit Erfolg große Politik machen könne. Das große Land mit all seinen wirtschaftlichen Möglichkeiten, seinen fähigen Staatsbeamten und seiner guten Armee stand im Zeichen einer als ganz natürlich betrachteten Geldverlegenheit des Staates...[38]«

Damit mußte Eugen leben. Für ihn wurde das Handwerk des Kriegführens zwar mit der Zeit zu einem einträglichen Unternehmen. Der Staat, für den er siegte, dessen äußere Politik er bestimmte, dessen Monarchen er beriet und lenkte, blieb immer arm. Darüber konnte auch der Glanz barocker Bauten nicht hinwegtäuschen.

Vorläufig waren die Sorgen des Staates jedoch noch nicht die des Prinzen. Er mußte an sein eigenes Wohlbefinden, an sein Weiterkommen, an sein Regiment und seine militärische Laufbahn denken. Der vermögenslose und unbehauste Savoyer war in dem Prozeß einer historischen Wende nur eine Schachfigur, ein Dragoner-Obrist vornehmen Geblüts, den die Großen noch hin und her schieben konnten, wie es ihnen beliebte. Ein halbes Jahr nach der Befreiung Wiens richtete sich die Politik gegenüber der Türkei plötzlich auf völlig neue Ziele aus. Über 200 Jahre lang waren die Ungarn und die Habsburger in einem Abwehrkampf gegen den osmanischen Welteroberungsdrang verstrickt. Eine Schlacht nach der anderen ging verloren, eine Stadt nach der anderen fiel: die Donaufestungen, Belgrad, Mohács, Buda, Kandia auf Kreta – zweimal umringten die türkischen Zelte Wien, träumten Sultane und Großwesire davon, den Stephansdom wie die Hagia Sophia in eine Moschee zu verwandeln. Der Türke, das war die ständige Drohung, die auf den Menschen lastete – wie in unserer Zeit die Atombombe. Die Türken kommen – das bedeutete nicht die Angst vor irgendeinem Feind, in diesem Alarmruf steckte die Furcht vor der totalen Veränderung, vor der Unterwerfung unter eine andere Religion und Kultur. Die Türken waren für die Christen Heiden und die Christen für die Türken Ungläubige. Ein größerer Gegensatz ließ sich nicht denken.

Der Höhepunkt der osmanischen Ausdehnung war mit der zweiten Belagerung Wiens erreicht. Viele Historiker halten heute die erste Türkenbelagerung 1529 unter Sultan Soliman dem Prächtigen für die gefährlichere. Denn damals befand sich das türkische Reich am Zenit seiner Macht. Nur weil ihr Zeitplan durcheinandergeriet, weil ihre Nachschublinien überdehnt waren und an der Ostgrenze des Imperiums andere Gefahren auftauchten, brachen die Türken die Belagerung ab.

1683 sah der Herrschaftsbereich des Padischahs zwar viel imposanter aus, aber innere Schwächen erschütterten die Autorität der Zentralregierung. Die Beamtenschaft war korrupt. Die lokalen Provinzgewaltigen führten sich wie selbständige Herren auf – und es bedurfte solch kriegerischer Unternehmungen, um die auseinanderstrebenden Kräfte wenigstens zeitweise unter einen Hut zu bringen. Durch eine Reformwelle sollte das Osmanische Reich die verlorene Dynamik wiedergewinnen. Ausdruck dieses neuen Geistes war der Vorstoß bis Wien. Ein schlecht geführtes Heer erlitt jedoch eine katastrophale Niederlage, von der sich die Türken nicht mehr erholten.

Für den Kaiser und den Papst war endlich der Moment der Gegenbewegung angebrochen. Die Vision eines befreiten Ungarns war plötzlich realistisch. Die Türken sollten so weit zurückgeworfen werden, daß die Wiener nie mehr vor ihnen zittern müßten. Ein solcher Kreuzzug diente nicht nur dem Seelenheil, er versprach außerdem größten materiellen Gewinn und gewaltigen Landzuwachs für die Hausmacht der Habsburger. Darum brachte Leopold gemeinsam mit Papst Innozenz XI. die Heilige Liga zustande; am 5. März 1684 wurde der Vertrag in Linz unterzeichnet: der Kaiser, König Johann Sobieski von Polen und die Republik Venedig schlossen eine Allianz ausschließlich zum Kampf gegen die Türken und gegen keine christliche Macht. Der Papst war der Protektor und auch der Finanzier des Bündnisses.

Im Heer der Liga ritt Eugen mit seinen Dragonern: Das Ziel der aus 24 000 Mann Infanterie und 14 600 Reitern unter Karl von Lothringen bestehenden Armada war die Befreiung Budas (oder Ofens), der ungarischen Königsburg über der Donau. Seit 1541 befand sie sich in türkischer Hand. Voll Optimismus entschloß man sich zur Belagerung. Eugens Vetter und Freund, Markgraf Ludwig Wilhelm von Baden, meint, es sei »keineswegs zu zweifeln, daß wir selbigen Ort innerhalb acht Tagen ohnfehlbarlich emportieren werden«. Einige Anfangserfolge und ein Sieg gegen ein türkisches Heer ließen die Kaiserlichen leichtsinnig und zu siegessicher werden. Man hielt sich nicht an die Regeln der modernen Belagerungstechnik, die Laufgräben wurden nur nachlässig angelegt. Durch Ausfälle der Türken und durch deren Artilleriefeuer mußten die Belagerer schwere Verluste hinnehmen. Die Infanterie war fast auf die Hälfte zusammengeschmolzen. Das Heer litt unter einer Fieber- und Ruhr-Epidemie. Die Versorgung funktionierte nicht. Der Herzog von Lothringen, selber erkrankt,

stritt sich mit dem Markgrafen und mit Rüdiger von Starhemberg, dem ruhmreichen Verteidiger von Wien.
Von Prinz Eugen wissen wir nur, daß er in den Laufgräben am Fuß des Burgberges verwundet worden war – die erste von neun Verwundungen, bei denen er doch immer Glück gehabt hatte. Bei der Besichtigung der Stellungen soll ihn eine Musketenkugel am Arm getroffen haben. Der Knochen sei jedoch heil geblieben, heißt es.
In einem Brief an den Herzog von Savoyen klagte Eugen über den miserablen Zustand der Truppen und die schlechte Stimmung im Lager. Sehnsüchtig harrte man der Ankunft des Kurfürsten Max Emanuels mit 8000 Bayern. Eugen fieberte der entscheidenden Auseinandersetzung entgegen und schrieb etwas fatalistisch über die »Tapferkeit unserer Soldaten«. Sie »läßt mir fast sichere Hoffnung für den Kampf, vor allem, wenn man sie darauf hinweist, daß es für sie keine Aussicht gibt, als zu leben oder zu sterben[39]«. Es bleibe ihnen also ohnehin nichts anderes übrig, als in den Tod zu rennen.
Und vielen war dieses Schicksal bestimmt. Die Bayern kamen zwar und blockten ein 30 000 Mann starkes türkisches Entsatzheer ab. Ein Generalsturm scheiterte jedoch. Die Belagerer waren zu sehr geschwächt, und Ende Oktober wurde die am 14. Juli begonnene Belagerung – auf den Tag genau ein Jahr nachdem Wien eingeschlossen worden war – abgebrochen.
Gedemütigt und geschlagen trat die Armee den Rückmarsch in ihre Winterquartiere an. 23 000 Mann hatte der Lothringer verloren. Max Emanuel verfügte nur noch über die Hälfte seines Korps. Von Eugens Dragonern waren nicht mehr viele übriggeblieben. Er mußte sein Regiment noch einmal neu aufstellen.
Wie er mit dieser ersten Erfahrung einer Niederlage fertig geworden ist, wissen wir nicht. Im Winter reiste Eugen nach Turin, um von Herzog Victor Amadeus, dem Vetter und Chef des Hauses, Geld für sein Regiment zu erbitten – er erhielt 20 000 Lire. An der Spitze seiner regenerierten Truppe nahm Eugen 1685 am Feldzug in Oberungarn teil. Bei der Schlacht vor Gran und bei der Erstürmung der Festung Neuhäusel machten die Savoyer-Dragoner von

sich reden. Im Herbst, wieder in Wien, beförderte Kaiser Leopold Prinz Eugen am 16. Oktober, zwei Tage vor dessen 22. Geburtstag, zum Generalfeldwachtmeister – das entspricht etwa dem Rang eines Generalmajors. Dieser war gewöhnlich Inhaber eines Regiments und kommandierte kleinere Heeresteile von zwei oder drei Regimentern für einen bestimmten Zeitraum.
Die offizielle Anerkennung durch den Kaiser besserte Eugens finanzielle Lage kaum. Im Winter besuchte er seine Mutter in Brüssel und reiste mit ihr nach Spanien. Angeblich wollte sie ihn dazu überreden, in spanische Dienste zu treten. Auch Gedanken an eine spanische Heirat soll Olympia gehegt haben. Das einzige, was Eugen im Frühjahr 1686 nach Wien mitbrachte, war die Würde eines spanischen Granden erster Klasse – das billigte ihm König Karl II. zu, weil Eugen Karl V. und Philipp II. zu seinen Ahnen zählen konnte. Bei seiner Ankunft in Wien waren seine Offizierskollegen bereits in Aufbruchstimmung. Prinzen und Edelleute aus ganz Europa hatten sich hier versammelt, um bei der Befreiung Budapests dabei zu sein. Wieder herrschte Kreuzzugstimmung. Der Generalfeldwachtmeister Eugen von Savoyen war diesmal seinem Freund, dem Kurfürsten Max Emanuel, zugeteilt worden.

IV

»Die Wut der Ungläubigen...«

Gegen die Türken auf dem Schlachtfeld Ungarn

Blickt man vor der Kettenbrücke zur Burg hinauf, hat man ihn vor sich, den bronzenen Reiter, von dem die meisten Fremden nicht wissen, wie er heißt. Das Wiener Denkmal mit dem hochgehenden Pferd ist jedermann vertraut, das gehört zum populären Prinz-Eugen-Bild. Auf den Budapester Eugen müssen erst die Fremdenführer aufmerksam machen, auf den Herzog von Savoyen, wie ihn die Ungarn nennen. Dabei wurde ihm einer der prominentesten Plätze in Buda eingeräumt. Zu seinen Füßen fließt die breite Donau, jener Strom, mit dem sein Leben so eng verbunden war – durch seine Siege von Höchstädt bis Belgrad. Sein Blick schweift über das Häusermeer von Pest und weiter hinaus in die unendlichen Ebenen, die vor 300 Jahren den kaiserlichen Armeen auf einmal offenstanden. Auf der Terrasse unter der Kuppel der alten Königsburg, die Maria Theresia und Franz Joseph erneuert haben, zügelt Eugen sein Pferd. Er zwingt es nicht hochzugehen wie am Wiener Heldenplatz, er verhält es, der Feldherr, der eine Pause einlegt, um die Ausmaße seiner Siege abzuschätzen und um darüber nachzudenken, wie sich diese militärischen Erfolge auswerten ließen. Den Marschallstab hält er mit majestätischer Geste in der vom Körper weggestreckten Rechten, eher wie ein Herrscher denn wie ein Heerführer. Auf dem Sockel krümmen sich geschundene und gedemütigte nackte Türkenleiber.

Diese Leiber sind nicht die einzigen Erinnerungen an die lange Türkenzeit der ungarischen Hauptstadt. Im Király-Bad und in einigen anderen öffentlichen Badeanstalten, die von den heißen

Quellen am rechten Donauufer gespeist werden, bewahrt man die osmanischen Vorstellungen vom Wohlleben nicht museal, sondern noch überaus lebendig. Die von den Türken gebauten Kuppelräume haben sich kaum verändert – und nur mit Lendenschurz bekleidete Gestalten bewegen sich auf dem aufgerauhten roten Marmor – für den Belag wurden christliche Grabsteine verwendet – von der Dampfkammer zum achteckigen Wasserbecken. Die meisten türkischen Bäder verdankt Budapest dem Pascha von Ofen, Mustafa Szokoli – einem Ungarn, der zum Islam übergetreten ist und Karriere gemacht hat. Er hat um 1570 die Festung kommandiert und mehr gebaut, als es die türkischen Herren sonst zu tun pflegten. Diese begnügten sich meist damit, Kirchtürme in Minarette zu verwandeln und statt des Kreuzes den Halbmond auf die Spitze zu setzen. Eine solche Buda-Vedute hat auch Matthäus Merian 1638 in Kupfer gestochen – ein schmerzlicher Anblick für das christliche Europa.

An Befreiungsversuchen hat es nicht gemangelt. Belagert worden ist das türkische Buda immer wieder – 1542 führte der Herzog von Brandenburg ein kaiserliches Heer bis vor die Mauern der Festung. 1598, 1602 und 1603 versuchte General Rußwurm die Türken zu vertreiben – jedesmal mußte die Belagerung erfolglos abgebrochen werden. Die Stadt Pest am linken Donauufer befand sich jedoch längere Zeit in den Händen der Kaiserlichen. Volle achtzig Jahre blieben dann die türkischen Burgherren ungestört – bis zur unglücklichen Belagerung 1684. Und nun, zwei Jahre danach, wollte man es noch einmal versuchen, entschlossener, mit einer größeren, besser ausgerüsteten und vor allem besser versorgten Streitmacht.

Die Türken waren inzwischen weder schwächer noch stärker geworden. Das Management der »Operation Buda« in Wien hatte sich hingegen wesentlich verbessert. Die europäischen Fürsten fanden Gefallen an dem Ungarnabenteuer. Daher kostete es die Wiener Diplomaten einige Mühe, die hohen Herren davon abzuhalten, selber an der Spitze ihrer Kontingente zu reiten. Rangstreitigkeiten und Eifersüchteleien unter den Kommandierenden gab es auch so genug. So verpflichtete sich Johann Georg von

Sachsen, 4700 Mann zu senden – und blieb selber schweren Herzens daheim. Hingegen führte Max Emanuel seine 8000 Bayern wieder persönlich in die Schlacht – unter der Bedingung, daß ihm ein selbständiges Kommando zugesagt werde. Er war nicht nur Kurfürst, sondern seit kurzem auch Schwiegersohn des Kaisers. Der Kurfürst von Köln rüstete 2900 Mann aus, der Bischof von Paderborn 300, der fränkische Reichskreis stellte 3000 Mann, der schwäbische 4000, der oberrheinische 1500 (Teile dieser Reichstruppen befanden sich bereits vom vorigen Feldzug im ungarischen Winterquartier). Die Schweden versprachen 1000 Mann. Freiwillige für den Kreuzzug gegen die Ungläubigen meldeten sich aus ganz Europa. Gegen die Türken zu fechten, war damals für die adelige Jugend große Mode. Sie kamen aus Frankreich und aus England, aus Spanien und aus Italien. Sogar 60 einfache Handwerker aus Katalonien hatten sich zum Einsatz gegen den Feind der Christenheit gemeldet.
Diese Christenheit war dank der Bemühungen des Wiener Nuntius Buonvisi zu größten finanziellen Anstrengungen bereit. Nur der Papst selber zögerte, weil ihn die Ergebnisse der beiden vergangenen Feldzüge nicht befriedigt hatten. Erst im letzten Augenblick, als sich der Kampf um Ofen bzw. Buda seinem Ende zuneigte, schickte er 100 000 Gulden. Dafür wurden auf Anregung des Papstes ein Drittel aller in den letzten 60 Jahren erworbenen Kirchengüter in Österreich zu Geld gemacht – insgesamt kamen dadurch bis 1687 1,6 Millionen Gulden herein. In den Kirchen Europas wurde für den Heiligen Krieg gesammelt, und ausländische Klöster und Bischöfe spendeten – so der Bischof von Basel 12 000 Gulden, der Abt von St. Gallen 6000, eine spanische Diözese 10 000 Taler[40]. Diese Zahlen sollen illustrieren, wie sehr der Türkenkampf zu einem europäischen Anliegen geworden war. Er war Glaubenssache. Eine geschickte Propaganda entfachte die nötige Begeisterung. Zuversichtlich und frohen Mutes versammelte sich das Heer in Oberungarn.
Die letzten Differenzen räumte jedoch erst eine persönliche Botschaft des Kaisers aus. Weil sich der bayerische Kurfürst nicht dem Oberbefehl des Herzogs von Lothringen unterwerfen woll-

te, dachte man zuerst an zwei völlig getrennte Operationen. Max Emanuel sollte statt Buda Stuhlweißenburg belagern. Hofkanzler Stratmann war von Leopold in das Lager entsandt worden, um den hohen Herren zu bedeuten, daß das Ziel die Befreiung Budas sei – und daß sie an einem Strang ziehen müßten. Die Fürsten einigten sich, aber Max Emanuel sicherte sich ein gewisses Maß an Unabhängigkeit.
Die kaiserliche Armada war um ein neues Element bereichert – zum erstenmal gehörten ihr brandenburgische Truppen an. Kurfürst Friedrich Wilhelm, der bis dahin mit Frankreich verbündet war, ließ sich aus dieser Allianz herauskaufen, und setzte 7000 Preußen in Marsch. Das Heer war nun konfessionell bunt gemischt – nur 38 Jahre nach dem Ende des großen Religionskrieges. Im Lager verkündeten protestantische und calvinistische Feldprediger den Glauben auf ihre Weise; und Pater Marco d'Aviano sah sich, wenn er nicht gerade damit beschäftigt war, die Moral der Heerführer zu stärken, manchmal genötigt, den Ketzern mit flammender Rede zu antworten.
Das stattliche, wohlausgerüstete Heer, das in Richtung Buda aufbrach, umfaßte 56 000 Mann – und sollte bis Ende August auf 74 000 anwachsen. Eine solche Belagerung wurde nach festen Spielregeln durchgeführt. Man schätzte diese Form der Kriegführung. Sie war überschaubar und berechenbar, und die hohen Herren hatten im Wechselspiel von Angriff und Ausfall, von Artillerieduellen und der Explosion von Minen Muße zu repräsentieren, geladene Gäste zu unterhalten und in annehmlich ausgestatteten Quartieren auf standesgemäße Weise den Sieg abzuwarten. Um über genügend Zeit zu verfügen, schlossen die Kaiserlichen Buda bereits in der zweiten Junihälfte ein. Sie besetzten das von der letzten Belagerung noch arg hergenommene Pest, bauten eine Schiffsbrücke über die Donau und bezogen Stellung auf den Höhen rund um die Stadt und den Burgberg. Kurfürst Max Emanuel stand im Süden der Festung am Fuße des Blockberges und des Gellerthügels. Dem Bayern war kaiserliche Kavallerie zugeteilt, unter dem Oberbefehl Ludwig Wilhelms von Baden – und dazu gehörten die Savoyschen Dragoner.

Eugen kommt zum erstenmal in den Berichten vor, als er am 29. Juni einen Ausfall der Türken abzublocken half. Ludwig Wilhelm verwies auf den ungeheuren Kampfgeist der türkischen Infanterie. Dadurch sei er gezwungen worden, »den Prinzen von Savoyen mit zwei Schwadronen Reiterei auf die Kavallerie losgehen zu lassen«. Der Prinz habe sich so energisch in das wilde Getümmel geworfen, daß er sich »mit den Janitscharen und Reiterei vermischt, und von einer Sortie ziemlich viel von ihnen geblieben[41]«. Auch andere Quellen rühmen den mutigen Einsatz Eugens. Ein Pferd sei ihm unter dem Leib erschossen worden. Er habe sich so weit vorgewagt, daß ihn seine Kameraden durch einen Vorstoß heraushauen mußten.
Dann ließ plötzlich eine gewaltige Explosion die Erde beben. Ein Pulvermagazin war explodiert – 1500 Türken kamen dabei ums Leben. Aber Abdurrahman Pascha lehnte alle Kapitulationsaufforderungen ab. Er hoffte auf die nächste Phase eines Belagerungskrieges – auf das Eintreffen des Entsatzheeres. In der zweiten Augustwoche tauchten die Spitzen der Armee des Großwesirs Suleiman im Hügelland vor Buda auf. Der türkische Feldherr scheute jedoch einen Großangriff auf die gut gedeckten und abgeschirmten Belagerer. Er verzettelte sich in wenig erfolgreichen Einzelaktionen. Kurz zuvor war Eugen bei einem eigenmächtigen Sturm des Kurfürsten auf das Schloß durch einen Pfeilschuß in die rechte Hand nun schon zum zweitenmal vor Buda verwundet worden. Die Verletzung dürfte ihn jedoch kaum behindert haben. Noch nach seinem Tode gedachte der Wiener Domprediger Franciscus Peikhart mit barockem Überschwang dieses Pfeiles: »Die Wut der Ungläubigen machet mich glauben, es habe die Hölle ihm die Hand brechen wollen, mit welcher er schon damals gedrohet hat, den Mahomet zu stürzen, und aus denen sieben Türmen zu Stambul ein geackertes Feld zu machen...[42]«
Am 2. September wurde der Generalsturm befohlen. Prinz Eugen nahm nicht daran teil. Ihm war die verantwortungsvolle Aufgabe übertragen, den Rücken der Angreifer gegen die Armee des Großwesirs zu decken. Beim Wiener Tor gelang der erste Durchbruch. In blutigem Mann-gegen-Mann-Gemenge wurden die Türken auf

das Schloß zurückgeworfen. Dort drangen die Bayern von der anderen Seite ein. Nach stundenlangem Kampf mußten die Verteidiger aufgeben. Der Pascha war gefallen. Der lothringische Prinz Commercy brachte die Siegesbotschaft in einem 18-Stunden-Ritt nach Wien. Europa jubelte. Die Befreiung Budas bedeutete mehr als nur die Einnahme einer Festung – der wichtigste Stützpunkt der Türken in Ungarn war genommen. Nie mehr sollten sie das Herz Europas bedrohen. Hymnen wurden gedichtet, 60 Gedenkmünzen geprägt, Dankgottesdienste abgehalten.
Eine der unheimlichsten und erschütterndsten Erinnerungen an die Eroberung von Buda verdanken wir dem lothringischen Hofmaler Charles Herbels. Er befand sich im Gefolge Herzog Karls. Und sein Gemälde – es hängt in der Innsbrucker Hofburg und ein zweites in Nancy – hält keine heroische Schlachtenszene fest, keine der üblichen Triumphgebärden säbelschwingender Feldherren. Nicht den Ruhm der Eroberer schildert der Maler, sondern die Greuel des Krieges – wie vor ihm sein Landsmann Jacques Callot, wie später Goya: es ist der Abend nach dem Sieg. Fahle Dämmerung liegt über dem Bild. Häuser brennen, Rauchwolken verdunkeln den Himmel, und die nackten Leiber der Leichen werden zur stärksten Lichtquelle. Die kaiserlichen Soldaten reißen Toten und Lebenden die Kleider vom Körper, Frauen und Kindern; sie zerren die Menschen aus den Häusern, schleppen Beute weg, hauen noch da und dort auf einen sich regenden Türken ein, jagen herrenlosen Pferden nach und führen einen vornehmen Türken gefangen ab: Vergewaltigung, Plünderung, Leichenfledderei! Herbels muß diese Stunden nach der Schlacht selbst miterlebt haben, sonst wäre er zu einer so realistischen Darstellung nicht fähig gewesen.
»Ofen wurde eingenommen und der Plünderung preisgegeben«, heißt es in einem zeitgenössischen Bericht. »Die Soldaten begingen dabei tausenderlei Exzesse. Gegen die Türken, wegen ihres langen und hartnäckigen Widerstandes, der eine erstaunliche Menge ihrer Kameraden das Leben gekostet hatte, aufgebracht, sehen sie weder auf Alter noch Geschlecht. Der Kurfürst von Bayern und der Herzog von Lothringen, durch das Seufzen der

Männer, die man umbrachte, und der Weiber, die vergewaltigt wurden, gerührt, erteilten so gute Ordres, daß dem Niedermetzeln Einhalt geschah und noch über 2000 Türken das Leben gerettet wurde...[43]« Viele wanderten in Gefangenschaft, und in den vornehmen Familien Wiens gehörte es bald zum guten Ton, sich einen Leibtürken zu halten. Zahlreiche elternlose Kinder wurden getauft und christlich erzogen. Der kleine Mohr im »Rosenkavalier« ist ein theatralisches Überbleibsel dieser barocken Sklavenhalterei.

Die christlichen Soldaten haben in Buda gehaust wie die Türken – und noch ärger. Unter den Hingemordeten befanden sich auch calvinistische Ungarn, die auf seiten der Türken gekämpft hatten, und viele Juden, die in Buda daheim waren. Die Schrecken des Krieges – Prinz Eugen werden sie kaum berührt haben. Gefühle hat er nie gezeigt. Die Brutalität gehörte zum Handwerk, auch wenn man ihm später nachrühmte, in seinen Feldzügen unnötige Grausamkeiten nach Möglichkeit vermieden zu haben. Sein Innenleben hat er nie geoffenbart. Wir besitzen Stapel von Dokumenten von seiner Hand, Tausende von Seiten, die über ihn geschrieben wurden, Zeugnisse seiner Zeitgenossen, psychologisierende Untersuchungen späterer Betrachter, aber hinter die steinerne Maske seines Gesichtes hat keiner gesehen; und er selbst verbarg der Außenwelt alles Persönliche, erlaubte keinen Blick ins Private. Der Zeitgeist verlangte es. Der Mensch tarnte sich durch Schminke und Perücken, seine wahren Gedanken verloren sich im Netz kunstvoller und gekünstelter Wortlabyrinthe, und so offene und ehrliche Bekenntnisse wie in den Briefen der Liselotte von der Pfalz sind eine Rarität.

Für den Prinzen waren Lager und Ruinenstadt keine Bleibe. Er brach an der Seite Ludwig Wilhelms mit der Kavallerie zur Verfolgung des Entsatzheeres auf. Stuhlweißenburg und Szegedin wurden genommen; und bei Esseg, dem heutigen Osijek, verbrannten die Kaiserlichen die große Draubrücke – sie hatte den Türken Jahr für Jahr gedient, wenn ihre Heermassen den Strom überquerten.

Ende Oktober war die Kriegssaison beendet. Die Soldaten bezogen ihre Winterquartiere, und die Fürsten, Prinzen und Offiziere reisten in die Residenzen. Eugen hatte noch an Renommee gewonnen. Obwohl sie einander nicht ausstehen konnten, waren sich der Kurfürst von Bayern und der Herzog von Lothringen in ihrem Lob des Prinzen vor dem Kaiser einig. Und Max Emanuel lud Eugen ein, ihn nach Weihnachten zum Karneval nach Venedig zu begleiten.

»Junge Leute, die nur in sündlicher und ausgelassener Freiheit ihren Zeitvertreib suchen, finden zwar hier Gelegenheit genug, ihre Begierden, so nicht zu sättigen, jedoch wenigstens zu ermüden«, heißt es in einem Reisebericht über das venezianische Faschingstreiben. Venedig sei in dieser Zeit eine ideale Stätte für ein »wildes Leben, bei dem man alle Schamhaftigkeit auf die Seite gesetzt haben muß. Die Kurtisanen, welche mit großer Unverschämtheit ihre Dienste anbieten, sind öfters solche cloacae publicae (öffentliche Kloaken), welche wegen ihres liederlichen Lebens und Spitzbübereien in den benachbarten kaiserlichen Erbreichen des Landes verwiesen worden, und öfters die Kennzeichen der Rute oder des Galgens noch auf dem Rücken führen. Aus den Maskeraden machen zwar die Italiener überhaupt ein großes Wesen, und geht man gemeiniglich die ganze Zeit des Carnavals verkleidet...[44]« Masken, käufliche Damen, Spielsalons, Intrigen und Tratsch, Wahrsagerinnen, Magier, Schwindler, Hochstapler, Schauspieler, dazu oft noch Regen, Frost, Schnee und böses Fieber. Die närrischen Wochen in der Lagunenstadt waren für die höfische Jugend Europas ein Muß. Man traf sich dort, es war schick, ein willkommenes Divertissement. Und Eugens Einladung durch Max Emanuel dürfte auch die Kosten seines Venedigaufenthaltes eingeschlossen haben.

Die Kombination Prinz Eugen und venezianische Sündenlagunen und Lastergondeln war für die patriotische Historiographie der Monarchie schier unerträglich. So beruft sich Arneth auf frühere Biographen, die wissen wollen, daß Eugen an all dem Prunk, dem Prassen und Pokulieren wenig Freude gefunden habe: »Sogar die weit gepriesene Schönheit der venezianischen Frauen berührte ihn nur wenig, und er zeigte schon damals jene Selbstbeherrschung und Ruhe ihnen gegenüber, welche ihm später die Bezeichnung ›Mars ohne Venus‹ erwarben[45].« Diesen etwas zweifelhaften Beinamen verdankt Eugen dem Leipziger Historiker Eucharius Gottlieb Rink. Noch zu Lebzeiten Eugens nannte Rink ihn in seiner Biographie Leopolds I. einen »Mars ohne Venus«, weil er »sich in seiner Ambition durch kein Pläsir stören« lasse[46]. Daraus wurden später Schlüsse auf eine homosexuelle Veranlagung Eugens gezogen. Arneth bleibt bei dessen Sinn für das Militärische. Weit mehr als für alle Verlockungen des Karnevals »interessiert es ihn, das berühmte Arsenal von Venedig in seinen kleinsten Details zu besichtigen. Er wohnte daselbst dem Gusse von großen Kanonen bei und sah, wie ein hochbordiges Schiff vom Stapel gelassen wurde.«

Die Republik Venedig, als Verbündete in den Türkenkriegen, feierte die fürstlichen Gäste, die Helden von Buda. Neben Max Emanuel und Eugen stehen die Fürsten von Mantua und von Bayreuth und der Pole Lubomirski in den Gästelisten. Höhepunkt des maritimen Spektakels war eine Regatta auf dem Canale Grande und – für die Binnenkrieger von besonderem Reiz – die lebendige Darstellung eines Seegefechtes. Eugen hatte in Venedig außerdem Gelegenheit, mit seinem um drei Jahre jüngeren Vetter Victor Amadeus II., dem Herzog von Savoyen, ein vertrauteres Verhältnis zu gewinnen. Die beiden waren viel zusammen, und diplomatische Berichte vermerken gewisse Charakterähnlichkeiten der Savoyer. Beide seien für ihre Jugend ungewöhnlich ernst und zielstrebig – ganz im Gegensatz zu dem anderen Vetter, zu Max Emanuel. Der Bayer, ein Sohn der Tante Victor Amadeus', liefert eher das Musterbeispiel des nur dem Genuß und dem Augenblick verschriebenen Barockmenschen – im Frieden wie im Krieg. Und der Herzog von Villars entwarf ein treffendes Bild des »blauen Königs«, wie ihn die Türken wegen seines blauen Waffenrockes nannten. »Der Kurfürst von Bayern hat viel natürliche Tapferkeit; er würde sich niemals im Krieg langweilen, wenn man sich jeden Tag schlüge. Die Gefechte unterhalten ihn, obwohl das nicht der Platz für einen Befehlshaber ist, so tauscht er doch nur sehr ungern den im Feuer liegenden Graben mit dem Befehlsstand. Wenn er sich dem Kriegshandwerk wirklich widmete, würde er es wohl verstehen; aber bis jetzt scheint es, daß ihm davon nur Gefechte und Scharmützel gefallen, daß er nur den Feind fliehen sehen, sich seines Lagers bemächtigen und die Früchte des Sieges kosten will. Er kümmert sich auch wenig um seine Truppe. Er hat weder Ausdauer für die Ausarbeitung eines Kriegsplanes, noch für seine Durchführung. Er zieht seine Vergnügungen allem anderen vor, er fürchtet sich vor allen Geschäften und Mühen, soferne sie nicht die Eroberung einer neuen Maitresse oder die Jagd auf einen Hirschen zum Ziel haben. Er achtet nicht auf all das Geld, das seine Finanzverwalter ausgeben, wohl aber genau auf das, was in seine eigene Tasche fließt. Er hat gewiß viel Mut, aber man bezweifelt seine Willenskraft...[47].« Diesem Fürsten also blieb Eugen in den nächsten Jahren noch eng als Kriegskamerad und Gefährte verbunden – bis sie zu erbitterten Gegnern werden sollten. Daß es soweit kam, daran war sicher die unausgeglichene Persönlichkeit des Bayern schuld.

Während Prinz Eugen in diesen Jahren die Unterordnung gelernt hatte, vermochte Max Emanuel keinen anderen über sich zu dulden – außer dem Kaiser. Daher begann die Kriegssaison 1687 wieder mit lästigem Zank um Vorrang und Befehlsgewalt. In Wien tüftelte man einen Kompromiß aus. Zwei gleichrangige Armeen sollten unter dem Herzog von Lothringen rechts und unter Max Emanuel links der Donau vorstoßen. Eugen gehörte mit Ludwig Wilhelm von Baden dem Kontingent des Bayern an. Die Teilung der Kräfte war nicht klug. Das türkische Heer, wohl mit dem Fernziel der Rückeroberung Budas von Istanbul aufgebrochen, lag gut verschanzt vor Esseg – und die Versuche, es dort zu pakken, mißlangen kläglich. Max Emanuel wechselte bei Mohács über eine Schiffsbrücke auf das rechte Ufer über und vereinigte sich notgedrungen mit dem Lothringer. Die Türken aber glaubten, eine offene Feldschlacht riskieren zu können – und rückten gegen die Kaiserlichen vor.

161 Jahre nach der Schlacht von Mohács, in der 1526 Ungarns Heerbann vernichtet worden, der König gefallen und die Unabhängigkeit verlorengegangen ist, trafen Christen und Türken in

derselben Ebene aufeinander, nur ein wenig südlicher, am Fuße des flachen Berges Harsan. Es war der 12. August 1687. Karl von Lothringen versuchte noch, seine Armee in eine günstigere Position zu bringen, da kam die erste türkische Attacke. Sie traf den linken Flügel unter Max Emanuel voll – die Schlachtchronisten rühmen die Standfestigkeit Eugens und seiner Dragoner. Und Eugen führte dann den Gegenschlag der Kavallerie durch eine Feuerwand der Artillerie. Eine Türkenwelle nach der anderen wurde niedergeritten – bis zum verlassenen Zelt des Großwesirs.
50 000 Deutsche standen an diesem Tag gegen 60 000 Türken. Die Bilanz danach – zwischen 8000 und 10 000 tote Türken gegenüber 500 bis 600 Mann Verlusten bei den Kaiserlichen. Diesmal wurde Prinz Eugen beauftragt, mit der Siegesbotschaft nach Wien zu reiten – noch am Abend hat er sein Pferd gesattelt, am Morgen des 16. August öffneten sich ihm die Tore der Hauptstadt. Als ihn die Bürger, von Hornsignalen begleitet, zur Burg preschen sahen, wußten sie, daß er nur eine gute Nachricht bringen konnte. Staubbedeckt und erschöpft näherte er sich dem Kaiser und schilderte ihm den Verlauf der Schlacht.
Die politisch-militärischen Folgen waren beachtlich: Die Türken hatten den noch weiter vorstoßenden Kaiserlichen wenig entgegenzusetzen. Esseg und Slawonien wurden befreit – und Karl von Lothringen zog nach Siebenbürgen, um dieses Land wieder mit Ungarn zu vereinen. Leopolds Reich hatte sich um ein Beträchtliches vermehrt. Der ungarische Reichstag mußte unter dem Druck der Umstände und zum Dank für die Befreiung Ungarns von den Türken den Habsburgern das Erbrecht auf die Stephanskrone zugestehen – und am 9. Dezember wurde Leopolds neunjähriger Sohn Joseph zum König von Ungarn gekrönt.
Daß Eugen bei dem Krönungsfest in Preßburg dabei war, ist nicht gesichert. Für ihn brachten die Erfolge auf dem Schlachtfeld Ehren und Beförderung. Der spanische König nahm ihn in den Orden vom Goldenen Vlies auf – wie der Kaiser durfte er nun die Toison d'Or tragen, das goldene Widderfell dieses burgundischen und später habsburgischen Hausordens als Zeichen ritterlicher Tugend. Der Kaiser selber legte ihm die Kette bei der feierlichen

Investitur am 31. Jänner 1688 in der Ritterstube der Hofburg um. Gleichzeitig wurde er zum Feldmarschalleutnant befördert. Diese Charge gestand ihm das Kommando eines Heeresteiles, etwa eines Flügels, zu.
Seinem Rang gemäß mußte sich Eugen ausstatten. Neben Pferden und Waffen kostete allein die Uniform eine Menge Geld. Was verlangten die Vorschriften für einen General? »Einen ärmellosen Mantel aus weißem Stoff, der Kragen goldgestickt, den Rock aus sehr feinem perlgrauen Tuch mit einem Stich ins Himmelblaue, reich mit Gold gestickt und bordiert. Stiefelhose aus scharlachrotem Tuche. Reiterstiefel mit großen Kappen, Sporen sehr groß, oft aus Gold. Halsbinde aus weißer Seide, schwarz gestickt, mittels einer Masche geknüpft, die Schleifen breit über die Brust herabhängend. Hut aus schwarzem Seidenfilz, die Krämpe auf drei Seiten aufgeschlagen und mit breiten Goldborten eingesäumt, der wallende Federbusch schwarz. Die Generäle und Oberste trugen die Allonge-Perücke. Stulphandschuhe aus Rehleder. Die Feldbinde, eine Schärpe aus roter schwerer Seide, schwarzgold gestickt, mit langen Goldfransen. Der Kürass, zumeist aus Silberblech mit eingelegten Goldzieraten nebst den Armschienen und Schulterstücken, bei welchen die Ränder der einzelnen Platten mit Goldstreifen verziert waren...[48]« Der Kommandostab stand nur dem Oberbefehlshaber zu. Auf ihn hatte Eugen noch zehn Jahre zu warten.
Des Kaisers Rock glich eher einem Kampfanzug für das Gewirr eines Hofballes als für den Krieg. Doch so aufwendig kostümiert sind die Herren Generäle in die Schlacht geritten, und die meisten von ihnen scheuten sich auch nicht, selber an der Spitze ihrer Soldaten auf den Feind einzuhauen. Der Führer mußte glänzen, sich deutlich vom gemeinen Volk unterscheiden, wenn er seinen Willen auf die Masse der Soldaten übertragen und sie zu seinem Werkzeug machen wollte.
Eugens Laufbahn war nun fixiert und vorgezeichnet. Dank seiner soldatischen Qualitäten – um diese Zeit aber vielleicht noch in vermehrtem Maße dank seiner Abkunft – stand seinem raschen Aufstieg im Dienste des Kaisers kaum etwas im Wege. Seine Um-

gebung, seine Freunde prophezeiten ihm eine große Zukunft. Nur der spätere Gegenspieler, der Franzose Villars, hielt sich in seinem Urteil etwas zurück. Er hatte im letzten Feldzug als eine Art französischer Militärattaché den Kurfürsten nach Ungarn begleitet und verfaßte dann für seinen König sehr genaue Porträts der kaiserlichen Generäle. »Sein Mut ist groß«, schrieb er gönnerhaft über den Prinzen. »Er besitzt mehr nüchternen Verstand als Inspiration und eine Menge von Eigenschaften, die ein guter Offizier braucht – was er durchaus werden kann.« Das Außergewöhnliche, das Genie des Savoyers, hatte Villars noch nicht erkannt[49].
Eugens vordringliche Probleme blieben das Geld und eine dauerhafte Versorgung. Im Kreis seiner Freunde und Gönner war der Feldmarschalleutnant weiterhin der arme Prinz. Denn auch sein Regiment brachte ihm nicht so viel ein, daß er im Aufwand mit seiner fürstlichen Gesellschaft hätte mithalten können. Er brauchte dringend ein solides Grundeinkommen – und das verschaffte ihm der Herzog von Savoyen. Victor Amadeus sprach ihm zwei Abteien in Piemont zu – San Michele della Chiusa und Santa Maria di Casanova. Ihre reichen Einkünfte sollte er bis zu seinem Lebensende beziehen. Voraussetzung dafür war jedoch, daß er nicht heiratete. Eugen war nominell Abt der Klöster, geführt wurden die Abteien allerdings von einem priesterlichen Generalvikar[50].
All das wurde brieflich erledigt. Die Pause zwischen zwei Feldzügen verbrachte Eugen in Wien. Für die Zukunft würde das nun sein Jahresrhythmus sein – im späten Frühjahr reiste er zu seinen Armeen, im späten Herbst kehrte er in die Hauptstadt zurück, erholte sich, pflegte seine Wunden, kümmerte sich um seine politischen Verbindungen und Geschäfte und bereitete sich auf den nächsten Krieg vor.
1688 hieß das Ziel Belgrad. Seit 1521 war die weiße Stadt zwischen Donau und Save, war Griechisch-Weißenburg, wie es in alten Beschreibungen heißt, türkisch. Noch vor ein paar Jahren lag es mitten im europäischen Reich des Sultans, unerreichbar für die christlichen Waffen – und jetzt marschierten die Kaiserlichen die Donau entlang gegen die mächtige Festung. Führungsstreitigkei-

ten blieben diesmal erspart. Der Herzog von Lothringen lag schwer krank in seinem Domizil, in der Innsbrucker Hofburg. Kurfürst Max Emanuel brauchte den Ruhm mit niemandem zu teilen. Er erhielt den alleinigen Oberbefehl. Kaiser Leopold dürfte sich dabei nicht so ganz wohl gefühlt haben. Denn bei seinem vorsichtigen Naturell war ihm der Feuergeist seines Schwiegersohnes sicherlich etwas unheimlich.

Die Ausgangslage des Unternehmens verlangte jedoch nach einem Draufgängertyp vom Schlage Max Emanuels. Der Aufmarsch der kaiserlichen Armee hatte sich verzögert, so daß die Festung erst Anfang August eingeschlossen werden konnte. Nach dem damals gültigen Zeitplan für Belagerungen ein viel zu spätes Datum. Wie riskant Max Emanuel schon vorher beim Übergang über die Save operiert hatte, verrät ein Brief Eugens an seinen Vetter nach Turin: »Ich glaube nicht, daß jemals eine Aktion von größerem Glück begünstigt wurde, da ein Erfolg so gut wie ausgeschlossen war, wenn nur etwas Widerstand geleistet worden wäre[51].«

Für Eugen selber sollte das Belgrader Abenteuer nicht glücklich enden. Dabei schienen die jungen Herren unter den Mauern der Festung äußerst vergnügt und zuversichtlich. Graf Ferdinand Christian zu Lippe erzählt, wie er bei glühender Hitze mit seinen Gefährten in der Donau badete – und plötzlich näherte sich eine Gruppe anderer Schwimmer, die sie zuerst für Türken hielten. Doch es war Eugen mit den beiden lothringischen Prinzen Vaudemont und Commercy. Sie bewarfen sich mit Steinen, tauchten einander gegenseitig unter und standen schließlich »ganz nackt wie die Hand im Wasser, das ihnen nur bis zum Knie reichte[52].«

Inzwischen war die schwere Artillerie eingetroffen, und die Festung wurde beschossen. Man versuchte erste Angriffe durch Breschen in den Mauern. Bei einer dieser Aktionen erlitt Eugen eine seiner schwersten Verwundungen. Das genaue Datum ist umstritten, wahrscheinlich wenige Tage vor dem großen Sturm. Ein Janitschar spaltete Eugen den Helm. Der Prinz stach den Türken jedoch nieder. Da traf ihn eine Musketenkugel oberhalb des Knies. Sie saß so tief im Fleisch, daß sie lange nicht gefunden wurde.

Die Einnahme Belgrads am 6. September nach mörderischem Kampf hat Eugen nicht mehr miterlebt. Die Behandlung der Wunde nahm viel Zeit in Anspruch. Zum Wundfieber kam eine schwere Bronchitis. Der Herzog von Savoyen sandte im November seinen persönlichen Chirurgen nach Wien. Erst am 13. Jänner 1689 schrieb Eugen an Victor Amadeus: »Meine Wunde hat sich geschlossen und ich bin nun völlig kuriert[53].«
Die Feldherren des Kaisers hatten den Sieg ausgenützt und waren noch tief in den Balkan vorgestoßen. Max Emanuel ließ sich als der Eroberer Belgrads feiern, und selbst seine Kritiker räumten ihm ein, daß jeder andere General den Sturm nach so kurzer Belagerungszeit kaum gewagt hätte. Dafür waren auch die Verluste schrecklich hoch. Kaiser Leopold und vor allem sein Berater Pater Marco d'Aviano träumten bereits von der völligen Verdrängung der bösen Heiden aus Europa, selbst Konstantinopel schien nicht mehr unerreichbar. Aber die Meldungen aus dem Westen riefen den Kaiser wieder zurück in die rauhe Wirklichkeit. Ein paar Wochen nach dem Fall Belgrads überschritten die Truppen Ludwigs XIV. den Rhein und fielen ins Heilige Römische Reich ein.

V

»... nur mit dem Schwert in der Hand zurückkehren...«

Für den Kaiser und gegen den König

Ein stiller Platz am linken Ufer der Seine, dort, wo Paris am pariserischesten ist, schlanke Bäume, die unter dem Pflaster noch genügend gutes Erdreich für ihre Wurzeln finden, pompöse Lampen, eine Galerie, eine Wäscherei, Bänke, ein Platz zum Ausruhen, zum Träumen, zum Verliebtsein oder zum Nachdenken, eine Insel des Friedens in der Hektik dieser Metropolis: der Platz Furstemberg, nein, Platz ist falsch, auf dem Schild steht Rue de Furstemberg. Und der deutschsprachige Besucher wundert sich, wie ein Fürstenberg ins Herz von Paris kommt. Er sei ein Kardinal gewesen, der hier seinen Lebensabend verbracht hat, erhält man als Auskunft – später wählte sich Eugène Delacroix diese Ecke für sein Atelier. Doch der altersmüde Kardinal hat seinen Namen in der Geschichte – für die Franzosen als williger deutscher Helfer Ludwigs XIV., für die Deutschen als verräterischer und bestechlicher Intrigant. Kaiser Leopold wollte ihn, als er seiner habhaft wurde, sogar hinrichten lassen: Wilhelm Egon von Fürstenberg, Bischof von Straßburg und, wenn es nach Ludwig gegangen wäre, auch Kurfürst von Köln. Der Streit um dieses Amt, dazu die Ansprüche des Königs auf das rheinische Erbe Liselottes von der Pfalz, der Frau seines Bruders, und der Fall von Belgrad waren die Anlässe, daß Ludwig XIV. im Herbst 1688 seine Armeen in den Krieg sandte: Dieser Krieg sollte bis 1697 dauern, er brachte unendlich viel Leid – und Prinz Eugen kämpfte nun zum erstenmal für den Kaiser gegen den König. Ludwigs Sonne aber verlor

an Strahlkraft, seine »gloire« wurde durch die von ihm sanktionierten Schandtaten seiner Soldateska beeinträchtigt; seine Lebens- und Erfolgskurve hatte ihren Scheitelpunkt erreicht, und von nun an ging's – mit einigen Verzögerungen durch Zwischenhochs – bergab.
Der erste zu sein, ein Fürst, vor dem sich sogar der Kaiser beugt, unerreichbar, unvergleichlich und unschlagbar – so sah Ludwig seine Stellung unter dem Himmel. Zielstrebig, energisch und rücksichtslos baute er seine Macht aus, erweiterte er Frankreichs Grenzen, und versuchte dabei, eine brutale Eroberungspolitik mit juristischen Spitzfindigkeiten zu rechtfertigen. Der Krieg war für ihn ein selbstverständliches Mittel der Politik, ein natürlicher Zustand, der ihm Abwechslung bot, seinen Ruhm mehrte und Frankreichs Vormacht in Europa festigte. Darum scheute sich der »allerchristliche König« nie, die heidnischen Türken als seine Verbündeten zu betrachten. Sie dienten Frankreich, weil sie den Kaiser schwächten und dessen Truppen im Osten banden.
Als Wien eingeschlossen war, rührte Ludwig keinen Finger. Im Gegenteil, man verdächtigte ihn der Absicht, nach dem Fall von Wien die Stadt als Retter des Abendlandes zurückzuerobern und dafür mit der Kaiserkrone des Heiligen Römischen Reiches belohnt zu werden. Französisches Geld und französischer Einfluß arbeiteten im Reich für eine mögliche Kandidatur Ludwigs oder seines Sohnes bei der nächsten Kaiserwahl gegen die Habsburger. Lange Zeit war der Kurfürst von Brandenburg sein Verbündeter, ebenso der Kölner Kurfürst aus dem Hause Wittelsbach. Nach dessen Tod ging die Wahl zwischen Ludwigs Kandidaten Fürstenberg und dem Bruder Max Emanuels unentschieden aus. Der Papst bestätigte im Sinne Kaiser Leopolds den Wittelsbacher – Ludwig korrigierte diese Entscheidung, indem er seine Soldaten nach Kurköln entsandte. Auf lange Sicht konnte er seinen Mann dennoch nicht durchsetzen. Kardinal Fürstenberg erhielt die Abtei Saint-Germain-des-Prés als Ausgedinge und lebte dort bis zu seinem Tod 1704 von Ludwigs Gnaden.
Der schwererwiegende Streitfall war die Pfalz. Der Kurfürst war ebenfalls gestorben, und Ludwig beanspruchte für seine pfälzi-

sche Schwägerin Abstandszahlungen und einige Besitzungen. Da Liselotte auf ihr Erbrecht verzichtet hatte, wurden seine Forderungen nicht anerkannt. Deshalb besetzte er die Pfalz, um sie als Pfand zu behalten. Der König glaubte wohl, mit seiner überlegenen Armee den Rhein endgültig als Frankreichs natürliche Grenze zu gewinnen. 1681 hatte er bereits die freie Reichsstadt Straßburg in einem handstreichartigen Einmarsch kassiert. Durch fadenscheinige Rechtssprüche der von ihm errichteten Reunionskammern ließ er sich den Anspruch auf sämtliche Städte und Ländereien, die jemals zu den seit dem Westfälischen Frieden von Frankreich gewonnenen Gebieten gehört hatten, bestätigen – viele davon lagen auch am rechten Rheinufer. Die Anerkennung und Sanktionierung dieser Forderungen verlangte Ludwig vom Reich. Wie so oft in der Geschichte trübte der Übermut den Blick eines Mächtigen, so daß er die Grenzen seiner Handlungsfähigkeit nicht mehr richtig abzuschätzen vermochte. Schon im Sommer hatten sich Holländer, Briten und Reichsfürsten zusammengeschlossen. Vor allem die Protestanten wandten sich jetzt gegen Frankreich, nachdem Ludwig 1685 das Edikt von Nantes aufgehoben und damit jede andere Religion als die katholische verboten hatte. Die brutale Verfolgung der Hugenotten löste eine Auswanderungswelle aus, die Frankreich wirtschaftlich schwer schädigte und dem König viele neue Feinde schuf. 1689 trat auch der Kaiser dem antifranzösischen Bündnis bei. Lange hatte er gezögert, weil er seine vordringliche Aufgabe im Kreuzzug gegen die Türken sah. Aber er mußte auch an seine Stellung im Reich denken. Als so der Druck auf die Franzosen am Rhein stärker wurde, redete Kriegsminister Louvois König Ludwig eine Terrortaktik ein, wie man sie seit dem Dreißigjährigen Krieg in Europa nicht mehr für denkbar gehalten hatte. Louvois befahl vor der Räumung der Pfalz »verbrannte Erde«. Worms, Speyer, Mannheim, Heidelberg und viele kleinere Orte wurden zum Teil dem Erdboden gleichgemacht. Die Franzosen hausten wie die Barbaren. Voltaire schrieb in seinem »Zeitalter Ludwigs XIV.«: »Es war tiefer Winter. Den französischen Generälen blieb nichts anderes übrig, als zu gehorchen. Sie kündigten also den Bürgern dieser blühenden und wohlgeordneten Städte, den Einwohnern der Dörfer, den Herren von mehr als fünfzig Schlössern an, daß sie ihre Wohnstätten, die mit Feuer und Schwert zerstört würden, zu verlassen hätten. Männer, Weiber, alte Leute und Kinder flohen ohne Säumen. Manche wanderten im offenen Land umher, andere suchten Zuflucht in benachbarten Gebieten, während das Kriegsvolk plündernd und brennend durchzog...[54]« In Speyer öffneten die Franzosen die Kaisergrüfte, rissen die Skelette aus den Särgen und spielten mit den Grabkronen in den Straßen. Der mächtige romanische Dom mußte von den Bürgern mit Möbeln vollgeräumt werden – und die zündeten die Franzosen an.

In Versailles verzweifelte Liselotte ob des grausigen Schicksals ihrer Heimat, wegen des »schrecklichen und erbärmlichen Elends in der armen Pfalz. Was mich am meisten daran schmerzt, ist, daß man sich meines Namens gebraucht, um die armen Leute ins äußerste Unglück zu stürzen. Und wenn ich darüber schreie, weiß man mirs gar großen Undank und man protzt mit mir darüber. Sollte man mir aber das Leben darüber nehmen wollen, so kann ich doch nicht lassen zu bedauern und zu beweinen, daß ich sozusagen meines Vaterlands Untergang bin... Ja ich habe einen solchen Abscheu vor allem, so man abgesprengt hat, daß alle Nacht, sobald ich ein wenig einschlafe, deucht mir, ich sei zu Heidelberg oder zu Mannheim und sähe alle die Verwüstung, und dann fahre ich im Schlaf auf und kann in 2 ganzen Stunden nicht wieder einschlafen. Dann kommt mir in Sinn, wie alles zu meiner Zeit war, in welchem Stand es nun ist, ja in welchem Stand ich selber bin, und dann kann ich mich des Flennens nicht enthalten...[55]«

Die Reichstruppen sollten nur ein Wüste vorfinden, ein Land, das ihnen weder Quartier noch Verpflegung bieten konnte. Dieses Ziel wurde von Louvois erreicht. Die moralische Wirkung seiner barbarischen Taktik hatte er anscheinend nicht einkalkuliert. Ein Aufschrei ging durch das Reich. Die Empörung schloß große und kleine Fürsten in ungewohnter Eintracht zusammen. Wenn später die »französisch-deutsche Erbfeindschaft« sorgfältig gehegt wurde, so lag eine ihrer Wurzeln in der Pfalz. Die Ruinen des Schlosses Heidelberg stehen bis heute als trauriges Mahnmal.

Eine Welle des Patriotismus wogte über die deutschen Lande. Der Kampf gegen den »allerchristlichen Mars«, wie Gottfried Wilhelm Leibniz den König höhnisch titulierte, wurde zur heiligen Sache. Kaiser Leopold zehrte von seinem neugewonnenen Prestige als Türkensieger und profitierte davon, indem er 1690 seinen Sohn Joseph von den Kurfürsten zum römischen König wählen ließ. Damit war die Kaiserkrone für den Erben gesichert. Bei der Krönung des Zwölfjährigen in der Augsburger Ulrichskirche am 26. Jänner 1690 kostete es einige Mühe, dem Buben die viel zu große und zu schwere Reichskrone anzupassen. Glücklich und zufrieden machte der Kaiser auf dem Heimweg im bayerischen Wallfahrtsort Altötting Station, um der Gottesmutter zu danken, daß »die Dinge in Augsburg wunderbar gut gegangen« waren[56].
In den langen Kriegsjahren verlief nicht alles so wunderbar und gut. Weil man versäumt hatte, mit den Türken zu einem Friedensschluß zu gelangen, mußte an zwei Fronten gekämpft werden. Prinz Eugen zählte zu den Gegnern einer solchen Politik. Im Herbst 1689 schrieb er an den Herzog nach Turin: »Die meisten Leute glauben, daß man die zwei Kriege weiterführen wird, während alle vernünftigen Menschen, die wirklich der guten Sache ergeben sind, sich über diese Ideen empören, und wohl wissen, daß sie nur von Mönchen unterstützt werden[57].« Gemeint sind Pater d'Aviano und die anderen geistlichen Berater Leopolds. Statt gegen die Türken rückten die Savoyschen Dragoner nun von ihrem schlesischen Winterquartier ins Reich aus. Dem Feldmarschallleutnant Eugen waren neben seinem eigenen die Kavallerieregimenter Pálffy und Dünewald unterstellt. Anfang Juli stieß der Prinz zum erstenmal mit der Waffe in der Hand auf die Soldaten »seines« Königs. Bei einem Erkundungsunternehmen gegenüber von Straßburg sprengte er einige französische Abteilungen auseinander und nahm zwei Rheinschiffe mit Nachschub. Bei der damals herrschenden Mentalität wird er sich kaum darüber Gedanken gemacht haben, daß seine Großmutter Bourbonin war – und daß er ebensogut die französische Uniform hätte tragen können, wenn Ludwig nicht so kurzsichtig gewesen wäre. Der König hat es sicher noch oft bedauert.

Als Eugen zum erstenmal mit französischen Soldaten die Waffen kreuzte, begegnete er Angehörigen der besten Armee Europas. Diesen Ruf hatte das Heer Ludwigs XIV. mit Recht. Es war ein Vorbild an Organisation, Disziplin, Bewaffnung und Gehorsam. Der Finanzminister Colbert hatte die wirtschaftlichen Voraussetzungen für den Aufbau eines solchen einmaligen Machtinstrumentes geschaffen. Und der Kanzler Michel Le Tellier, sein Sohn, der Kriegsminister Marquis de Louvois, und dessen Generalinspekteur, Oberstleutnant Martinet, vermengten Ideen ausländischer Heeresreformer mit eigenen Intentionen zu einem Militärkonzept, nach dem sich im Laufe des Jahrhunderts sämtliche Armeen richteten. Aber die französische war ihnen eben die längste Zeit immer um einiges voraus.
Am Anfang war der Drill. In einer Instruktion Louvois' an Martinet zur Ausbildung von Infanterieoffizieren hieß es: »Ihr sollet ihnen befehlen, daß sie jeden Tag zur Hand sind, wenn die Wache wechselt, und bevor sie wegtreten, die Soldaten in den Gebrauch der Waffen und in verschiedenen Bewegungen nach rechts und links und vorwärts einüben, um ihnen das Marschieren in kleinen Einheiten beizubringen.« Das heißt also Gleichschritt und regelmäßiges Exerzieren. Wenn Martinet in Frankreich und in England als der Vater des Drills sprichwörtlich ist, so heißt der Großvater stumpfsinniger Wiederholung von Übungen bis zu ihrer völligen Automatisierung Moritz von Nassau, Prinz von Oranien (1567–1635). Der Oberbefehlshaber der Land- und Seestreitkräfte der Vereinigten Niederlande war durch das Studium antiker Autoren auf neue Wege gelangt. Holland war reich genug, ständig eine Söldnerarmee zu unterhalten. Diesen regelmäßig bezahlten Leuten brachte Moritz zuerst den Gebrauch des Spatens bei – so wie die römischen Legionäre Erdwälle aufgeworfen hatten, so sollten sich die modernen Soldaten selber ihre Deckung ausheben. Dadurch war ein Belagerungsheer ähnlich gut geschützt wie die Belagerten. Um die Disziplin auch in Kampf- und Feldzugspausen aufrechtzuerhalten, erfand Moritz das Exerzieren.
Früher hatten sich die Ausbildner begnügt, den neugeworbenen Männern alle Regeln des Kriegshandwerkes beizubringen, und

von da an ließ man sie in Ruhe. Der Prinz von Nassau verlangte ständige Übung. So zerlegte er den komplizierten Vorgang des Ladens und Feuerns von Lunteschloßmusketen in 42 aufeinanderfolgende Griffe mit den dazugehörigen Kommandoworten. Und die mußten seine Soldaten üben und üben, bis sie schneller schossen als alle anderen. Die Geschlossenheit einer Truppe erhöhte er durch den Gleichschritt. Durch dauernde Wiederholung des Drills wurden die Soldaten zu Kriegsrobotern, die auf den jeweiligen Befehl reagierten wie dressierte Hunde.
All das übernahmen Le Tellier und Louvois für die französische Armee. Der Drill sollte aus gewöhnlichen Menschen Soldaten machen. Er sollte die Unterschiede ihrer sozialen Herkunft verwischen: ob sie nun jüngere Bauernsöhne waren, die, ohne Aussicht auf ein Erbe, den Werbern in die Fänge gegangen waren, oder Tagediebe, aus Gefängnissen entlassene oder entlaufene Kriminelle, Grenzdebile oder andere gefährdete Existenzen, die in der Anonymität des Militärs Zuflucht suchten – sie alle wurden durch das strenge Reglement in die künstliche Gemeinschaft ihres Zuges oder ihrer Kompanie eingeschweißt. Da sich diese Truppen nach einem Feldzug nicht wieder auflösten, sondern die Männer oft über Jahre beieinander blieben, entwickelten sie auch ein Zugehörigkeitsgefühl, einen Korpsgeist, der durch das militärische Ritual in mystisch-magische Bereiche erhoben wurde. »Sobald das Exerzieren erst einmal zum täglichen Brot des Soldaten geworden war, vollbrachten die europäischen Heere wahrlich außergewöhnliche Waffentaten«, urteilt der amerikanische Militärhistoriker William H. McNeill. »Man bedenke, wie erstaunlich es war, daß Menschen sich zu gegnerischen Einheiten, nur durch ein paar Dutzend Meter voneinander getrennt, formierten und mit Musketen aufeinander schossen, ohne sich dadurch abhalten zu lassen, daß rechts und links von ihnen Kameraden tot oder verwundet zu Boden sanken. Viele tausend Männer, die keinen erkennbaren persönlichen Grund hatten, gegeneinander zu kämpfen, sehr wohl aber Anlaß zu dem Wunsch, sie wären aus dem Feuerbereich der Leute auf der Gegenseite, taten, was ihnen befohlen wurde – und zwar routinemäßig[58].«

Doch ohne Munition und mit leerem Magen verlernt auch die bestgedrillte Armee das Siegen. Le Tellier und Louvois stellten neben die Offiziere eine zivile Armeeverwaltung. Diese Intendanten, Kriegskommissare und Kontrolleure übten eine Überwachungsfunktion aus. Sie sorgten dafür, daß die Soldaten ihre Löhne und Rationen korrekt bekamen, und sie waren für die Versorgung der Armee zuständig. Wenn Ludwigs Truppen in den Krieg zogen, konnten sie sich auf ein Netz von Magazinen, Proviant- und Munitionskolonnen, Futtervorratslager usw., auf eine Heeresorganisation stützen, die man heute als gute Infrastruktur bezeichnen würde – Louvois hat weiters für die Standardisierung der Waffen und der übrigen Ausrüstung gesorgt –, dadurch ließ sich eine Armee wesentlich schneller kampfbereit machen als früher. Und er führte die einheitliche Uniformierung ein.
Das stehende Heer als wichtigstes Werkzeug des Absolutismus – neben Moritz von Nassau gehören Wallenstein und Gustav Adolf von Schweden zu seinen Vätern. Die Franzosen haben es perfektioniert, und Ludwig benützte es auf seine Weise, um Frankreichs Grenzen systematisch nach Osten vorzuschieben. Flandern, Lothringen, die Franche-Comté, den Elsaß heimste er dank seiner Militärmacht ein. Das Frankreich, wie wir es heute kennen, wurde von der Armee des Sonnenkönigs geformt.
Die Gegner Frankreichs erwiesen sich als gelehrig. Wilhelm von Oranien, zuerst als Statthalter der Niederlande, dann als englischer König, leistete energischen Widerstand. Die Brandenburger wurden bald die eifrigsten Schüler in der Kriegskunst. Auch die kaiserlichen Heere wandelten sich, modernisierten sich. Als Präsident des Hofkriegsrates hatte Feldmarschall Raimondo Graf Montecuccoli mit dem Reformwerk begonnen – er starb 1680. In den Türkenkriegen sammelte die Armee Kampferfahrung. Die permanente Geldnot wurde dadurch nicht gestillt. Unter all diesen Mängeln hatte Prinz Eugen in den nächsten sechs Jahren zu leiden – im Land seiner Väter, in Savoyen, im Einsatz gegen Ludwigs Soldaten.
Der Feldzug am Rhein war im Sommer 1689 in einem Belagerungskrieg versandet. Die Reichstruppen lagen vor Philippsburg,

vor Bonn und vor Mainz; dort streifte Eugen eine Musketenkugel am Kopf – Verwundnung Nummer vier, allerdings ohne ernstliche Folgen. Im Jänner 1690 war der Prinz bei der Augsburger Königskrönung dabei. Und im Frühjahr hieß sein Kommando Savoyen. Durch die Lage ihres gebirgigen Landes als Frankreichs Pforte nach Italien waren die Herzöge immer wieder zu einem Wechselspiel zwischen König und Kaiser gezwungen; dazu saßen die Spanier noch in Mailand und in der Lombardei. Für Victor Amadeus wurde ein Bündniswechsel aktuell. Prinz Eugen sollte dem Vetter bei der Wendung gegen Frankreich zur Seite stehen.
Eugen kam – noch ohne kaiserliche Truppen – gerade zur schweren Niederlage der Savoyer und der Spanier bei der Abtei von Staffarda zurecht. Wie gewohnt zeichnete er sich dabei durch Mut, Übersicht und Ruhe aus – ein geordneter Rückzug sei nur ihm zu verdanken gewesen, hieß es. Der Prinz wurde dabei leicht verwundet. Auch mit der Ankunft seiner Truppen änderte sich wenig. Der savoyische Krieg gehört sicherlich zu den bittersten Erfahrungen in Eugens Leben. Seine Briefe aus diesen Jahren zeugen davon. Zutiefst enttäuscht ist er von den spanischen Alliierten: »Alles, was ich jemals von den Spaniern gehört habe, gleicht nicht im entferntesten dem, was ich nun persönlich von ihnen sehe. Ich begreife immermehr, daß ihre einzige Absicht die ist, nichts zu tun. Bei allem, was man vorschlägt, finden sie Schwierigkeiten und ich glaube nicht, daß es in ganz Piemont ein Lager gibt, in dem sie sich für sicher halten.« Vom Besuch beim spanischen Gouverneur in Mailand erzählt er: »Der Graf Fuensalida hat mich auf die ihm eigene Art im Bett empfangen, seine Schlafmütze auf dem Kopf, viel mehr einem Affen als einem Menschen gleichend[59].«
Entschlußlosigkeit und Streit unter den Oberbefehlshabern verhinderten jede ernsthafte Operation. Im Winterquartier im Gebiet des Herzogs von Mantua wurden Eugens Soldaten von feindseligen Bauern angegriffen. Der Prinz sah sich in einen brutalen Partisanenkrieg verstrickt. Einige seiner Leute wurden aus dem Hinterhalt ermordet, und er antwortete mit gnadenlosen Strafaktionen. »Niemals habe ich verräterischere Schurken gesehen als in

diesem Lande, wo man von nichts als Vergiftung und Meuchelmord reden hört«, schrieb er seinem Freund, dem Grafen Tarino. »Täglich kommen mir Nachrichten zu, daß man mich vergiften wolle, daß man hoffe, mich lebendig oder tot zu fangen. Aber dies bekümmert mich nicht, und ich werde es sie bereuen lassen, ohne Grund die Waffen gegen die Truppen des Kaisers ergriffen zu haben[60].« Als die Kaiserlichen zu ihrer Strafexpedition anrückten, riefen Sturmglocken und Trommeln die Bevölkerung zum Widerstand auf. Beim Abzug von Eugens Soldaten waren die Trommeln verstummt, und keine Glocke tönte mehr.

In dieser unwirtlichen Umgebung rang der Prinz mit der Führungsschwäche und Halbherzigkeit des Wiener Hofkriegsrates – und mit andauernden Versorgungsschwierigkeiten. »Der Kaiser soll entweder gar keine oder eine genügend starke Heeresmacht in Italien haben und die daselbst befindlichen Streitkräfte müßten völlig zurückgezogen oder ausgiebig verstärkt werden.« Immer wieder klagte er darüber, daß er nicht wisse, wie er seine Soldaten bezahlen und ernähren sollte. Oft wären kaum genug Brot und Futter für zwei Tage da: »Nur der Wein hat bisher unsere Leute alles vergessen lassen[61].«

All sein Ärger und seine Verbitterung hatten noch tiefere Gründe. Eugen erlebte, wie weniger begabte Leute als er, wie schlechtere Militärs das Oberkommando innehatten. Im Bewußtsein seiner Überlegenheit verging er in Ungeduld, Zorn und Unzufriedenheit. Zuerst führte der verhaßte Spanier das Kommando, 1691 wurde der italienische Kriegsschauplatz Kurfürst Max Emanuel zugeteilt, und mit ihm kam der von Eugen verachtete kaiserliche General Carafa: »Ich glaube nicht, daß es irgend jemanden geben kann, der weniger Soldat ist und sich weniger auf den Krieg versteht als er«, urteilte Eugen abfällig über den Vorgesetzten[62]. Dann folgte der ungeliebte General Caprara – echte Führungsverantwortung erhielt Eugen erst 1694, als der nominelle Oberbefehlshaber Victor Amadeus schon längst wieder mit den Franzosen über einen Frontenwechsel konspirierte.

In diesen quälenden Kriegstagen machte Eugen durch einige Waffentaten von sich reden. Er entsetzte die belagerte Festung Cuneo und unternahm einen Vorstoß nach Frankreich. Zum erstenmal stand er wieder auf französischem Boden; und seine Truppen verheerten Städte und Dörfer. Einen anderen Sinn hatte diese Operation nicht. Zeitgenössische Biographen überliefern Eugens vielzitierten Lesebuchsatz, der jedoch nirgends belegt ist: »Sagte ich nicht, ich würde nach Frankreich nur mit dem Schwert in der Hand zurückkehren? Ludwig verbannte meine Mutter, und jetzt habe ich Tausende seiner Untertanen verbannt, indem ich sie aus ihren Häusern und aus ihrem Land vertrieb[63].«

In den Feldzugpausen finden wir Eugen meist in Wien. Im Winter 1691/92 vergnügte er sich mit Max Emanuel noch einmal beim Karneval in Venedig. Eugens Wienaufenthalte waren ihm oft durch unfruchtbare Diskussionen mit den Hofstellen vergällt. Zäh und beharrlich versuchte er mehr materielle Unterstützung für den italienischen Kriegsschauplatz zu erreichen. Die negativen Ergebnisse seiner Anstrengungen spiegeln sich in Briefen im Frühjahr 1693 an den Herzog von Savoyen, an seinen Vertrauten Tarino oder an den Vetter Ludwig Wilhelm von Baden: »Alles geht immer schlechter, man denkt an nichts.« – »Nichts tut man zur Vorbereitung des Feldzugs.« – »Kaum etwas kann die Gleichgültigkeit und den Mangel an Betriebsamkeit der Minister ändern, die an alle anderen Dinge denken, statt an die Interessen ihres Herrn[64].« Sein Zorn galt den verknöcherten Höflingen, die ihre Positionen einzig ihrem Namen und ihrem Adel verdankten. Nichts tun, alles auf sich beruhen lassen, Passivität statt Dynamik, Frömmelei statt Glauben, verschlafenes Dahindämmern statt entschlossenem Handeln, eine Vorstellungswelt, die nur auf die Vergangenheit bezogen war, und die jede neue und frische Idee nur als Störung des von Gott vorgezeichneten Ablaufes der Dinge betrachtete – dagegen rannte der zornige junge General vergeblich an. Max Brauchbach hat eine Collage seiner Unmutsäußerungen zusammengestellt: »Es gibt mehr Konfusion hier als jemals.« – »Die Dinge sind hier auf dem alten Fuß, das heißt man denkt nur daran, zu trinken, essen und spielen, ohne sich um anderes zu kümmern.« – »Die Angelegenheiten des Reiches haben während einiger Stunden den Kaiser beunruhigt, aber Gott sei Dank hat es an dem Tag eine Prozession gegeben, die alles vergessen ließ[65].« Wie so oft in der Geschichte dieses Reiches lehnte sich ein Fremder, ein »Zugereister«, gegen den Wiener Schlendrian, gegen diese hochmütige Gleichgültigkeit und Verachtung allem Neuen und allem Tätigen gegenüber auf. Eugen verkörpert jene heilsame, schöpferische Unruhe, die kühne Geister aus ganz Europa in der Kaiserstadt erzeugten – als rettende Arznei, als Lebenselixier, als unentbehrliche Quelle neuer Kraft für die Monarchie. Freunde hat sich der Savoyer damit sicher wenige geschaffen; ohne viel Phantasie malt man sich aus, wie die Herren über ihn geschimpft haben, wenn er verbittert die Tür hinter sich zugeschlagen hatte. Der Kaiser anerkannte Eugens Qualitäten jedoch trotz mancher Kritik und böser Stimmungsmache seiner Einflüsterer. Am 25. Mai 1693 unterschrieb Leopold in Schloß Laxenburg das Feldmarschallspatent des Prinzen Eugen. Der Savoyer zählte damit zum innersten Kreis der kaiserlichen Generalität, auch vom Rang her befähigt, »entweder einen selbständigen Heereskörper zu befehligen, oder, wenn er dem Feldherrn als Adlatus beigegeben war, in der Schlachtordnung einen Flügel oder ein Treffen zu führen[66]«. Und bald sollte niemand mehr über ihm sein als der Kaiser. Jetzt begann Eugen daran zu denken, in Wien seßhaft zu werden. Am 21. März 1694 kaufte der Prinz dem Grafen Thurn ein schmales Haus mit Garten in der Trabothgasse ab, der heutigen Himmelpfortgasse. Den Kaufpreis von 33 000 Gulden hat ihm möglicherweise Graf Tarino, der das Geschäft für den Prinzen abwickelte, vorgestreckt. Das Haus war nur drei Fenster breit – erst in den nächsten Jahren konnte sich Eugen den Kauf der Nachbargrundstücke für den Bau eines repräsentativen Palais leisten – für ein Quartier, wie es seiner Stellung entsprach[67].

Während Eugen in Wien auf immer festerem Boden stand, geriet er in Italien auf eine mehr und mehr gefährlich glitschige Fläche. Eugens Vetter Victor Amadeus war des Krieges müde geworden. Er glaubte wohl, daß die Franzosen auf lange Zeit die Stärkeren bleiben würden. Darum begann er Geheimverhandlungen mit ihnen – und Eugen bereitete ahnungslos den nächsten Feldzug vor. Der Prinz war zuversichtlich, weil ihm nun kein anderer kaiserli-

cher General oder Feldmarschall im Wege stand. Aber der Herzog sabotierte die Kriegführung systematisch. Die Franzosen wurden über jeden geplanten Schritt informiert. »So empfangen wir im Einvernehmen mit dem Herzoge wie es scheint, oder mit einem seiner Minister fortwährend Nachrichten, die sich immer vollkommen bestätigen und uns im voraus von den Bewegungen der Feinde unterrichten«, schrieb der französische Oberbefehlshaber, Marschall Catinat[68]. Eugen schöpfte bald Verdacht – doch dieser seltsame Krieg zog sich noch hin. Der offene Abfall des Savoyers erfolgte 1696. Der Herzog führte seine Truppen den Franzosen zu, erhielt selbst das Oberkommando, nun gegen die Kaiserlichen und die Spanier. Victor Amadeus besiegelte die neue Freundschaft durch eine Hochzeit seiner Tochter mit einem Enkel Ludwigs XIV.
Die Stellung Eugens in Piemont war unhaltbar geworden. Nach einem Waffenstillstand zogen die kaiserlichen Truppen in die Lombardei ab. Italien wurde für neutral erklärt. Der Friede von Rijswijk beendete im September 1697 diesen siebenjährigen Krieg. Die Franzosen räumten das rechte Rheinufer, der Sohn Karls von Lothringen, Leopold, durfte in seine Heimat zurückkehren und in Nancy als Herzog einziehen; und Ludwig anerkannte Wilhelm III. von Oranien als König von England. Der Expansion Frankreichs waren Grenzen gesetzt worden. Der lange Krieg hatte die Reserven des Landes überfordert, die Bevölkerung litt Not und murrte gegen den Luxus des Hofes, doch der große Endkampf um die Vorherrschaft in Europa war nur hinausgeschoben worden.
Für Eugen bedeutete der savoyische Krieg eine Leidenszeit voller Enttäuschungen. Sein Ruf hatte jedoch nicht gelitten. Die Gegensätze zwischen dem Hause Savoyen, also seiner weiteren Familie, und seinem Herrn, dem Kaiser, bestätigten nur seine Loyalität. Der Monarch konnte der absoluten Treue seines Feldmarschalls sicher sein, einer Treue, die Eugen drei Kaisern ohne Wanken bewahren sollte, trotz vieler Rückschläge, Krisen und harter Prüfungen durch die Unzulänglichkeiten des Hofes und der Hochbürokratie.
Als der Prinz die Bilanz des savoyischen Abenteuers zog und in

seinem Bericht an Leopold den Bündniswechsel seines Vetters analysierte, endete er mit seinem berühmten Bekenntnis zum Monarchen: »Ein Unglück ist es zwar für mich, daß bei derlei Konjunkturen ich mich gegenwärtig finde, allein meine Schuldigkeit, Eid und Pflicht, auch der Eifer, womit ich Dero Dienst mit allertiefster Untertänigkeit beigetan leben muß, geht vor alles, und geruhen bloß Eure Kaiserliche Majestät zu meiner einzigen Konsolation sich allergnädigst versichert zu halten, daß auf nichts anderes gedenken werden, als mit meinem letzten Blutstropfen in solcher allerpflichtmäßigster Treue und Beständigkeit meinen Geist aufzugeben[69].« Zu diesem Wort ist Eugen bis zu seinem letzten Atemzug gestanden. Die Austrifizierung des Savoyers aus Frankreich war nun total. Trotz seines Ärgers über Victor Amadeus respektierte er ihn weiter als Familienchef, aber: »Eines ist gewiß, daß weder das Blut noch die Interessen meines Hauses auch nur einen Augenblick mich meine Ehre, meine Pflicht vergessen lassen[70].«

Diese Pflicht führte Eugen bald wieder auf die ungarischen Schlachtfelder, und da wurde ihm in ein paar Stunden bei Zenta mehr Ehre als in sieben Jahren in Savoyen.

VI

»Man hat die Stadt völlig niedergebrannt...«

Nach Zenta: Sarajevo und der Friede von Karlowitz

Flaches Reiterland, eine grüne Ebene, das ideale Gelände für die Manöver von Schwadronen und Geschwadern: Eine schnurgerade Straße führt von Osijek, dem alten Esseg, Richtung Ungarn. Früher einmal gehörten die Felder hier alle zu einem Besitz, seit dem Ersten Weltkrieg durchschneidet sie die Grenzlinie, im Norden liegt Ungarn, im Süden Jugoslawien. Bei der Tankstelle ist ein Laster geparkt. Auf der Tür hat er ein Emblem mit einem Ährenbündel und der Jahreszahl 1697 – das Zeichen des selbstverwalteten Agrar-Großbetriebes »Belje«. Und 1697 steht für die Schlacht von Zenta. Dem Unternehmen gehört nämlich ein großer Teil jener Besitzungen, die Prinz Eugen vom Kaiser als Lohn für seinen Türkensieg erhalten hat.

Der Kaiser konnte leicht schenken. Seinen Armeen öffnete sich ein weites, oft herrenloses Land. Und das fiel an die Krone. Mochten die Kassen der Hofkammer noch so leer sein, mit diesem Grund und Boden ließen sich die Helden leicht honorieren. Nicht nur Eugen wurde bedacht, auch Caprara und die Witwe des gefallenen Feldmarschalls Veterani. Eugen hatte bei der Auswahl die Vorhand, er wählte sich das Gebiet bei der Deltamündung der Drau in die Donau und dann weiter nördlich das anschließende fruchtbare Land in Richtung Mohács. An der Stelle, wo erst vor ein paar Jahren Massengräber gefunden wurden und heute eine moderne Gedenkstätte an die Schlacht von 1526 erinnert, arbeiteten ebenfalls Eugens Bauern. Und auch das Schlachtfeld von 1687 gehörte zum Teil noch ihm.

In Bellye, wie der Hauptort der Herrschaft ungarisch hieß – heute Belje –, fährt man in den großen Schloßpark ein und wird von einem Savoyer Kreuz über dem Tor begrüßt. Ein einfacher schmuckloser Bau, kein Schloß zum Prunken und Protzen, beherbergt die Leitung der »Jelen«-Gesellschaft, die für die jagdliche und touristische Auswertung des Naturparadieses von Belje zuständig ist. Dazu gehören die Vogelreservate im Draudelta und die Jagd in den urwaldartigen Auen. Hier wurde für Tito ein modernes Jagdhaus errichtet. Er bat ausländische Staatsoberhäupter und Botschafter gerne in Eugens Revier. Jetzt wirbt man um ausländische Jagdgäste. Sie sind in einem ehemaligen habsburgischen Jagdhaus untergebracht – ein hölzernes Gebäude im Semmering-Stil. Nach dem Tod Prinz Eugens fiel die kaiserliche Schenkung an die Krone zurück. Der Schwiegersohn Maria Theresias, Herzog Albert von Sachsen-Teschen, erwarb die Güter – von ihm erbte der Sieger von Aspern Erzherzog Karl den Besitz, und so kam er weiter an dessen Großneffen Erzherzog Friedrich, den reichsten aller Habsburger. Der Erzherzog hat in Bellye viele Jagdsaisonen verbracht. Kronprinz Rudolf war dort zu Gast, und Kaiser Wilhelm II. Die Nachkommen der deutschen Siedler, die Prinz Eugen neben Serben, Slowaken und kroatischen Schokatzen auf sein Land gerufen hat, wurden nach 1945 vertrieben. Ein Kriegerdenkmal im Dorf trägt noch verblaßte deutsche Namen. Nur der Soldatenfigur aus dem Ersten Weltkrieg wurde der Kopf abgeschlagen. Auf dem damaligen Staatsgut Belje waren aus den Lagern entlassene Volksdeutsche ab 1948 zu dreijähriger Zwangsarbeit verpflichtet. In Kneževo, wo die Gutsverwaltung in einem weiteren schloßartigen Gebäude aus der Prinz-Eugen-Zeit untergebracht ist, erzählte eine alte Schwäbin in gutem Deutsch vom Erzherzog. Sie konnte im Land bleiben, weil sie mit einem Kroaten verheiratet war.

Doch damals, als Prinz Eugen hier zum erstenmal durchritt, vor der Schlacht von Zenta, und auch danach, war alles verwildert und verödet. Die kaiserlichen Beamten teilten die ehemaligen türkischen Gebiete in eine Wüste ersten und eine Wüste zweiten Grades ein. So galt es für die neuen Besitzer zuerst vor allem Aufbau-

arbeit zu leisten, bevor sie aus ihren Ländereien Nutzen zu ziehen vermochten. Als der Verwalter des Prinzen, Georg Gottfried Koch, die 13 Dörfer in der Baranya – so der ungarische Name der Landschaft – inspizierte, sandte er einen sehr pessimistischen Bericht nach Wien. Sie hätten nur einen Wert von 62 000 Gulden und würden im Jahr nicht mehr als 4500 Gulden bringen, denn alles hier sei »schlecht und wüst«[71]. Noch unter der Verwaltung des Prinzen wurde die Herrschaft Bellye zu einem reichen und ertragreichen Landwirtschaftsgebiet und später zu einer Jagdregion, wie man sie in Europa kaum noch findet.
Eugen aber lernen wir zum erstenmal als Unternehmer kennen, als tüchtigen Geschäftsmann – die Führung einer großen Armee erforderte auch vor 300 Jahren Managerqualitäten, besonders unter dem Doppeladler. Denn mehr als alle strategischen und taktischen Probleme plagten den Feldherrn die Sorgen um Ausrüstung, Verproviantierung und Bezahlung der Truppe. Eugens Erfahrungen auf diesem Gebiet sind ihm später als Grund- und Bauherr sicher von Nutzen gewesen. Für den Prinzen war seit Zenta der Krieg nicht nur Beruf, sondern auch ein ausgezeichnetes Geschäft. Denn die Monarchen der Barockzeit honorierten ihre erfolgreichen Generäle fürstlich. Kaiser Leopold und seine beiden Söhne wußten sehr wohl, daß Eugen für die Habsburger unbezahlbar war. Darum zeigten sie sich ihm gegenüber stets sehr großzügig. So kam er zu einem Vermögen – und vermehrte es durch einen gesunden Sinn für Profit, Kapital und alles andere Ökonomische.
In Wien trachtete er um diese Zeit, in der Himmelpfortgasse die Nachbarhäuser dazuzukaufen. Mit dem ersten Kapital regten sich bei Eugen Bauwille und Baulust. Er glich damit so vielen seiner Zeitgenossen. Ihre Macht, ihr Ruhm, ihr Herrscher- und ihr Heldentum, ihr Geld, ihr Einfluß oder auch ihre Frömmigkeit, all das sollte durch Architektur Ausdruck finden. Wenn sie auch ihre Persönlichkeit hinter modischen Kostümen, Schminke und Allüren verbargen, so legten sie durch ihre Bauten die Seele bloß – und geniale Baumeister setzten abstrakte Psychogramme in konkrete Wirklichkeit um. Als Eugen um diese Zeit die Gründe am Renn-

weg vor der Stadt erwarb, ahnte er jedoch kaum, daß hier einmal sein Belvedere alle kaiserlichen Residenzen überstrahlen würde. Nach der Schlacht von Zenta dachte er sicher weniger an die privaten Folgen seines Triumphes als an seine militärische Auswertung. Zu einem Schlag gegen die nahe Festung Temesvár schien es schon zu spät im Jahr zu sein. Doch Eugen wollte aus dem Schockzustand, in dem sich die Türken befanden, noch mehr Gewinn ziehen. Sie sollten ein für allemal den Gusto auf den Krieg mit den Kaiserlichen verlieren. So entstand die Idee, durch einen kühnen Ritt, durch ein überraschendes Unternehmen, noch einmal Angst und Schrecken zu verbreiten. Eugen wählte Bosnien als Ziel dieses »Terrorangriffes«. Und Esseg war der Ausgangspunkt. »Tagebuch des Marsches nach Bosnien, begonnen am 13. Oktober 1697 mit 4000 Pferden, 2500 Mann zu Fuß, zwölf Kanonen und zwei Mörsern. Die Kavallerie hatte Brot und Hafer bis zum 22., die Infanterie bis zum 20. und auf den Wagen war Proviant bis zum 24....[72]« So fängt das einzige erhaltene eigenhändige Kriegstagebuch Prinz Eugens an. In französischer Sprache hat er tagtäglich während des mehr als dreiwöchigen Rittes seine Eintragungen gemacht: keine poetischen Landschaftsschilderungen, aber doch präzise Beschreibungen der Gegend, der Wegverhältnisse, der Verproviantierungsmöglichkeiten, der von den Türken gehaltenen Burgen – eben ein Bosnienführer für Soldaten. Seine Route entsprach nur in der letzten Phase der heutigen Straße nach Sarajevo. Eugen ritt nicht über Banja Luka, sondern von Brod durch das Bosnatal. Zeitweise waren die Wege kaum begangen, und die Leute kamen nur im Gänsemarsch voran. Die Spitze bildeten einheimische Grenzer, Milizsoldaten von der Militärgrenze. Sie waren ortskundig, und sie machten der Kavallerie und den Wagen die Bahn frei. Die Artillerie mußte ohnehin auf halbem Wege zurückgelassen werden. Eugen, begleitet von seinen Freunden, den Prinzen Commercy und Vaudemont und Guido von Starhemberg, trieb die Türken vor sich her, nahm einige Burgen ein und empfing Delegationen der christlichen Einwohner. Viele wollten beim Rückmarsch der Truppen mit ihnen ziehen, um sich unter den Schutz des Kaisers zu begeben.

Die grenznahen Gebiete fand der Prinz leer und verwüstet. Später war das Land »ein wenig mehr bewohnt, mit Heu, Getreide und Vieh. Das Terrain ist sehr schön und aufnahmefähig für eine stärkere Truppe.« Jeder Lagerplatz wurde auf seine Kapazität geprüft, schwierige Passagen untersuchte der Prinz auf ihre Sicherheit. In den k. u. k.-Kriegsschulen wird wohl vielen Kadetten dieses Tagebuch als Beispiel für militärisches Sehen und Aufzeichnen hingestellt worden sein.

Am 22. Oktober näherte sich Eugen Sarajevo. Seine Streitmacht hatte ein wildes unwegsames Bergland, gefährliche Pässe und Flüsse überwinden und dabei immer eines Hinterhaltes gewärtig sein müssen. Am 23. Oktober blickte der Prinz von den Höhen, die die unbefestigte Stadt wie eine Arena halb umschließen, auf das Häusergewirr mit den Kuppeln und den Minaretten der Moscheen. Er hatte einen Kornett, begleitet von einem Trompeter, mit der Übergabeaufforderung vorausgeschickt, ein Dokument des Stolzes, provozierend und demütigend zugleich, so wie sich eben ein barocker General vor seinem Gegner aufbaute und auf die Brust trommelte: »Wir Eugenius Franz Herzog von Savoyen und Piemont, Ritter des goldenen Vlieses und der römisch kaiserlichen, auch zu Hungarn und Böheim königlichen Majestät General-Feldmarschall, Obrister über ein Regiment Dragoner und Dero wider die ottomanische Pforte streitende Haupt-Armada commandierender General, geben heut mit dem in der ottomanischen Stadt Sarajewo bestellten Oberhaupt und führnehmen Ansassen und endlich denen sämmtlichen Inwohnern kund und zu wissen, welchergestalten wir nach Gottes Gnade eben mit dem Kriegsheer, welches am 11. September dieses laufenden Jahres in dem Lager bei Zenta an der Theiß den Groß-Sultan geschlagen, hier in der Provinz Bosnien und bereits in der Nähe der ersagten Stadt Sarajevo uns befinden... usw. usw.[73].«

Schon das Wortgetöse zwingt in die Knie, die Sprache wird zum schweren Geschütz, und der Feldherr stellt sich seinen zitternden Feinden als unbesiegbarer Goliath vor. Weil er nicht »noch mehreres Menschenblut aufopfern« möchte, verlangte er nach einer Abordnung der Stadt, um die Übergabeformalitäten zu regeln.

Sollten sie jedoch auf diese Mahnung nicht hören und »in einer blinden Hartnäckigkeit« fortfahren, so würden »wir alsdann die Güte in Schärfe verwandeln, mithin Alles mit Schwert und Feuer vertilgen, ja sogar auch das Kind im Mutterleibe nicht verschonen wollen, allermassen hiezu das gröbere Geschütz, Mörser und Feuerwerk schon vorhanden stehen...«

Die Türken sind gar nicht dazugekommen, sich über diesen Drohbrief Gedanken zu machen. Die Parlamentäre waren angegriffen worden, der Trompeter fiel, der Kornett konnte sich verwundet retten. Da gab es für den Prinzen kein Halten mehr: »Ich machte Front zur Rechten der Stadt und entsandte eine Abteilung zum Plündern; die Türken hatten zwar ihre besten Sachen in Sicherheit gebracht, aber es fand sich noch genügend Beute. Gegen Abend brach ein Feuer aus. Die Stadt ist groß und völlig offen und hat 120 schöne Moscheen. Unter den Türken herrschte fürchterliche Verwirrung, wären nur wenig mehr Anstalten getroffen, könnte das ganze Königreich eingenommen und behauptet werden...« Und tags darauf: »Man hat die Stadt völlig niedergebrannt und auch die ganze Umgebung. Unsere Trupps, die den Feind verfolgten, haben Beute eingebracht, und auch Frauen und Kinder...[74]«

Wenige Worte genügten dem Feldmarschall, um die Vernichtung einer großen Stadt zu rapportieren. Seine Leute werden kaum anders gehaust haben als die Franzosen in der Pfalz. Gefühlsregungen zeigte der Prinz keine. Die Zerstörung Sarajevos paßte in sein Konzept vom Abschreckungskrieg; er fühlte sich berechtigt, den Türken gegenüber so zu handeln, wie sich diese gegenüber den Christen verhielten. Darüber hinaus verriet das Bosnien-Abenteuer einiges von der Kriegführung Eugens: Er scheute kein Risiko, liebte überraschende Unternehmen, tauchte genau dort auf, wo man ihn nicht erwartete, ließ sich nicht von unwegsamem Gelände abschrecken, nahm schwierige Nachschubbedingungen in Kauf, war immer selber an der Spitze und konnte dabei so brutal vorgehen wie die meisten anderen Generäle und Marschälle seiner Zeit.

Nach Gewaltmärschen zum Teil durch Regen und Schnee er-

reichte seine Truppe, mit Beute beladen, am 8. November Esseg, die Stadt an der Drau, von der Eugen aufgebrochen war.
Nach dem Einzug in Wien als gefeierter Kriegsheld setzte sich Prinz Eugen an den Schreibtisch, um den nächsten Feldzug zu planen. Bereits am 2. Dezember 1697 unterbreitete er Kaiser Leopold ein längeres Memorandum zur Rückeroberung Belgrads und zur Gewinnung der Festung Temesvár. In einem Sieben-Punkte-Programm forderte er ein Heer von 40 000 Mann Fußvolk, eine Aufstockung der Kavallerieregimenter und eine Erneuerung des Pferdematerials, weiters müsse die Artillerie verstärkt und die Donauflottille ausgebaut werden. Mehrere Brücken über Donau und Save fehlten, dazu benötige man Ingenieure aus England und Holland, und schließlich sollten auch an der Donau, an der Theiß und an der Maros große Proviantmagazine eingerichtet werden. Wie fast jede seiner Eingaben an den Kaiser enthält auch dieses Schreiben Eugens den Ruf nach mehr Geld für die Armee, damit »fernerhin der Soldat seinen Sold richtiger empfange, als seither, und besonders in den letzten Campagna geschehen ist, da der gemeine Mann den ganzen Sommer auf die Portion nur 16 Groschen, die meisten Offiziere aber gar keinen Kreuzer bekommen haben...[75]«
Der Kriegsplan blieb Papier, und an Geld fehlte es weiter. Im Sommer 1698 meuterten zwei Dragonerregimenter, Sachsen-Gotha und Herbeville, weil sie keine Löhnung oder nur einen Bruchteil davon bekommen hatten. Sie drohten, die Offiziere zu töten und zu den Türken überzulaufen. Eugen zeigte wieder einmal, wie hart er sein konnte. Er ließ 20 Mann aufhängen, zwölf erschießen und die übrigen Meuterer Spießruten laufen.
Der 16jährige Türkenkrieg schien jedoch von selber einzuschlafen. Beide Seiten hatten große Armeen aufgeboten, doch über ein paar Geplänkel gingen die Kampfhandlungen nicht hinaus. Der Kaiser war zum Frieden entschlossen, und die Pforte suchte durch die Vermittlung Englands zu Verhandlungen zu gelangen. Im Oktober versammelten sich die Delegationen der Türkei, des Kaisers, Venedigs und Polens in Karlowitz an der Donau – man hatte sich auf das Dorf geeinigt, weil die Türken von Belgrad nicht weit

hatten, während es für die Verbündeten nahe der Festung Peterwardein lag. Der Ort war zerstört, die Gegend durch den Krieg verwüstet. So entstand eine Zeltstadt für die Diplomaten und ihren Troß und ein hölzerner Bau mit vier Türen, für jede Delegation eine, damit sie gleichrangig und gleichzeitig an den Konferenztisch treten konnten. Der britische Botschafter in Istanbul, Lord Paget, war als Vermittler der Regisseur des Friedens. Prinz Eugen erstellte nur ein militärisches Gutachten, hatte sonst mit den Verhandlungen nichts zu tun.

Im Prinzip waren sich Österreicher und Venezianer mit den Türken einig, daß der gegenwärtige Besitzstand die neuen Grenzen bestimmen sollte. Das hieß also, daß das Banat mit Temesvár weiter türkisch blieb. Sonst war ganz Ungarn frei, Theiß und Maros bildeten die Grenze, gegenüber von Belgrad saßen die Kaiserlichen in Semlin. Siebenbürgen wurde zu Ungarn geschlagen. Venedig erhielt Morea, den Peloponnes. Am 26. Jänner 1699, um dreiviertel Zwölf, wurde an dem vom türkischen Astrologen empfohlenen Zeitpunkt der Friede von Karlowitz unterschrieben. Wien, vor dessen Mauern Eugen 1683 zum erstenmal auf die Türken gestoßen war, lag nun, nicht zuletzt auch dank des Savoyers, in der Mitte eines großen Reiches. Und der Südosten sollte bis 1918 Habsburgs Mission und Habsburgs Schicksal sein, obwohl die nächsten 14 Jahre hindurch drei Kaiser und der Prinz alle Energien auf Kriege im Westen und in Italien verwenden würden.

Heute steht auf dem Schwabenberg in Karlowitz über der Donau an der Stelle des Konferenzbaues eine barocke Rundkapelle, von jener vertrauten geschwungenen Form, die sofort altösterreichische Präsenz ahnen läßt. Die Kuppel allerdings könnte ebenso eine Moschee krönen – nur daß an ihrer Spitze statt des Halbmondes das Kreuz in der Sonne blitzt.

VII

»Bauen ist ein schöner Lust...«

Zwischen den Kriegen

Die Gartenterrasse öffnet sich zum schmäleren Donauarm, eine Bühne für galante Feste, obwohl der Prinz bei seinen kurzen Besuchen hier sich nie Muße zum Feiern genommen hat. Der Rhythmus einer eleganten Schloßfassade nimmt die vollkommene Einheit von Bewegung und Statik des Belvederes bereits vorweg. Und wie im Belvedere hat sich der Architekt Johann Lukas von Hildebrandt, damals noch ohne »von«, bei seiner ersten Arbeit für den Prinzen Eugen von einem Türkenzelt anregen lassen: weit ausladend steht es da, auf der Donauinsel Csepel südlich von Budapest, das Schloß Ráckeve, viel größer als die Prunkzelte der Großwesire und Sultane, die in den Schlachten erbeutet worden waren. Der Prinz kam nur selten hierher; trotzdem plante er keinen bloßen Nutzbau, sondern ein Schloß, das des Siegers von Zenta würdig war. Ein Schloß, das eine Botschaft enthielt – aller Welt sollte kundgetan werden, daß auch Ungarn nun völlig sicher sei und man ohne Wehrmauern, Schießscharten und anderes Festungsbeiwerk wieder im offenen Gelände bauen könne, nur von ästhetischen Maßstäben geleitet und vom Drang nach Repräsentation. Auf die Spitze der Kuppel und der beiden Seitentürmchen setzten Eugen oder Hildebrandt Türkenturbane wie auf den Grabsteinen mohammedanischer Friedhöfe.

Der Traum vom türkischen Weltreich, das auch Mitteleuropa einschloß, war längst begraben. Eugen, einer der Totengräber, verdiente gut an der Bestattung. Und er vertraute der Zukunft Ungarns. Deshalb begnügte er sich nicht mit der kaiserlichen Schenkung Bellye. Im Sommer 1698 kaufte er der Witwe des in den Türkenkriegen gefallenen kaiserlichen Generals Heissler die langgestreckte Donauinsel Csepel um 85 000 Gulden ab – altes ungarisches Krongut, einst Sommersitz der Könige, fruchtbar, aber noch unter den Kriegsfolgen leidend, versprach dieser Besitz für später gute Einkünfte, es ließ sich etwas daraus machen. Der Feldherr Eugen hatte hier zum erstenmal ein Übungsfeld, um seine Führungsqualitäten an zivilen und friedlichen Aufgaben zu erproben.

Dafür brauchte Eugen Menschen, statt Soldaten Siedler; er holte sie auf seine Insel, ohne nach ihrer Religion zu fragen. Darum steht noch heute eine calvinistische Kirche neben einer katholischen, und Ungarn, Deutsche und Serben leben friedlich nebeneinander. Die Serben waren als erste da – die Raitzen (dieser Name steckt auch in Ráckeve). Während alle anderen Kirchen erst nach der Befreiung von den Türken errichtet wurden, ist das orthodoxe Gotteshaus ein gotisches Gemäuer. Die Türkenherrschaft hat es überdauert – und alle anderen Könige, Reichsverweser und Parteisekretäre auch. Die Kraft ihres Glaubens und ihrer Tradition demonstrieren die Serben an einem gewöhnlichen Wochentag Ende August – nach ihrem Kalender ist es ein Feiertag, Mariä Himmelfahrt. Im dunklen Sonntagsstaat kommen die Männer, und die Frauen in ihren schönsten Kleidern, um vor der rauchgeschwärzten Ikonenwand dichtgedrängt dem Singsang des Popen zu lauschen. Dann erklingen ihre alten Lieder. Sie tönten schon, als der Prinz die Deutschen auf die Insel brachte. Sie legten ihre Dörfer in strenger Kolonistenordnung an, wie sie von den Verwaltern des Prinzen in militärischer Ordnung vorgezeichnet waren. Insel-Neudorf, Insel-Martinsdorf usw. Seit neuestem sind wieder zweisprachige Ortsschilder gestattet. Und die Familien, die Namen wie Mertl, Kirchner, Weißkirchner, Firnägel, Feigl, Krumpach usw. tragen, reden wieder mehr deutsch als in den bitteren Jahren nach dem Zweiten Weltkrieg.

Ebenso wie die Nachkommen der Untertanen Eugens hat sich auch das Schloß langsam erholt. Jahrelang diente es nur als Sitz einer Gutsverwaltung, jetzt wurde es der ungarischen Architektenvereinigung übergeben und renoviert. Das helle Grau-Weiß strahlt auf den Strom. In dem achteckigen Festsaal stellen ungarische Maler aus, Kammerorchester spielen Bach, Händel und Mozart. Fremde kommen zu Vorträgen, Symposien und Ferienkursen in das Schloß des Prinzen. Von der Innenausstattung ist nichts geblieben, das Äußere entspricht jedoch wieder Eugens herrschaftlichem Schönheitssinn, der durch die spielerische Lockerheit dieser Fassaden, durch ihre Harmonie und ihre bewegte Linienführung Frieden und Zuversicht dokumentiert haben wollte. Auf beiden Seiten prangt unter dem Kuppeldach das monumentale Savoyer-Wappen, der Stempel eines wahrhaft großen Herrn. Indem er diesem Herrn diente, war es Gian Luca Hildebrandt, wie er sich als junger Mann nannte, möglich, einige seiner kühnsten und schönsten Visionen in die Wirklichkeit umzusetzen. Hildebrandt ist 1668 in Italien geboren, in Genua, als Sohn einer Italienerin und eines deutschen Hauptmannes, der zuerst in der genuesischen Armee und dann in der kaiserlichen diente. Der junge Gian Luca wurde in Rom bei Carlo Fontana ausgebildet. Als Festungsingenieur in Piemont nahm er 1695 und 1696 an dem Krieg gegen die Franzosen teil. Dabei dürfte der junge Mann die Aufmerksamkeit Eugens erregt haben. Als die Kaiserlichen nach dem Abfall des Herzogs von Savoyen das Land verließen, schloß sich Hildebrandt ihnen an und ging nach Wien. Dort erhielt er, vielleicht sogar durch die Vermittlung Eugens, einen Großauftrag – das Gartenpalais für den kaiserlichen Botschafter in Madrid, Heinrich Graf Mansfeld, Fürst von Fondi. Ausgerechnet der spätere erbitterte Gegner des Prinzen setzte sich mit seinem Palast vor den Savoyschen »Garten« – das heutige Palais Schwarzenberg. Bald darauf wurde Hildebrandt der wenig einträgliche, aber doch ehrenvolle Titel eines »Kaiserlichen Hof-Ingenieurs« zugesprochen. Bei Hof war jedoch sein schon wohletablierter Rivale Fischer von Erlach besser angeschrieben, und Hildebrandt mußte auf kaiserliche Aufträge noch warten. Fischer hatte inzwischen die erste Bauphase des Eugenschen Stadtpalais in der Himmelpfortgasse vollendet, und der Prinz war wohl bereits eingezogen. Er wählte 1701 jedoch nicht Fischer, sondern Hildebrandt für Ráckeve.

Schon damals dürfte der Prinz dem Architekten von seinem Traumprojekt vorgeschwärmt haben – von seinem Lustschloß zur Schönen Aussicht, vom Belvedere. Um diese Zeit werkte bereits eine ansehnliche Zahl von Gärtnern in seinen Diensten und legte Terrassen an, pflanzte Blumen und war bemüht, eine Gartenlandschaft zu schaffen, die dem Geschmack der adeligen Gesellschaft entsprach. Um die Jahrhundertwende soll der Prinz in seinen Gärten ein Maskenfest für 6000 Gäste gegeben haben, das fehlende Schloß wurde auf bemalte Leinwände gezaubert.
Dieses Wien, das endlich den Frieden genießen konnte, glich einer einzigen Baustelle. Ähnlich wie später unter Franz Joseph erlebte es eine Gründerzeit. Beide Male wurde der Bauboom durch eine neugewonnene Sicherheit ermöglicht. Franz Joseph ließ die alten Stadtbefestigungen schleifen; die Ringstraße an ihrer Stelle wurde zum Monument und Manifest einer gewandelten Gesellschaft. Nach den Türkenkriegen glaubten die Wiener zwar noch an die Notwendigkeit von Basteien, Wällen und Stadttoren, aber sie fühlten sich auch außerhalb der Mauern ungefährdet. Da gab es Land in Hülle und Fülle. Die Vorstädte waren vor der Belagerung verbrannt worden, die paar Schlösser draußen gehörten alle dem Kaiser. Jetzt drängte es die Menschen aus der Stadt hinaus. Denn die Metropole des Heiligen Römischen Reiches, die einzige deutsche Weltstadt, erstickte mit ihren 80 000 bis 100 000 Einwohnern im Korsett der Befestigungen. Auch innerhalb der Mauern wurde wie wild gebaut. Statt die im Abwehrkampf zerstörten Häuser herzurichten, wurden sie abgebrochen. So entstand ein neues Palais neben dem anderen. Jeder Fürst oder Graf wollte größer und schöner, protziger, prahlender und prunkender residieren als der andere. Um jemand zu sein und etwas zu gelten, bedurfte es zusätzlich eines Sommer- oder Gartenpalais im Grünen. Deshalb war Wien bald mehr als jede andere europäische Großstadt in ihrem hügeligen Gelände von einem Ring privater Paläste umkränzt.
Die Architekten wußten nicht ein noch aus vor Aufträgen und vor Arbeit. Die Meister wurden von den Adeligen umworben – und durften sich bald selber mit dem begehrten »von« schmücken.

1693 arbeitete Fischer gleichzeitig an 14 Werken. Diesem Wettkampf am Bauplatz verdankt Wien ein neues Gesicht, und so mancher Zug davon prägt das moderne Antlitz der Stadt. Die Architekten wurden reich und berühmt, so mancher Großer ging an der Bauwut zugrunde. Kein Wunder also, daß Abraham a Sancta Clara in seiner giftigen Sammlung »Hundert Ausbündige Narren« auch den Baunarren anführt: »Mancher bauet Schlößer, Palatien, große Höf und Häuser und wann sie fast gebaut sein, da meldet sich der Maurer-, Zimmer-, Ziegel-, Schlosser-, Glaser- und Tischler-Meister zum öftern an, gesegnen dem Bauherrn das Mittagsmahl mit ihren Außzügeln; und sieht man dieser Ursachen halber jetziger Zeit angefangene und unaußgebaute Palatien genug. Warum? Der Bauherr hat die Sach nicht wohl überlegt und dem Gulden 20 Batzen auferlegt. Das Kapital fällt und das Interesse steigt; die Handwerksleut indessen leiden schwer Not ohne Brot, verfluchen den Hausherrn samt dem Gebäu; Wie kann dann ein solcher Palast und Baulast so mit Überlast der Untertanen und armen Handwerksleuten aufgeführt, Bestand haben? Wann an manches Gebäu die Außzügl offentlich angepickt wurden, da sollte man mit Verwunderung zu lesen haben: Rest für 40 000 Ziegel 666 Gulden, 40 Kreuzer, für Tagwerk 200 Gulden, dem Holzversilberer 300 Gulden, in Steinbruch 150 Gulden, dem Schlosser 200 Gulden, dem Glaser 150 Gulden, dem Tischler 160 Gulden, dem Steinmetzen 300 Gulden und so fort: Das heißt gebaut, und deren findet man genug, so nicht für kleine Baunarren zu halten...« Dann folgt der mahnende Merkspruch: »Bauen ist ein schöner Lust, daß soviel kost, hab ich nicht gwußt[76].«
Allen Konkursen, Pleiten und unbezahlten Rechnungen zum Trotz wuchs Wien, und wuchs und wuchs, und wurde schöner und schöner – der würdige Sitz des Kaisers, das Herz des Reiches, obwohl dieses Gebilde aus unzähligen Fürstentümern, Grafschaften, Städten, Reichsabteilungen usw. durch den Druck der großen Fürsten auseinanderstrebte und oft zu zerbrechen drohte. Wien zog die begabtesten Kräfte aus dem Reich an. Hofkünstler wurden von ihren Herren nach Wien geschickt, damit sie dort die neue Bauweise studierten. Und die Vorbilder waren nicht mehr

Franzosen und Italiener, sondern Deutsche. Die Kunstgeschichte prägte das Wort von der »Reichskunst«, die damals von Wien den Ausgang nahm. Lange Zeit hatten nur die Ausländer etwas gegolten. Zwei Triumphpforten beim Einzug Josephs nach seiner Krönung in Augsburg 1690 entwarf jedoch Fischer. Die eine für die »fremden Niederleger«, die ausländischen Kaufleute, ist durch Skizzen und Abbildungen verewigt. Ein Tageskunstwerk wurde uns auf diese Weise überliefert – eine Allegorie der Macht, mit römischen Säulen, wie sie Fischer später vor die Karlskirche stellte, mit einer Sonnenscheibe, die heller leuchten sollte als die Ludwigs, die Habsburger als Weltmonarchen[77].
So wichtig nahm man die Architektur bei Hofe, daß Fischer zum Lehrer des künftigen Kaisers bestellt wurde. Er unterwies Joseph in der Geschichte der Baukunst. Und in diesen neunziger Jahren, als der Mehrfrontenkrieg gegen Frankreich und die Türken noch im Gange war, lieferte Fischer von Erlach Leopold ein Über-Versailles, das Schloß des Weltkaisers. Es blieb nur Papier, Entwurf, Projekt, Utopie, Vision. Das Schloß, das dann beim Schönen Brunnen ausgeführt wurde, war wirklichkeitsnäher und frei von allem Größenwahn.
Der Kaiser dachte an eine neue Residenz, an ein Sommerpalais für seinen Sohn, an der Stelle eines von den Türken zerstörten Jagdschlosses bei dem sogenannten Schönen Brunnen. Fischer legte ihm einen Plan vor, der alles übertraf, was war und was noch kommen würde. Der Weg von den die Weltherrschaft symbolisierenden Säulen des Herkules beim Eingang bis hinauf zum Schloß auf der Höhe der heutigen Gloriette glich einem Anstieg in himmlische Gefilde: ein Turnierplatz, künstliche Wasserfälle, Brunnen, Arkaden, Auffahrtsrampen, Terrassen und immer neue Stufen erweckten ein Gefühl der Unendlichkeit. Der Kaiser schien fast unerreichbar, weltfern, über der Welt, aller Welten Herr. Die Schloßfassade erstreckt sich horizontfüllend in der Landschaft. Gegen Osten reicht der Blick bis zu den Grenzen des ebenfalls habsburgischen Ungarns. Als Krönung des Baues war die Quadriga des Helios gedacht, der Streitwagen des Sonnengottes: nicht Ludwig XIV., sondern Leopold I. gebührt die Sonne als Attribut.

Der Sonnenkönig steht im Schatten des Sonnenkaisers. Er, der den Anspruch auf das spanische Erbe erhob, mit seinen amerikanischen Territorien ein Reich ohne Grenzen, unterwirft sich den Erdkreis und triumphiert über seine Feinde in Ost und West[78].
Ein kurzer Triumphrausch mag Leopold erfaßt haben, als er die Zeichnungen seines Architekten zum erstenmal begutachtete. Das heißt, die Frage bleibt offen, ob Fischer jemals ernstlich an die Ausführbarkeit seines Projektes gedacht hat. Wurde Fischer von den Beratern Leopolds, die den Reichsgedanken mit einer neuen aggressiven Kaiserideologie beleben wollten, dazu angeregt oder hat er aus eigenem Leopold nur sein Können, seinen Einfallsreichtum und seine hohe Auffassung von der Stellung des römischen Kaisers demonstrieren wollen? Ein Palast der unbegrenzten Möglichkeiten, die hängenden Gärten des Leopold, ein achtes Weltwunder, ein überzeugendes Exemplum dafür, was die Baukunst politisch vermag.
Dem Selbstgefühl Leopolds und noch mehr dem seines ehrgeizigen Sohnes dürfte dieses Wunderwerk einer wahrhaft imperialen Phantasie wohl geschmeichelt haben. Die Erfolge der letzten Jahre hatten die Neigung zu majestätischer Selbstdarstellung gesteigert. Beim Gedanken an die Kosten wurden die Habsburger wieder auf den Boden zurückgeholt. Der Kaiser hat noch aus anderen Gründen der Versuchung durch den Künstler widerstanden. Diese jeden Rahmen sprengende Überdimension war nicht habsburgisch. Die Tugend des Maßhaltens galt der Dynastie stets als heilig, und die Kraft, die sich aus Beschränkung gewinnen läßt, hat die Habsburger in mancher Krise gerettet. Darum bestellte Leopold bei Fischer einen zweiten Entwurf – eine Residenz noch immer glanzvoller als so viele andere. Im Vergleich zu Schönbrunn I verhielt sich Schönbrunn II jedoch wie ein bescheidenes Eigenheim zu einer protzigen Villa. Das Wiener Versailles wurde zu einer Miniaturausgabe des französischen Vorbildes. Ludwigs Palastanlage nimmt 250 Hektar ein (Schönbrunn 160), elf Hektar sind verbaut (Schönbrunn 6,7), und die Fassade ist 670 Meter lang (Schönbrunn 180). Statt der 76 Fensterachsen von Schönbrunn I muß Schönbrunn II mit 25 auskommen. Selbst dazu hat das Geld

nicht gelangt. Man baute auf Pump, und mehrmals mußten die Arbeiten unterbrochen werden, weil die Kasse wieder einmal leer war. Fischer von Erlach aber wurde der erste und bevorzugte kaiserliche Hofarchitekt. Wer für den Kaiser recht war, den wollte auch sein erster Feldherr haben. Darum war es selbstverständlich, daß Fischer für Prinz Eugen arbeitete – und daß auch die übrige Adelsgesellschaft ihn mit Aufträgen überhäufte.
Was für ein Leben muß damals in der Kaiserstadt geherrscht haben – alles war Spiel, Theater, schöner Schein, inszenierte Wirklichkeit in einem Kunterbunt der Sprachen und Sitten: »Ein Klumpen Häuser und Paläste,/ Voll Ungeziefer, voller Gäste,/ Ein Mischmasch aller Nationen,/ Die in Ost-West-Süd-Norden wohnen, ...« dichtete ein kritischer Wien-Besucher, der auch hinter die Kulissen blickte, in die Kellergeschosse und in die Boudoirs und Kammern. »Gestank und Koth in allen Gassen,/ Viel Weiber, die den Ehestand hassen,/ Viel Männer, die mit anderen teilen,/ Sehr wenig Jungfern, lauter Fräulein,/ Betrug und List in allen Buden,/ Beschnittene und getaufte Juden,/ Viel Kirchen allzeit voller Sünder,/ Viel Schenken und darin viel Schinder,/ Viel Klöster voller Pharisäer,/ Viel Händel und viel Rechtsverdreher,/ Viel Richter, die das Recht verkaufen,/ Viel Feste celebriert mit Saufen,/ Viel große Häuser voller Schulden,/ Viel Prahler, die den Stock gedulden,/ Viel Windverkäufer ohne Mittel,/ Viel schlechte Tropfen voller Tittel,/ Gestrenge Bauern, gnädige Bürger,/ Viel Zöllner, viel lateinische Würger,/ Viel Hoffart, wenig Complimenten,/ Viel Ignoranz und viel Studenten,/ Viel Kuppler, viele Kupplerinnen,/ Viel die mit Huren Geld gewinnen,/ Viel Spanier, Welsche und Franzosen,/ Der letzteren viel in teutschen Hosen,/ Viel Stutzer und geborgte Kleider,/ Viel Säufer, Spieler, Beutelschneider,/ Lakaien, Pagen, Pferde, Wagen,/ Viel Reiten, Fahren, Gehen, Tragen,/ Viel Drängen, Stoßen, Zerren, Ziehn,/ Das ist das Quodlibet von Wien[79].« Weltstadtwirbel voll Glanz und Falschheit, voll Reichtum und Hochstapelei, voll Luxus, Betrügerei und Elend. Die hohen Herrschaften tanzten, gingen in die italienische Oper, liebten die Jagd, die Intrigen, das Wohlleben, das Zeremoniell und das gute Essen und Trinken.

Aus der Lakaienperspektive bringt uns ein gefangener Türke, Osman Aga, die Festesfreuden der Wiener Gesellschaft nahe. In schmucker Haiducken-Montur diente er seinem Herrn, dem Grafen Schallenberg, bei solchen Anlässen. Als dieser eine Hofdame der Kaiserin heiratete, tafelte die Hochzeitsgesellschaft in Laxenburg. Osman beobachtete als Diener das Treiben: »Erst als sich der Kaiser von der Tafel erhoben hatte, setzten sich die anderen Würdenträger des Reiches, die Minister und die Adeligen zu Tisch, und so wurde also abwechselnd gespeist – wenn die einen aufstanden, so nahmen die nächsten Platz. Das Zuckerwerk war anderthalb Ellen hoch auf großen Platten zierlich aufgebaut und mit ebenso reichlichem Speiseeis schön garniert. Nachdem auch alle Adeligen gespeist und getrunken hatten, verteilte ein Offizier an uns Bedienstete ein wenig von allem, von den Wachteln und anderen Geflügelbraten, und dazu gab es für jeden von uns Zukkerwerk in Hülle und Fülle...« Die Vorliebe für modische Süßspeisen führte dazu, daß Osman beim französischen Konditormeister des Fürsten Mansfeld (seit 1700 Präsident des Hofkriegsrates) das Zuckerbäckerhandwerk erlernen mußte: »Manchmal nahm er mich auch mit und wir garnierten gemeinsam die Tafel des Präsidenten mit Zuckerspeisen und kandierten Früchten...« Dann wurde Osman noch zu »einem gewissen Hahnbeiß, einem kaiserlichen Hatschier«, der gegenüber dem Ballhausplatz bei der Hofburg einen Laden hatte, geschickt, um die Herstellung von Speiseeis zu erlernen.

Osman überliefert uns auch einiges über die sonstigen Zustände. Um die Sicherheit war es nicht allzugut bestellt, da zu viele Bewaffnete herumrannten. So entwickelte sich ein Streit um ein Mädchen in der Weinschenke »Zum Grünen Baum« beim Neutor zu einem nächtlichen Säbelgefecht mit den Soldaten der Stadtguardia, der Rumorwache. Osman: »Wir schlugen uns, ständig mit unseren Verfolgern fechtend, durch den sogenannten Tiefen Graben, durch die Schlossergasse und das Strauchgassl in die Gegend beim Landhaus und damit zum Palais Polheim durch, in dem unser Herr wohnte und das von jeder Strafverfolgung befreit war. Dort hatte man den Lärm schon gehört, und als uns nun der Pförtner erkannte, machte er sofort das Tor auf und ließ uns hinein, während in den umliegenden Häusern bereits die Leute aus den Fenstern schauten, um zu sehen, worum es bei dieser Rauferei gehe[80].«

Das kleine und das große Leben, manchmal war es verwoben und verschlungen, dann wieder wurden die Festivitäten zum Staatsschauspiel erhoben, selbst wenn man ihnen einen betont privaten Charakter verlieh wie 1698, als Zar Peter von Rußland auf seiner »Großen Gesandtschaft«, dieser Studienreise durch Europa, in Wien Station machte. Unter den protokollbewußten oder -besessenen Hofbeamten löste die Visite einige Verwirrung aus. Der hohe Gast reiste inkognito als Peter Michailow. Sein riesiges Reich imponierte in Wien nicht sehr, und man war sich darin einig, daß der Rangunterschied zwischen dem Kaiser und dem Herrscher aller Reußen eindeutig herausgestellt werden müsse. An eine öffentliche offizielle Begegnung mit Leopold war nicht zu denken. Man einigte sich auf ein informelles Gespräch in der Favorita. Jedes Detail wurde im voraus festgelegt. Beide Monarchen würden den Audienzsaal zur gleichen Zeit durch zwei einander gegenüberliegende Türen betreten und sich in der Saalmitte auf der Höhe des fünften Fensters begegnen. Doch da passierte etwas Schreckliches. Das Hofzeremoniell-Protokoll verzeichnet es: »Wie ihme, Czaren, vermeldet worden, daß Ihre Majestät komme, ist er deroselben stark zugeeilet, und geschahe der Empfang um ein Fenster ehender als die mitte.« Welch Entsetzen unter den Herren vom Protokoll...[81]

Höhepunkt des zweiwöchigen Aufenthaltes war eine »Wirtschaft«, eines jener Maskenfeste, deren Reiz darin bestand, daß die Gastgeber Wirt und Wirtin verkörperten und die Gäste als Bauersleute verkleidet sich den exotischen Luxus des einfachen Lebens leisteten. Im unteren Saal der Favorita empfingen Kaiser und Kaiserin als Wirt und Wirtin des Gasthauses »Zum schwarzen Doppeladler«. Der Zar erschien als friesländischer Bauer. Nichtgeladene Adelige und die gewöhnlichen Bürger konnten sich später im »Wiener Diarium« an der Kostümliste delektieren und an der Tischordnung. Die dem Zaren durch das Los zugeteilte Johanna von Thurn mimte seine Gattin, König Joseph kam als Ägypter, ein Graf Rappach und Komtesse Mollart als Marktschreierpärchen, Graf Martinitz als Rauchfangkehrer, Graf Volckra als Jude mit Erzherzogin Josepha als Jüdin, Graf Windisch-Graetz als schwäbischer Bauer, und als Nummer 49 unter 71 Gästen ein »Diener, so kein Frauenzimmer bei sich gehabt« – Prinz Eugen. Man aß und trank, und als die Zeit der Trinksprüche anbrach, hob Leopold seinen Pokal und prostete Peter zu – auf die Gesundheit des Zaren von Rußland, den der Gast ja sehr gut kenne. Er kennen ihn in- und auswendig, und des Kaisers Feinde seien auch seine Feinde, antwortete Peter. Daraufhin leerte er den Pokal mit einem Schluck, und der Kaiser schenkte ihm das kostbare, mit Bergkristall verzierte Trinkgefäß, »weil er ihm gar nichts im Glas gelassen«. Der Pokal soll an die 2000 Dukaten wert gewesen sein. Johanna von Thurn aber verehrte der Tischherr acht Zobelpelze und 250 Dukaten. Das Fest war gelungen, denn »bei diesen Lustbarkeiten, welche bis 4 Uhr Frühmorgens gedauret, haben der Kaiser sowohl als der Zar sich vergnügt bezeugt, daß sie biß auf den letzten Mann ausgehalten, und zwar der letztere ungemein stark getanzet, das Frauenzimmer auf eine seine ihme recht wohl angestandene Manier geschwenkt und sich also recht lustig und fröhlich erzeuget hat[82]«.

Ob auch der Prinz die »Frauenzimmer geschwenkt« und bis zum letzten Mann ausgehalten hat, ist nirgends verzeichnet. Wenn sich der Feldmarschall nun durch die Sommernacht nach Hause kutschieren ließ, dann möglicherweise bereits in sein Palais in der Himmelpfortgasse. Maurer, Maler, Stukkateure und andere Handwerker wird er sicher noch im Haus gehabt haben. Denn vollendet war der Palast noch lange nicht.

Sein freundlicher Quartiergeber, der spanische Botschafter Borgomanero, war vor vier Jahren gestorben. Das eigene Haus, und noch dazu ein so prächtiges, bedeutete für Eugen, daß er endlich heimisch wurde. Er hatte Fuß gefaßt, er hatte es geschafft. Auch sein Konto dürfte Ende des Jahrhunderts ausgeglichen gewesen sein. »Hier (in Paris) hat er viel Schulden gelassen; sobald er in kaiserlichen Diensten geraten und Geld bekommen, hat er alles bezahlt bis auf den letzten Heller; auch die, so keine Zettel noch Handschrift hatten, hat er bezahlt, die nicht mehr dran dachten«, weiß Liselotte von der Pfalz[83]. Eine gute Nachrede also und ein Ausweis für höchste Kreditwürdigkeit.

Für einen Angehörigen der Familie Savoyen-Soissons-Carignan war das fast ein Ausnahmezustand. Während Eugen in Wien durch eigene Tüchtigkeit, Tugend und Tatkraft zeilstrebig Stufe für Stufe nach oben stieg, zerfiel, zerflatterte und zerstob seine Familie – als ob ein Fluch auf ihr lastete; und nur Eugen war gegen seine unheilvollen Folgen gefeit.

Seine Mutter Olympia mußte aus Madrid nach Brüssel flüchten, weil ihr ein Giftanschlag auf die spanische Königin nachgesagt wurde. Der zweitälteste Bruder, Philipp, für die geistliche Laufbahn bestimmt, geriet in England wegen eines tödlichen Duells mit dem Gesetz in Konflikt und starb schwer verschuldet 1694 in Paris an den Blattern. Dem Senior der Familie, Ludwig Thomas, Graf von Soissons, schien in der Armee Ludwigs XIV. eine glanzvolle Karriere offenzustehen. Dabei störte nicht einmal seine Heirat mit einem nicht standesgemäßen Mädchen aus dem Kleinadel. Die bourbonische Großmutter enterbte ihn zwar, aber der König nahm sich seiner an. Ludwig Thomas fiel jedoch durch irgendwelche Gerüchte, Verleumdungen oder Intrigen in Ungnade – ein Schicksal, das am Hofe Ludwigs jeden treffen konnte. Er trat in venezianische Dienste und kämpfte schließlich für Wilhelm von Oranien gegen die Franzosen. Seine Versuche, nach dem Krieg wieder nach Frankreich zurückzukehren und die Gnade des Königs wiederzuerlangen, blieben erfolglos. Ohne Mittel, ohne Rückhalt tauchte er eines Abends 1699 in Wien auf.

Der spätere Marschall Villars, damals Frankreichs Botschafter in Wien – er saß gerade als Gast bei Eugen in der Himmelpfortgasse –, berichtete später darüber nach Paris: »Es kann einen erbarmen, ihn zu Fuß bei seinem Bruder ankommen zu sehen, der darüber recht verlegen ist. Da ist er nun an einem Hof, an dem der Jüngere in hohem Ansehen steht und sich ein herrliches Palais hat bauen lassen, während er, der Ältere, durch eigene Schuld ins Unglück geraten, nicht weiß, wohin er sein Haupt legen soll[84].« Eugen

nahm sich des Bruders an – dieser trat in österreichische Dienste, wurde Feldzugmeister und führte seine Soldaten neuerlich gegen Frankreich und Ludwig. Sein Leben nahm wieder eine geordnete Bahn. Doch schon am 24. August 1702 erlag Ludwig Thomas den schweren Verletzungen, die er vor der Festung Landau erlitten hatte. Eugen war nun der letzte von fünf Brüdern.
Ludwig Thomas fiel in dem großen Krieg, der Europa 14 Jahre lang quälte und Eugen zu höchstem Ruhm führte: der Krieg um das spanische Erbe, der nach unendlichem Leid, schweren Verlusten an Menschen und wirtschaftlicher Substanz, nach Verheerungen und Verwüstungen und einem Aufwand, der die Gottähnlichkeit der absoluten Herrscher in Frage stellte, zu einem Ergebnis führte, das man auch ohne Schlachten, Siege und Niederlagen bei einigermaßen geschickter Diplomatie am Verhandlungstisch hätte erzielen können. Das Unglück begann, als von Madrid aus die Kuriere nach Versailles und Wien und London und in all die anderen Residenzen hetzten, mit der Botschaft: »Der König ist tot.« Karl II., der letzte der spanischen Habsburger, war am Allerheiligentag des Jahres 1700 ohne Erben gestorben.

VIII

»Es gibt keine Pyrenäen mehr.«

Das unselige Erbe

Sie wächst vor unseren Augen, wir leben mit ihr, sind entzückt, erfreuen uns an ihrer unschuldigen Schönheit, an ihrer natürlichen Naivität. Sie ist uns nahe, die Infantin Margarita Teresa, so wie ihr der Hofmaler ihres Vaters, Philipps IV. von Spanien, Diego Velazquez Unsterblichkeit verliehen hat. Drei Kinderbilder im Wiener Kunsthistorischen Museum – Margarita Teresa dreijährig im spitzenbesetzten rosa Kleid, fünfjährig im weißen Kleid, achtjährig im blauen Kleid. Eingezwängt in steife Roben, ausstaffiert wie eine Erwachsene, die Gefangene einer körperfeindlichen Mode, die alles Menschliche verbirgt, verhüllt und verleugnet, erstarrt in höfischer Pose, über den Alltag erhoben durch das feierliche Dekor, begegnet uns durch das Auge und den Pinsel des Malers dennoch ein liebreizendes Kind. Anders gekleidet, könnte es in unserer Zeit geboren sein. Velazquez hat absolute Kinderbilder geschaffen; und wie Vater und Mutter erfahren die Betrachter den langsamen Wandel, das Größerwerden, die Entwicklung von der pummeligen Kleinen zum jungen Fräulein, ohne daß der Infantin durch Erziehung und Etikette Frische, Eigenart und Kindlichkeit abhanden kommen.

Beglückt und bezaubert verharren die Museumsbesucher vor diesen Bildern. Nur die wenigsten denken an das Drama hinter all den Gesichtern vom spanischen Hof, die im Wiener Velazquez-Saal die Wände schmücken. Die Darsteller einer Tragödie sind hier versammelt, eines Schauerstückes von Tod und Haß und Krieg, von Inzucht und Wahnsinn, vom Ab- und Aussterben einer Dynastie. Die Fortsetzung ist ein Erbstreit, der zu einem Krieg um Welten wird, der Reiche erschüttert, Throne ins Wanken bringt und Kaisern und Königen die Grenzen ihrer Macht weist.

Bleiben wir noch bei den Bildern: Sie wurden nicht nur um der Schönheit willen gemalt, sie hatten einen politisch-materiellen Zweck. Denn zu jener Zeit suchten sich die Potentaten die heiratsfähigen Prinzen und Prinzessinnen wie aus dem Versandkatalog aus. Porträts der Ehekandidaten wurden von Hof zu Hof geschickt, und die einander versprochenen Paare kannten sich meist bis zur Hochzeit nur durch solche Gemälde. Aussehen, Charakter, Gefühle wie Liebe oder Zuneigung galten wenig, wenn es um die Erhaltung der Dynastie ging. Die wichtigste Aufgabe einer Königin war es, einen Thronerben zur Welt zu bringen und womöglich noch ein oder zwei Söhne als Reserve. In der beständigen Angst, ihre Reiche durch Verbindungen mit fremden Familien zu zersplittern oder in unlösbare Erbkonflikte zu verstricken, folgten die Habsburger einer Heiratspolitik, die einem genetischen Harakiri gleichkam. Margarita Teresa, schon in der Wiege Kaiser Leopold als Braut bestimmt, war die Tochter seiner Schwester, also war Leopold der Onkel seiner künftigen Frau – und sein Schwiegervater wiederum, Philipp IV., als Bruder der Mutter Leopolds, dessen Onkel. Auch Philipp hatte seine eigene Nichte geheiratet.

Die komplizierten Verwandtschaftsverhältnisse sind vor den Bildern im Kunsthistorischen Museum leichter zu entwirren. Da sehen wir Philipp IV. in seinen späten Jahren, ein leidgeprüftes Gesicht, voll von Pessimismus, des Endes gewärtig. Daneben hängt das Gemälde eines Prinzen: ein fescher Bub, kräftig, ein Versprechen für die Zukunft, der Infant Balthasar Carlos, der Sohn der ersten Frau Philipps, der Französin Isabella von Valois. Sein Bild gelangte nach Wien, weil ihm die österreichische Erzherzogin Maria Anna, eben Leopolds Schwester, als Braut zugedacht worden war. Zum Entsetzen aller starb der Prinz mit 13 Jahren. Da entschloß sich der verzweifelte Vater, die Braut des Infanten zu heiraten – der 44jährige die 15jährige Maria Anna. Auch ihr Bild hängt in Wien. Sie gebar dem König Margarita Teresa und zwei Söhne – Philipp Próspero und Carlos. Philipp Próspero sehen wir als Zwei- oder Dreijährigen vor uns. Aus seinem Gesicht hat Velazquez nichts Liebliches herausgelesen, keine Frische, kein Leben. Ernst und verschlossen blickt uns dieses Kind an, in fahlen Farben vom Tod gezeichnet. Und auch die Amulette, mit denen Philipp behängt ist, vermochten ihn nicht zu schützen. Nicht einmal zwei Jahre hatte das Kind noch zu leben. Übrig blieb Carlos, seit 1665 als Karl II. König. Auf dem schmeichelnden Bild in der Wiener Galerie verrät die habsburgische Unterlippe die Verwandtschaft mit Leopold, das bleiche Antlitz läßt die große Leere seines gestörten Geistes ahnen. Das Volk nannte ihn Carlos den Behexten, schon frühzeitig fielen ihm die Haare und die Zähne aus, er litt unter Knochenerweichung und paralytischen Anfällen, ein Kind zu zeugen war er nicht fähig, dafür trieb er zwei Frauen, eine Prinzessin von Orlèans und ein Pfälzerin, in hysterische Verzweiflung. Noch lange vor seinem Tod mit 39 Jahren hatten die Großmächte versucht, das spanische Erbe so zu teilen, daß Europa dadurch nicht aus dem Gleichgewicht geriete. Geheimverträge wurden unterzeichnet, Verzichtserklärungen unterschrieben und Absprachen getroffen, doch alles blieb nur Papier.

Am Madrider Hof hatte die französische Partei über die österreichische die Oberhand behalten und den kranken König dazu gebracht, in seinem Testament Philipp von Anjou, den 17jährigen Enkel Ludwigs XIV., zum Erben einzusetzen. »Der König ist den 1. dieses Monds um 3 Uhr nachmittags gestorben«, schrieb Liselotte von der Pfalz am 10. November 1700 aus Fontainebleau an die Kurfürstin Sophie nach Hannover. »Man hat unserm König die Copie vom Testament geschickt. Der Herzog von Anjou ist zum Erben gewählt; und es soll gleich ein spanischer Grande die Post genommen haben mit dem Testament im Original, ums dem Herzog von Anjou zu bringen und ihn zum König zu fordern. Und im Fall der König den Herzog von Anjou abschlägt, hat selbiger Grande Order, gleich nach Wien zu gehen, die Kron Spaniens dem Kaiser zu offerieren.« Und am 18. November berichtete sie: »Dienstag morgens ließ der König den guten Herzog von

Anjou holen in sein Kabinet und sagte ihm: ›Ihr seid König von Spanien!‹ ließ gleich den spanischen Gesandten mit allen Spaniern, so hier im Land sein, herein kommen. Die fielen ihrem König zu Füßen und küßten ihm die Hand alle nacheinander und stellten sich hinter ihren König. Hernach führte unser König den jungen König in Spanien in den Salon, wo der ganze Hof war, und sagte: ›Meine Herren, begrüßen Sie hier den König von Spanien!‹ Da wurde gleich ein Freudengeschrei und jedermann trat herzu und küßte dem jungen König die Hand. Hernach sagte unser König: ›Gehen wir in die Messe, Gott Dank zu sagen!‹ gab dem jungen König gleich die rechte Hand und gingen miteinander in die Meß; und der König machte ihn neben sich an der rechten Seite auf seinem Betstuhl knien...[85]«

In diesen Stunden durfte der 62jährige Ludwig noch einmal von seiner Herrschaft über den Globus träumen. Denn Spanien, das bedeutete mehr als nur die Iberische Halbinsel (ohne Portugal), das hieß Mailand mit der Lombardei, Neapel, Sizilien und Sardinien, die Spanischen Niederlande mit der Hauptstadt Brüssel, mit Antwerpen, Gent und Brügge, und spanisch war die Neue Welt – Mexiko, bis auf Brasilien der südamerikanische Kontinent, die Karibischen Inseln, schließlich noch die Philippinen. Kühne Perspektiven für einen kombinierten französisch-spanischen Welthandel eröffneten sich – in Konkurrenz zu den expandierenden protestantischen Seemächten England und Holland und auf deren Kosten. Endlich ist der südwestliche Nachbar Spanien nicht mehr habsburgisch. Vor Ludwig erstrahlte am Abend seines Lebens noch einmal die Apotheose der französischen »gloire«. Sein Enkel auf Spaniens Thron würde ihm bei seinen Plänen als gehorsamer Erfüllungsgehilfe dienen.

Ludwig verschleierte seine Absichten nicht. »Seien Sie ein guter Spanier«, riet er dem jungen König, »das ist Ihre erste Pflicht; aber vergessen Sie nicht, daß Sie als Franzose geboren sind, und erhalten Sie die Einigkeit zwischen den beiden Ländern.« Der spanische Gesandte erkannte den Zug der Zeit, ging in die Knie und sagte: »Es gibt keine Pyrenäen mehr[86].«

Außer durch das umstrittene Testament begründete der König die

Ansprüche des Hauses Bourbon auf Spanien durch viele blutsmäßige Verbindungen. Seine Mutter war die Schwester Philipps IV., und dessen Tochter Maria Teresa war seine erste Frau. Die Verwandtschaftsverhältnisse lagen also ähnlich wie bei Leopold. Durch die spanischen Heiraten sind Kaiser und König auch zu Vettern geworden. So blieb alles Unheil in der Familie des europäischen Herrscherclans. Margarita Teresa, das liebreizende Geschöpf auf den Velazquez-Bildern, genoß in Wien zwar einen Empfang mit Pomp, Jubel und Festen. Glück haben ihr Leopold und die Hofburg aber nicht gebracht. Mit 15 hatte man sie verheiratet, von da an war sie die meiste Zeit mit dem Austragen von Kindern beschäftigt. Zwei Buben und ein Mädchen starben kurz nach der Geburt. Nur eine Tochter, Maria Antonia, überlebte – die spätere Frau des Kurfürsten Max Emanuel von Bayern. Margarita Teresa aber wurde nicht älter als 22 Jahre. Die beiden Söhne Leopolds, Joseph und Karl, stammen von seiner dritten Gemahlin, Eleonore von Pfalz-Neuburg. Sie brachte frisches Blut in das Haus Habsburg.

Beide Spanierinnen auf Frankreichs Thron hatten vor ihrer Hochzeit auf ihre Erbansprüche verzichtet. Ludwig XIV. anerkannte den Vertrag jedoch nicht, weil die Spanier niemals in der Lage waren, ihm die ausgehandelte Mitgift Maria Teresas zu bezahlen. Außerdem habe seine Frau den Vorrang vor ihrer Stiefschwester in Wien, weil sie aus der ersten Ehe Philipps sei und Margarita Teresa nur aus der zweiten. Der Kaiser dagegen berief sich auf Erbverträge mit den spanischen Habsburgern. Ein Kompromiß schien noch möglich, als Leopolds Enkel, der bayerische Erbprinz Joseph Ferdinand, ins Spiel gebracht wurde. Der Wittelsbacher hätte die Gefahr einer absoluten Vormachtstellung des Hauses Habsburg oder der Bourbonen in Europa abgeschwächt. Durch den überraschenden Tod des Kindes 1699 wurden alle Spekulationen beendet. Die französische Propaganda sprach von Gift und Wiener Agenten.

Leopold dachte nicht an Verzicht, im Gegenteil, er verweigerte die Verpflichtung zu einer dauernden Trennung der beiden habsburgischen Linien. Der Gedanke, daß irgendwann einmal der

Kaiser in Wien gleichzeitig König in Madrid sein könnte, war niemandem in Europa sympathisch. Einen ähnlichen Fehler beging Ludwig. Im Hochgefühl der gelungenen Thronübergabe an seinen Enkel Philipp – nun der V. – lehnte er jede bindende Erklärung auf den Verzicht einer Vereinigung der französischen und der spanischen Krone ab. Als er endlich auch noch den katholischen englischen Gegenkönig Jakob III. gegen von ihm im Frieden von Rijswijk anerkannten König Wilhelm von Oranien unterstützte, war ihm die Feindschaft der Briten gewiß.

Obwohl viele größere und kleinere Fürsten zuerst Philipp V. zum spanischen Königtum beglückwünscht und damit in ihr Herrscherkollegium aufgenommen hatten, dämmerte ihnen bald die Gefahr einer totalen französischen Hegemonie. Im Hochgefühl seines Machtzuwachses schuf sich Ludwig neue alte Feinde. Eine »Große Allianz« gegen Frankreich und Philipps Spanien bildete sich – mit England, Holland, Brandenburg (der Kaiser hatte den Kurfürsten Friedrich dafür mit Preußens Königskrone geködert) und Österreich. Für Philipp und Ludwig stritten noch Savoyen, Kurköln und Bayern: Max Emanuel, seit 1692 Statthalter in den Spanischen Niederlanden, strebte nach mehr. Er wollte Land und ebenfalls eine Königskrone. In langem Hin und Her versuchte er sich und seine Militärmacht an den Meistbietenden zu versteigern. Weil Leopold zögerte, warf er sich Ludwig in die Arme.

Die Weichen für einen europäischen Krieg, eine Art Generalprobe für kommende Weltkriege, waren gestellt. Zur antifranzösischen Koalition stießen Dänemark, Hannover, das Bistum Münster, Kurmainz und Kurpfalz und eine Reihe kleinerer Fürstentümer, bis schließlich niemand im Reich neutral bleiben konnte. Die Kriegsschauplätze lagen am Rhein und an der Donau, in Italien, in Spanien, in Belgien und in Flandern, in Frankreich und auf den Weltmeeren. Zuerst standen insgesamt 250 000 Mann einer bunt zusammengewürfelten Armee der Alliierten der einheitlicheren und besser ausgerüsteten und disziplinierten Armee Ludwigs XIV. gegenüber. In der besten Zeit hatte er 450 000 Mann unter Waffen. Österreich führte erstmals in dieser Epoche einen Angriffs- und keinen Abwehrkrieg. Es kämpfte nicht um seinen Bestand, sondern um seine eben erst errungene Stellung als Großmacht zu behaupten und zu verbessern. Eugen von Savoyen war dazu ausersehen, Leopolds Schwert zu führen und Karl, dem jüngeren Sohn des Kaisers, den spanischen Thron zu gewinnen. In der ersten Phase des Krieges blieb Eugen noch auf die militärischen Angelegenheiten beschränkt, später trat er immer mehr in die politische Verantwortung ein. Zum Auftakt dieses Kriegsgeschehens erleben wir ihn jedoch als den phantasievollen Soldaten, der seine Gegner wieder einmal dadurch überrascht, daß er etwas wagt, was keiner für möglich gehalten hat.

Noch zögerten die Seemächte, ob sie in den Krieg einsteigen sollten. Für Wien und für Paris gab es keine andere Wahl mehr. Schon Ende November legte Prinz Eugen dem Kaiser eine Empfehlung für einen sofortigen Einmarsch in die spanische Lombardei vor – mit allen strategischen und logistischen Details. Bis sich die schwerfällige österreichische Kriegsmaschinerie in Bewegung gesetzt hatte, waren die Franzosen jedoch längst an Ort und Stelle. Als im nächsten Frühjahr endlich genügend Truppen in Südtirol versammelt waren, hatte Marschall Catinat, Eugens alter Gegner aus den Feldzügen in Piemont, bereits den Zugang nach dem Süden gesperrt. Alle gängigen Wege waren durch die Franzosen blockiert – so meinten sie wenigstens. Eugen entschloß sich, eine Route zu nehmen, die noch nie jemand vor ihm probiert hatte – über die Lessinischen Alpen, ein Unternehmen, das mit Hannibals Alpenüberquerung verglichen wurde.

Man braucht sich nur die Landschaft rechts und links der Autobahn von Trient nach Verona in Erinnerung zu rufen, um die fast unüberwindlichen Schwierigkeiten dieses Kletterabenteuers für Mann und Roß und Wagen zu ermessen: gewaltige Felsklötze, steile Wände, Dörfer, die wie Falkennester an den Bergen kleben, Schutthalden. Dante besang in seinem »Inferno« einen historischen Felssturz in dieser Gegend. Auch heute noch winden sich nur schmale kurvige Straßen nach oben, und jeder normale Autofahrer, dem sein Wagen lieb ist, bleibt im Etschtal. Aber das war für Eugen verschlossen. Deshalb teilte er seine Heermacht und quälte sie über Saumpfade, durch Schluchten, enge Täler, über

Geröllhalden. Kaum ein Weg war vorhanden, Steinschlag bedrohte die Leute. Für einen solchen Zug über das Gebirge waren sie in keiner Weise ausgerüstet. Wer sich einmal mit falschem Schuhwerk in die Berge verirrt hat, weiß, was das bedeutet. Die Armeen jener Zeit operierten in der Ebene, auf freiem Feld. Jedes Gebirge wurde gemieden. Wenn es nicht zu umgehen war, benützte man bekannte und befahrene Paßstraßen. Eugen zwang seine Infanteristen, die Kavallerie, den Troß und sogar die Artillerie über Felsregionen an der Tausendmetergrenze, in denen sich sonst nur Hirten, Sennen und andere Bergbewohner bewegten. Dabei war es noch Mai, die Periode der Schneeschmelze und der reißenden Wildbäche. Die Soldaten fürchteten die Berge als eine exotische Schreckenslandschaft, sie leisteten Ungeheures. Eugen selbst war immer unter ihnen, vor ihnen, mit ihnen. In seinem Bericht an den Kaiser diktierte er nicht sein Lob, sondern das seiner Männer. Am ersten Tag hätte man von der Artillerie nur vier Stück über die Berge gebracht, am nächsten Tag mit Hilfe der Bauern und viel Vorspann – 15 Paar Ochsen vor ein Geschütz – jedoch 16 Kanonen, »wobei sich wohl sehr zu verwundern ist, daß durch diese so gefährlichen, hohen und jähen Berge eine Armee mit Artillerie habe durchkommen können, wo vormals keine einzige Straße gewesen und niemand sich erinnert, daß der kleinste Karren jemals darüber passiert hätte...[87]«
Eine Quelle an einer Felswand der Valfredda, wo der Prinz gerastet und getrunken hat, heißt im Volk »la fontana del principe Eugenio«, der Prinz-Eugen-Brunnen. Und die Gemeinde Ala erhielt später ein Dankschreiben des Prinzen für den Einsatz der Bauern beim Wegmachen und für die kundigen Bergführer, die sie der Armee gestellt hatte. Das größte Wunder dieses Alpenüberganges – er gelang ohne jeden Unfall. Die Welt erfuhr die näheren Einzelheiten durch einen in großer Auflage verbreiteten Kupferstich: »Die überstiegene Unmöglichkeit das ist der kaiserlichen Völker unternommenes und überwundenes Felsenklettern 1701 über die Tirolisch- und Alt-Norische ungeheure Alpen.« Während Eugen in konventioneller Triumphpose auf seinem hochgehenden Pferd gezeigt wird – wie auf den meisten Schlachtenbildern –, vermittelt

das Bild doch einen Eindruck von der Schwierigkeit des Aufstieges. Ein Kanonenrohr wird mit Hilfe einer Winde über eine Felswand gehievt. Die Geschütze mußten zerlegt und mit Maultieren über die gefährlichsten Passagen transportiert werden. Zeitweise waren Hunderte von Bauern im Arbeitseinsatz, 10 000 Soldaten und 6000 Pferde überwanden die natürliche Barriere – und die Franzosen hatten keine Ahnung davon.

Marschall Catinat erwartete noch immer den Angriff auf die Etschklause bei Rivoli, dort, wo 1797 Napoleon den Durchbruch nach Norden gegen die Österreicher erzwingen sollte. Eugen hatte sich in der Vorbereitungszeit am gegenüberliegenden Etschufer bei einem Rekognoszierungsritt gezeigt und die Franzosen nach den Regeln der kavaliersmäßigen Kriegführung begrüßt. Am Gardasee wurden Schiffe bereitgemacht, als ob die Armee über den See setzen wollte. Einige Truppenteile bewegten sich zur Irreführung des Gegners im Tal.

Als Eugen Anfang Juni plötzlich in der Ebene Italiens stand, verlor ein so erfahrener Mann wie Catinat die Nerven. Er splitterte seine Truppen auf, ließ sich auf ein Katz-und-Maus-Spiel mit Eugen ein und wurde vom Prinzen durch Nachtmärsche, plötzliche Richtungswechsel und andere Täuschungsmanöver völlig verwirrt – bis es dann am 9. Juli bei Carpi an der Etsch zum ersten Zusammenstoß kam; eine stärkere französische Abteilung wurde mit schweren Verlusten aus dem Ort vertrieben. Prinz Eugen erlitt wieder einmal eine Verwundung – durch eine Gewehrkugel am Knie. »Seine Durchlaucht hatte sie aber gleich selbst, weil sie zwischen Haut und Fleisch stecken geblieben, herausgedrückt, allein, indem Sie sich sehr verblutet, ist Ihnen folgends einige Schwachheit zugestoßen, daß Sie sich verbinden lassen müssen, worauf sich gleich wieder erholt und sich wieder zu Pferd, nachdem unter ihm schon vorher eines blessiert, begeben und in der Aktion weiter kommandiert.« So meldete es Graf Althann, der mit der Siegesbotschaft nach Wien geritten war[88].

Eugen operierte weiter nach seinem Willen, ohne daß ihn Catinat zu stören vermochte. Die Nachrichten aus Italien hatten König Ludwig XIV. verbittert und verstört. Wie war es möglich, daß sei-

ne so exzellente und unschlagbare Armee von diesem jungen Savoyer an der Nase herumgeführt wurde? Voller Groll kanzelte er den verdienten Marschall in einem Brief ab: »Sie haben die beste Gelegenheit, welche sich bieten konnte, verloren. Ihre Truppen waren viel zahlreicher, voll des besten Mutes gegenüber denen des Kaisers, welche erschöpft von einer Zeit, in welcher sie nur einen Bruchteil ihrer Lebensbedürfnisse hatten, und welche vor Ihren Augen zwischen dem Garda-See und den Felsen durchmarschiert sind, in einem Terrain, durchschnitten und ungünstig, wo sie gezwungen gewesen wären, sich zu schlagen oder sich zurückzuziehen. Für fehlerhafte Schritte gibt es kein Heilmittel, die Vorbereitungen, welche Sie für die Zukunft trafen, geben mir noch weniger Hoffnung.« Eine exemplarische Strafpredigt, die zu einer indirekten Lobeshymne für den Prinzen wurde. Ludwig mußte sich in diesem Moment wohl eingestehen, wie sehr er den Savoyer verkannt hatte: »Ich hatte Sie nach Italien gesendet, um einen jungen unternehmenden Prinzen zu bekämpfen; er hat sich gegen alle Regeln der Kriegskunst benommen, Sie wollen denselben folgen, und Sie lassen ihn machen, was er will[89].« Eine treffende Lagebeurteilung durch den König, ein vernichtendes Urteil für den Marschall. Mit gleicher Post war ein neuer Oberbefehlshaber nach Italien unterwegs – François Herzog von Villeroy, ein Jugendfreund des Königs und perfekter Höfling. Sein Feind Saint-Simon nennt ihn verächtlich »einen Mann, eigens dazu geschaffen, um bei einem Ballfest zu präsidieren, als Schiedsrichter bei einem Karussellspiel zu fungieren, und, wenn er die Stimme hätte, in den Opern die Rolle der Könige und Heroen zu singen; sehr geeignet in der Welt der Vornehmen den Ton anzugeben – aber zu nichts sonst.« Vor allem nicht zur Führung eines Heeres in einer kritischen Situation[90].
Villeroy begleiteten mehrere Generäle und größere Truppeneinheiten. Der König wollte in Italien eine rasche Entscheidung. Den 30 000 Kaiserlichen standen 50 000 Franzosen gegenüber, das heißt, zur Armee gehörten Schweizer Söldner, weiters Iren, Spanier und Savoyer. Den Oberbefehl teilte sich Villeroy nominell mit dem Herzog von Savoyen, Victor Amadeus, Eugens Vetter,

und mit Carl von Vaudemont, dem Gouverneur der Spanier in Mailand – der Lothringer war der Vater des Prinzen Thomas von Vaudemont und der Onkel des Prinzen von Commercy, der besten Freunde und Mitstreiter Eugens. Auch der vergrämte Catinat war noch da, dieser Bürgerliche, ursprünglich Advokat, der nach einem unglücklichen Prozeß in der Armee langsam nach oben gekommen war – bis er sich den Ruf eines der besten Soldaten Frankreichs erworben hatte. Mit dem eitlen Schmeichler Villeroy wußte er wenig anzufangen; seinen Befehlen hat er wohl nur zähneknirschend gehorcht, vor allem deshalb, weil durch den neuen Oberbefehlshaber nichts besser wurde.

Villeroy wollte seinen König nicht enttäuschen – Angriff war die Devise. Eugen, der inzwischen schon auf halbem Weg nach Mailand war, sollte zur Entscheidungsschlacht gezwungen werden. Eugen ging von seiner zahlenmäßigen Unterlegenheit aus und schaltete auf Defensive. Er, der sonst die Bewegung und Überraschung liebte, verschanzte sich in günstiger Position in und vor der Festung Chiari am Oglio. Am 1. September 1701 ließ er die Franzosen gegen seine Stellungen anrennen. Die Soldaten hatten strikten Befehl, so lange mit dem Feuer zu warten, bis die Franzosen direkt vor ihnen standen. Bei Blitz und Donner und schwerem Regen begann der Angriff – Villeroys Formationen stürmten in eine Feuerwand der Kaiserlichen. Nach Prinz Eugens Angaben lagen zwei Stunden später 2000 Franzosen tot oder verwundet auf dem Feld. Eugens Armee hatte nur 36 Gefallene und 81 Verwundete zu beklagen.

Dem Herzog von Villeroy war die Lust auf den Krieg vergangen. Die Armeen suchten noch durch einige Operationen günstige Winterquartiere zu gewinnen. In Europa waren unterdessen die Diplomaten aktiv. Beeindruckt von dem guten Abschneiden der kaiserlichen Armee in Italien unterzeichneten die Engländer, die Holländer usw. am 7. September den von Wien so ersehnten Allianzvertrag, wie es Eugen vorausgesagt hatte: »Beginnen wir zu marschieren und wir werden bald Verbündete finden[91].«

Marschall Villeroy frischte inzwischen seine Kräfte auf, um mit einer gut verstärkten Armee möglichst früh die Operationen zu

beginnen. Er hatte sein Hauptquartier in Cremona am Po. Bei dem Namen der Stadt hört jedermann Geigenklang und die Namen Amati, Guarneri und Stradivari. In der Kriegsgeschichte hingegen steht Cremona für eines der tollkühnsten Kommandounternehmen aller Zeiten. Und die Geigenmacher werden an jenem 1. Februar 1702 zitternd in ihren Häusern gesessen haben, um ihr Leben bangend und um ihre kostbaren Instrumente. Giacomo Antonio Stradivari, damals 53 Jahre alt und in seiner Kunst am Höhepunkt angelangt, war wohl Zeuge dieses schrecklichen Tages, den Prinz Eugen seiner Stadt und den Franzosen bereitet hat.
Der Prinz hielt wenig von einem Winterschlaf der Armeen. Er beabsichtigte die Franzosen zu treffen, noch bevor sie für den nächsten Feldzug gerüstet waren. Dabei half ihm ein kaiserlich gesinnter Priester aus Cremona, der Propst von Santa Maria Nova. Von seinem Haus an der Stadtmauer führte ein Kanal in den Festungsgraben. Die Franzosen wußten nichts davon. Im Jänner ließ ihn der Propst noch durch die Stadtverwaltung von stinkendem Unrat reinigen. Denn auf diesen Kanal gründete Eugen seinen wahnwitzigen Plan: Er wollte das französische Hauptquartier im Handstreich nehmen.
Die Franzosen waren durch die vorbereitenden Truppenbewegungen nervös geworden. Sie befürchteten einen Überfall auf eines ihrer Winterquartiere zwischen Oglio und Po. An Cremona dachte niemand. Wegen dieser unsicheren Lage waren jedoch 1000 Mann, die nach Eugens Wissen bereits abmarschiert sein sollten, in der Stadt zurückgehalten worden. Am Abend des 31. Jänner vertrieb sich der Herzog von Villeroy in seinem Quartier die Zeit beim Spiel. Er war erst an diesem Tag von einer Besichtigungsreise zurückgekehrt.
Um diese Stunde saß der Prinz bereits im Sattel. In einer regnerischen stockdunklen Winternacht näherte er sich mit 4000 Mann vom Nordosten der Stadt. Die Soldaten kannten ihr Ziel nicht. Eugen ritt mit dem Prinzen Commercy und dem Grafen Guido von Starhemberg voraus. In einem Gutshof, eine Meile von den Mauern entfernt, harrten sie ihrer Truppe. Doch die kam wegen der aufgeweichten Wege nur langsam vorwärts, zu langsam. Kost-

bare Stunden gingen verloren. Der Prinz hatte inzwischen erfahren, daß ihn in Cremona eine viel stärkere Garnison erwartete. Er hoffte auf den Überraschungseffekt – und auf seine Hauptmacht, die unter dem Prinzen Vaudemont am linken Po-Ufer Richtung Cremona marschierte, sie sollte die Schiffsbrücke über den Strom nehmen und von der Uferseite in die Stadt eindringen.

Zwischen fünf und sechs Uhr früh stiegen die ersten Soldaten, angeführt von Obristwachtmeister Hoffmann, in den Graben und krochen durch den mannshohen, etwa einen halben Meter breiten Kanal, einer nach dem anderen, unbemerkt von den französischen Wachen auf den Wällen und bei den Toren. Über 400 Mann wurden auf diese Weise in die Stadt geschleust. In drei Abteilungen sollten sie vom Haus des Pfarrers ausschwärmen, die Wachen überwältigen und die Stadttore öffnen. Durch die Verzögerungen beim Anmarsch war es schon sieben Uhr früh, als die Kommandos auf die Straße traten. Unglücklicherweise war der erste Franzose, den sie trafen, der Koch des Generals Crénan. Als er die fremden Uniformen sah, stürzte er zurück und weckte seinen Herrn. Bis sich der General seine Kleider übergestreift hatte, knallten die ersten Schüsse. Noch funktionierte alles nach Plan. Die überraschten Torwachen waren ausgeschaltet worden, und Zimmerleute und Schlosser brachen die Türflügel auf. Die Kürassiere sprengten herein, quer durch die Stadt, um an der Südseite das Tor zum Po zu öffnen. Bald folgten Eugen, Starhemberg und Commercy. Villeroy wurde von seinem Diener mit dem Schrekkensruf »Die Deutschen sind in der Stadt« aus dem Bett geholt. Er befahl seinem Sekretär noch, die Chiffreschlüssel und alle Briefschaften zu verbrennen, warf sich auf sein Pferd und ritt in Richtung Hauptplatz. Plötzlich war der Oberbefehlshaber von kaiserlichen Infanteristen umringt. Sie erkannten ihn nicht. Wenn der irische Hauptmann Macdonell nicht eingegriffen hätte, wäre Villeroy kaum mit dem Leben davongekommen. So brachte man den vornehmen Gefangenen, dessen Identität noch nicht offenbar war, zu der inzwischen besetzten Hauptwache. Dort versuchte Villeroy, den Iren mit dem Angebot eines französischen Regimentes und tausend Pistolen in Gold für seine Freilassung zu bestechen. Der Ire lehnte ab. Nun wußte er auch, wen er vor sich hatte. Er machte Eugen Meldung. Der ließ den Herzog sofort aus der Stadt schaffen.

In den engen Gassen und auf den Plätzen tobte der Straßenkampf. Zufällig waren mehrere französische Bataillons schon am frühen Morgen zum Exerzieren und zu einer Besichtigung ausgerückt. Sie konnten also sofort eingesetzt werden. Irische Soldaten in französischen Diensten verteidigten das Po-Tor erfolgreich. Als Eugen Hauptmann Macdonell mit der weißen Fahne zu ihnen schickte, damit er seine Landsleute überrede, für gutes Geld überzulaufen, wurde er abgewiesen. Und ein französischer Offizier nahm ihn gefangen. Die Zeit verrann. Unruhig wartete Eugen im Rathaus auf die Meldungen des Ausgucks am Campanile, dem höchsten Italiens, und stieg schließlich selbst auf den Turm. Vaudemont näherte sich erst gegen ein Uhr Mittag – und da hatten die Franzosen die Pontonbrücke über den Po schon verbrannt. Ein schneller Übergang war nicht mehr möglich, das große Konzept damit gescheitert. Die halbe Stadt befand sich noch in der Hand der Kaiserlichen. Das Schloß, in dem ein Teil der Garnison lag, stand in Flammen. Trotzdem konnten sich die Franzosen langsam wieder ordnen und formieren. In dem Kampf Mann gegen Mann erlitten beide Seiten schwere Verluste, aber die Franzosen waren klar in der Überzahl. Nach zehnstündigem pausenlosen Einsatz seiner Männer befahl Eugen den Rückzug. Geordnet und mit fünf Standarten und drei Fahnen, 62 Offizieren und 238 Soldaten an Gefangenen und 500 Beutepferden verließ die Truppe in der einbrechenden Dunkelheit Cremona.

Die Bilanz des Unternehmens? Eugen hatte 26 Offiziere verloren, zum Teil tot, zum Teil gefangen. Elf waren verwundet, 234 Mann gefallen, 189 blessiert, 340 gefangen – meist im Häuserkampf bei der Absetzbewegung zurückgeblieben, vergessen oder verirrt. Die Franzosen zählten 16 Offiziere und 546 Mann an Toten, und über 500 Verwundete. General Crénan erlag später seiner schweren Verletzung.

Die Franzosen versuchten sich zwar als Sieger zu geben. Sie hatten Cremona behauptet. Der Überfall löste jedoch eine Schockwirkung aus, das Gefühl, daß vor dem teuflischen Prinzen kein Mensch mehr sicher sei. Auf lange Sicht brachte Cremona den Franzosen indirekt einen großen Gewinn – statt des militärisch unbegabten Villeroy sandte der König einen seiner besten Heerführer nach Italien – Marschall Vendôme, und der gab Eugen noch einiges aufzulösen. (Villeroy blieb bis zu seiner Entlassung im Herbst in Innsbruck und in Graz in bequemer Gefangenschaft.)

Alle Welt sprach bewundernd von Eugens Aktion. Nur in Wien glaubten Eugens Gegner und Neider einen Anlaß gefunden zu haben, ihn beim Kaiser in ein schlechtes Licht zu setzen. Verärgert schrieb der Prinz an Josephs Beichtvater, den Jesuitenpater Engelbert Bischoff: »Klagen muß ich demnach Euer Hochwürden, welchergestalt mir von Wien immerfort sehr empfindlich harte Nachrichten einlaufen. Man legt mir Alles übel aus, man nennt meine Operationen Croaten-Ritte, wo doch die ganze Welt, ja der Feind selbst meinem modum bellandi gut heißt[92].« Eugen wußte, daß er sich seiner Kriegführung nicht zu schämen brauchte. Im Bericht an Kaiser Leopold schrieb er von der »Consternation, in der sich der Feind befände«, lobte seine Soldaten und verlangte Geld für die Regimenter zu Fuß, »welche bei dieser Action sich gar wohl verhalten«. Er hatte ihnen Ersatz »für ihre in dem großen Kot abgerissenen Schuhe und Strümpfe versprochen«. Zum Schluß begründete er das Abenteuer noch einmal: »Sollte Cremona überkommen (eingenommen) worden sein, wäre der Feind verloren gewesen, indem er neben diesem Posto auch seine kommandierenden Generale eingebüßt hätte[93].«

Diese Meinung teilte auch einer der größten Verehrer des Savoyers, Friedrich II. von Preußen. In seinen »Betrachtungen über Feldzugspläne« schrieb der König: »Prüfen wir einmal, welche Folgen die Einnahme von Cremona gehabt hätte, wenn Prinz Eugen die Stadt hätte halten können. Erstens hätte er die ganze französische Generalität gefangen genommen. Niemand hätte den in Kantonnementsquartieren (Winterquartieren) zerstreuten Truppen Befehle geben können. Er wäre über die verzettelte feindliche Armee hergefallen, hätte sie im einzelnen vernichtet, und der fliehende Rest wäre glücklich gewesen, in kleinen Trupps die Alpen zu erreichen und sich nach Frankreich zu retten. So hätte ein einziges aufgehobenes Quartier die Lombardei, Mantua und Parma dem österreichischen Zepter gewonnen[94].«

Ob Eugens Armee bei einem Gelingen des Handstreichs noch die Kraft zu solch umfassenden Operationen gehabt hätte, muß bezweifelt werden. Aus Eugens Mahnungen, Bitten, Alarmrufen, Hilfeschreien in seiner Korrespondenz mit dem Kaiser und einigen wichtigen Herren in Wien erfahren wir vom völlig desolaten Zustand seiner »Lumpen-Soldaten«. Kein Geld, kein Proviant, kein Futter für die Pferde, keine Munition, zerfetzte Monturen, Krankheit, Desertierungen, Plünderungen. Den ganzen Winter hätten seine »armen Regimenter kaum einen Monatssold bekommen. In den Quartieren finden sie nichts von der Welt und sind ihrer Viele, die auf bloßer Erde liegen müssen; ich lasse also Euer kais. Majestät selbst höchst erachten, in was für einem deplorablen Stand Dero Armee gar bald sein werde, wenn die Gelder nicht richtig fallen sollen«, kein Regiment »so zu Fuß als zu Pferd, hat weder große noch kleine Montur bestellet, da doch die meisten Musketiere barfuß und der Reiter ohne Stiefel ist[95]«. So berichtete Eugen dem Kaiser am 22. Februar aus seinem Hauptquartier in Luzzara südwestlich von Mantua am rechten Ufer des Po. Immer wieder schrieb der Prinz von den »bettelarmen Offizieren und Gemeinen«, von der »Notdurft an Pulver und Blei«, wie müsse dem »obschon braven, jedoch ganz zerlumpten und unbesoldeten Soldaten sein miserabler Stand zu Herzen gehen«.

Die Lamentationen nehmen kein Ende. Wien reagierte kaum. Eugen suchte deshalb neue Wege außerhalb der offiziellen Kanäle. Zum erstenmal begegnet er uns als geschickter Diplomat. Er begann politische Fäden zu spinnen und, wie so oft im Feld, den verschlungenen, geheimen Weg einem regulären Gang vorzuziehen. So wollte Eugen den Kaiser durch den Jesuitenpater Bischoff günstig beeinflussen. Sehr offen wandte er sich in dem schon erwähnten Brief gegen die Kritiker bei Hof, »die zwar viel sagen, raisonnieren und großsprechen«, dabei aber keine Ahnung vom Krieg hätten. Seiner Armee von »18 000 zerrissener, uncontentierter und abgearmter Miliz« stünde ein wohlausgerüsteter Feind von 80 000 Mann gegenüber. All seine Vorstellungen seien jedoch vergeblich geblieben. Währenddessen delektierten sich die »Kritikanten mit lauter Passionen, bekümmern sich um das kaiserliche Interesse gar wenig, sondern wenn sie nur ihm heimliches Gift und dick ausschütten können, haben sie den Zweck schon erreicht, und frohlocken vielmehr, wenn so zu sagen, Alles über und über gehe...« Und einem seiner Wiener Vertrauensleute, dem Hofkammerrat Palm, prophezeite Eugen, daß »Armee, Land und Leute des Kaisers Dienst samt Krone und Szepter auf die Spitze des Untergangs« gesetzt würden[96].

Aber der Krieg ging weiter. Die Franzosen wollten die Entscheidung in Italien erzwingen. Ihr spanischer König, Philipp von Anjou, schiffte sich von Barcelona nach Neapel ein, um dem Sieg zu assistieren. Mit Marschall Vendôme stand jetzt ein ausgezeichneter Soldat an der Spitze einer starken Armee. Durch seine Mutter Laura Mancini war Vendôme ein Vetter Eugens und sein Jugendgespiele. In seinen Adern floß auch Bourbonenblut, durch seinen Großvater, einen unehelichen Sohn König Heinrichs IV. Vendôme kümmere sich zwar wenig um Disziplin und verliere zuviel Zeit mit Essen und Schlafen, kritisierte Voltaire. Aber »am Tage des Kampfes macht er dies alles durch seines Geistesgegenwart und Urteilskraft wett, die durch die Gefahr nur noch geschärft wird...[97]«

Unbeirrt von dem teilweisen Mißerfolg in Cremona, dachte Eugen schon wieder daran, durch eine ähnliche Aktion die Franzosen Vendômes zu berauben. Der Marschall residierte an einem See bei Mantua. Eugen entsandte den Generaladjutanten Marchese Davia mit 200 Freiwilligen auf 12 Schiffen, getarnt als französischer Verwundetentransport. Die List schien zu glücken. Doch nach der Landung, nur 80 Schritt von der Villa Vendômes, schoß ein nervöser Soldat eine französische Wache nieder. Der Unglücksschuß löste Alarm aus, und Davia mußte sich mit seinen Leuten auf die Schiffe retten. Vendôme revanchierte sich mit einem Feuerüberfall auf Eugens Quartier. Der Prinz war gerade beim Rasieren, als die Granaten neben seinem Haus einschlugen.

Durch verschiedene Manöver versuchten die beiden Heerführer einander auszutricksen und günstige Positionen zu gewinnen. Durch ihre Übermacht hatten die Franzosen die Vorhand. Sie erzielten Teilerfolge. Vendôme plante, die Kaiserlichen mit einer Zangenoperation in die Enge zu treiben. Eugen wählte die Flucht nach vorn und griff am 15. August bei Luzzara mit seinen deutlich unterlegenen Kräften Vendôme an – in dem blutigen Ringen verloren die Franzosen mit 4000 Mann doppelt soviel wie Eugens Armee. Der Prinz behauptete das Schlachtfeld, doch Vendôme war nicht geschlagen. Beide Seiten wollten sich als Sieger sehen, unabhängige Schiedsrichter hätten das Treffen unentschieden gewertet. Das Konzept Vendômes war jedoch empfindlich gestört worden, und überall in Europa rühmte man den Mut, mit dem sich Eugen auf die zahlenmäßig so überlegenen Franzosen geworfen hatte. Eugen ließ am Schlachtfeld ein Tedeum feiern, er fühlte sich zwar als Sieger, freuen konnte er sich jedoch nicht. In der Schlacht war mit vielen anderen Offizieren der Prinz von Commercy gefallen, neben dem anderen Lothringer, dem Prinzen Vaudemont, sein bester Freund und Kampfgefährte. Seit den Türkenkriegen waren sie beisammen, alles hatten sie gemeinsam durchgestanden. Der Prinz verweilte mit Tränen in den Augen kurz vor dem Leichnam, um sich dann gleich wieder ins Getümmel zu stürzen und den durch Commercys Tod ins Wanken geratenen rechten Flügel wieder aufzufangen und nach vorne zu werfen[98].
Zum menschlichen Verlust kam der aufreibende Kleinkrieg mit Wien. Eugen pries die Standhaftigkeit und die Tapferkeit seiner Soldaten bei Luzzara, und er war noch immer voll Unternehmungslust. Im Oktober sandte er Generaladjutant Davia wieder auf eine unmögliche Mission – mit 200 Husaren und 30 Kürassieren ritt der Marchese bis nach Mailand, streute dort mitten in der Stadt Geld unter die Leute und ließ den Kaiser hochleben. Dann plünderten die Husaren das Lustschloß des Gouverneurs. Ohne einen Mann verloren zu haben, brachte Davia von dem 13tägigen Streifzug, einem wahren Husarenstück, 20 000 Gulden als Beute ins Hauptquartier. Er und die beiden Husarenobristen Deák und Ebergényi erhielten 100 Louisdor als Prämie.

Die Franzosen hatte ihr Ziel, die Kaiserlichen aus Italien zu vertreiben, nicht erreicht. Ihre Position war in diesem Winter jedoch wesentlich besser als ein Jahr zuvor. Und an der Misere in Eugens Armee änderte sich auch nach Luzzara nichts. Der Prinz ersuchte den Kaiser, zur mündlichen Berichterstattung nach Wien zurückkehren zu dürfen. Dabei reklamierte er einmal mehr die Soldrückstände: »Der Monat November ist nunmehr zu Ende und der vorjährige Winter sehr vielen Regimentern noch nicht einmal völlig, zugeschweigen etwas auf den Sommer bezahlt. Inzwischen bleibt der Soldat nackend und bloß und der Offizier ist totaliter ruiniert, massen in diesem abgewichenen Feldzug die Bagage generaliter verloren gegangen und ich also, wie schon öfters alleruntertänigst remonstriert, die Miseria eines und des andern nicht genugsam beschreiben kann[99].«
Unmittelbar nach Weihnachten verabschiedete sich Eugen von seinen Offizieren und Soldaten. Guido von Starhemberg erhielt den Oberbefehl. Kränkelnd, erschöpft und ausgelaugt kam Eugen nach fast zwei Jahren wieder in der Hauptstadt an. Dort vergnügte man sich trotz der katastrophalen Finanzlage und schlechter Nachrichten von allen Fronten im Karneval, als ob nichts passiert wäre. Der Prinz wurde mit Einladungen überhäuft. Von einer »Wirtschaft« entschuldigte er sich wegen Fiebers; deshalb ist »eine Erzherzogin ohne Mann geblieben«, wie er an Guido Starhemberg nach Italien schrieb. In einem anderen Brief beklagte er sich über die Hoffeste, die sich nicht vermeiden ließen. Er ziehe sich jedoch meist schon nach Mitternacht zurück[100].
In diesem sehr privaten Brief an den Kampfgefährten – eigenhändig französisch geschrieben – legte Prinz Eugen die Wiener Zustände bloß. Ungeduldig und zornig wetterte er über den Hofkriegsratspräsidenten Mansfeld, seinen erklärten Gegner, und über den ebenso unfähigen Hofkammerpräsidenten Salaburg. Die beiden seien zwei Esel, in deren Händen der Kaiser, seine Monarchie und sein Heer unausweichlich und rasch zugrunde gehen müßten; er habe noch nie etwas Dümmeres gehört als die Vorschläge Mansfelds für die weitere Kriegführung. Trotzdem hörte Leopold auf den Fürsten. Mit den Ministern des Kaisers rede man

wie gegen eine Mauer. Es komme keine Antwort von ihnen, alles an diesem Hof sei von schrecklicher Nachlässigkeit und Ignoranz[101]. Noch einmal setzte sich Eugen beim Kaiser für seine »nackte und bloße« Armee ein. Wer wolle die Verantwortung auf sich nehmen, daß »eine von so tapferen alten Soldaten konstituierte Armada zu Grunde gehen und anmit sogar Euer kais. Majestät Krone und Szepter der höchsten Gefahr exponiert sein muß[102].« Wenn nicht bald Hilfe käme, könnte nur Gott selbst durch ein Mirakel rettend wirken. Auf dieses Wunder vertraute der alternde Leopold fest, ging täglich in die Kapelle, betete innig und erholte sich auf der Jagd. Eugen aber dachte schon daran, alles hinzuwerfen. »Ich würde lieber schwarzes Brot essen und den Rest meiner Tage in einem ungarischen Dorf verbringen als so ein Leben zu führen«, bekannte er Starhemberg. Der Brief ist vom 7. Mai 1703 datiert[103]. Am 27. Juni dieses Jahres ernannte Kaiser Leopold I. Prinz Eugen von Savoyen zum Präsidenten des Hofkriegsrates.

IX

»Aus nichts kann ich auch nichts machen...«

An der Spitze des Hofkriegsrates

Der Porträtist war kein großer Künstler, eher ein Bildjournalist. Er hielt berühmte Zeitgenossen in einer Standardpose fest, versah das Produkt mit Huldigungssprüchen und vertrieb die Kupferstiche in alle Lande. Nach den ersten beiden Jahren des Italienkrieges hatte Prinz Eugen einen Bekanntheitsgrad erreicht, daß sich mindestens zwei solcher gewerbsmäßiger Verfielfältiger von seinem Antlitz ein gutes Geschäft versprachen, Jakob Andreas Pfeffel und Stephan Maystetter, beide aus Augsburg. Von ihnen kennen wir die ersten beiden Porträts des Prinzen: ein etwa 40jähriger Mann, trotz der harten Kriegsjahre nicht vorzeitig gealtert, ein zartes Gesicht, lang und schmal, südländisch, die dunklen Augen der Mutter stechen hervor, auffällig die großen Nasenlöcher vom eifrigen Gebrauch des Schnupftabaks, darunter eine markante Scharte über der Oberlippe. Als häßlich kann man den Mann jedoch nicht bezeichnen. Ein Hauch von Melancholie liegt über dem Gesicht, ein fragender Ausdruck, zweifelnd, nicht herrisch, nicht befehlend, aber doch vom Stolz eines großen Herrn erfüllt. Was an individueller Charakteristik fehlt, ist dem Mangel an Kunstfertigkeit des Porträtisten zuzuschreiben und nicht seinem Modell. Als Krieger wird Eugen durch seinen Küraß ausgewiesen und durch den Marschallstab (bei Pfeffel), das Goldene Vlies hängt an der großen Kette, um den Hals ist ein helles Tuch geschlungen, und die Perücke hält ein Band zusammen, damit die wallende Mähne den Feldherrn in der Schlacht nicht behindere.
Doch jetzt konnte er sie offen tragen als Hofkriegsratspräsident

und höchster Verteidigungsbürokrat, wie es bei Hof üblich war, dieses Männlichkeitssymbol, das Ludwig XIII. eingeführt hatte, um seine beginnende Kahlköpfigkeit zu verbergen. Unter Ludwig XIV. wurde dieser Mähnenersatz unerläßlich. Er verlieh 48 Perückenmachern eine Lizenz. Wenn Ludwig schon nicht ganz Europa erobern konnte, die französische Mode vermochte es. Am Wiener Hof vertrug es Kaiser Leopold nicht, wenn französisch gesprochen wurde. Er bevorzugte das Italienische oder das Spanische. Eugen diktierte alle seine Berichte an den Kaiser in Deutsch, nur mit eigener Hand, wie sein Bosnien-Tagebuch oder seine Briefe an Starhemberg, schrieb er in Französisch. Ludwigs Allongeperücke, also »verlängerte« Perücke, setzte sich jedoch auch in Wien durch. Der Kaiser trug sie, und auch Eugen konnte nicht darauf verzichten. Sie verbarg sein halblanges schwarzes Haar. Um 1703 zeigte das Perückenhaar noch seine natürliche Farbe. Bald wurde es jedoch schneeweiß gepudert. Aus heutiger Sicht neigt man dazu, mit dem Perückenprunk und -wogen Schwerfälligkeit im Denken zu verbinden oder verstockten Konservativismus. Doch Eugen, der Thronfolger König Joseph und alle großen Geister Europas ließen sich genauso jeden Morgen ein künstliches Haupt überstülpen wie der alte Kaiser und seine Hofschranzen. Der »junge Hof«, wie man den Kreis um Joseph zu nennen pflegte, zeichnete sich vielleicht durch eine farbigere Kleidung aus und durch schnelleres Reagieren auf die herrschenden Modetrends. Wenn ein Habsburger den Idealen barocker Lebenslust nahekam, dann Joseph. Der römische und ungarische König, 25 Jahre alt und ungeduldig, geriet in die Rolle eines Oppositionsführers am Hof. Am meisten hörte er auf seinen früheren Erzieher und jetzigen Obersthofmeister Karl Theodor Otto Fürst Salm. Bei der Ernennung Eugens zum Hofkriegsratspräsidenten hat Joseph sicher mitgewirkt, zumindest war es sein dringender Wunsch. Auch der neue Hofkammerpräsident Graf Gundaker Starhemberg gehörte zu Josephs Vertrauten. Auf den Stiefbruder des Verteidigers von Wien fiel die Wahl, weil er selber sehr vermögend war, also gut mit Geld umgehen konnte – und daher keinen Grund hatte, sich durch seine Tätigkeit unrechtmäßig zu bereichern.

Starhembergs Aufgabe war noch weniger beneidenswert als die Eugens. Die Hofkammer war zahlungsunfähig, der Staat bankrott. Mit leeren Kassen zu leben, hatte man in Wien längst gelernt; der endgültige Zusammenbruch wurde jedoch im Mai 1703 durch den Tod Samuel Oppenheimers ausgelöst, des kaiserlichen »Hofjuden« und Finanziers. Er war der Hofkammer persönlich für elf Millionen Gulden in ungedeckten Regierungsnoten gutgestanden. Weil der Staat die Forderungen nicht erfüllen konnte, ging die Bank Oppenheimers in Konkurs. Damit wurde die hoffnungslose Lage der Staatsfinanzen offiziell deklariert. Der Oppenheimer-Krach löste eine Bankrottlawine aus. Denn die Millionen, die der Kaiser und die Hofkammer von Oppenheimer borgten, hatte er wieder bei vielen anderen Juden im Reich aufgenommen.

In der Korrespondenz Prinz Eugens kommt der Name Oppenheimer oft vor. Der »Hofbefreite« – so genannt, weil er von allen den Juden auferlegten Beschränkungen durch ein Hofdekret befreit war – hatte den Proviant für die Türken- und die Italienfeldzüge geliefert. Obwohl ihn Eugen manchmal etwas abfällig kritisierte, schätzte er Oppenheimer doch. Einmal soll er ihn bei einem Empfang demonstrativ umarmt haben[104].

Ohne die Institution der Hofjuden hätten sich die absoluten Monarchen weder ihre Politik noch ihre verschwenderische Hofhaltung leisten können. Nach der Judenaustreibung durch Leopold I. 1670 stagnierten die Geschäfte, und der Mangel an Kredit und flüssigem Geld bremste die Wirtschaft, so daß bald wieder Juden nach Österreich zurückgeholt wurden. Auf diese Weise machte Samuel Oppenheimer aus Heidelberg, zuerst Lieferant Ludwig Wilhelms von Baden, seine Karriere. Ohne sein Geld wären die großen Türkenkriege kaum denkbar gewesen. Oppenheimer nahm sechs Prozent Zinsen im Jahr plus ein oder zwei Prozent Provision[105]. Wenn der Schuldenberg der Hofkammer zu sehr angewachsen war, steckte man den Bankier ins Gefängnis oder inszenierte einen Volksaufruhr, wie anno 1700. Dabei wurde Oppenheimers Haus am Petersplatz gestürmt und ein Großteil seiner Geschäftsbücher verbrannt. Der Kaiser ließ die Anführer des Mobs zwar hängen, aber Oppenheimer erholte sich von dem Schlag nicht mehr. Am meisten getroffen wurden jedoch die Staatsfinanzen. Man hatte nicht nur Schulden und kein bares Geld, sondern auch die Steuereinkünfte des kommenden Jahres verpfändet. Und von allen Seiten drang der Feind auf die Monarchie ein.

In dieser Stunde der Not also war Eugen an die Spitze des Hofkriegsrates gestellt worden – als des Kaisers Kriegsminister, obwohl Österreich diesen Titel nicht gebrauchte. Wie sehr man um diese Zeit bereits den politischen Rat des Feldherrn schätzte, zeigt seine Berufung in eine Sonderkommission, die einen Ausweg aus der Finanzkatastrophe zu finden hatte. Weiters gehörte Eugen als Präsident des Hofkriegsrates auch der Geheimen Konferenz an, jenes inneren Kabinetts des Kaisers, das die Geschäfte führte. In diesem Frühsommer herrschte bei den Beratungen eine Weltuntergangsstimmung, die lediglich durch den frommen Fatalismus des Kaisers gemildert wurde. Auf den wirtschaftlichen Zusammenbruch drohte die militärische Pleite zu folgen.

Offiziere und Soldaten erhofften sich viel von Eugens Ernennung. Ihm zu dem Amt zu gratulieren, klang jedoch eher nach einer Verhöhnung. Der Prinz glich einem Gast, der an eine leergegessene Tafel gebeten wird; dem Kapitän, der das sinkende Schiff betritt; dem Reisenden, der eine Kutsche ohne Räder besteigt; dem Wirt, der ein leeres Faß anschlägt; dem Krämer, der Luft verkauft, und dem Krieger, der sein Gewehr mit Bohnen lädt. In all diesen Rollen mag sich Eugen gesehen haben, als er in schwermütiger Stimmung Guido Starhemberg gestand, wie hoffnungslos er sein Amt antrat. Denn die Herren vor ihm hätten alles in einem katastrophalen Zustand zurückgelassen.

Dennoch ging der Prinz voll Energie an die Arbeit. In den ersten Wochen beschäftigte ihn vor allem die aktuelle Lage. Denn täglich langten Unglücksbotschaften von den Fronten ein. In Italien stieß Vêndome in Richtung Tirol vor, am Rhein versagten die kaiserlichen Armeen, mehrere wichtige Festungen waren den Franzosen in die Hände gefallen, in Ungarn flammte der Aufstand auf, und Eugens Vetter und alter Freund, Kurfürst Max Emanuel, entpuppte sich nun als der gefährlichste Feind der Monarchie. Die Bayern hatten sich mit den Franzosen an der Donau vereinigt. In der Kaiserstadt mußte man bereits mit einer neuen Belagerung rechnen – durch einen Fürsten, der 1693 so tatkräftig bei der Befreiung Wiens mitgeholfen hatte. Doch Max Emanuel scheute vor diesem Schritt zurück und wandte sich gegen Tirol. In kürzester Zeit hatte er den österreichischen Widerstand überwunden. Anfang Juli ließ er sich in Innsbruck huldigen. Nun erwartete er Vêndome, der über den Brenner kommen sollte. Der Marschall hatte sich jedoch zuviel Zeit gelassen und lag noch am Gardasee. Der Einmarsch des Kurfürsten in Tirol blieb ihm verborgen, weil sich die Bauern südlich des Brenners zur Landesverteidigung organisiert und alle bayerischen Kuriere abgefangen hatten. Während ein Bauernheer nach Norden zog, lockte Martin Sterzinger die bayerisch-französischen Truppen im Oberinntal in einen Hinterhalt. An der Potlatzer Brücke brachen Stein- und Baumlawinen über die fremden Soldaten herein – und wer überlebte, starb im Kugelhagel der Scharfschützen. Max Emanuel verließ Innsbruck, um den Angriff am Brenner aufzuhalten. Da brach der Aufstand im Unterinntal los, in Rattenberg, in Schwaz usw. Mit Mühe und Not schlug sich der Kurfürst über Seefeld und Scharnitz nach Bayern durch.

Tirol war wieder frei. Eugen hatte inzwischen neue Truppen in Richtung Innsbruck entsandt, befriedigt berichtete er Ludwig Wilhelm von Baden, wie das Landvolk die Bayern »niedergemacht und in Stücke zerhauen, auch alle die Brücken über den Inn abgeworfen, ja die selbst zu Innsbruck völlig ruiniert« hatte. In einem Brief an Guido Starhemberg freute er sich über die Demütigung Max Emanuels: »Das ist ein schmählicher Schlag für den Kurfürsten, von einigen Bauern vertrieben worden zu sein; denn sie sind es gewesen, die ihn zu diesem überstürzten Rückzug bewogen haben, der manchmal verzweifelt nach Flucht aussah[106].« Max Emanuel aber klagte seiner Frau: »Wenn Sie wüßten, was es heißt, ein bewaffnetes Volk in den Bergen[107].«

Nicht erst in unseren Tagen wunderten sich die Generäle regulärer Truppen über die Kampfkraft von Partisanen oder Volkshee-

ren, die in ihrer unmittelbaren Heimat operieren. Bald sollten die Österreicher beim Aufstand der Bayern ähnliche Erfahrungen sammeln; und im Osten der Monarchie ging es in Ungarn drunter und drüber. Es dauerte nicht lange, und Wien war auch aus dieser Richtung wieder gefährdet. Jetzt hieß der Schreckensschrei nicht »Die Türken kommen«, sondern »Die Kurutzen sind da!« Dieser Name vom lateinischen »cruciatus« in Erinnerung an die Kreuzzüge gegen die Türken wurde schon für die Aufständischen in den siebziger Jahren des 17. Jahrhunderts gebraucht. Und jetzt hießen die Bauernarmeen des Fürsten Franz II. Rákóczy so. Der Fluch »Krutzi Türken« (Kurutzen und Türken) hat sich als Relikt jener Sturmzeiten in unserem Sprachgebrauch erhalten. Die viel zu schwachen kaiserlichen Truppen leisteten nur hinhaltenden Widerstand. Kurutzen-Streifscharen überschritten die March und näherten sich Wien. Zum Schutz der Vorstädte befahl Prinz Eugen im Frühjahr 1704 die Errichtung der Linienwälle. Alle Einwohner der Stadt zwischen 18 und 60 Jahren wurden »zwangsverpflichtet« (wer es sich leisten konnte, durfte einen bezahlten Ersatzmann stellen). Zwischen April und Juni schütteten Zehntausende Menschen 13 000 Meter lange Erdschanzen auf, 3,80 Meter hoch und mit 24 390 Eichenstämmen befestigt – in einem Halbkreis vom Donaukanal bei St. Marx bis zum Lichtental[108].
Die Ursachen der ungarischen Erhebung: eine unglückliche Politik des Kaisers, landfremde Beamte und Steuereinnehmer, undisziplinierte Soldaten, Unterdrückung der Andersgläubigen trotz des Gelöbnisses der Religionsfreiheit, die Zuteilung der wiedereroberten Ländereien an verdiente Generäle und an deutsche Siedler – und der ungebrochene Unabhängigkeitswille vieler Ungarn. Während die letzte Rebellion gegen Österreich vom Adel ausgegangen war, rumorte es diesmal zuerst an der Basis. Die Leibeigenen bewaffneten sich im Nordosten Ungarns, überfielen kleine Garnisonen, besetzten Städte und holten sich Rákóczy aus der polnischen Emigration als Führer zurück. Der Adel ging anfangs nur zögernd mit. Denn bei einem Sieg der Revolution fürchteten die Magnaten um ihre Privilegien und um den Weiterbestand der alten sozialen Ordnung. Nach ersten Erfolgen erhielten die Re-

bellen jedoch immer größeren Zulauf. Frankreich versorgte Rákóczy mit Geld und Munition, mit Militärberatern und politischer Aufmunterung. Angesichts der Schwäche der Österreicher träumte der Fürst von einem neuen ungarischen Königtum, von einer Entthronung der Habsburger. In Wien mußte man dazu noch befürchten, daß auch die Türken, durch den Aufstand angeregt, wieder aktiv werden könnten. Bald war ganz Siebenbürgen bis auf ein paar feste Plätze in der Hand der Kurutzen. Ungarn wurde zu Eugens Hauptlast. Im Winter 1703/04 begab er sich für mehrere Wochen nach Preßburg, um von dort aus die nötigen Gegenmaßnahmen zu treffen.

1703 war das erste Kriegsjahr, in dem Prinz Eugen keine Zeit für die Front hatte. War es überhaupt möglich, die administrativen Bürden eines Kriegsministeriums mit dem Einsatz als aktiver Frontoffizier, Heerführer und Schlachtenlenker zu vereinen – in einer Zeit, da die Armeen noch von vorne kommandiert wurden und die Generäle durch ihre persönliche Tapferkeit ihre Männer anspornten? Während sich Eugen in Wien durch den Dschungel der Bürokratie kämpfte, fehlte er auf den Kriegsschauplätzen. Als Chef der höchsten Militärbehörde leitete er sofort ein Reformprogramm ein. Er verfaßte im August eine lange Denkschrift an den Kaiser und wies auf die vielen Mißstände in der Armee hin. Der frische Wind, den er entfachte, störte die eingesessene Beamtenaristokratie in ihrem selbstzufriedenen Dämmerdasein. Der Prinz fand jedoch auf der unteren Ebene bald einige engagierte und begabte Mitarbeiter und stützte sie, wie er nur konnte.

Bei der Armee sollten fortan Generäle und Offiziere nach ihren Leistungen und ihrer militärischen Begabung befördert werden, Regimenter erhalten usw. Mit seinem Reformdekret schaffte Eugen vor allem den Stellenkauf ab. »So manch guter Soldat habe keine Aussicht auf ein Weiterkommen, weil viele Junge und Unerfahrene durch Gabe, Schenkung und Handel ihre Kriegsämter und Stellen erhalten«, berichtete Eugen dem Kaiser[109]. Solche organisatorische Veränderungen waren trotz vieler Widerstände möglich. Aber Geld vermochte auch Eugen nicht herbeizuzaubern. »Es braucht Zeit, eine Armee wieder in Stand zu bringen, an

deren Ruinierung man seit mehreren Jahren gearbeitet hat«, schrieb er Starhemberg[110].
Bald mußte der Prinz erfahren, was es hieß, selbst im Zentrum der Verantwortung zu sitzen. Auf einmal erhielt er von seinen Offizieren ähnlich mahnende und drängende Briefe, mit denen er früher den Hofkriegsrat bombardiert hatte. Eugen beantwortete sie wohl, und er bemühte sich verzweifelt, dem allgemeinen Mangel abzuhelfen. Dabei ging es ihm wie so vielen Kritikern, wenn sie selber alle Macht und alle Kompetenzen in Händen haben. Er stieß an Grenzen und Hindernisse, die undurchlässig und unüberwindbar waren. Und manche seiner Kampfgefährten wandten sich im Groll von ihm ab. Man merkt es in der Korrespondenz mit Guido Starhemberg, der sich in Italien verkauft und verraten fühlte. Ein Freundschaftsverhältnis kühlte sich merklich ab – und bald zählte der Feldmarschall zu den Gegnern des Savoyers. Eugen verteidigte sich, er habe dem Kaiser seinen Rücktritt angeboten, aber »in Summa überall ist nichts, und aus nichts kann ich auch nichts machen[111].« Im Oktober, nach einer Visite in Leopolds Jagdschloß in Ebersdorf bei Wien, schrieb Eugen seinen vielzitierten Brief an Starhemberg: »Eure Exzellenz können unmöglich glauben, noch sich einbilden, was große Konfussion im Ministerio hier versiere, und in was Unordnung, seitdem ich Sie in Italien hinterlassen, die Sachen verfallen seien; ja, ich kann Sie versichern, wenn ich nicht selbst gegenwärtig und alles mit Augen sehete, daß mir es kein Mensch glauben machen könnte; denn wenn die ganze Monarchie auf den äußersten Spitzen stehen und wirklich zu Grund gehen sollte, man aber nur mit 50 000 Gulden oder noch weniger in der Eile aushelfen könnte, so versichere Euer Excellenz, daß man es müßte geschehen lassen und nicht zu steuern wüßte...« Plastischer hatte noch niemand das innere Elend dieses Staatswesens geschildert. Und wieder sprach er davon, dem Kaiser alles hinzuschmeißen: »Bei dieser Beschaffenheit aber gedenke ich nicht längerhin dem mir aufgetragenen Hofkriegsrats-Präsidio vorzustehen, sondern vielleicht in gar kurzer Zeit selbst zu quittieren, weil mir zu hart fallen täte, zuzusehen, daß unter mir alles über und über gehen sollte[112].« Er würde lieber auf den Ga-

leeren dienen als unter diesen Umständen als Kriegspräsident oder General.
Großer innerer Kraft, viel Geduld und eines übermenschlichen Beharrungsvermögens hatte Eugen bedurft, um auszuharren, seinen Zorn zu unterdrücken und in solcher Treue zum Haus Habsburg und zur Monarchie zu stehen. Eugen wurde später oft als positive Symbolfigur für Österreich benutzt, vom Mythos und Lied über das Denkmal bis zur Silbermünze und zur Briefmarke. Das spezifisch Österreichische an ihm, was ist es? Nicht unbedingt seine Führungsqualitäten, seine Tapferkeit und sein strategisches Genie, viel eher die Fähigkeit, unter den widrigsten Voraussetzungen etwas zu schaffen und in einem Sumpf von Kleinlichkeit Größe zu behaupten.
Darum gab Eugen auch nicht auf. Mit dem Hofkammerpräsidenten Gundaker von Starhemberg sann er nach neuen Methoden, um zu Geld zu kommen. Leopold schrieb er mahnend: »Euer Kaiserlichen Majestät Länder, Fürsten und vornehme Herren, auch viele andere vermögliche Familien sind noch nicht so sehr angegriffen, weniger exhauriert, daß nicht von und durch diese annoch große Hilfe zu schöpfen wäre; wobei ich auch in meinem Gewissen nicht finde, wie daß gleichfalls der Klerus selbst sich darunter entziehen könnte. Dieser Krieg ist ja weltkundig, eine gerechte Sache und gedeiht folglich das Recht zu verteidigen, welches Gott in die Welt gebracht...«, und darum sei es nur recht und billig, daß auch die Bischöfe, Prälaten, Äbte und reichen Pfarrherren ihren Beitrag leisteten[113]. Selbst in dieser äußersten Not pochten die verschiedensten Stände und Vornehmen auf ihre Privilegien und versuchten sich so der Steuer zu entziehen. Wie so oft in Kriegszeiten griff der Staat auch nach dem Kirchensilber.
Die Einnahmen stiegen. Und die reichen Alliierten, die Engländer und die Holländer, schossen zu. Wenigstens die diplomatische Front hellte sich auf. Portugal war der Großen Allianz beigetreten – damit hatte man eine Basis, um den Krieg nach Spanien zu tragen. Und der junge Gegenkönig, der 19jährige Karl, sollte an der Spitze eines alliierten Expeditionskorps sein Land gewinnen. Schweren Herzens verabschiedete Leopold seinen jüngeren Sohn.

Er sah ihn zum letztenmal. Bevor sich Karl einschiffte, pilgerte er nach Mariazell, um den Schutz des Himmels herbeizuflehen. Leopold und Joseph hatten auf alle Ansprüche auf Spaniens Krone zugunsten Karls verzichtet. In einem Geheimvertrag mußte sich Karl jedoch verpflichten, Mailand und die Lombardei an Österreich abzutreten.

Interessante Kunde drang aus Italien: Herzog Victor Amadeus von Savoyen dachte wieder einmal an einen Frontwechsel. Der Druck der Franzosen war ihm unerträglich geworden. Eingekeilt zwischen Frankreich und einer von Paris abhängigen Lombardei hatte er kaum noch Luft zum Atmen. Und die Franzosen führten sich in seinem eigenen Land wie die Herren auf. Durch geheime Kanäle ließ der Herzog die Alliierten von seinen Absichten wissen. Der Kaiser entsandte den Grafen Auersperg inkognito nach Turin. Als die Franzosen Wind von den Verhandlungen erhielten, versuchten sie die savoyischen Truppen zu entwaffnen. Victor Amadeus trat nun offen auf die Seite der Alliierten. Im Jänner des neuen Jahres stieß Starhemberg nach Piemont vor, um dem Herzog unter die Arme zu greifen. In Italien schien sich also alles zum Besseren zu wenden.

Dafür zitterten die Wiener vor Max Emanuel und den Franzosen in Süddeutschland. Die Panikstimmung in Wien charakterisierte der holländische Gesandte Hamel Bruynincx: »Es sieht so aus, als stände der Feind bald vor den Toren, von beiden Seiten kommend. Es ist absolut nichts da, um sie aufzuhalten, kein Geld, keine Truppen, nichts ist für die Verteidigung der Stadt getan. Bald werden wir kein Brot mehr haben. Ich halte einen allgemeinen Aufstand für möglich, denn Sie können sich nicht vorstellen, wie böse die Leute vom Kaiser, der Regierung und dem Klerus reden...[114]«

Die größte Gefahr drohte also in Süddeutschland. Dort hatte eine 40 000 Mann starke französisch-bayerische Armee unter Max Emanuel und General Marsin das Donautal besetzt. Marschall Tallard war bereit, eine weitere Armee nach Bayern zu führen. Österreichs Gesandter in London, Graf Johann Wenzel Wratislaw, wandte all sein Geschick und seine Überredungskunst auf, um die Engländer zu bewegen, ihre Hauptmacht von den Niederlanden nach Südengland zu verlegen – unter ihrem Feldmarschall John Churchill, Duke of Marlborough. Wratislaw eilte in die Niederlande und wich dem Herzog nicht mehr von der Seite. In eindringlicher Sprache überzeugte er ihn davon, daß die Existenz des Reiches und Österreichs auf dem Spiel stünde. Marlborough schrieb an einen Freund: »Ich bin mir bewußt, daß ich mir viel aufbürde. Aber wenn ich anders handelte, würde sich das Reich auflösen und damit die große Allianz[115].« Eine Bedingung stellte Marlborough: Prinz Eugen sollte ebenfalls an die Front kommen. Nichts war dem Prinzen lieber. Was waren alle Widrigkeiten und Gefahren eines Krieges gegen den täglichen Kampf und Krampf im Hofkriegsrat! Soweit ihm ein Privatleben gestattet war, hielt Eugen in diesem Jahr ein Auge auf den Ausbau seines Palais in der Himmelpfortgasse. Im Frühjahr 1703 verfügte er bereits über genügend Mittel, um für 64 250 Gulden drei Nachbargrundstücke anzukaufen. Nun konnte das Palais von sieben auf zwölf Fensterachsen erweitert werden.

Kurz bevor sich Eugen nach Deutschland aufmachte, traf ihn noch ein schwerer persönlicher Verlust: In Italien war der lothringische Prinz Thomas Vaudemont am 12. Mai 1704 an der Malaria gestorben, neben dem bei Luzzara gefallenen Prinzen Commercy Eugens bester Freund. Noch wußte der Savoyer nicht, daß er bald einen neuen Gefährten und vertrauten Freund finden würde, den Herzog von Marlborough.

X

»Eine so vollkommene, große Victori...«

Die Schlacht von Höchstädt

Wein, Wein und noch einmal Wein – wie eine antike Theaterarena liegen die Terrassen da – mit dem Neckar als Abschluß. Ein kleines schwäbisches Dorf, das nur in der Heimatgeschichte verzeichnet ist, wurde zur Bühne eines historischen Auftritts, einer Begegnung, die die Herrschaftsverhältnisse in Europa grundlegend beeinflußt hat. Am Abend des 10. Juni 1704 standen einander in Mundelsheim der Herzog von Marlborough und Prinz Eugen zum erstenmal gegenüber.

Ein Wunder, daß diesem Augenblick in dem so denkmalfreudigen vergangenen Jahrhundert kein Monument gesetzt wurde! Nicht einmal einen Prinz-Eugen- oder Marlborough-Platz haben die Mundelsheimer. Der Gasthof »Sonne« steht am Hindenburgplatz. Buben spielen zwischen Autos Fußball, anheimelndes Fachwerk, steile Dächer, alles um eine Spur zu heftig erneuert, in der Wirtsstube sitzen ein paar Männer schon am Nachmittag bei ihrem Schoppen. Ob sie etwas von Prinz Eugen und von Herzog von Marlborough wüßten? Die Männer verbergen kopfschüttelnd ihre Ahnungslosigkeit mit unverständlichem Murmeln. Die junge Wirtin ist geschichtsbewußter: »Wir haben ein Bild von dem Treffen malen lassen.« Sie öffnet die Tür zum Extrazimmer. Und wir befinden uns mitten in der gemütlichen Szene, so wie sich ein naiver lokaler Maler im Stil der Schulwandbilder aus fernen Kinderzeiten dieses Feldherren-Rendezvous vorgestellt hat: eine holzgetäfelte Stube, in der Mitte Prinz Eugen, mit der Rechten stützt er sein Haupt, die Linke ruht auf der Landkarte. Eugen wirkt sehr zivil, unter dem Tisch sieht man die Schnallenschuhe, Marlborough dagegen im roten Rock, trägt Reitstiefel und hört gelassen zu. Zwischen den beiden steht eine etwas beleibtere Gestalt mit einer holländischen Tonpfeife in der Hand, der kaiserliche Gesandte Graf Wratislaw. Auf einem niedrigen Tischchen sind gefüllte Gläser und zwei Flaschen Wein gerichtet. Der Wirt trägt gerade den Suppentopf auf.

Das banale Dekor einer Begegnung, die die Monarchie gerettet hat: Ohne das geglückte Zusammenspiel der beiden Feldherren und Politiker wären Franzosen und Bayern möglicherweise bis Wien vorgestoßen. Vom Osten hätten gleichzeitig die Ungarn die Hauptstadt bedrängt – und die Habsburger hätten sich von Ludwig XIV. eine Neuordnung Europas diktieren lassen müssen. Bayern wäre gestärkt und als zentrale deutsche Macht aus dem Konflikt hervorgegangen und Österreich möglicherweise auf jene Minimalgrenzen reduziert worden, die ihm mehr als 200 Jahre später die Sieger des Ersten Weltkrieges verordneten.

Solche düstere Zukunftsperspektiven standen auch Marlborough vor Augen. Nicht daß dem Briten das Schicksal Österreichs so am Herzen lag, aber nach einem Zusammenbruch der Monarchie hätte der französische König alle seine Kräfte frei gehabt, um sie konzentriert gegen die Armeen der Engländer und der Holländer zu werfen. Darum faßte der Herzog gegen den Widerstand der Niederlande und manchen zaghaften Geistes im eigenen Lager den Entschluß zum Marsch an die Donau, ein kühnes Unternehmen, mit dem die Franzosen nicht gerechnet hatten. Marlborough verstand es geschickt, seine Ziele zu verschleiern. Er ließ eine Schiffsbrücke über den Rhein schlagen, er deutete eine Bewegung in Richtung Mosel an, ja, er täuschte sogar die holländischen Alliierten über seine Absichten. Nicht einmal einen Monat brauchte seine Armee von 40 000 Mann für die Strecke vom holländischen Bedburg bis an den Neckar.

Der Marsch war blendend organisiert. Überall waren Vorratslager angelegt. Man hatte genügend Geld und bezahlte bar. Darum nahm die Bevölkerung die Armee freundlich auf. In Heidelberg empfing jeder Mann neue Stiefel. Als diese »rote Raupe«, wie

die Armee wegen der roten Waffenröcke genannt wurde, Süddeutschland erreichte, befanden sie sich trotz der Marschstrapazen in bestem Zustand. Alles hatte geklappt, die Unterkünfte waren gut, die Verpflegung ausreichend, und die Soldaten vertrautem ihrem Führer.
Der war ein beachtlicher Mann, dieser Herzog von Marlborough: 13 Jahre älter als Eugen, in der Politik erfahren, gewandt, elegant, ob seiner Schönheit gerühmt, ja Liselotte von der Pfalz, die für Eugens Aussehen nur ätzende Bemerkungen übrig hatte, fand, daß sie nie einen schöneren Mann als Marlborough gesehen habe. Ein Meister höfischer Ränke, ein aalglatter Diplomat, ehrgeizig, vor allem an seine eigene Karriere denkend und an das Kapital, das sich aus Kriegserfolgen schlagen ließ. Durch seine Frau, Lady Sarah, der besten Freundin der Königin Anna, hatte er mehr Einfluß als sonst jemand auf der Insel. Seine militärische Begabung bleibt unbestritten. Für seinen Nachkommen Winston Churchill, der ein vierbändiges Werk über den Herzog geschrieben hat, ermöglichte der Genius Marlboroughs im Feld und seine Weisheit im Rat die volle Entfaltung der wachsenden Stärke der englischen Nation im europäischen Kräftespiel[116]. Als Schwäche kreiden Zeitgenossen Marlborough vor allem seine Habsucht an. Im Gegensatz zu Eugen beschäftigte ihn neben den Problemen der Kriegführung auch sein Privatleben. Er hing in abgöttischer Liebe an seiner Frau, und holte immer wieder ihren Rat ein. Obwohl in seinen Plänen kühner und riskanter als Eugen, neigte er später oft zu tiefen Depressionen. Dabei litt er unter Kopfschmerzen und war zu Entscheidungen unfähig.
Britische und deutsche Historiker streiten oft über den Anteil Marlboroughs und Eugens an ihren gemeinsamen Siegen. Wenn sich die beiden Feldherren mit solchem Zank aufgehalten hätten, wäre kaum einer ihrer großen Schläge gegen Ludwig XIV. geglückt. Während sonst unter der höchsten Generalität in allen Lagern eine Rivalität herrschte wie heutzutage unter Starärzten, Wissenschaftskoryphäen und Universitätsleuchten, verbanden die beiden Harmonie, Vertrauen, gegenseitige Achtung und ein tiefes Verständnis für die Intentionen des anderen. Kurz nach dem

ersten Gespräch urteilte Eugen in einem Brief an den Herzog von Savoyen über Marlborough: »Hier ist ein Mann von hohen Qualitäten, mutig, außerordentlich liebenswürdig, wohl wissend, daß er in England verloren ist, wenn er erfolglos heimkehrt, mit dem brennenden Wunsch etwas zu erreichen. Mit all diesen Vorzügen ist ihm durchaus klar, daß man General nicht in einem Tag werden kann, und er mißtraut auch sich selbst[117].«

Das wesentliche Verdienst für das gute Funktionieren dieser ungewöhnlichen Kombination ist wohl Eugen zuzuschreiben. Durchaus selbstbewußt und von seinen Fähigkeiten überzeugt, ließ er dem Briten überall dort den Vortritt, wo es im Sinne einer reibungslosen Zusammenarbeit notwendig erschien. Das Prädikat »edel« hat sich Eugen sicher durch sein taktvolles und selbstloses Benehmen erworben. Seine Gabe auszugleichen, zu besänftigen und Kompromisse herbeizuführen, erwies sich in den Wochen vor Höchstädt von unschätzbarem Wert. Denn die alliierten Armeen verfügten über einen dritten Oberbefehlshaber, den Markgrafen von Baden, Eugens Vetter, den »Türkenlouis«. Dem Generalleutnant des Reiches hatte auch der Hofkriegsratspräsident nichts zu befehlen. Marlborough verstand sich von Anfang an nicht mit dem alternden Helden der Türkenkriege. Diese drei starken und eigenwilligen Persönlichkeiten mußten jedoch unter einen Hut gebracht werden.

Nicht weit von Stuttgart, in Großheppach, trafen einander am 13. Juni die drei Generäle im Gasthof »Lamm«. Eugen war mit Marlborough von Mundelsheim hierhergeritten. Dem Prinzen zu Ehren hatte der Brite seine Kavallerie paradieren lassen. Eugen wunderte sich über die ausgezeichnete Kondition der Schwadrone nach einem so langen und beschwerlichen Marsch: »Ich habe viel von der englischen Reiterei gehört, nun finde ich, daß sie die schönste und bestabgerichtete ist, die ich je gesehen habe. Mit Geld, woran in England kein Mangel ist, kann man leichter tüchtigen Stoff für Kleider und sonstiges Rüstzeug beschaffen, aber das, was mir aus den Blicken dieser wackeren Krieger entgegenblitzt, läßt sich nicht erkaufen und verbürgt für den Sieg.« Der Herzog gab dem Prinzen das Kompliment zurück: »Meine Trup-

pen haben sich stets als beseelt für die gemeinsame Sache bewiesen, allein Eurer Durchlaucht Gegenwart haucht ihnen jenen Feuergeist ein, den Sie mit Wohlgefallen in ihren Augen lesen[118].«
Barocke Höflichkeiten, wie sie zeitgenössische Berichterstatter überliefern. Dahinter verbargen sich komplizierte Verhandlungen über die Rolle der Feldherren in der kommenden Kampagne. In Großheppach hat man diesen Kriegsrat nie der Vergessenheit anheimfallen lassen. Ein Wegweiser zur Prinz-Eugen-Halle begrüßt einen am Ortsrand. Man parkt am Prinz-Eugen-Platz, erfragt auch eine Marlborough-Straße und wird im stattlichen Wirtshaus »Lamm« sofort mit der Historie konfrontiert. Ähnlich wie in der Mundelsheimer »Sonne« wurde auch hier dem Extrazimmer die Rolle einer Gedenkstätte zugewiesen. Die großen Kupferstiche Marlboroughs, Eugens und Ludwig Wilhelms sind zeitgenössisch, das Gedicht darunter entsprang dem Geist der deutsch-französischen »Erbfeindschaft«, wie sie in der Bismarckzeit gehegt wurde: »Solch Heldenkleeblatt saß zu Heppach hier im Saal / und schmiedete vereint an einem Donnerstrahl, / und füllte sich ein Faß vom stärksten Remstalwein / und den schütteten sie hernach den Franzosen ein...« Nach einer patriotisch-poetischen Schlachtbeschreibung wird die Moral daraus gezogen: »Seht diese Helden an, die treulich sich befließen, / daß nichts der Feind hinfort vom Vaterland gerissen. / Hier lernte der Franzos', wie mächtig Deutschland ist, / wenn du o Deutscher fromm und treu den Brüdern bist. / Wie diese Männer einst die Eintracht hold gepflegt, / so sorget, daß auch ihr stets Lieb und Frieden hegt / und sitztet ihr allhier, traut, nüchtern, kummerlos, / so denkt des edlen Bluts, das weiland für uns floss...«
Der Donnerstrahl des Heldenkleeblattes dient jedoch auch der Werbung für die Remstaler Weine. In einem Bericht einer Heimatzeitung über den Kriegsrat wird hervorgehoben, daß »den Rittern der Schwabenwein sehr gut schmeckte, ganz abgesehen davon, daß Prinz Eugen den Großheppacher Wein lieber trank als den Reutlinger, so konnte der Herzog von England sich nicht satttrinken an dem Wein, der ihm im ›Lamm‹ vorgesetzt wurde; und als er wieder daheim war, ließ er sich vom Remstal den edelsten

Tropfen schicken, dem er bis zu seinem Tode treu blieb...« Wenn's wahr ist...

In Großheppach erzählt man auch von einem Bauern, dem es erbarmt hatte, auf welch miesem Gaul Eugen einherritt. Er holte sein bestes Ackerpferd aus dem Stall und schenkte es dem Prinzen. Der revanchierte sich, indem er den Bauern einlud, mit ihm an der Tafel im »Lamm« zu speisen. 1954 gedachten die Heppacher sogar mit einem eigenen Festspiel des Kriegsrates, und an jedem 13. Juni ist der Gasthof »Lamm« beflaggt.

Der Schwabenwein mag den hohen Herren gemundet haben, die Diskussionen gingen jedoch um die militärische Lage – und die sah eher fatal aus. Ludwig Wilhelm von Baden war es nicht gelungen, die Vereinigung der Armee des bayerischen Kurfürsten mit der Marschall Marsins zu verhindern. Diese gewaltige Streitmacht im Land südlich der Donau hatte alle strategischen Vorteile für sich. Aus dem Westen drohten zwei weitere französische Armeen – die Truppen Marschall Tallards bei Straßburg und weiter im Norden die Marschall Villeroys, des wieder eingesetzten »Gefangenen von Cremona«. In Großheppach einigte man sich auf ein gemeinsames Vorgehen Ludwig Wilhelms mit Marlborough gegen Emanuel und Marsin. Das Oberkommando wurde dem Herzog zugesprochen. Um jedoch den Stolz des Markgrafen zu befriedigen, einigte man sich darauf, daß die jeweiligen Tagesbefehle abwechselnd von dem Briten und von dem Deutschen unterzeichnet würden.

Eugen hatte sich schon vorher damit abgefunden, das unattraktive Kommando am Rhein zu übernehmen. Im Sinne der großen Sache unterdrückte er seinen Ehrgeiz und akzeptierte die undankbare Aufgabe. Er wisse wohl, was das für ein gefährliches Kommando sei, aber er habe sich ihm »bei gegenwärtigen Conjuncturen« nicht zu entziehen vermocht[119]. Mit nicht einmal 30 000 Preußen, Dänen und Reichstruppen, deren Zustand nicht der beste war, sollte er die mindestens doppelt so starken Franzosen am Rheinübergang hindern. Eugen war Realist genug, um sich einzugestehen, daß das unmöglich war. Darum drängte er Marlborough und den Markgrafen, noch vor der Ankunft Tallards zuzuschlagen.

Die beiden Fürsten sicherten im Treffen am Schellenberg bei Donauwörth wohl einen wichtigen Brückenkopf. Danach beschränkten sie sich jedoch aufs Abwarten. Marlborough befahl die von ihm besetzten Teile Bayerns zu verbrennen, zu verwüsten und zu plündern. Der Kurfürst sollte durch diesen systematischen Terror zu einem Bündniswechsel veranlaßt werden. Aber Max Emanuel ließ seine Untertanen leiden. Wie so oft mußten wehrlose Bauern und Bürger als politische Geiseln dienen, durch die Politik ihrer Fürsten namenlosem Elend ausgesetzt. Über 500 Dörfer gingen in Rauch auf. »Wir verschonten nichts, mordeten, brandschatzten und verwüsteten alles, was wir nicht wegtragen konnten«, heißt es in einer Soldatenerinnerung. »Die Kirchenglocken zerbrachen wir, um sie mitnehmen zu können. Ich füllte zwei Bettbezüge mit Silber, Zinngeschirr, Frauen- und Männerkleidern, mit Samt und etwa hundert holländischen Mützen aus einem Laden. Das alles verkaufte ich einem Juden, der der Armee folgte, für vier Pistolen[120].« Der Widerspruch Ludwig Wilhelms gegen diese Taktik der »verbrannten Erde« war vergebens. Auch die kaiserliche Kavallerie wurde für das Zerstörungswerk eingesetzt. Dieser Zermürbungskrieg sollte die Bevölkerung gegen ihren Fürsten aufbringen. Deshalb wurden die Lustschlösser Max Emanuels demonstrativ verschont. Dem einfachen Volk sollte drastisch vorgeführt werden, daß es alles Unheil nur seinem bayerischen Herren zu verdanken habe. Und jene Landesteile, in denen die französisch-bayerische Armee operierte, stöhnten unter den »normalen« Plünderungen und Erpressungen der Soldateska, wie es eben Kriegsbrauch war.
Inzwischen hatte Marschall Tallard mit 26 000 Mann den Rhein überschritten und strebte durch den Schwarzwald der Donau zu, um Max Emanuel und Marsin zu verstärken. Eugen ließ eine Minimalmacht von 12 000 Mann zur Verteidigung der Rheinlinie zurück und begleitete Tallard in sicherem Abstand mit seinen 18 000 Mann, stets hoffend, eine günstige Gelegenheit zu finden, um die überlegenen Franzosen doch noch anzugreifen und am Weitermarsch zu hindern. Tallard erwies Eugen jedoch keinen Gefallen und reichte Anfang August dem Kurfürsten und Marschall Mar-

sin die Hand. Wenn auch noch Villeroy an die Donau marschiert wäre, hätte sich die Offensive gegen Österreich kaum noch aufhalten lassen. Villeroy wagte diesen Schritt nicht – Eugen hingegen hetzte seine Soldaten durch die Schwäbische Alb und das hügelige Land nördlich der Donau, um sie Marlborough als Verstärkung zuzuführen. Den Markgrafen von Baden war der Herzog dadurch losgeworden, daß er ihm zur Belagerung der Festung Ingolstadt 15 000 Mann abtrat.

Während die Franzosen und die Bayern im Bewußtsein ihrer Stärke den Donauübergang vorbereiteten, um den Feind vom anderen Ufer zu vertreiben, einigten sich Marlborough und Eugen auf einen Großangriff. Sie wußten dabei wohl, daß mit dieser Schlacht alles zu gewinnen oder alles zu verlieren war. Johann Matthias Graf Schulenburg, damals kaiserlicher General, erzählt in seinen Memoiren vom letzten Kriegsrat der beiden: »Die Karte lag vor ihm wie ein Schachbrett, und Eugen probierte die Züge aus. Er war ganz Feuer und Flamme. Endlich hatte er ein Wesen gefunden, das ihn verstand, seine Umsicht zu schätzen wußte und genauso dachte wie er. Auch Marlboroughs schönes Gesicht strahlte. Er lauschte mit der kühlen Begeisterung des Engländers, war aber doch erstaunt über Eugens zahlreiche Vorsichtsmaßnahmen. Warum ging er so vielen Möglichkeiten nach, wenn eine schon zum Sieg genügte?... Es ist charakteristisch für Eugen, Schwierigkeiten und Hindernisse zu bedenken, bevor er eine Aufgabe übernimmt. Wenn der Augenblick zum Handeln gekommen ist, ist er mit voller Kraft und Aktivität dabei[121].«

Die Franzosen und die Bayern hatten die Donau, die an ihrem Oberlauf relativ schmal ist, bei Lauingen ungestört überquert. Nun marschierten sie flußaufwärts. Marlborough und Eugen standen in der Nähe des Dorfes Höchstädt, dort hatte Max Emanuel bereits im Herbst 1703 ein Treffen gegen die schlecht geführten Kaiserlichen gewonnen.

Eugen verließ sich nie auf die Angaben anderer und studierte vor jeder Schlacht das Gelände mit eigenen Augen. So ritt er am 12. August mit Marlborough nach Tapfheim, bestieg dort den Kirchturm und blickte durch sein Fernrohr auf die feindlichen Positionen: 56 000 Mann waren am rechten Flügel durch die Donau gedeckt, vor ihnen lagen der Nebelbach und ein Sumpfgebiet, zur Linken boten bewaldete Höhen Schutz. An einen Angriff der Alliierten dachten weder die französischen Marschälle noch der Kurfürst. Dazu fühlten sie sich in jeder Hinsicht viel zu überlegen. In einer solchen Situation galt eine Attacke nach den damaligen Regeln als Wahnsinn.

Das Schlachtfeld ist Feld geblieben. Von einer Höhe aus schaut man über flache Kornfelder, zur Linken steigt die Ebene in sanfte, bewaldete Höhen auf, zur Rechten schließt die Donau mit ihrem Busch- und Augürtel das Panorama ab. In der Nacht vom 12. zum 13. August lag gespannte Stille über dem Donautal. Über 100 000 Mann aus vielen Nationen waren auf engem Raum konzentriert, sie spürten die Nervosität, doch nur ganz wenige ahnten und planten, was da kommen würde. Marlborough verbrachte einen Teil der Nacht im Gebet, dann begab er sich in Eugens Quartier. Der saß an seinem Tisch und schrieb Briefe. Um ein Uhr früh wurde Alarm geblasen. Die Bataillone und Schwadronen traten an, Österreicher und Briten, Dänen, Holländer, Preußen, Hessen, Hannoveraner, Württemberger, Pfälzer – und Soldaten aus noch vielen anderen Fürstentümern des Reiches. Um drei Uhr früh zogen sie in acht Marschkolonnen aus dem Lager. Im Osten erhellte sich der Horizont, Nebelschwaden aus den Donauauen verhüllten das langsame Vorrücken der Alliierten in dem sumpfigen Gelände. Als die Sonne schon am Himmel stand, formierten sie sich langsam in der Schlachtordnung. Am linken Flügel, dem Fluß zu, hatte Marlborough 53 Bataillone und 86 Schwadronen, insgesamt 36 000 Mann, massiert – gegen Tallards 33 000 Mann; am rechten Flügel führte Eugen, durch Schwierigkeiten beim Vorgehen noch im Rückstand, seine 29 Bataillone und 74 Schwadronen, insgesamt 16 000 Mann, gegen die 23 000 des Kurfürsten und Marsins.

Trotz der Nähe des Feindes dämmerte das französisch-bayerische Lager einem friedlichen Morgen entgegen. Für den 13. war ein Rasttag angesetzt. Nach sechs Uhr früh schwärmten die Fourageure aus, um Proviant zu besorgen, die erwachenden Soldaten gingen ans Kochen oder säuberten ihre Uniformen und Waffen. Selbst die ersten Nachrichten von der Annäherung feindlicher Truppen löste noch keinen Alarm aus. Tallard glaubte, Marlborough würde ihm ausweichen und nach Norden schwenken. Da riß der Morgenwind den Nebel auf, und Tallard, Marsin und Max Emanuel erblickten die Linien und Kolonnen der aufmarschierenden Alliierten. Ein imponierendes Bild, ein drohendes Bild, das die Feldherren länger als eine Schrecksekunde in Verwirrung versetzte.

Die Methoden der barocken Kriegführung erlaubten den überraschten Bayern und Franzosen jedoch ebenfalls die Aufstellung in der Schlachtordnung. Von Anfang an hatten sie den Nachteil, daß im Gegensatz zu der engen Zusammenarbeit Eugens und Marlboroughs Tallard am rechten Flügel (vor Blindheim) und Max Emanuel und Marsin am linken Flügel völlig getrennt voneinander operierten. Durch die vielen natürlichen Hindernisse vergingen jedoch noch einige Stunden, bis Prinz Eugen seine Truppen in die Angriffspositionen gebracht hatte; sein Weg war weiter, weil er im waldigen Gelände versuchte, den bayerischen Truppen in die Flanke zu kommen.

Die ersten Artilleriesalven lösten sich, Marlborough nahm noch an einem Feldgottesdienst teil. Durch die Verzögerung wirkte sich das Überraschungsmoment nicht wie erhofft aus. Mittag war schon vorbei, als auf der ganzen Breite der Front zur Attacke geblasen werden konnte. Unter Trommelgedröhn rückten die Infanteriebataillone in geschlossenen Reihen vor, und die Schwadronen preschten ins Abwehrfeuer des Gegners. Die Briten mußten den Nebelbach mit Notbrücken und Balken überwinden. Und bei Blindheim rannten die Grenadiere lange vergeblich gegen die französischen Stellungen an. Sie kamen zwar nicht durch, aber banden 12 000 Mann, die an anderen Ecken fehlten.

An Eugens Flügel wogte die Schlacht hin und her. Mehrmals geriet er in Bedrängnis. Trotzdem zögerte er nicht, als bei einem französischen Gegenangriff im Zentrum ein Durchbruch drohte, Marlborough eine Brigade zu Hilfe zu senden. Mit der irischen »Wildgänse«-Brigade, die sich mit schrillen Schreien auf den Geg-

ner stürzte, an der Spitze, drohten die Franzosen die Front der Alliierten zu spalten. Die Lücke wurde wieder geschlossen.
Gegen fünf Uhr befahl Marlborough eine der größten Kavallerieattacken des Jahrhunderts. Über ein Stoppelfeld galoppierten die 90 Schwadronen, dazwischen stürmten Infanterieabteilungen. Dieser Wucht war auch ein Gegenstoß der französischen Kavallerie nicht gewachsen. Die zurückgeworfenen Reiterscharen stampften die eigene Infanterie nieder. Ein totales Chaos entstand, die Front brach zusammen. Da kapitulierten auch die Verteidiger hinter der Blindheimer Friedhofsmauer.
In der gigantischsten Reiterschlacht des 18. Jahrhunderts ging Ludwigs XIV. schönste Armee unter. Viele Soldaten suchten sich über die Donau zu retten. Der Fluß wurde zur tödlichen Falle. Er war damals noch nicht reguliert. Die Auen bildeten ein verhängnisvolles Netz von Seitenarmen, Sümpfen und Tümpeln. Tausende von Offizieren und Soldaten ertranken. Marschall Tallard geriet in dem allgemeinen Chaos in Gefangenschaft – ein hessischer Offizier hatte ihn erkannt und ihm den Degen abgenommen. Die Trophäe wird im Kasseler Museum aufbewahrt, samt den blutbespritzten Handschuhen des Franzosen. Noch im Sattel kritzelte Marlborough auf die Rückseite einer Wirtshausrechnung die ersten Zeilen an seine Frau: »Ich habe keine Zeit, mehr zu sagen, aber richte der Königin bitte meine Empfehlungen aus und lasse sie wissen, daß ihre Armee einen glorreichen Sieg erfochten hat. Tallard und zwei weitere Generäle sitzen in meinem Wagen, und ich verfolge die Reste[122].«
Marlborough hatte die Entscheidung durch seinen Kavalleriedurchbruch errungen. Eugens Verdienst war, den rechten Flügel gegen die von Max Emanuel gut geführten überlegenen Kräfte behauptet zu haben. Der Prinz hatte sich schonungslos der Gefahr ausgesetzt; einmal wäre er beinahe von einem bayerischen Dragoner vom Pferd geschossen worden, wenn ihn nicht der Säbelhieb eines seiner Leute gerettet hätte. Als sich ein Teil seiner Reiterei zur Flucht wandte, soll der Prinz zwei Soldaten mit eigener Hand erschossen haben, um die Weichenden zum Stehen zu bringen. Nach der Schlacht sprach Eugen mit Hochachtung von seinem

Vetter Max Emanuel und dessen Bayern. Und von der Ausdauer seiner eigenen Soldaten: »Ich habe keine Schwadron und kein Bataillon, welches nicht zum wenigsten vier Mal angreifen mußte[123].«
Die Bilanz der Schlacht: Die Alliierten zählten 4500 Gefallene und 7500 Verwundete, 20 Prozent ihrer Gesamtstärke, der Gegner hatte 40 000 Mann, davon 14 000 Gefangene, verloren, also 70 Prozent seiner Streitmacht. Dazu kamen 60 Geschütze, 200 Fahnen und Standarten, über 5000 Troßwagen, und – wie fast alle Schlachtberichte vermerken – »34 Kutschen mit französischen Frauenzimmern«. Über deren weiteres Schicksal ist nichts bekannt. Die Franziskanerin der nahen Donaustadt Günzburg schilderte den Rückzug jener Truppen, die der Gefangenschaft entgangen waren, in der Klosterchronik: »Es ist erbärmlich anzusehen gewesen, wie die Trümmer der bayrisch-französischen Armee durch Günzburg flüchteten, denn viele Vornehme sind dahergelaufen nur in den Hosen ohne Rock und ohne Schuhe, viele sind geritten ohne Hand oder Arm oder Fuß. Man hat hier diese alle verbunden, und es war ein erbärmliches Jammergeschrei, auch der Kurfürst selbst ist den 14. August des Abends allhier im Pfarrhaus gewesen, hat dort gespeist und geschlafen, dann ist er mit den Seinigen nach Ulm marschiert[124].« Ein Elendsfinale, wie es sich nach jeder Schlacht wiederholt, der traurige Rest einer stolzen Armee. Und Max Emanuel mußte froh sein, daß die Alliierten nicht mehr die Kraft zu einer Verfolgung hatten und ihm den ungestörten Abzug erlaubten.
Die Stimmung am Hof Ludwigs XIV. beschreibt Saint-Simon: »Man kann sich denken, wie groß die allgemeine Verzweiflung war, da es in jeder angesehenen Familie – von den anderen gar nicht zu reden – Tote, Verwundete oder Gefangene gab; wie groß die Ausweglosigkeit des Kriegs- und Finanzministers, der eine gänzlich aufgeriebene oder in Gefangenschaft geratene Armee wieder aufstellen mußte, und wie groß der Schmerz des Königs, der das Geschick des Kaisers in seinen Händen gehalten und der sich durch diese schmachvolle Niederlage nun an die Ufer des Rheins zurückgedrängt sah... Aller Zorn entlud sich auf einige

Regimenter, die aufgelöst wurden...« Und mehrere Offiziere wurden aus der Armee ausgestoßen oder gefangengesetzt. Das Königshaus aber feierte die Geburt eines Prinzen mit einem Feuerwerk auf der Seine und einer üppigen Tafel im Louvre, »ein Kontrast, der viel Empörung auslöste und wenig Seelengröße bewies[125]«.

Selten haben die wenigen Stunden eines Schlachttages soviel bewirkt. Am Morgen des 13. August mußte Kaiser Leopold noch um den Bestand der Monarchie zittern – und durfte sich nicht einmal in der eigenen Hauptstadt sicher fühlen. Marlborough wußte, daß sich die seinen Zug an die Donau kritisierende Opposition im Fall einer Niederlage »wie eine Meute Hunde auf einen Hasen[126]« stürzen würde, und Max Emanuel durfte noch von einer Krone der Niederlande und von einem um Oberösterreich und andere habsburgische Besitzungen vergrößerten Bayern als neue Großmacht im Herzen des Reiches träumen. Am Abend war alles anders. Leopold saß wieder fest auf seinem Thron, der Bayer war ein landloser Flüchtling und mußte dankbar sein, daß man seiner Gattin später die Regierungsgewalt über das von Österreich besetzte Bayern einräumte. Frankreichs Armee hatte nach den ersten Niederlagen gegen Eugen in Italien nun vollends den Mythos der Unschlagbarkeit eingebüßt, ein solches militärisches Desaster war dem König bis jetzt noch nie widerfahren. Wenn die Kräfte gereicht hätten, wäre der unselige Krieg in dieser Phase zu beenden gewesen. Doch Marlboroughs und Eugens Soldaten brauchten dringend Ruhe.

Der Krieg wurde nun aus dem Reich hinaus an den Rhein, nach Flandern und nach Frankreich getragen. Wenige Tage vor Höchstädt hatten britische und hessische Soldaten den Felsen von Gibraltar gestürmt und damit Englands Seemacht im Mittelmeer etabliert. Für Österreich, für die habsburgischen Lande bedeutete der Sieg »die so vollkommene große Victori«, wie Eugen in seinem ersten Bericht an den Kaiser schrieb[127], die Rettung, England war damit jedoch zur europäischen Großmacht geworden.

Der Streit chauvinistischer Historiker über den Anteil Eugens an dem Sieg hätte den Prinzen kaum berührt. Marlborough kritisier-

te nachher Eugens Kavallerie. »Wäre der Erfolg des Prinzen seinem Verdienst entsprechend gewesen, hätten wir mit diesem Tag dem Krieg ein Ende bereitet[128].« Aber er dankte Eugen für die Brigade, die er ihm, obwohl selber in bedrängter Lage, abgetreten hatte. Eugen ließ dem Herzog gerne den Vortritt. Beide Männer erkannten, wieviel sie miteinander erreichen konnten. Denn vor der Schlacht war Eugen die drängende Kraft gewesen. Er hatte den zögernden Herzog zum großen Schlag überredet.
Für die beiden Feldherren rentierte sich der Sieg in jeder Weise. Prinz Eugens Wiener Winterpalais wurde für ewige Zeiten von allen Steuerlasten befreit. Ironie der Geschichte: Seit 1848 residiert das Finanzministerium in der Himmelpfortgasse. Marlborough wurde in England von der Regierung der monumentale Blenheim-Palast erbaut – Blenheim für Blindheim, das Dorf, nach dem die Briten die Schlacht nennen. Die Baumalleen im Park spiegeln bis heute die Schlachtordnung von damals wider. Jedes Jahr am 13. August bringt ein Bote des Herzogs von Marlborough symbolisch eine erbeutete Fahne zur Königin. In der Kapelle mit dem Grab des Herzogs zeigt ein Relief die Gefangennahme Marschall Tallards. (Der saß bis 1712 in einem englischen Landhaus in komfortabler Kriegsgefangenschaft.)
Im Zweiten Weltkrieg donnerten britische Bristol-Blenheim-Bomber über die Donaulandschaft. Winston Churchill ist in Blenheim Palace geboren und nur eine Meile von dem Schloß entfernt im stillen Kirchhof von Bladon begraben worden. Als General Montgomery am 13. August 1942 in Ägypten das Kommando über die Achte Armee übernahm, wies Churchill kurz darauf in »Montys« Gästebuch auf den Tag von Blenheim hin[129].
Churchill hat das Schlachtfeld an der Donau zweimal besucht, zum erstenmal am 18. September 1909, als er sich beim Pfarrer als Großbritanniens Handelsminister auswies. Damals kutschierte der Breisachmüller, in dessen Haus Marlborough Quartier genommen hatte, den britischen Gast kreuz und quer über das Schlachtfeld. Er soll dort nach einem im Sumpf verlorenen goldenen Trinkbecher des Herzogs geforscht haben. 1929 hielt ein eleganter Wagen in der Nähe des Gedenkkreuzes – noch einmal pil-

gerte Sir Winston an die Stätte des Sieges seiner Ahnen. 1949 wurde beim Bürgermeister von Blindheim um ein Stück Nußholz von der Wallstatt angefragt. Eine englische Stadt wollte Churchill die Ehrenbürgerurkunde in der Nachbildung eines Marschallstabes aus Blindheimer Holz überreichen. Weil die Deutschen in dieser Nachkriegszeit noch keine Luftpost hatten, flog die amerikanische Luftwaffe von einem nahen Stützpunkt aus das Holz nach England[130].

Am Ortsausgang von Höchstädt wurde im Jubiläumsjahr 1954 ein Gedenkstein errichtet – ein stilisiertes, in die Erde gerammtes Schwert, einige wenige Worte von dem großen Ringen, nichts von Siegern und Besiegten, nur von den Gefallenen aller beteiligten Völker, und der Spruch: »Überwindet den Haß, sucht den Frieden«. In dem bitteren Streit um das spanische Erbe war der Frieden noch weiter entfernt, als irgendeiner der Beteiligten ahnen konnte.

XI

»... faßt Mut, Deutsche und Piemontesen!«

Der Entsatz von Turin

Über den Dorfplatz hallen französische Kommandos. Trommelgedröhn und Pfeifentöne, die genagelten Schuhe knallen auf das Pflaster. Ein farbenprächtiges Bild: das Königsblau der Gardegrenadiere mit Fuchspelzmützen anstelle des Dreispitzes, in Grau das Infanterieregiment Montferrat, in Gelb die Dragoner, dann die Milizen in ihren gemischten Uniformen, Freiwillige in ihrer Alltagskleidung mit ein paar militärischen Zeichen. Wieder Trommelwirbel. Die Soldaten öffnen die Pulverhörner mit den Zähnen, die Ladestöcke werden gezogen. »Feuer!« Es kracht und blitzt, ein Rauchschleier legt sich über die Gesichter. Die Zuschauer klatschen begeistert Beifall. Jetzt wird die Kanone in Position gebracht, es dauert ein wenig, bis sie losdonnern kann. Das Pulver ist naß geworden. Endlich rumst es, Feuerschein, Pappfetzen fliegen durch die Luft. »En avant – Vorwärts!« Die Soldaten treten in breiter Front mit wildem Geschrei zum Sturm an.
Ein friedlicher Sonntagnachmittag in einem Dorf in den Weinhügeln südlich des Po, nicht weit von Turin. Die »Historische Gruppe Pietro Micca« wurde eingeladen, anläßlich des Kirchweihfestes ihre Manöver vorzuführen. In den Uniformen der Savoyischen Armee aus dem Jahre 1706, dem Jahr der großen Belagerung Turins durch die Franzosen. Es sind 50 bis 60 Mann, die fast jedes Wochenende zu so einem militärischen Geschichtsspektakel ausrücken. Ein pensionierter General ist ihr geistiger Vater. Er lebt in der Vergangenheit, in der Zeit Prinz Eugens, als Piemont hauptsächlich als Schlachtfeld verwendet wurde. Mit minutiöser Ge-

nauigkeit wurden Uniformen, Waffen und andere Ausrüstungsgegenstände rekonstruiert. Alles muß stimmen, inklusive der Perücken. Jedes Kommando, jede Bewegung, alles soll so sein, wie es damals war. Ihr Freizeit-Soldatentum ist diesen Männern bitter ernst. Sie kommen aus allen Schichten – erfolgreiche Manager, ein Ingenieur aus der Flugzeugindustrie, Arbeiter, Studenten, der hochgewachsene Tambourmajor, der seinen Stab kunstvoll dreht und wirft, ist Bankdirektor, das Kommando führt der Sohn des Generals. Er dient als Reserveoffizier und studiert Wirtschaftswissenschaften. Voller Hingabe lenkt er seine Leute wie die Figuren in einem Schachspiel oder in einem Soldatenballett: der Krieg als schöne Schau ohne Not und Tod und Elend, realistisch und realitätsfern zugleich. Die Idee hinter dem Spiel – die Geschichte soll lebendig bleiben, und die Erinnerung an eine große Zeit, da Piemont nicht von Rom, sondern von Turin aus regiert wurde.
Was wohl Prinz Eugen zu diesen Bilderbuchkriegern gesagt hätte? »Ich sollte mit größter Eile vorgehen, aber mit verhungerten, halbnackten Soldaten und ohne Geld, Zelte, Brot, Troß oder Artillerie ist dies ganz unmöglich. Wohin ich mich wende, höre ich nichts als Klagen und sehe nichts als Not und Elend. Wenn man ein Detachement von, sagen wir, 100 Soldaten auf einen halbstündigen Marsch schickt, kann man sicher sein, daß 50 von ihnen infolge völliger Entkräftung ausfallen. Die Truppen sind so verhungert, daß sie eher Schatten als Menschen gleichen. Die Desertionen haben schon zugenommen – und belaufen sich auf etwa 50 pro Tag...[131]« Etwas mehr als ein halbes Jahr nach Höchstädt schrieb der Prinz am 26. April 1705 diesen Brief aus Rovereto an den Kaiser. Der Triumph an der Donau war ob der Misere an der Etsch schnell vergessen. Für das Heer in Italien hatte man wieder einmal kein Geld übrig. Die Truppen des Kaisers führten in Ungarn weiterhin einen frustrierenden Krieg gegen Rákóczys Rebellenarmee. Die Kurutzen gelangten sogar bis zum Jagdschloß des Kaisers, bis nach Ebersdorf vor den Toren Wiens, und verwüsteten es. In Oberitalien bewegte sich Marschall Vendôme nach Belieben. Einzig die Festung Turin hielt sich gegen die Franzosen. Das übrige Piemont war fast zur Gänze in ihren Händen. Eugen

hätte seine Jammerbriefe über den erbärmlichen Zustand seiner Soldaten mit einer Schablone schreiben können – so sehr ähnelte im Lauf der Jahre einer dem anderen.
An dem Tag, da sich Eugen im Quartier von Rovereto seinen Ärger von der Seele diktierte, setzte Leopold I. seinen Namenszug unter ein letztes Testament. Er fühlte seine Kräfte schwinden, übergab seinem Sohn Joseph die Regierungsgeschäfte und harrte in frommer Geduld seiner letzten Stunde. Am 5. Mai verkündeten die Glocken den Tod des 65jährigen Kaisers. Seine Untertanen empfanden ein tiefes Gefühl der Trauer – trotz mancher Mißstände und eines Erschlaffens der Verwaltung in seinen Altersjahren nahm man nun von einem großen Kaiser Abschied – allein schon deshalb, weil er fast 50 Jahre lang die Krone getragen hatte. Obwohl Leopold nie ins Feld gezogen war, identifizierte das Volk ihn mit den Türkensiegen, mit der Befreiung von der großen Not. Auch Eugen glaubt man die Trauer, seine Beteuerung, daß der Tod des Monarchen »ein unbeschreibliches Leidwesen« verursache. Sein Leben, sein Aufstieg waren eng an die Person Leopolds gebunden. Noch vor ein paar Wochen hatte er dem Kaiser wegen der Mißstände den Rücktritt vom Hofkriegsratspräsidenten angeboten, sicherlich erhoffte er sich auch von der Machtübernahme Josephs und seines »jungen Hofes« eine Besserung in vielen Bereichen. Zum alten Kaiser bestand jedoch eine menschliche Bindung, ein Zugehörigkeitsgefühl, das ihn Leopolds Tod wie den Verlust eines Vaters empfinden ließ.
Leopold blieb bis zuletzt der Souverän, der Distanz hielt. In Joseph hingegen konnte Eugen einen Partner, ja fast einen jüngeren Bruder sehen. Der 27jährige Kaiser verkörperte die neue Zeit. Auch äußerlich – von den negativen Merkmalen der Familie Habsburg, wie der zu breiten Unterlippe, war er verschont geblieben. Joseph I., stattlich, wienerisch »fesch«, glich eher seiner pfälzischen Mutter. Ein seiner selbst sicherer junger Mann, herrisch, ohne die Zweifel seines Vaters, auch ohne dessen tiefe Frömmigkeit. Man erzählte sich viel von seinen Amouren, und nach manchen seiner nächtlichen Abenteuer passierte es, daß Joseph in der Geheimen Konferenz einnickte.

Der junge Kaiser wird als intelligent geschildert, er war modernen Ideen aufgeschlossen und wollte das erstarrte Staatswesen wieder in Bewegung bringen. Dazu hatte er sich eine neue Führungsmannschaft ausgesucht. Sein Erzieher, Fürst Karl Theodor von Salm, wurde Obersthofmeister und damit wohl der einflußreichste Mann in der unmittelbaren Umgebung des Monarchen. Weiters stützte er sich auf die beiden Hofkanzler Johann Friedrich von Seilern und Philipp Ludwig von Sinzendorf. Seilern, ein Färberssohn aus Ladenburg am Neckar, hatte sich als ausgezeichneter Jurist am Hof emporgedient, wurde geadelt und Ahnherr eines Grafengeschlechtes. Die Außenpolitik fiel dem Freund und Vertrauten Eugens, dem Grafen Wratislaw, zu. Eugen selber blieb Präsident des Hofkriegsrates und Gundaker von Starhemberg Chef der Hofkammer.

Während sich Kaiser Leopold I. die Ansichten seiner Minister anhörte und sich dann irgendwann, vielleicht unter dem Einfluß seines Beichtvaters, eine Entscheidung abquälte, diskutierte Joseph mit seinen Beratern alle Probleme gründlich durch, bis aus diesen Gesprächen meist kollegiale Entschlüsse geboren wurden – eine Form von Teamwork, soweit das in einem absolutistischen Staat möglich war. Eugens alte Feinde wie Fürst Mansfeld waren in die verdiente Pension geschickt worden. Der Führungsstil des Kaisers entsprach dem Geschmack des Prinzen. Sehr bald erwuchs ihm jedoch ein neuer starker Gegner – eben Fürst Salm. Dem war Eugen anscheinend zu schnell zu groß geworden. Er spürte seine reale Macht und wollte ihm die Flügel stutzen. Bei seinem Kaiser kam Salm damit jedoch nicht durch. Denn wie Leopold wußte auch Joseph, daß Eugen für das Haus Habsburg unersetzlich war. Allein der Name hatte soviel Gewicht, daß sich damit Politik machen oder militärischer Druck erzeugen ließ. Als sich Eugen nach Italien begab, wurden die Franzosen nervös. In Turin schöpften die Menschen wieder Hoffnung. »Jetzt schlafen wir in Turin ruhig, in voller Überzeugung, daß der Prinz Eugen sich beeilen wird, etwas für unsere Rettung zu tun«, schrieb der britische Gesandte Richard Hill nach London. »Wir haben das Wort des Prinzen, an dem niemand zweifeln kann[132].«

Doch auch ein Eugen konnte keine Wunder wirken. In der hungernden Armee zeigten sich Auflösungserscheinungen, Plünderungen und Desertionen häuften sich. Marschall Vendôme, Eugens begabtester und gefährlichster Gegner, hatte die besseren Positionen inne. Aus dieser Periode des Abwartens und Taktierens ist uns der Bericht eines französischen Agenten über das alltägliche Dasein des Prinzen im Feldlager überliefert: Eugen »ist ein Mensch, der sehr aktiv zu sein scheint, oft sein Pferd besteigt und strenge Disziplin bei seinen Truppen hält; was seine Lebensweise betrifft, so läßt er sich täglich mittags zwei Tafeln mit Fleisch ohne Beilagen, viel Landwein, den er aus silbernen Bechern trinkt, Käse und einigen Früchten der Jahreszeit servieren, während es kein Souper gibt, da er zeitig sich zur Ruhe begibt und sehr früh aufsteht...[133]« Alles mit eigenen Augen sehen, mit seinen Soldaten sein, ohne Angst vor dem einfachen Leben – im Gegensatz zu manchen Heerführern, für die der Krieg nur ein eleganter Ausflug war, bei dem sie nichts von der gewohnten Luxussphäre vermissen wollten. Eugens Anwesenheit verbesserte sofort die Stimmung in der Armee. Auf das Drängen von Wien und die Bitten seines Vetters, des Herzogs von Savoyen, versuchte er im August einen Durchbruch durch die französischen Sperrlinien. Marschall Vendôme gelang es jedoch, den Übergang über die Adda bei Cassano in der Lombardei zu verhindern und Eugen zurückzuwerfen. Beide Seiten beklagten schwerste Verluste – und Eugen mußte einsehen, daß in diesem Jahr Turin außer seiner Reichweite lag.
Nach solch enttäuschenden Botschaften regten sich in Wien wieder die Kritiker an Eugens Feldherrnkunst. Er ging aber daran, die politischen und wirtschaftlichen Voraussetzungen für einen Erfolg in Italien zu schaffen. Dafür mußten die Seemächte von der Wichtigkeit dieses Kriegsschauplatzes überzeugt werden. »Wir führen hier in Italien keinen Eroberungskrieg oder einen Krieg, um Winterquartiere zu schaffen, sondern einen Ablenkungskrieg«, erläuterte er in einer Denkschrift. »Diese Ablenkung zehrt an den Franzosen bereits schwer, was Geld und Truppen betrifft. Sie müssen in Italien 80 000 Mann unterhalten, während die Alliierten dort nur 40 000 Mann haben. Um diese günstige Situation

zu erhalten, die die Franzosen daran hindert, die Übermacht in Flandern, Deutschland und Spanien zu erlangen, ist es wesentlich, die Plätze in Italien den ganzen Winter über zu halten, was bei den Franzosen ständige Unsicherheit hervorrufen wird[134].« Ähnlich argumentierte auch Marlborough: »Es scheint mir hoch an der Zeit, sich ernstlich mit diesem Krieg in Italien zu befassen, einem Krieg, der eine so große Zahl feindlicher Truppen bindet, die überall über uns herfallen würden, wenn wir von dort vertrieben würden[135].« Der Herzog, nach einer wenig glücklichen Kampagne an der Mosel eher deprimiert, reiste nach Wien. Und Eugen schickte ihm aus Italien noch eine Botschaft, in der er bedauerte, daß er selber noch in Italien bleiben müsse. Beschwörend fügte er hinzu: »Am wichtigsten ist Geld, das so notwendig ist, um einen Krieg wirksam und machtvoll zu führen[136].«

Dieses Geld beschaffte Marlborough: obwohl durch einen Gichtanfall ans Bett gefesselt, empfing Marlborough im Hause des britischen Botschafters die wichtigsten Leute. Er stand mit seinem Privatvermögen für einen Kredit von 100 000 Gulden gut, damit die rückständigen Löhnungen für Eugens Soldaten bezahlt werden konnten. Weiters eröffnete er Aussichten auf eine Anleihe Englands und Hollands von 250 000 Pfund – das Geld sollte jedoch direkt an Eugen gehen, damit es nicht bei irgendwelchen Hofstellen versickerte. Schließlich kümmerte sich Marlborough selber um das weitere Engagement preußischer Truppen für die Italien-Armee.

Während die Armee für den Kaiser ein Faß ohne Boden war, betrieben die verschiedenen Fürsten mit ihren Soldaten ein gutes Geschäft. Um ihre Macht zu behaupten und ihre Interessen durchzusetzen, brauchten sie ein stehendes Heer. Zu seiner Finanzierung vermieteten sie ihre Grenadiere und Dragoner an den Meistbietenden. Der frischgebackene Preußenkönig Friedrich I. verstand sich besonders gut auf diesen Handel. Seine Truppen zogen in alle Schlachten des Erbfolgekrieges – und der König deckte mit diesen Einnahmen seine Repräsentationsausgaben.

Ähnlich rechneten auch die Fürsten von Württemberg, Hessen oder Sachsen-Gotha. Aber die Preußen waren am begehrtesten.

Über die Gründe dachte der Militärhistoriker Hans Bleckwenn nach: »Um 1700 lag die menschliche Arbeitskraft schon wieder oder noch reichlich brach, und kein Mensch fand etwas dabei, daß sich preußische Truppen in fremdem Sold zwölf Jahre lang gegen Frankreich schlugen, und zwar mit Erfolg. Ob sie von Natur tüchtig waren – Söhne eines armen Landes, die mit Staunen den reichen flandrischen Lebensstil oder Wein, Weib und Sonne Italiens genossen – oder ob sie die politische Notwendigkeit zur Leistung ebenso zwang wie heute den Professional des Sports? Die Öffentliche Meinung nahm an diesen Zuständen erst Anstoß, als die Aufklärung eine neue Menschenwürde entdeckt hatte[137].«
Für Eugen war dieser Soldatenschacher ein völlig gebräuchliches Mittel, seine Armee zu verstärken. Um im neuen Jahr besser gerüstet zu sein, reiste er im Jänner 1706 nach Wien. Zum erstenmal stand ihm Joseph als Kaiser gegenüber. Mit der neuen Regierungsmannschaft regelte der Prinz die finanziellen Fragen der nächsten Kampagne. Er wollte nicht noch einmal mittellos und ohne Aussicht auf materielle Hilfe vor seinen Soldaten stehen wie kurz nach dem Tode Leopolds, als er den jungen Kaiser mit einer pathetischen Formel beschwor: »Die Armee gehört nicht mir, sondern Eurer Majestät. Sie ist die letzte Stütze der Monarchie. Verliert man sie, so sind die Folgen leicht vorauszusehen. Vor Gott, Eurer Majestät und der gesamten Welt wird man mir nicht die Schuld geben können, wenn plötzlich alles zusammenbricht, wie dies jeden Tag geschehen könnte[138].«
Man war jedoch schnell dabei, ihm die Schuld zuzuschieben, als Vendôme am 19. April die Kaiserlichen bei Calcinato schlug – wenige Stunden vor der Ankunft Prinz Eugens. Er konnte nur die traurigen Reste seiner Truppen sammeln und auf die Söldner aus ganz Europa warten. Vendôme blockierte mit 44 000 Mann alle gängigen Wege nach Westen. Seit 14. Mai belagerte Marschall La Feuillade mit 48 000 Mann Turin. Dem Herzog von Savoyen war es vorher gelungen, mit einem Teil seiner Truppen den Ring zu durchbrechen und in Piemont die Bewegungen der Franzosen zu stören. In der Zitadelle der Hauptstadt kommandierte der kaiserliche Feldzeugmeister Wirich Graf Daun eine 7000 Mann starke

Festungsbesatzung. Und Eugen war entschlossen, ihn und die Stadt zu befreien.
Wie so oft begann Eugen seine Operationen mit Täuschungsmanövern. Vendôme sollte glauben, er plane eine gewaltsame Etsch-Überquerung mitten durch die französischen Verteidigungslinien. In Wirklichkeit aber wich Eugen Ende Juni nach Süden aus, kümmerte sich wenig um die Neutralität Venedigs und ging auf dem Gebiet der Republik unbehindert über den Fluß. Vendôme hatte nie daran gedacht, daß sich Eugen so weit von seinen Nachschubsbasen entfernen würde. Der Prinz hielt noch nach Süden, überschritt den Po – und hetzte seine Armee nun in Eilmärschen Richtung Turin – auf einer Route, mit der keiner seiner Gegner gerechnet hatte. Trotzdem war Vendôme noch zuversichtlich: »Was die Belagerung Turins angeht, so können Sie sicher sein, daß Eugen sie nicht wird aufheben können«, schrieb er an Kriegsminister Chamillart nach Paris. »Es gibt genug Plätze, an denen wir ihn aufhalten können, wenn er wirklich daran denkt, nach Turin durchzustoßen...[139].«
Vendôme mußte keinen Wahrheitsbeweis für seine These erbringen. In den Niederlanden hatte Marlborough Marschall Villeroy am 23. Mai bei Ramillies besiegt. Die Spanischen Niederlande befanden sich damit in den Händen der Alliierten. König Ludwig XIV. berief Villeroy ab und holte Vendôme aus Italien nach Frankreich. An seiner Statt ernannte der König seinen Neffen, den Herzog von Orléans, den Sohn Liselottes von der Pfalz, zum Oberbefehlshaber in Italien. Ihm zur Seite stellte er einen geborenen Verlierer – den Marschall Marsin. Nach dem Debakel in Höchstädt traf ihn die Mitverantwortung für die Katastrophe von Ramillies. Ohne Schwung und von Ängsten gequält, hatte dieser Mann dem Feuergeist des Prinzen nichts entgegenzustellen. Der Kommandant des Belagerungsheeres La Feuillade war auch kein militärisches Genie. Als Schwiegersohn des Kriegsministers Chamillart wurde er »General einer Armee, auf die ganz Europa mit Spannung blickte«, wie Saint-Simon bitterböse kommentierte. »Elitetruppen, soviel wie möglich, ausgewählte Offiziere, Munition im Überfluß, eine prächtige Artillerie und genügend Geld!

Mit einem Wort, es ging um den vielgeliebten Schwiegersohn des allmächtigen Ministers der Finanzen und des Krieges, der alles Wohlwollen seines Schwiegervaters genoß, denn jener setzte all seine Hoffnungen auf ihn, sah in ihm die Stütze seiner Familie: man kann sich denken, daß man nichts unterließ, um La Feuillade in Stand zu setzen, eine für den Staat so bedeutsame und für das persönliche Ansehen der Familie so wichtige Eroberung bewerkstelligen zu können[140].«
Familienpolitik als Grundlage eines Feldzuges hatte noch nie viel genützt. In Paris saß grollend der alte Marschall Vauban, der große Festungsbauer. Er kannte die Zitadelle von Turin, als ob sie von ihm konstruiert worden wäre. Denn in der Zeit des Bündnisses mit dem Herzog von Savoyen hatte er Gelegenheit gehabt, sie gründlich zu studieren. Und er warnte den König auch – Turin sei nicht so leicht zu nehmen.
Im Gefühl ihrer Überlegenheit nahmen die Herren solche Warnungen nicht ernst. Sie trauten vor allem Prinz Eugen den Durchbruch nach Turin nicht zu. Der aber marschierte, marschierte und marschierte. Glühende Hitze, Wassermangel und Durst zwangen zu Nachtmärschen. Zwei Monate lang war die 30 000-Mann-Armee vom Etsch bis nach Turin unterwegs. Immer wieder verstand es der Prinz, die Franzosen über seine Bewegungen ins unklare zu versetzen. Fern von allen Nachschublinien und Proviant- und Futtermagazinen mußten seine Soldaten und Pferde vom Land, das sie durchquerten, leben. Weil jedoch genügend Geld vorhanden war, wurden die Bauern und Händler für ihre Lieferungen überall bar bezahlt. Die Soldaten hielten Disziplin, und die Bevölkerung kam ihnen freundlich entgegen, selbst in päpstlichen und in anderen neutralen Territorien, durch die der Prinz zog, ohne viel zu fragen.
Eugen erreichten die ständigen Hilferufe seines Vetters. Keine Minute sei zu versäumen, »dem je länger je mehr beängstigten Turin zu Hilfe zu kommen...« Die Rasttage wurden seltener. In der letzten Phase des Gewaltmarsches durch die Poebene gab es kaum noch Lebensmittel zu kaufen. Der Prinz trieb seine Leute weiter – mit der Aussicht auf bessere Zeiten, wenn Turin befreit

sei. So mußte Proviant durch Angriffe auf ein paar feste Stützpunkte beschafft werden. La Feuillade und Marsin konnten sich zu keiner Gegenmaßnahme entschließen. Statt wenigstens zu versuchen, Eugens Marsch noch aufzuhalten, wandten sie sich ebenfalls nach Turin, um die Belagerungsarmee zu verstärken. 60 000 Mann erwarteten die 30 000 des Prinzen. Nervös, verunsichert und angespannt. Sehnsüchtig und verzweifelt harrten dagegen die Belagerten auf jede Nachricht vom Näherkommen der Entsatzarmee. Die Franzosen hatten den äußeren Festungsring genommen und schoben sich immer näher an die Zitadelle heran. Munition und Lebensmittel wurden von Tag zu Tag knapper.
Das Wachsen der Stadt im 19. Jahrhundert hat von den Bastionen kaum etwas übriggelassen. Unterirdisch hingegen kann man das Dasein der Belagerten noch nachvollziehen: Ein moderner Museumsraum mit Modellen, Stichen, dem Savoyerwappen, dem kaiserlichen Doppeladler und den Bourbonenlilien, weiters Porträts der Feldherren, Uniformen, Waffen, Pläne. Durch eine kleine Tür gelangt man aus der Theorie in die Wirklichkeit von damals: ein schmaler Gang, gerade so, daß man aufrecht gehen kann. Lampen erhellen den Weg. Man kommt zu Kreuzungen, Abzweigungen, Kammern. 14 Kilometer ist das System dieser »Galerien« lang. Sie dienten nicht als Kasematten oder Unterstände, sie waren ein Mittel zur Abwehr feindlicher Angriffe. Diese Gänge führen über die Außenwerke hinaus und ermöglichten es, unter den Füßen des vorrückenden Gegners Minen zu legen, schwere Pulverladungen, die dann plötzlich von den Mineuren gezündet wurden und die feindlichen Batterien, Stellungen oder Angriffswellen zerrissen.
Am 29. August 1706 wären die Franzosen durch einen geheimen Eingang zu diesen Galerien beinahe in die Festung eingedrungen. Sie hatten bereits die Wachmannschaften überwältigt, da ließ der piemontesische Mineur Pietro Micca eine vorbereitete Sprengladung hochgehen, im vollen Bewußtsein, daß es auch für ihn keine Rettung gab. Die eindringenden Franzosen wurden verschüttet. Der Eingang war versperrt, der Angriff abgeschlagen und Pietro Micca tot.

Miccas Geschichte stand in den Belagerungschroniken. Und die Turiner errichteten ihm ein Denkmal. 1959 gelang es jedoch einem Offizier und Militärhistoriker, Guido Amoretti, mit dem Spaten die Legende als historische Wahrheit zu beweisen. Er durchforschte die Gänge, studierte Pläne und fand so den Explosionsort. In den Berichten war von einer Stiege die Rede. Amoretti entdeckte unter den Schuttmassen die Spuren von Stufen, durch emsiges Graben wurde die Treppe freigelegt, das Mauerwerk, vom Druck der Explosion verschoben, der Krater in der Decke, ein Totenkopf, Knochen, die Reste der gefallenen Franzosen. Pietro Miccas Kamikaze-Tat ließ sich genau rekonstruieren. Man spürt die Sprengkraft der Ladung, man ist an diesem Platz mitten im Endkampf der Festung Turin vor 280 Jahren. Die Stelle 40 Meter weiter in einem Gang, wo man den zerfetzten Leichnam Miccas – oder das wenige, was von ihm geblieben ist – gefunden hat, markiert ein schlichtes Kreuz. Guido Amoretti aber nannte zur Erinnerung an diesen Mineur, der Turin durch sein Opfer gerettet hat, seine historische Soldatengruppe »Pietro Micca«. Auch das Festungsmuseum trägt seinen Namen. Und Sonntag für Sonntag und beim Exerzieren unter der Woche spielen diese Amateure des Krieges in ihren schönen bunten Uniformen, was 1706 blutiger Ernst war.
Wer sich von Osten Turin nähert, den grüßt zuerst die Kuppel der Basilika von Superga, auf dem alles beherrschenden 600 Meter hohen Hügel. Unmittelbar nachdem sich die Truppen Eugens mit der kleinen Schar von Herzog Victor Amadeus II. vereinigt hatten, ritten die beiden Vettern am 2. September begleitet von einigen Offizieren auf die Supergakuppe. Eugen hätte sich keinen besseren Platz für ein Turin-Panorama aussuchen können. Zu seinen Füßen dehnte sich die Ebene mit einigen Landgütern, dann das Netz der französischen Laufgräben, die Batterien, die Schanzen, dahinter die Wälle der Festung, das Fünfeck der Zitadelle, zum Teil durch das Artilleriefeuer und durch Minen schwer beschädigt, schließlich das mauerumgürtete Karree der Stadt mit ihren 40 000 Einwohnern. So manches Haus war von Kugeln getroffen worden, weil die Geschosse oft von den Wällen abprallten

und wie ein flacher Stein auf dem Wasserspiegel bis in die Stadt sausten. Als Abschluß des Bildes ragten am Horizont die steilen Wände der Alpen. Der Prinz hatte genug gesehen, vor allem die Schwachstellen in der französischen Verteidigung, nachlässige Verschanzungen und andere Zeichen dafür, daß sich der Gegner vielzu sicher fühlte. Und er tat seinen berühmten Ausspruch: »Mir scheint, die da sind schon halb geschlagen.« Wie einst Karl von Lothringen vom Kahlenberg den Wienern, so signalisierte Eugen den Turinern die Ankunft des Entsatzheeres mit Raketen. Der Herzog aber betete vor einer Marienstatue in der kleinen Superga-Kapelle und gelobte in einem verständlichen »Gott mit uns«-Bedürfnis für einen Sieg den Bau eines großen Gotteshauses an dieser Stelle.

Er hat sein Versprechen gehalten. Filippo Juvara, der große barocke Baumeister Turins, wölbte die gewaltige Kuppel über den Berg, mit ihrem griechischen Tempelvorbau und den beiden Glockentürmen erinnert sie ein wenig an die Wiener Karlskirche – monumentaler, aber nicht so kühn. In der Marienkapelle brennen vor der alten Statue Kerzen, und ein schlichtes Bild über der Tür zeigt den Herzog bei seinem Gelöbnis, und daneben verharrt ein Prinz Eugen in seinem braunen Gewand. In der Gruft des Klosters ruhen die Savoyer, Victor Amadeus und seine Nachfolger, die Könige von Sardinien und später von ganz Italien. Volksfrömmigkeit und fürstliche Repräsentationslust sind hier eine glückliche Ehe eingegangen. Eine andere Totengedenkstätte auf dem Supergahügel ist vielen Turinern noch teurer – das Kreuz und die Marmortafeln an der Rückseite des Klosters zur Erinnerung an Italiens beste Fußballmannschaft, an den FC Torino. Am 4. Mai 1949 hatte das Flugzeug mit dem Team, den Betreuern und einigen Journalisten nach einem Spiel während des Landeanfluges bei Regen und Nebel an die Mauern des Klosters gestreift. Keiner überlebte – indirekt die letzten Opfer der Schlacht von Turin. Ganz Italien weinte. Man hat den zerstörten Flügel des Klosters als Ruine belassen, und vor dem Denkmal liegen frische Blumen.

Gedanken an den Tod quälten Marschall Marsin in den Tagen vor der Schlacht. Ein Prinz-Eugen-Komplex raubte ihm jeden Siegeswillen und schränkte seine Handlungsfähigkeit total ein. Wie ein Klotz hing der Marschall an dem doch viel beweglicheren Herzog von Orléans. In seiner Verzweiflung verfaßte Marsin einen Brief an den Kriegsminister, den sein Beichtvater erst nach seinem Tod übergeben sollte: »Seitdem ich den Befehl des Königs erhielt, nach Italien zu gehen, werde ich von der Vorstellung geplagt, daß ich in diesem Feldzug mein Leben lassen werde. Die Gedanken an den Tod beschäftigen mich Tag und Nacht ... P. S. In dieser Minute überschreitet der Feind den Po[141].« Und noch immer hofften die Franzosen, daß Eugen den Angriff nicht wagen würde. In einem Kriegsrat, in dem Orléans für eine Schlacht auf offenem Feld plädierte, wurde er überstimmt. Marsin und La Feuillade wollten mit ihren Truppen hinter den Verschanzungen abwarten, was Eugen tun würde.

Der handelte rasch. Nach einer großen Schwenkbewegung schritt er am Morgen des 7. September zwischen den beiden Flüssen Stura und Dora, an der schwächsten Stelle der feindlichen Verteidigung, zum Angriff. Neben den Preußen unter Leopold von Anhalt-Dessau, dem späteren »alten Dessauer«, und den kaiserlichen Truppen waren Pfälzer und Sachsen beteiligt, zwei deutsche Prinzen kommandierten die Flügel, Alexander von Württemberg und der Prinz von Sachsen-Gotha, die Reiterei wurde von Baron Kriechbaum, vom Marquis Visconti und von Prinz Philipp von Darmstadt geführt, die Reserve befehligte der Marquis de Langalerie, ein französischer Abenteurer, der erst vor kurzem in kaiserliche Dienste gewechselt war. Noch ein französischer Renegat zeichnete sich vor Turin aus: Graf Alexander von Bonneval, mit dem Eugen bald innige Freundschaft verbinden sollte, die später in bittere Feindschaft umschlug. Bei Luzzara hatte Bonneval noch gegen Eugen gekämpft, nach einem Streit mit Kriegsminister Chamillart verließ er jedoch die französische Armee und trat in den Dienst des Kaisers.

In schwerstem Kugelhagel rückte die Armee in geschlossener Front gegen die französischen Stellungen vor. Prinz Eugen verlegte das Schwergewicht des Angriffes auf seinen linken Flügel. Als dort Leopold von Anhalt-Dessau nicht weiterkam, sprengte der Prinz mitten unter die Kämpfenden, um die Soldaten mit sich vorwärts zu reißen. Wieder wirkte die Magie seiner persönlichen Anwesenheit. Er setzte sich rücksichtslos dem feindlichen Feuer aus, zeigte sich allen und brachte so die Front des Gegners ins Wanken. Neben ihm fielen ein Diener und ein Page. Für einen Moment erstarrten die Soldaten in Entsetzen, als die Gestalt des Prinzen plötzlich im Getümmel versank. Sein Pferd war getroffen zusammengebrochen. Doch Eugen rappelte sich wieder unverletzt hoch und saß gleich wieder auf einem anderen Roß.

Es war eine Schlacht ohne kühne taktische Manöver, sie wogte lange hin und her – Eugens Armee machte den stärkeren Druck. Als er die erste Schanzlinie gestürmt hatte, ließ er die eroberten Kanonen sofort umdrehen und weiter verwenden. Unter den Franzosen entstand größere Verwirrung, weil ihnen General Daun mit einem Teil der Festungsbesetzung plötzlich in den Rükken fiel. Marschall Marsin hatte mit seinen Ahnungen nicht unrecht. Er wurde schwer verwundet und starb unter dem Messer des Leibchirurgen Victor Amadeus'. Der Arzt wollte dem Marschall noch ein Bein amputieren. In den frühen Nachmittagsstunden zerbrach die französische Front, war die Schlacht für Orléans verloren. Er selbst hatte zwei leichte Verwundungen davongetragen. Statt mit den noch intakten Truppen einen Riegel vor die Lombardei zu legen, zogen sich die Franzosen in Richtung Alpen, in Richtung Heimat zurück.

Die Bewohner von Turin waren auf die Dächer gestiegen, um die Schlacht zu verfolgen. Viel sahen sie nicht in dem dichten Pulverdampf. Aber sie hörten den Donner der Kanonen und das Geknatter der Gewehre und den Kampflärm. Um drei Uhr nachmittags zogen der Herzog und der Prinz in die befreite Stadt ein. Die Verteidiger gaben mit ihrer letzten Munition Salutschüsse ab. Lange hätten sie nicht mehr ausgehalten.

Die Buchhalter des Todes hatten viel zu tun – wegen des langen Anrennens gegen die französische Artillerie waren die Verluste des Siegers höher als die der Verlierer: 3000 Tote und Verwundete gegen 2000 auf französischer Seite. Dafür gerieten bei der panikartigen Flucht 5000 Franzosen in Gefangenschaft. Willkommene

Beute waren die 3000 Pferde der zu Fuß kämpfenden französischen Dragoner.
In Turin singt man ein Volkslied aus dieser Zeit, im piemontesischen Dialekt: »Prinsi Génio dis ai soldà, / Cun el sáber al la man: – Me soldà, fê-ve curage, / Aleman e Piemuntèis! / Guadagnruma la bataja, / Baterum sti Franséis.« – »Prinz Eugen sagt den Soldaten mit dem Säbel in der Hand: Meine Soldaten, faßt Mut, Deutsche und Piemontesen! Wir werden die Schlacht gewinnen, wir werden diese Franzosen schlagen[142].« Die Ebene bedecken heute Wohnviertel, auch ein Teil der Fiat-Werke liegt auf dem Schlachtfeld. Ein Quartier heißt Borgo Vittoria. Auf der Piazza Vittoria ist Samstagmarkt. Dort, wo die Deutschen und die Franzosen aufeinandergeprallt sind, drängen sich Hausfrauen zwischen Ständen mit Blumen, Obst, Fischen, Fleisch und was man sonst noch so zum Leben braucht. An der Wand der Kirche della Salute aber sind zwei lebensgroße Reiterfiguren angebracht – links der Herzog, rechts Prinz Eugen, zum Zeichen seiner Befehlsgewalt hält er den Marschallstab hoch. Auf der Inschrift eines Kriegerdenkmals im Kreuzgang der Kirche erfüllen die Gefallenen des Ersten Weltkrieges das Vermächtnis der Toten von Turin. Die Armeria Reale, die berühmte Savoyische Waffensammlung, hütet den von Kugeln zerbeulten Küraß des Prinzen. Früher zeigte man dort auch eine lebensgroße Reiterfigur Eugens – eine Puppe in seiner Uniform auf seinem ausgestopften Pferd. Als die Uniform vor ein paar Jahren untersucht werden sollte, zerfiel sie in kleine Stücke. Dauerhafter hingegen ist der Prinz Eugen vor dem Turiner Rathaus: da reckt er zwischen zwei Säulen überlebensgroß den Marschallstab in die Höhe, ein jugendlicher Prinz, bewegt, in Feldadjustierung, die breite Schärpe, der Degen, so wie man eben aussieht, wenn man gerade eine Schlacht geschlagen hat. Darunter feiert ihn eine italienische Inschrift als den Befreier des belagerten Turin, ihn »den Führer der Heere, niemandem nachstehend. Zum Ruhme Italiens 1858«. Wo immer in Turin Eugens gedacht wird, vermeidet man jeden Hinweis auf seine Bindungen zu Österreich, auf seine Stellung als Oberkommandierender der kaiserlichen Armee. Doch was er für den Ruhm Italiens geleistet haben soll, das

ermöglichte den Habsburgern erst die Herrschaft über die Lombardei.
Der überstürzte Rückzug der Franzosen in die falsche Richtung kam für die Österreicher wie ein Geschenk. Niemand hielt Prinz Eugen auf dem Weg nach Mailand auf. Die spanische Besatzung zog sich ins Castello zurück. In der Stadt begrüßten kaiserlich gesinnte Adelige die Vorausabteilungen mit offenen Armen. Am 24. September überreichten die Stadtväter Prinz Eugen vor den Toren die Schlüssel, zwei Tage später feierte er einen triumphalen Einzug. Es sei »nicht genugsam zu beschreiben die große Freude, das Frohlocken und der Jubel, [den] sowohl der Adel, zuvorderst aber der gemeine Pöbel aller Orten, absonderlich in Mailand, als ich dem Tedeum laudamus beigewohnt, erwiesen hat und noch erweist, daß sie nunmehr durch Euer Kaiserlichen Majestät Waffen von der französischen Botmäßigkeit seien eliberiert [befreit] worden[143].« Von diesem Tag an bis 1859 blieb die Lombardei österreichisch. Das heißt, 1706 galt sie nominell noch als spanisch, und Eugen wurde von Karl III. mit dem einträglichen Amt des Generalgouverneurs des Stato di Milano betraut. Im geheimen gehörte die Lombardei jedoch zu Österreich und unterstand dem Kaiser. Im Frühjahr 1707 kapitulierten die letzten Franzosen in Oberitalien.
Eugen dankte Marlborough für dessen Anteil am Sieg »durch den Sukkurs, den Sie gegeben«, also für die materielle Unterstützung, und für die deutschen Truppen, die sich in Englands Sold vor Turin so hervorragend geschlagen hatten. Begeistert schrieb Marlborough an seine Frau: »Es ist mir unmöglich, der Freude Ausdruck zu geben, die mir zuteil wurde, denn ich schätze nicht nur, sondern ich liebe diesen Prinzen...[144]« In England wurde Eugen als großer Held gefeiert, und eine alte Dame vermachte ihm am Sterbebett 200 Pfund mit dem Bedauern, daß sie nicht über 200 000 verfügte, wie sie seiner würdig wären.
Ganz anders die Stimmung in Frankreich. König Ludwig XIV. mußte mehr noch als nach Höchstädt einsehen, daß seine Vormachtpolitik in Europa im wesentlichen gescheitert war. Mit militärischen Mitteln allein konnte er seinen politischen Willen nicht

mehr durchsetzen. Und seine Armeen hatten schon längst den Nimbus der Unbesiegbarkeit verloren. Sehr privat, als Mutter in Sorge um ihren Sohn, reagierte Liselotte von der Pfalz. »Ich bin recht in der Seelen betrübt…«, so beginnt sie ihren Schlachtenbericht vom 16. September. Sie sei sehr unglücklich, weil Marschall Marsin und die anderen Generäle ihren Sohn daran gehindert hätten, den Feind anzugreifen. »Also hat mein Sohn unglücklicherweise ihrem verfluchten Rat folgen müssen. Die Feinde haben die Verschanzung attakiert, wo Monsieur La Feuillade vergessen hatte, den Ort zu befestigen, weil er sich auf zwei Flüsse verlassen, so da fließen, hat aber nicht nachgedacht, daß das Wasser bei der Hitze trocknet. Die Feinde seind durchs Wasser kommen, seind also durchgebrochen und haben Turin entsetzt. Mein Sohn hat sich so lang gewehrt, als er gekonnt hat, und ist an zwei Orten verwundet; hat einen Musketenschuß in der Hüfte und einen am linken Arm zwischen dem Ellenbogen und der Faust. Sein Balbierer hat mir geschrieben und versichert, daß gar keine Gefahr dabei ist. Man sieht heute mehr als nie, daß, wenn man meinen Sohn hätte gewähren lassen, daß es besser wäre hergegangen…[145]«

Die Tristesse am französischen Hof, die Serie von Mißerfolgen, der erschütterte Glaube an die Unfehlbarkeit des Königs, ein Grollen im Volk, all das reichte nicht aus, Ludwig XIV. auf die Straße des Friedens zu führen. Noch weniger dachten die Sieger daran. Denn der Krieg erschien ihnen noch immer als das natürlichste Instrument zur Umverteilung der Macht und zur Regelung von Besitz- und Erbstreitigkeiten. Prinz Eugen mußte große Genugtuung darüber empfinden, die Stadt seiner Väter befreit zu haben. Bald nach dem Sieg wurden jedoch die ersten Risse zwischen ihm und seinem Vetter, dem Herzog von Savoyen, sichtbar. Denn Victor Amadeus II. hätte gerne die Lombardei mit Mailand oder zumindest Teile davon kassiert. Eugen stellte in einem Brief an den Kaiser jedoch klar, wem seine Loyalität gehörte. Nach einem ausführlichen Bericht über die Zwistigkeiten mit dem Savoyer, beteuerte er: »… und muß ich schließlich, ob ich schon von diesem Hause (Savoyen) bin, aus meiner zu Ihro kaiserl. Majestät tragenden alleruntertänigsten Pflicht und Schuldigkeit, Deroselben ganz frei heraussagen, daß wiederholter Herzog auf das hiesige Gouvernement (Mailand) seinen Antrag macht und selbiges gerne haben möchte...« Eugen fühlte sich seinem Haus zwar zugehörig, profitierte auch davon und respektierte den Herzog als Chef der Familie, niemand sollte jedoch daran zweifeln, daß er in bedingungsloser Treue einzig dem Hause Habsburg und dessen Interessen diente.

XII

»... Euer Kaiserlichen Majestät ewig verpflichtet...«

Des Reiches Feldmarschall

»Als wir den steilen Pfad erklommen, der sich die Hänge hinaufwand, sah ich zum erstenmal die Abtei... Es war ein achteckiger Bau, der aus der Ferne zunächst wie ein Viereck aussah (die höchstvollendete Form, Ausdruck der Beständigkeit und Uneinnehmbarkeit der Stadt Gottes). Seine Südflanke ragte hoch über das Plateau der Abtei, während die Nordmauern unmittelbar aus dem Berghang zu wachsen schienen gleich schräg im Fels verwurzelten Bäumen. Von unten gesehen schien es geradezu, als verlängerte sich der Felsen zum Himmel, um in einer gewissen Höhe, ohne sichtbaren Wandel in Färbung und Stoff, zum mächtigen Turm zu werden – ein Werk von Riesenhand, geschaffen in größter Vertrautheit mit Himmel und Erde...[146]«
Millionen Leser in aller Welt versuchen sich diese Mönchsburg vorzustellen, so wie sie Umberto Eco in seinem Bestseller »Der Name der Rose« beschreibt. Die Architektur und die Anlage der Gebäude sind seiner Phantasie entsprungen. Etwa 25 Kilometer nördlich von Turin im Tale von Susa auf dem Weg zum Mont Cenis glaubt man jedoch, Ecos unheimliches Reich zu betreten – da drohen die Mauern von San Michele della Chiusa vom Gipfel des 1000 Meter hohen Pirchiriano, nach Westen ein Plateau umschließend, nach Osten eins mit dem Steilabfall der Felsen, auf den Berg geklebt wie ein tibetanisches Kloster, scheinbar uneinnehmbar, abweisend, besitzergreifend, kalt und düster, ein Haufen Stein aufgetürmt von Macht und Frömmigkeit, von Askese und Herrschsucht, ein Sperrfort unterm Kreuz, ein Klotz, ein Block,

der allen, die über die Alpen nach Süden streben, den Weg in die Ebenen Italiens mit brutaler Gewalt verlegt. San Michele ist eine jener mittelalterlichen Abteien, von denen sich Umberto Eco inspirieren ließ. San Michele ist aber auch eine der beiden piemontesischen Abteien, aus denen Prinz Eugen 48 Jahre lang, von 1688 bis zu seinem Tode, nicht zu unterschätzende Einkünfte bezog.
Diese Abteien waren auch einer der Gründe dafür, daß er nie geheiratet hat. Denn seine Position als nomineller Abt forderte den Zölibat. Seine Beziehungen zu San Michele und zu Santa Maria di Casanova, südwestlich von Turin, blieben jedoch rein materieller Natur. Ein Generalvikar nahm die geistlichen Funktionen wahr. In San Michele lebten schon längst keine Benediktiner mehr. Seit dem 15. Jahrhundert setzte das Haus Savoyen säkuläre Äbte ein, sogenannte »Commendatari«, Pfründner, sehr of Angehörige des Herzogshauses, manchmal Bischöfe oder Laien-Kardinäle. Der Konvent schrumpfte zusammen. Im 17. Jahrhundert betreuten lediglich ein oder zwei Weltpriester die Kirche. Nach dem Tode Anton von Savoyens, eines Sohnes Karl Emanuels I. – er hatte die Pfründe 56 Jahre lang inne –, kam Eugen in den Genuß dieses Besitzes. Die Einkünfte flossen aus 176 Höfen und zahlreichen Kirchen. San Michele und Santa Maria die Casanova brachten Eugen rund 150 000 Gulden im Jahr.
1706 hatte San Michele jedoch unter den Franzosen stark gelitten. Ein Teil der Klosterbauten ist seit damals Ruine. Die Wucht des Baues, die Fabelwesen auf den Kapitellen, die Sternkreiszeichen, Teufelsfratzen, Mönchsgesichter – geheime Botschaften für Kundige und mystische Bilderrätsel entspringen der von Dämonen, Engeln und anderen Geistern bewohnten Gedankenwelt des Mittelalters. Von der offenen Galerie in schwindelnder Höhe blickt man an schönen Tagen bis zur Ligurischen See. Die Mönche stiegen hier jeden Morgen hinauf und begrüßten die aufgehende Sonne mit den Psalmen und Hymnen der Laudes, des liturgischen Morgengebetes. Ein Besuch des Prinzen in seinen Abteien ist nicht bezeugt. Aber einige Korrespondenzen über wirtschaftliche und personelle Angelegenheiten mit seinen Vertrauensleuten in Turin sind erhalten. Die Savoyer-Sarkophage, die in den Seiten-

schiffen und im hinteren Chor der Kirche wie vergessene Steintruhen herumstehen, wurden erst im 19. Jahrhundert hierhergeschafft. Eugens als 14jähriger verstorbener Bruder Emanuel liegt hier, die beiden Brüder seines Vaters, der stumme Emanuel Philibert und Joseph Emanuel, und sein Vetter Thomas Philibert. Die meisten anderen engeren Familienmitglieder Eugens ruhen in der Gruft von Superga.

Mit den Schönheitsidealen des Prinzen hat dieser Zyklopenbau wenig gemein. Für einen Barockmenschen waren diese Hallen und Gänge, die abgetretenen Stiegen, die Steinplatten auf den Dächern nur altes barbarisches Gemäuer, den modernen Besucher hingegen überlaufen Schauer der Ehrfurcht vor dieser Klosterfestung an einer der wichtigsten Heerstraßen der Geschichte. Pompejus und Caesar führte ihr Weg nach Frankreich hier vorbei, die Goten und die Langobarden waren die nächsten; Karl der Große führte sein Frankenheer über die Berghänge, um die Sperren im Tal zu umgehen und den Langobardenkönig Desiderius vernichtend zu schlagen. Die Sarazenen waren da, deutsche Kaiser, die nach Rom zogen, dann immer wieder die Franzosen, die Spanier. Oft und oft haben Soldaten die Mönche verdrängt und die Abtei verwüstet, bis sie schließlich einem Feldherrn die Rente lieferte[147]. Sein Name ist in der Liste der Pfründner klein gedruckt, einer von vielen, die nur profitieren wollten. Heute gehört die Abtei dem Staat, und drei Rosminiani-Patres pflegen die Kirche und verkaufen Andenken an die Pilger, die die steilen Stufen heraufkeuchen, immer höher, fast bis in den Himmel, um vom Erzengel Michael Kindersegen zu erflehen. Hat er ihr Gebet erhört, breiten sie dankbar Votivgeschenke auf seinen Altar, mit einem blauen oder einem rosa Band umwunden, je nachdem ob ihnen ein Bub oder ein Mädchen geboren worden ist.

Als der Herzog von Savoyen Eugen die beiden Abteien verschaffte, befreite er ihn damit von der ärgsten finanziellen Bedrängnis. 18 Jahre danach ist er einer der ersten Herren Europas. Mit 43 Jahren hat er fast alles, wovon er jemals träumte, erreicht. Auch Geldsorgen quälen ihn nicht mehr. Er hat sein Regiment, er bezieht seine Gage als kaiserlicher Oberkommandierender und als Präsident des Hofkriegsrates, das Amt des Generalgouverneurs von Mailand ist mit 150 000 Gulden im Jahr dotiert. Der Kaiser hat Eugen einen diamantenbesetzten Degen geschenkt.

In diesem Jahr 1707 trat an Eugen sogar die Versuchung in Form einer Königskrone heran. Peter der Große brachte die Idee auf, Polens umstrittene Krone Prinz Eugen anzubieten. Als ihn der Kaiser davon wissen ließ, bedankte sich Eugen mit einem gewundenen Treuebekenntnis zu Habsburg, in einer barocken Suada, kompliziert verschachtelt wie das kunstvolle Netzwerk einer Bachschen Quadrupelfuge, ein Satzungetüm, das Professoren zu Analysen anregen und im neueren Deutsch höchstens bei Thomas Mann Nachahmung finden könnte: »Soviel die polnische Krone anbelangt, sage Euer Kaiserlichen Majestät den alleruntertänigsten Dank, daß Sie sich würdigen wollen, mich diesfalls mit Dero eigenhändigen allergnädigsten Zeilen zu begnaden. Ich aber habe meinerseits nichts Anderes getan, als zu was mich meine Schuldigkeit, mit welcher Euer Kaiserlichen Majestät ewig verpflichtet lebe, angehalten hat, als welche erfordern will, wegen der von Dero glorwürdigsten in Gott seligst ruhenden Herrn Vaters als Euer Kaiserlichen Majestät selbst empfangenen so vielfältigen allerhöchsten Gnaden lieber alles in der Welt zu verlassen, als das Geringste ohne Dero allergnädigsten Vorwissen oder wider Dero Dienste zu unternemen, maßen mir durch etliche und zwanzig Jahre, als ich die Allerhöchste Gnade genieße, in Euer Kaiserlichen Majestät Diensten zu stehen, dergleichen zu tun niemals habe einfallen, noch viel weniger durch eine eitle Ambition hierzu werde verleiten lassen, Euer Kaiserliche Majestät in aller Untertänigkeit bittend, sie geruhen allergnädigst diesfalls auf mich weiter nicht die geringste Konsideration zu haben, sondern auf dasjenige allergnädigst zu gedenken, was Sie für Dero selbsteigene Konvenienz erachten, daher durch Dero geheimen Rat und königlich böhmischen Kanzler Grafen von Wratislaw in dieser Sache nach Dero allergnädigsten Willen und Belieben tun und walten zu lassen[148].« Die Essenz dieses Sprachpomps und dieser Wortkaskade? Er selber habe keine Ambition, der Kaiser könne über ihn verfügen. Und er sollte vor allem nie auf den Gedanken verfallen,

daß der verführerische Glanz einer Krone ihn blenden würde wie so viele andere Fürsten jener Zeit. Eugen ahnte die negative Einstellung Josephs zu dem Projekt. An der Antwort hat der Prinz sicher einen seiner Sekretäre feilen lassen, denn seinem Stil entsprach sie nicht, wohl aber seiner Haltung gegenüber dem Kaiser.
Eine andere Stellung hat er bereits Anfang des Jahres mit Freuden angenommen – die des Reichsfeldmarschalls. Nach dem Tod seines Vetters Ludwig Wilhelm von Baden am 4. Jänner 1707 in Rastatt kam für die Stelle des obersten Befehlshabers der Reichstruppen niemand anderer in Frage. Das Amt war zweifach nach dem konfessionellen Proporz besetzt – Markgraf Christian Ernst von Brandenburg-Bayreuth diente als protestantischer Feldmarschall des Reiches. Sein militärisches Ansehen war eher gering. Eugen sollte nun neben ihm die katholische Feldmarschallsposition einnehmen. Der sonst so schwerfällige Regensburger Reichstag entschied sich schon am 21. Februar einstimmig für den Savoyer – und Eugen, der französische Italiener, diente nun als oberster Feldherr des Heiligen Römischen Reiches Deutscher Nation. Hermann Göring schmückte sich zwei Jahrhunderte später mit dem davon abgeleiteten Phantasietitel Reichsmarschall. Und großdeutsche Historiker versuchten Eugen als den Verfechter des Reichsgedankens hinzustellen. Sehr oft stimmten die Ziele seines Kaisers mit denen des Reiches überein. Sobald Eugen jedoch zwischen der Hausmachtpolitik der Habsburger und den Interessen des Reiches zu wählen hatte, entschied er sich für Habsburg. Immerhin wurde Eugen auch von der Historikergeneration nach 1945 unter die »großen Deutschen« gereiht[149].
Mit dem Markgrafen von Baden hatte der Prinz seinen älteren Vetter und großen Gönner nach seiner Flucht aus Frankreich verloren. Zwischen den beiden war jedoch schon seit längerer Zeit eine gewisse Entfremdung eingetreten. Der alternde Feldherr mußte erleben, wie sein Ruhm als »Türkenlouis« neben den Siegen Eugens verblaßte. Als Ludwig Wilhelm 1704 kurz vor Höchstädt vorgeworfen wurde, mit dem bayerischen Kurfürsten zu paktieren, stellte sich Eugen vor ihn. Aber er empfand den Markgrafen als eine Belastung und klagte mehrmals über seine man-

Am Höhepunkt der Macht – Prinz Eugen von Savoyen, Gemälde von Jakob van Schuppen.

Die Mutter – Olympia Mancini.

Der König – Ludwig XIV.

Sein erster Sieg – Der Gedenkstein auf dem Schlachtfeld von Zenta.

Der Dank des Kaisers – Nach dem Sieg von Zenta erhielt Prinz Eugen die Herrschaft Belje bei Esseg. Im Emblem des Agrar-Großbetriebes, der heute einen Teil des Besitzes verwaltet, steht noch die Jahreszahl der Schlacht: 1697.

Hildebrandts erste Arbeit für Eugen – Der junge Architekt baute für den Prinzen das Schloß Ráckeve auf der Donauinsel Csepel. Unten: Eugens Wappen im Giebel.

Der junge und der alte Kaiser – Joseph I. und sein Vater Leopold I.

Das Unmögliche möglich machen – Prinz Eugens Alpenübergang im Jahr 1701.

Die beiden Vettern – Ludwig Wilhelm von Baden, der »Türkenlouis«, und Max Emanuel von Bayern, der »blaue Kurfürst«.

Im Spanischen Erbfolgekrieg – Die Schlacht von Höchstädt und Blindheim 1704.

Eugens Gegner – Louis Joseph Herzog von Vendôme und Louis Hector Herzog von Villars.

Ein Sieg fast wie eine Niederlage – Die Schlacht von Malplaquet 1709.

Der Freund und Mitstreiter – John Churchill Herzog von Marlborough.

Eugens »dritter« Kaiser – Karl VI.

Eugens politischer Verbündeter – Wenzel Graf Wratislaw.

Die Feldherren als Friedensmacher – Prinz Eugen und der Herzog von Villars 1714 in Rastatt.

Der edle Ritter – Prinz Eugen, Gemälde von Johannes Kupezky.

Das Stadtpalais – In der Wiener Himmelpfortgasse.

Eugens Handschrift – Sein Namenszug französisch.

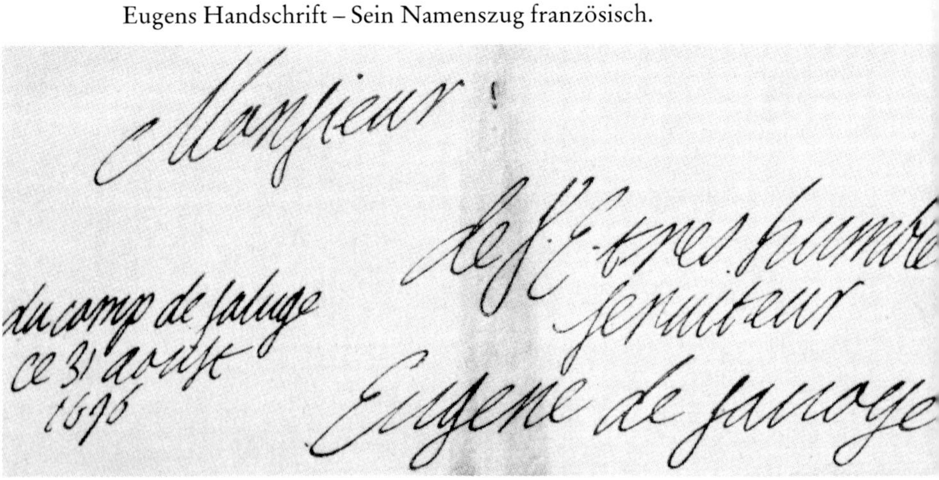

Freund und Feind – Alexander Graf Bonneval als Achmet Pascha in türkischen Diensten.

Chronistin der Zeit und der Gesellschaft – Liselotte von der Pfalz.

Kriegsrat im Belvedere – Prinz Eugen mit seinen Mitarbeitern.

Bollwerk an der Dona
– Die Festung Pete
wardein.

Das »schöne Kappl«
Geschenk des Papst
nach dem Sieg von P
terwardein 1716.

Eugens riskanteste Schlacht – Der Sieg vor Belgrad 1717.

Wiens größter Bauherr – Das Obere Belvedere.

Eugens Menagerie – Der legendäre Löwe.

Im Alter – Prinz Eugen als Ritter vom Goldenen Vlies.

Die Gefährtin der letzten Jahre – Eleonore Gräfin Batthyány.

Folgende Seite: Eugens Verklärung – Die Apotheose des Prinzen von Balthasar Permoser, heute im Unteren Belvedere.

EVGENIVS
SABAVD. ET PEDEMONT.
PRINCEPS
CAROLI VI AVG.
EXERCITVVM
DVX INVICTISSIMVS.

gelnde Entschlußkraft bei der Führung des Reichsheeres im Westen.
Eugen mußte auch andere Freunde von früher entbehren: Die lothringischen Prinzen Commercy und Vaudemont waren tot. Der Riß zwischen ihm und dem zweitbesten österreichischen General, Guido von Starhemberg, ließ sich nicht mehr kitten. Nach einem Bericht des venezianischen Botschafters soll sich Starhemberg über einen Brief des neuen Hofkriegsratspräsidenten geärgert und diesen danach beim Kaiser verleumdet haben. Eugen erfuhr davon und verkehrte fortan mit dem einstigen Kameraden nur noch dienstlich[150]. Und Starhemberg entwickelte sich zu einem seiner schärfsten Kritiker. Nur mit Bitterkeit nahm er die Lobeshymnen über den Gewaltmarsch nach Turin zur Kenntnis – zwei Jahre zuvor hatte Starhemberg mit einer viel schlechteren Armee eine ähnliche Leistung vollbracht, als er dem eben von Frankreich abgefallenen Herzog von Savoyen zu Hilfe eilte. Nur war damals nicht soviel davon geredet worden.
Trotz seines bescheidenen Auftretens hatte Eugen einen Sinn für Propaganda; stets war er darauf bedacht, daß seine Stellung und seine Taten im richtigen Licht gesehen würden. Seine Eitelkeit verbarg sich hinter der Fassade vornehmer Gelassenheit. So mancher Diplomat oder Offizier, der mit ihm zu tun hatte und ihn näher kennenlernte, spricht von der großen Kälte, die von diesem Südländer ausging. Eisig, undurchdringlich, unbeugsam, absolut auf sein Ziel fixiert, immer beherrscht und kontrolliert, so blickt uns Eugen auch aus einem ovalen Porträt eines unbekannten Meisters über der Tür des Schlachtenbildersaales in seinem Stadtpalais an.
Diese Härte hinter dem Image des perfekten Edelmannes schlug manchmal in Brutalität um, wenn er eine solche Haltung oder Handlung um der Sache willen für notwendig hielt. Er verurteilte die grausame Kriegführung General Heisters in Ungarn nicht so sehr, weil ihm die Bevölkerung leid tat – solche Gefühle leisteten sich die Großen in der Barockzeit nur selten –, nein, er war der Meinung, daß dadurch mehr Schaden entstünde als Nutzen. Eugen stimmte des öfteren dem systematischen Sengen und Brennen

in feindlichen Gebieten zu, um eine Abschreckungswirkung zu erzielen. Solche Aktionen waren die Vorbilder für die Terrorangriffe aus der Luft im Zweiten Weltkrieg.

Mit eiserner Faust reagierte er auf jede Insubordination und jede Rebellion. Das mußten die Bayern erfahren, als sich die Bauern gegen das Besatzungsregime der Österreicher erhoben. 1705/06 forderte Prinz Eugen von dem Land hohe Steuern und Soldaten für den Italienkrieg. Weil die Bauernburschen sich nicht anwerben ließen, schritten die Österreicher zur Zwangsrekrutierung. Das Geld und andere Kontributionen wurden mit Gewalt eingetrieben – bis im ganzen Land Unruhen aufflammten. Als am 25. Dezember 1705 vor den Toren Münchens, in der grausigen »Sendlinger Mordweihnacht«, ein Bauernheer, das schon kapituliert hatte, von den kaiserlichen Soldaten niedergemetzelt wurde – man zählte mindestens 1100 Tote –, deckte der Prinz diese Greuelpolitik mit seinem Namen. Man müsse »gegen diese Rebellanten weiter mit dergleichen Rigor verfahren«, schrieb er in seiner Eigenschaft als Hofkriegsratspräsident aus Italien nach Wien, »und gegen sie ein- für allemal keine Barmherzigkeit haben, indem ich meinesorts finde, daß dieses Gesindel einesteils eines Glimpfs oder Gnade nicht wert sei, andernteils aber je größeren Ernst, daß es sieht, umso eher würde gestillt werden...[151]«

Die Tiroler Bauern, die gegen Max Emanuel kämpften, waren ihm recht, seine Agenten schürten Aufstandsbewegungen gegen Ludwig XIV. Den Bayern, die um ihr Recht kämpften, trat er jedoch mit derselben Gnadenlosigkeit entgegen wie der Adel den Aufrührern in den Bauernkriegen.

Die Bayern gaben klein bei, die Ungarn hingegen ließen sich durch ein oder mehrere Massaker nicht entmutigen. Und in Ungarn weitete sich der Krieg sogar noch aus und kostete Kraft und Truppen. In Italien wurde Eugen am 16. April 1707 feierlich als Gouverneur des Stato di Milano installiert – in einer sechsspännigen Prunkkarosse fuhr er zum Dom, die Straßen waren mit Teppichen belegt, das Volk jubelte ihm zu. Neben der Lombardei war auch Mantua an Österreich gefallen. Und Kaiser Joseph plante bereits den nächsten Schritt zur Befestigung seiner Herrschaft in Ita-

lien. Trotz der Proteste Englands und Hollands wurde eine 10 000-Mann-Armee unter Feldzeugmeister Graf Daun, dem Verteidiger Turins, in Richtung Neapel entsandt, diese spanische Besitzung sollte nach außen hin für Karl III. erobert werden – in Wirklichkeit für Joseph. Die Expedition gelang. Neapel blieb bis 1735 österreichisch. Die Seemächte hätten lieber stärkere Aktivitäten in den Niederlanden oder gegen Frankreich gesehen. Sie drängten Eugen zu einem Feldzug, der ihm widerstrebte und den er ohne große Siegeshoffnungen begann: den Marsch auf Toulon.
Die Idee stammte von Marlborough. Der Herzog war im Frühjahr im Namen der Allianz wieder als Reisediplomat unterwegs. Diesmal mußte er nicht Geld und Soldaten beschaffen, sondern einen Krieg verhindern. Als ob in Europa nicht ein Überfluß an Kriegsschauplätzen geherrscht hätte, wurde auch im Norden gekämpft. Karl XII., der jugendliche schwedische König, fegte mit seiner Armee wie ein Wirbelwind durch die Lande, nahm dem Zaren Peter einiges von seiner Größe und dem sächsischen Kurfürsten August einiges von seiner Stärke – und nebenbei noch die polnische Krone. Nach einer Siegesserie stand der Schwede mitten in Sachsen. In Wien befürchtete man einen Vorstoß ins österreichische Schlesien. Denn dort klagten die Protestanten über die Intoleranz der kaiserlichen Behörden. Karl drohte, ihnen mit seinen Soldaten zur Glaubensfreiheit zu verhelfen. Marlborough ließ sich nach Altranstädt bei Leipzig kutschieren, in das Lager Karls. Dort bewies er einmal mehr, daß seine diplomatischen Fähigkeiten seinen Feldherrnqualitäten um nichts nachstanden. Er hielt dem König die Hugenotten-Austreibung durch Ludwig XIV. vor Augen. Durch einen Angriff auf Österreich würde er nur dem Erzfeind des Protestantismus nützen. Im Namen des Kaisers aber garantierte Marlborough eine Besserung der rechtlichen Stellung der Nichtkatholiken in Schlesien. Karl hörte auf den Briten und wandte sich noch einmal gegen Rußland. Bei Poltawa, zwei Jahre später, wurde die Armee des Schwedenkönigs von der überlegenen Artillerie der Russen zusammengeschossen.
Nachdem Marlborough die schwedische Gefahr beseitigt hatte, konnte er Gegenleistungen fordern. Ihm schwebte eine Zangen-

operation vor, um den Krieg endgültig zu beenden. Er würde in Flandern gegen Lille, Mons und Tournai vorstoßen, während Eugen, unterstützt durch die britische Mittelmeerflotte, von Piemont durch die Provence die Küste erreichen und Frankreichs wichtigsten Mittelmeerstützpunkt Toulon nehmen sollte. Den nominellen Oberbefehl im Süden erhielt der Herzog von Savoyen. Das Unternehmen stand von Anfang an unter keinem günstigen Stern. Der Aufbruch verzögerte sich. Zuerst kränkelte der Herzog. Auch waren die Pässe noch verschneit, und die Belagerungsmaschinerie wurde nicht rechtzeitig herbeigeschafft. Als die 35 000 Mann Anfang Juli von Piemont aus in Frankreich einmarschierten, war wertvolle Zeit verloren. Ebenso hatte die englische Flotte Verspätung. So fanden die Franzosen Gelegenheit, die relativ schwache Besatzung von Toulon noch durch die Armee Marschall Tessés zu verstärken. Hitze, Trockenheit, eine feindselige Bevölkerung, eine wenig disziplinierte, zu Gewalttaten und Plünderungen neigende Truppe setzten das Marschtempo herab. Eugen hatte ständig Zank mit seinem Vetter und war in seiner Entschlußfähigkeit und Urteilskraft durch seine inneren Zweifel an der Operation gehemmt. An Bord des englischen Flaggschiffes wurde am 12. Juli vor Nizza der große Kriegsrat mit dem britischen Admiral Sir Cloudesley Shovell abgehalten. Mißtrauisch betrat der Prinz die schwankenden Planken dieses ungewohnten Milieus. Nur der unbändige Optimismus des alle Schwierigkeiten beiseite wischenden Admirals stimmte ihn etwas zuversichtlicher. Bei der Ankunft der Alliierten in Toulon war die Festung mit allem wohlversehen und verteidigungsbereit. »Es ist die schwierigste Operation meines Lebens«, klagte Eugen Wratislaw. Dem Kaiser schrieb er: »Ich muß Euer Kaiserlichen Majestät ein für allemal allergehorsamst wiederholen, daß die Belagerung Toulons eine unmögliche Sache sei...« Heftig kritisierte er die englische Admiralität. Sie verstünde »den Krieg zu Land nicht«, beharre jedoch auf ihrem Standpunkt »um der Belagerung Toulons willen alles auf Glück und Unglück aufzustellen, ungeachtet, (daß) die pure Unmöglichkeit dessen klar vor Augen liegt.« Der Admiral sei »ein junger Mensch und im Kriegswesen nicht erfahren[152]«.

Die Soldaten der Belagerungsarmee litten unter Ruhr, weil sie verseuchtes Wasser getrunken und dazu Weintrauben, Oliven und Obst aus den umliegenden Gärten gegessen hatten. Der Generalität fehlte es jedoch an nichts, wie aus den Memoiren eines Offiziers hervorgeht. Marschall Tessé schickte täglich »vier Ladungen Eis für die Generäle des Feindes« in Eugens Lager[153]. Das entsprach den Höflichkeitsformen in der internationalen Generalskaste und den – von Eugen kaum geteilten – Luxusansprüchen der hohen Herren. So kritisierte etwa Saint-Simon die Lebensweise der französischen Offiziere selbst in so schlechten Kriegsperioden. »Bei Märschen und Streifzügen war nur noch von Essenspausen die Rede, und die Lebensmittel, die man während der Belagerung (von Turin) in die Laufgräben brachte, waren nicht nur überreichlich, sondern die Früchte und das Eis gaben den Mahlzeiten den Anschein von Festgelagen, dazu flossen Getränke und Liköre in reichen Mengen; um die notwendigen Dinge herbeizuschaffen, war man gezwungen, Dienerschaften und Mannschaften, die ihrerseits häufig darbten, zu vervierfachen. Schließlich traf der König eine Anordnung, die den Generalleutnanten verbot, mehr als vierzig, dem Obersten mehr als dreißig und den Hauptleuten mehr als fünfundzwanzig Pferde zu haben...[154]« Erinnert man sich an Eugens Klagelieder über die Not in der kaiserlichen Armee, so klingt dieser Bericht wie ein Märchen aus dem Paradies. Der Kampfkraft der Franzosen hat dieser Hang zum Wohlleben kaum genützt.

Alle Siegesaussichten der Alliierten zerschmolzen jedoch wie Eis in der Sonne. Die Flotte war nicht imstande, die Befestigungen von See her zu gefährden, und auf der Landseite kam man nicht vorwärts. »Die Belagerung Toulons ist von Tag zu Tag unmöglicher wegen der Stärke des Feindes und der Position und Stärke seiner Artillerie«, berichtete Eugen Marlborough und brach am 22. August das Unternehmen ab[155]. Lange Zeit wurde noch über die Schuld an dem Fiasko gestritten. Eugen wollte sich die Niederlage nicht gerne eingestehen, er machte den Herzog von Savoyen verantwortlich und ärgerte sich über die Engländer – die wiederum warfen den Österreichern Halbherzigkeit und man-

gelnden Willen vor. Trotzdem blieb das Toulon-Abenteuer nicht völlig nutzlos. Um ein Eindringen der Engländer in den Hafen zu verhindern, mußten die Franzosen ihre gesamte Kriegsflotte – an die 50 Linienschiffe – versenken. Englands Herrschaft über das Mittelmeer war seitdem unbestritten. Außerdem hatten die Franzosen Truppen vom Rhein und aus Spanien abgezogen. Dort mußte das zuerst von den Alliierten eroberte Madrid jedoch wieder aufgegeben werden, und Karls II. Territorium blieb auf Barcelona und Katalonien beschränkt. Marlborough erreichte in den Niederlanden ebenfalls keine wesentlichen Erfolge.
Im Nachspiel zu dem unbefriedigenden Frankreichfeldzug marschierte Eugen zur Grenzfestung Susa, 60 Kilometer nördlich von Turin, und eroberte diesen letzten Stützpunkt der Franzosen auf italienischem Boden. Der Weg dahin führte ihn am Fuß des Monte Pirchiriano vorbei, von dessen Gipfel ihn das Mauergebirge seiner Abtei San Michele grüßte. Er sah sie zum letztenmal. Vor dem italienischen Kriegstheater war der Vorhang gefallen, die Szene wechselt in die blutgetränkten Ebenen Flanderns.

XIII

»... so ging uns ein besseres Licht auf«

Krieg in Flandern: Oudenaarde und Lille

Die goldenen Doppeladler blitzen von den Türmchen des Rathauses – habsburgische Herrschaftssymbole auf einem Wahrzeichen flandrischer Bürgerpracht und Kaufmannsstolzes. Als die Österreicher durch die Revolution aus Belgien vertrieben wurden, verschwanden auch die Doppeladler. Jetzt, bei der letzten Renovierung, erinnerte man sich ihrer. Die Bürger von Oudenaarde leisten sich ihre Geschichte wieder und halten vor allem die Jahre unter Maria Theresia in gutem Angedenken. Ihnen ist es zwar lieber, wenn der Name ihrer Stadt wegen der Teppichmanufaktur im Lexikon steht oder als Geburtsort des deftigen Bauernmalers Adriaan Brouwers oder der unehelichen Tochter Karls V. mit der schönen Johanna van der Gheenst aus dem Dorf Nukerke. Als Margarethe von Parma und Statthalterin der Spanischen Niederlande ging sie in die Geschichte ein. Aber am bekanntesten ist Oudenaarde doch durch die Schlacht geworden, die Marlborough und Prinz Eugen 1708 hier geschlagen haben.
Die Stadt wurde davon nicht direkt berührt. Sie war nur Etappe, Zuflucht für die Verwundeten, Leidtragende der drückenden Präsenz von 160 000 Soldaten vieler Nationen auf engem Raum, im Sommer, zur Erntezeit, vielleicht stand das Getreide noch auf den Feldern. Nach dem Getöse werden die Bürger wohl Totengräber gespielt haben. Denn in Oudenaarde übten die Großen bereits die Materialschlachten der Zukunft – nur: das Material war von Fleisch und Blut und hieß Mensch. So etwas verdrängt man lieber. Belagerungen, Eroberungen und Schlachten hat die Stadt in ihrer

Historie zu viele erlebt und darüber noch nicht ihr schmuckes Gesicht verloren. Wie überall in Flandern kann man sich die Kriege wie von den Regalen eines Supermarktes aussuchen – Devolutions-, Sukzessions- und Revolutionskriege, und die beiden Weltkriege. Als Ludwig XIV. 1667, noch jung und als Schlachtenlenker persönlich dabei, die Spanischen Niederlande einsteckte, spendierte er in seiner Freude darüber den Oudenaardern den Königsbrunnen vor dem Rathaus. Ein amerikanisches Kriegerdenkmal, ein Denkmal für die Toten beider Weltkriege, für die verschleppten Zivilarbeiter – und eines für das belgische Freikorps, das sich 1864 in Oudenaarde versammelt hat, um Franz Josephs Bruder, Kaiser Maximilian von Mexiko, zu Hilfe zu kommen: so viele traurige Erinnerungsstätten, nur die große Schlacht, die fehlt, die wird wohl bewußt vergessen. Denn wie die meisten Kriege in Flandern war auch dieser ein Krieg fremder Herren, der die Leute hier nichts anging und ihnen nur Not und Leid brachte.
Auch für Marlborough und Prinz Eugen war Oudenaarde kein fixes Ziel. Der Zufall der Truppenbewegungen hat diese Schlacht ergeben. Als das Jahr 1708 anbrach, wußte Eugen noch nicht, wo er in der »Saison« sein Handwerk ausüben würde. In der Schlangengrube Wiener Intrigen kochte Fürst Salm eine giftige Suppe, um den Prinzen loszuwerden. Eugen sollte Josephs Bruder Karl in Spanien beistehen. Der habsburgische Gegenkönig war von dem Plan verständlicherweise begeistert. Auch in England versprach sich so mancher Politiker große Vorteile davon. Salm wollte den Prinzen vor allem möglichst weit weg von Wien haben. Seine Abwesenheit sollte dazu genutzt werden, ihn als Hofkriegsratspräsidenten abzusetzen und diese Stelle Guido von Starhemberg zu verleihen. Insgeheim hatte sich Eugen jedoch schon längst mit Marlborough verständigt, die Entscheidungsschlacht in Flandern zu suchen.
Der Kaiser selbst hätte Eugen am liebsten überall gesehen, an seiner Seite in der Geheimen Konferenz, im Hofkriegsrat, in Ungarn, in Spanien, in den Niederlanden, am Rhein. Eine solche Allgegenwart ersehnte wohl auch der Prinz, wie sich aus einem Schreiben an den Kaiser herauslesen läßt: »Ich meinesorts wollte

wünschen, daß ich mich an allen Orten einfinden könnte, wo es Eurer Kaiserlichen Majestät allerhöchstes Interesse erheischt und ich vermögend wäre, Deroselben allenthalben mit Nutzen meine alleruntertänigsten Dienste leisten zu können[156].«

Aus Mailand in Wien eingetroffen, ging Eugen jedoch energisch daran, seine Position zu festigen. Mit Unterstützung durch Wratislaw gelang es ihm, Guido von Starhemberg nach Spanien zu senden. Entschlossen ordnete er die während seiner langen Abwesenheit etwas verschlampten Geschäfte seiner Behörde. Zufrieden nahm er den einzigen militärischen Titel, der ihm noch fehlte, vom Kaiser an – den eines kaiserlichen Generalleutnants, auch das ein Erbe des Türkenlouis. Angesichts eines von Machtkämpfen und Intrigen erschütterten Hofes und einer sich mehrenden Kritik am Lebenswandel des Kaisers rühmte ein ausländischer Diplomat Eugen als »sehr zurückhaltend, und sehr schweigsam«. Er mache »sicherlich die beste Figur, um ihn scharen sich die besten Leute[157]«.

Mehr und mehr wurde Eugen nach Marlboroughs Vorbild in die Rolle des Politikers gedrängt. Schon bei den Verhandlungen mit den Franzosen über die Räumung Italiens hatte er sich als Diplomat bewährt. Nun sollte er im Reich Patriotismus und Kriegslust der einzelnen Fürsten anstacheln und sie dazu bewegen, das Gesamtwohl über den Eigennutz zu stellen. Eugen profitierte bei seiner Postreise über Prag und Dresden, Leipzig und Berlin von seiner Prominenz. Jeder wollte ihn sehen, kennenlernen, sich an seiner Seite zeigen. Es galt vor allem, den ehrgeizigen Kurfürsten Georg Wilhelm von Hannover, den späteren englischen König Georg I., mit seinen Truppen in den nächsten Feldzug einzubauen. Der Prinz und der Kurfürst hatten von Anfang an miteinander Schwierigkeiten; und die schlugen in unversöhnliche Feindschaft um, als Georg merkte, daß ihn Eugen getäuscht hatte. Um nämlich die Franzosen über seine Absichten im unklaren zu lassen, entwarf Eugen mit dem Kurfürsten den Plan eines gemeinsamen Feldzuges an der Mosel. Dabei verschwieg er ihm, daß er selber mit einem Teil der Armee jedoch sofort nach Norden ziehen würde, um sich mit Marlborough zu vereinen.

All das wurde bei der ersten Begegnung der beiden Feldherrnfreunde seit Höchstädt in der holländischen Hauptstadt Den Haag im Detail besprochen. Die Freude, mit der der Herzog den Prinzen empfing, war ehrlich und echt. Winston Churchill, als Marlborough-Biograph Eugen gegenüber des öfteren kritisch eingestellt, beschreibt enthusiastisch die Magie dieser Verbindung zweier so völlig verschiedener Persönlichkeiten: »Sobald Eugen und Marlborough beisammen waren, hat ihre perfekte Kameradschaft und ihre Überlegenheit eine höhere Einheitlichkeit des Kommandos hergestellt, als dies jemals im Krieg der Fall war. Die ›Prinzen‹, wie sie unter den Verbündeten genannt wurden, haben alles untereinander geregelt. Keiner der beiden ließ es je zu, daß auch nur der leiseste Ton von Meinungsverschiedenheiten laut wurde. Sie waren offenbar immun gegen jede Art von Eifersüchteleien, gefeit gegen jede Art der Intrige oder sonstige Unheilstifterei, und im Felde jedenfalls waren sie praktisch unumschränkte Herren. Kriegsräte fanden oft statt, und viele Meinungen wurden gehört. Aber sobald die ›Prinzen‹ das letzte Wort gesprochen hatten, beugten sich alle ihrer Entscheidung[158].« Die normalen Komplikationen und Wirrungen solcher alliierter Kommandostäbe konnte Churchill aus eigener Erfahrung beurteilen.
In Den Haag lernte Prinz Eugen noch einen Mann kennen, wie ihm bis dahin keiner begegnet war, den Ratspensionär Anthonie Heinsius, der in dieser Republik der Kaufleute eine Art Regierungschef war. Gewohnt mit absolut herrschenden Fürsten zu verkehren, mußte er sich an diesen bürgerlichen Politiker, den Vertreter einer Oligarchie, erst gewöhnen. Schon sein Porträt deutet den Unterschied an – Heinsius trägt keine Perücke, sein langes Naturhaar ist in der Mitte gescheitelt, mit dem weißen eckigen Kragen gleicht er eher einem protestantischen Prediger als einem Staatsmann. Das politische System der Niederländer war schwerfällig und nicht nach dem Geschmack eines Feldherrn, der schnelle Entscheidung verlangt. Mit Heinsius fand Eugen jedoch sofort engen Kontakt. Max Braubach rühmt die Eigenschaften des um 22 Jahre älteren Holländers, die er mit dem Prinzen teilte: »... ein nüchternes kühles Denken, ein unpathetisches, auf Erfahrung

begründetes Handeln. Wenn er kein Genie war, wenn er es mitunter an Initiative fehlen ließ und sich in traditionellen Bahnen bewegte, so war er doch fähig und würdig, als dritte führende Persönlichkeit in der Allianz gegen die das europäische Gleichgewicht bedrohende Bourbonenmonarchie neben Eugen und Marlborough zu treten[159].« Drei Männer hatten sich gefunden, die Frankreich an den Rand des Abgrundes bringen sollten.

Eugen kehrte noch einmal nach Wien zurück, ging dann an die Mosel und zog schließlich sehr zum Ärger des Kurfürsten von Hannover seine Truppen von dort ab, um nach Norden zu marschieren. In Belgien hatten inzwischen die Franzosen die Initiative ergriffen und Brügge und Gent besetzt, bevor Marlborough soweit war, ihre Truppenbewegungen zu behindern. Wir erleben den Herzog nun in einer seiner schwächsten Stunden. Depressionen plagten ihn, die seelische Last erzeugte körperlichen Schmerz. Er klagte über einen dröhnenden Kopf, sein Herz schien nicht mehr mitzumachen, er hatte Fieberanfälle. Ungeduldig wartete er auf Eugen. Der hatte länger gebraucht, weil ihm die deutschen Fürsten nicht genügend Truppen stellten. Wegen der schlechten Nachrichten aus Belgien ritt Eugen mit einer Husarenabteilung seinen 15 000 Mann voraus. Die Stimmung im Hauptquartier des Herzogs charakterisierte ein preußischer General, Friedrich Wilhelm von Grumbkow: »Der Schlag, den uns der Feind versetzte, warf nicht nur alle unsere Pläne über den Haufen, sondern reichte aus, um dem Ruf und dem bisherigen Glück seiner Lordschaft des Herzogs nicht wiedergutzumachenden Schaden zuzufügen. Er fühlte das Mißgeschick so heftig, daß ich glaubte, er würde diesem Schmerz in den frühen Morgenstunden des vorgestrigen Tages erliegen, da er so davon ergriffen war, daß er befürchtete, daran zu ersticken[160].«

Eugen war entsetzt, als er dem bleichen, kranken Freund gegenüberstand. Sie umarmten einander, und Marlborough zeigte zum erstenmal wieder etwas Optimismus: »Ich bin nicht ohne Hoffnung, Eure Hoheit zu einem großen Sieg zu beglückwünschen; denn meine Truppen werden durch die Anwesenheit eines so verdienstvollen Feldherrn angespornt werden[161].« Wieder einmal sollte Eugen als psychologische Wunderwaffe wirken und den Soldaten ein neues Selbstgefühl vermitteln. Wenn der Prinz dabei ist, kann nichts mehr passieren – auch wenn seine Truppen noch in weiter Ferne waren. »Ganz Flandern war in Gefahr, verlorenzugehen, und in der Armee herrschte große Niedergeschlagenheit«, schrieb der preußische Kavalleriegeneral Natzmer. »So aber ging uns endlich durch Gottes gnädigem Schutz und unter Mithilfe des Prinzen Eugen, der zur guten Stunde mit seinem Eintreffen den Mut der Armee wieder aufrichtete und uns Trost brachte, ein besseres Licht auf[162].«

Das Licht ging auf an den Ufern der Schelde, südlich von Gent. Zwei gewaltige Armeen näherten sich einander, ohne noch auf eine Schlacht fixiert zu sein. 80 000 Mann auf französischer Seite, 80 000 unter Marlborough und Eugen. Doch welch ein Unterschied! Die Franzosen führte Marschall Vendôme, der wie kein anderer französischer General Eugen in Oberitalien in Bedrängnis gebracht hatte. Den eigentlichen Oberbefehl hatte jedoch der kaum 20jährige Enkel Ludwigs XIV., der Herzog von Burgund. Der verstand zwar wenig vom Krieg, war aber hochnäsig und verwöhnt, ärgerte sich über den rauhen Soldatenton des Marschalls und ließ sich von ihm wenig sagen. Auf der anderen Seite funktionierte wieder das perfekte Zusammenspiel zweier der begabtesten Heerführer ihrer Zeit; Marlborough teilte sofort die Befehlsgewalt mit Eugen. Und der trieb ihn an, die Begegnung mit dem Feind zu suchen.

Vendôme war oberhalb von Oudenaarde gemütlich über die Schelde gegangen und glaubte die Alliierten noch in sicherer Entfernung. Als er in der Nacht zum 11. Juli die erste Nachricht erhielt, daß Marlborough und Eugen den Fluß in seiner unmittelbaren Nähe überquerten, fluchte der Marschall: »Der Teufel muß sie hergebracht haben, ein solcher Mann ist doch unmöglich[163].«

Ein stilles Wasser ist dieser Fluß heute, ein paar Kähne treiben darauf, friedliches Grün an den Ufern, und die Dörfer nördlich der Stadt, wo die ersten Franzosen und Alliierten gefallen sind, wurden längst eingemeindet. Hier residiert jetzt der gehobene Mittelstand in soliden Eigenheimen. Nur die Kirche sieht noch so aus wie auf den Schlachtenbildern. Doch die Ebene, in der die Soldatenmassen aufeinanderprallten, die ist noch immer offen, weit und leer, noch immer als Schlachtfeld geeignet. Nur die Pappelreihen, als Windschutz gepflanzt, sind jüngere Jahrgänge. Die Viehweiden waren damals eher Getreidefelder. Und das Wässerchen, das sich durch die Felder schlängelt, nennen die Bauern Blutbach: ein Wiesenrinnsal, ein enger Einschnitt in den Boden mit weichen, abgerundeten Rändern. Der Bach, der vom Blut rot gefärbt war, ist eine stinkende Kloake.

Die alliierten Feldherren stellten die Franzosen zu einer Schlacht, die diese gar nicht wollten. Das Massenduell entwickelte sich aus der unmittelbaren Berührung der beiden Armeen, ohne daß vorher wie sonst üblich eine komplizierte Schlachtordnung aufgebaut wurde. Trotzdem begann das eigentliche Treffen erst am Nachmittag. Am rechten Flügel kommandierte Eugen preußische und englische Infanterie, Marlborough führte holländische, hannoveranische und dänische Regimenter. Ähnlich wie Eugen in Höchstädt sandte der Herzog nun ihm in einem Augenblick der Gefahr eine Kürassierbrigade zu Hilfe. Eine Kavallerieattacke des Preußen-Generals Natzmer und geglückte Umfassungsmanöver zwangen die Franzosen, sich nach drei Seiten zu verteidigen, Vendôme kämpfte zu Fuß mit der Picke in der Hand. Seine Armee wurde auf immer engeren Raum zusammengedrängt, bis der Einbruch der Nacht sie rettete. Im Dunkeln vermochte der Marschall einen wesentlichen Teil seiner Soldaten noch über die Schelde in Sicherheit zu bringen.

Die Abrechnung ist schwankend: 6000 Tote und Verwundete bei den Franzosen, 3000 bis 4000 Mann bei den Alliierten, eine hohe Zahl von Gefangenen. Die Angaben bewegen sich zwischen 7000 und 9000. Liselotte von der Pfalz mokierte sich drei Tage nach der Schlacht über die Zahlenspielerei der Propaganda, an der sich auch in späteren Jahrhunderten wenig geändert hat: »Man hat von 10 000 Toten und Gefangenen gesprochen, und heute ist die Zahl schon auf 20 000 gestiegen. Wenn das so weiter geht, wird es bald kein Heer mehr geben, aber vielleicht werden einige wieder auferstehen[164].«

Wie so oft hat Prinz Eugen eine Kriegslist angewandt. In der Nacht ließ er den französischen Zapfenstreich trommeln und hugenottische Offiziere die Namen der französischen Regimenter rufen. So liefen im allgemeinen Chaos viele Franzosen den Alliierten direkt in die Hände.
Das schwarze Schaf des blutigen Tages ist der Herzog von Burgund. Er stand mit seinen Truppen auf einem Hügel und griff nicht ein: »Ich kann nicht verstehen, wie sechzig Bataillone und 180 Schwadronen es fertigbringen konnten, uns bei unserem sechsstündigen Kampf in aller Ruhe zuzusehen, wie man sich eine Oper vom dritten Rang aus ansieht«, schimpfte Vendôme später[165].
Die Aussicht war bestens. Von dem Hügel über dem Dorf Mullen, einem Ausläufer der wallonischen Ardennen, hat man das Schlachtfeld vor sich. Jeder Zug dieses Schachspiels mit dem Tod muß von hier zu beobachten gewesen sein, ein Zinnsoldatendiorama, das sich bewegte. Was hat der Herzog als Zuschauer empfunden? Warum hat er seine Truppen nicht in die Ebene geworfen? Hätte sein Eingreifen vielleicht eine Wende gebracht? Waren es Eitelkeit, gekränkter Stolz oder bloß Feigheit, die ihn hinderten und hemmten? Die Geschichte bleibt die Antwort schuldig.
Dem Andenken an einen gefallenen französischen Hauptmann galt bis vor wenigen Jahren ein schlichter Bildstock, die sogenannte Kapitänskapelle. Beim Bau der Umfahrung von Oudenaarde wurde sie abgerissen. Die Jahreszahl 1708 ist auf einen Hof auf dem Kraneveld bei Marollebeek, dem Blutbach, geschrieben. Das ebenerdige Gehöft hat die Schlacht überdauert. Ein paar Schafe weiden dort, Landmaschinen verrosten vor einem windschiefen Schuppen. Ein Mann schaut aus dem Fenster. Vorsichtig öffnet er. Ja, der Hof sei damals schon gestanden. Er weiß keine Geschichten von dem großen Treffen, er brabbelt von einer anderen Schlacht, von der Schlacht der Bauern mit den Multinationalen; das Schicksal des Abendlandes hänge davon ab; schließlich erzählt er noch, daß der Sohn der Herrschaft, zu der dieser Hof einmal gehörte, einen Mordanschlag auf Leopold I. von Belgien unternommen hat. Über den Prinzen Eugen hat er genausowenig zu sa-

gen wie das Mädchen im Tourist Office im Oudenaarder Rathaus. »Welche Schlacht?« fragt die junge Dame erstaunt.
Einem prominenten Gefangenen, dem französischen General Marquis de Biron, verdanken wir einen jener raren Blicke auf die persönliche, privatere Seite des Prinzen. Der Gepflogenheit der Zeit entsprechend behandelte man die Offiziere des Gegners als Gleichgestellte. Eugen lud den Franzosen zum Abendessen ein. Biron seinerseits berichtete darüber seinem Freund Saint-Simon. Das Gespräch drehte sich, wie nicht anders zu erwarten, um die Schlacht. Dabei kam die Rede auf die Tapferkeit der Schweizer Söldner in der französischen Armee. Es gebe keinen schöneren Posten in Frankreich als Generaloberst der Schweizer zu sein, meinte Eugen. Dann fügte er mit verklärter Miene hinzu: »Mein Vater hatte diesen Posten inne, bei seinem Tode hofften wir, daß mein Bruder seine Nachfolge bekäme; doch der König hielt es für angebrachter, diesen Posten einem seiner illegitimen Söhne zu geben, als uns die Ehre zu erweisen. Er ist der Herr und Meister, da läßt sich nichts weiter sagen. Aber zuweilen freut es einen doch, in der Lage zu sein, jemanden seinen Mißgriff bereuen zu sehen...[166]« Selbst nach 25 Jahren hatte der Prinz die Demütigung am Hof Ludwigs XIV. nicht vergessen. Im Kampf gegen den König werden ihn bis zum Ende auch private Motive bewegen. Im Gegensatz zu Höchstädt, wo man ihm eine besonders schroffe Behandlung der französischen Gefangenen nachsagte, zeigte sich Eugen nach Oudenaarde jedoch von ausgesuchter Höflichkeit. Biron rühmt seine Gastfreundschaft, und vergleicht die »beinahe königliche Pracht seines Quartiers« mit der »beschämenden Kargheit« jenes des Herzogs von Marlborough. Daran war jedoch weniger ein Sinn für spartanische Einfachheit schuld, sondern der sprichwörtliche Geiz des Briten.
Biron erzählt über die Beziehungen zwischen Eugen und Marlborough. Er ist tief beeindruckt »von der vollkommenen Übereinstimmung zwischen beiden in der Abwicklung der Geschäfte, wobei die Details vielmehr Eugen oblagen; von dem tiefen Respekt, den alle Generale den beiden Feldherren entgegenbrachten, wobei im allgemeinen stillschweigend Prinz Eugen bevor-

zugt wurde, ohne daß der Herzog von Marlborough deswegen eifersüchtig war[167]«. Der Herzog selber sagte nach Oudenaarde einmal: »Ganz gewiß werden Prinz Eugen und ich uns nie um den Anteil am Lorbeer zanken[168].«

Nach dem Sieg waren die beiden Heerführer jedoch verschiedener Meinung darüber, wie es weitergehen sollte. Marlborough schlug einen Marsch auf Paris und Versailles vor – unterstützt durch eine Landeoperation der englisch-holländischen Flotte. Der Gedanke, Ludwig XIV. samt seinem Hof auf die Flucht zu schicken und seine Hauptstadt zu besetzen, faszinierte ihn. Niemand könne die Alliierten aufhalten, meinte er. Der Draufgänger Eugen hingegen war auf einmal der Vorsichtigere, nicht zuletzt wegen seiner Erfahrungen von Toulon. Er dachte an die Versorgung der Truppen und an das Netz französischer Festungen, das sie in ihrem Rücken haben würden. Die stärkste davon war Lille, der Stolz Marschall Vaubans. Von allen Marschällen Ludwigs XIV. hat sich keiner mehr Verdienste um Frankreichs Größe, Macht und vor allem um seine Sicherheit erworben. Sébastien Vauban, als kleiner Landadeliger geboren, wurde zum unentbehrlichsten Mann des Königs. Ludwig erweiterte sein Land durch die diversen Eroberungskriege, und Vauban sperrte die neuen Grenzen durch eine Kette, eine Barriere, einen Zaun von Festungen, die als uneinnehmbar galten. Er hat den Festungsbau revolutioniert und zu einer Perfektion geführt, wie sie nie wieder erreicht worden ist. Daß die Franzosen sich zwischen den zwei Weltkriegen noch einmal auf einen solchen Festungsgürtel verließen, auf die Maginot-Linie, ging nicht zuletzt auf die Nachwirkungen von Vaubans Werk zurück.

Sternförmige Bastionen, die nicht über dem Bodenniveau liegen, davor Erdwälle, die die Kugeln auffangen und über Nacht wieder ausgebessert werden können, eine komplizierte Verteidigungsgeometrie, eine Grundidee nach genauesten Boden- und Lagestudien jeweils den örtlichen Gegebenheiten angepaßt – Vaubans System wurde für den Festungsbau in ganz Europa bestimmend. Ab 1667 vermauerte Vauban die Nordostgrenze – mit Dünkirchen, Tournai, Douai, Courtrai – und eben Lille. Nach dem Frieden von Nimwegen befestigte er die Ostgrenze, sperrte die Lothringi-

sche Pforte mit Metz, Belfort, Straßburg, Hagenau, Schlettstadt und der totalen Festungsstadt Neu-Breisach.
Wer soviel über die Verteidigung einer Stadt weiß, der muß auch am besten geeignet sein, eine Festung zu nehmen. Vauban leitete über 50 Belagerungen und kam immer zum Erfolg. Vor Maastricht erfand er den modernen Schützengraben – bis dahin wurden die Laufgräben senkrecht auf die Wälle zugetrieben, viel zu eng, so daß die Angreifer bei einem Ausfall der Belagerten leicht zurückgeworfen werden konnten. Vauban legte Gräben parallel zu den Mauern an, breite Laufgräben, Stellungen, in denen die Belagerer gut gedeckt waren. »Vaubans Leistung bestand darin, daß er Frankreichs Grenzen befestigte. Niemand hinterließ auf dem Boden seines Vaterlandes Spuren, die von solchem Nutzen gewesen wären, wie die, die er schuf«, preist ihn der französische Historiker Pierre Gaxotte[169]. Daß sich Eugen und Marlborough gegen Lille wagen würden, daran dachte kaum jemand in Frankreich.
Die Stimmung am Hof nach der Nachricht vom Beginn der Belagerung schildert Saint-Simon: »Einige Tage war man geneigt, an der Tatsache zu zweifeln, dann aber wurden alle Gesichter länger. Die Schmeichler verkündeten, die Feinde müßten wohl gänzlich von ihren Erfolgen trunken sein, sich mit einer der unseren zahlenmäßig weit unterlegenen Armee soweit in unser Land hineinzuwagen, nur um dort vor einer gewaltigen Festung zu scheitern...[170]«
Dabei wäre die Belagerung zu verhindern gewesen. Während Marlborough bereits in Frankreich einrückte, wartete Eugen in Brussel auf die schwere Artillerie und alles nötige Material. Am 6. August brach er mit einem ungeheuren Troß von 94 Kanonen, 60 Mörsern und 3000 Pulverkarren, gezogen von 16 000 Pferden, auf. Ein Angriff Vendômes mit seiner doch noch intakten Armee hätte den Marsch mit etwas Glück aufhalten können. Aber der Marschall und der Herzog von Burgund hatten bei Oudenaarde nichts gelernt, stritten weiter miteinander und gelangten zu keinem Entschluß. Eugen jedoch marschierte auf Lille zu, und am 12. August schloß sich der Ring um die Mauern der Stadt.

Die Mauern der Metropole des französischen Flanderns wurden längst abgebrochen, aber das stolzeste Tor, die Porte de Paris – zu Eugens Zeit hieß sie Porte des Malades, das Tor der Kranken –, hat alles überdauert, zwar nicht mehr als Auslaß oder Durchfahrt, sondern als Monument: ein Beispiel jenes auftrumpfenden gewaltig-gewaltsamen französischen Barocks. Ein Stil, der aus dem Geist der Politik Ludwigs geboren wurde, erdrückend, wie der König Europa zu erdrücken drohte. Nicht die Leichtigkeit, die bewegte Linie, die geschwungene Fassade, wie sie sich die süddeutschen Meister erdachten, sondern lastende Schwere, Baukunst, die das Gewicht des Herrschers spüren läßt. Lille betrachtete der König als eine seiner schönsten Eroberungen. Er zog damals noch selber ins Feld und saß nicht daheim in seinem Schloß, nervös auf Nachrichten von den Fronten wartend wie jetzt. Dieses Tor soll seine Siege preisen – das Dekor erzählt vom Krieg: Rüstungen, Mars und Herkules aus dem Götter- und Heldenpersonal des Olymps, Engeln, denen alle Liebe fremd ist, weil sie nur dazu da sind, um den Ruhm des Königs hinauszuposaunen, Waffenzeug, Siegeskränze, Lorbeer und als Krönung ein Medaillon mit dem Antlitz des Monarchen. Wenn nicht noch die Balken der alten Zugbrücke da wären, würde man annehmen, daß diese Pforte eher als Triumphbogen denn als Stadt- und Festungstor gedient hatte.
Aber damals, im Jahre 1708, als ganz Europa wie gebannt auf Lille blickte, da war die Porte des Malades fest verschlossen, geschützt von Vorwerken, Schanzen und Wällen. Eugen stand mit seinen Ingenieuren davor und suchte einen Weg, einen Plan, eine Schwäche dieses Bollwerks, das zu brechen nur er selber sich zutraute.
Die Situation war genau umgekehrt wie in Turin. Dort lag die Zitadelle vor der Stadt, und die Angriffe konzentrierten sich auf die Hauptbefestigung. In Lille konnten die Verteidiger durch ein Überfluten des von vielen Kanälen durchzogenen Geländes die »Königin der Zitadellen« so abschirmen, daß Eugen zuerst die Stadt einnehmen mußte, wenn er bis zum Kern des Abwehrsystems vordringen wollte.
Die Stadt – sie war ein blühendes Gemeinwesen mit 60 000 Einwohnern, nach Paris eines der wichtigsten Wirtschaftszentren

Frankreichs. Eugen ließ sich wohl herbei, eine Evakuierung aller Frauen, die Lille verlassen wollten, zu gestatten. Bei ihrer Übernahme sollten seine Offiziere jedoch die Gelegenheit benutzen, die Befestigungen der Stadt zu erkunden. In den langen Wochen der Belagerung waren die Bürger und der Stadtrat eine Art dritte Partei. Sie zeigten keine Sympathien für den Feind, aber der Ruhm des Königs lag ihnen doch wesentlich weniger am Herzen als ihr Überleben und das Heil der Stadt. Die Räte verhandelten mit Marschall Boufflers, diesem tüchtigen Soldaten, der die 15 000 Verteidiger befehligte, und sie schickten Deputationen zu Prinz Eugen. Zwei Gesandte überbrachten ihm zwei Körbe besten Weines – »du meilleur cru« – und versicherten ihm, daß die Bürger nicht aktiv an der Verteidigung teilnehmen würden. Als Boufflers die unter Frankreichs Herrschaft aufgelösten Bürgerkompanien wiederbeleben wollte, lehnte der Rat ab. Wenn er sein Versprechen gegenüber dem Prinzen bräche, würde Eugen die Stadt total zerstören. Zum Trost für ihre Weigerung übersandten die Räte dem Marschall zwei Dutzend Flaschen edelsten Champagners. Die Namen der Stadträte sind alle flämisch. Lille befand sich ja erst seit 40 Jahren in französischer Hand[171].

Trotz ihrer Diplomatie kam genug Leid über die Bürger. »Als das Bombardement eröffnet wurde, herrschte ein Moment des totalen Schreckens«, heißt es in einem Tagebuch der Belagerung. »Die Frauen und die Alten flüchteten weinend in die Kirchen. Die Leute brachten ihre wertvollste Habe in Sicherheit. Sie hatten alles Vertrauen verloren[172].« Angst und Not beseitigten soziale Unterschiede. Weil das Armenviertel Saint-Saveur als am besten vor den Kanonaden geschützt galt, flohen die Reichen dorthin.

Ludwig XIV. befahl den Entsatz von Lille mit allen Mitteln. Die Armeen Burgunds und Vendômes vereinigten sich mit den Truppen General Berwicks, eines katholischen Briten in französischen Diensten. Wieder verhinderten mangelnde Koordination und die Scheu vor einer weiteren Feldschlacht durchschlagende Aktionen. Kriegsminister Chamillart versuchte im Hauptquartier vergebens, die Unstimmigkeiten der Kommandanten zu beseitigen. Ihrem Hin-und-her-Manövrieren war Marlborough taktisch jedoch gewachsen. Geschickt schirmte er Eugens Belagerungsarmee ab. Drohte dem einen Gefahr, so zog der andere sofort Truppen ab, um ihm beizustehen. Die Versorgung der alliierten Armeen war durch die französischen Bewegungen jedoch äußerst schwierig geworden. Das Unternehmen zog sich in die Länge, die Angreifer kamen nicht weiter, die Mauern von Lille waren fest, und Eugen verlor die Geduld. Denn nur zu sitzen und zu warten, Pläne zu studieren, auf den Rat von Ingenieuren zu hören, technische Spekulationen anzustellen und die Zeit für sich arbeiten zu lassen, das war nicht die Sache des Prinzen. Bei einem ersten Generalsturm wurden nur Teilerfolge erzielt. Aber vor den Wällen lagen 2500 Tote und Verwundete – eine Schreckensziffer wie nach einer veritablen Schlacht.

Doch so eine Belagerung verlangte Resultate. Sie war ein spektakuläres Ereignis, eine Schau der Kriegskunst und -technik, ein militärisches Divertimento von hohem Unterhaltungswert für die höheren Stände in allen Landen, die tagtäglich auf die neueste »Zeitung« von der Belagerungsszene warteten. Die Fürstenhäuser entsandten ihre Prinzen, damit sie als nichtzahlende Gäste Erfahrungen sammelten und am Beispiel der großen Feldherren für später lernten. So war Joseph von seinem Vater Leopold mehrere Male zu Belagerungen geschickt worden. Bei der Schlacht von Oudenaarde befand sich Jakob III., der erfolglose katholische Anwärter auf Englands Thron aus dem Hause Stuart, beim Herzog von Burgund, und nun in Lille war neben dem Erbprinzen von Hessen und dem Oberbefehlshaber der holländischen Truppen, Prinz Johann Wilhelm Friso von Neu-Oranien, sogar der Polenkönig und Sachsenkurfürst August der Starke als Zuschauer erschienen.

Prinz Eugen stand also unter Erfolgsdruck, es ging um seine Reputation. Deshalb ließ er stürmen und wieder stürmen, ungeachtet der vielen Gefallenen. Wie wenig er sich dabei selber schonte, beweist die Episode vom 20. September. Eugen dirigierte den Angriff von der Stellung einer der am weitesten vorgeschobenen Batterien. Johann Matthias von der Schulenburg, als sächsischer Beobachter im Hauptquartier, stand an seiner Seite: »Prinz Eugen, der beim Sturm ganz vorne war, wurde durch einen Schuß an den

Kopf unglücklicherweise zu Boden gerissen. Im nächsten Moment erhob er sich jedoch wieder und als er die Schreie seiner Leute hörte, sagte er kaltblütig: ›Was soll der Lärm, sehen Sie denn nicht, daß nichts passiert ist?‹ Es ist seltsam, daß inmitten von 200 Personen, darunter der König und der Landgraf von Hessen-Kassel, er als einziger verwundet wurde; man kann nicht genug betonen, wie sehr dieser böse Zwischenfall die Armee berührt hat, und jedermann war glücklich bei der Kunde, daß der Prinz außer Gefahr sei; es war ein außerordentlicher Schuß, und man weiß nicht ob es eine Gewehrkugel war oder ein Bombensplitter. Ohne die Dicke des Hutes wäre er tot gewesen, so aber hatte Gottlob seine Verwundung nichts zu bedeuten, er hat sich selber wieder angekleidet, und man hat ihn nur mit Mühe abgehalten, wieder zu Pferd zu steigen[173].« Soweit Schulenburg. Die Kugel muß Eugen an der linken Kopfseite getroffen haben. Für mehrere Tage brauchte der Prinz Erholung, und Marlborough übernahm das Kommando.

Graf Schulenburg erntete später in venezianischen Diensten gegen die Türken viel Ruhm. Eine Gedenktafel im Arsenal von Venedig zeugt davon. In Lille verwandelte sich seine Beobachterrolle immer mehr in eine Beraterfunktion. In seinem Tagebuch äußert er sich des öfteren kritisch über den Fortgang der Belagerung. Man habe an der falschen Seite angegriffen, man stürme zu übereilt, bevor die gegnerischen Schanzen zerschossen seien – darum die hohen Verluste. Und die Ingenieure der Alliierten seien nicht viel wert.

In dem Wechselspiel von Kanonaden, Minenexplosionen und Angriffen kamen die Belagerer Meter für Meter voran. Eugen residierte in der Abtei Loos – man sieht das dräuende Gebäude von der Autobahn nach Dünkirchen. Hohe Mauern umgeben es, Wachtürme und Scheinwerfer: Loos ist eines der strengsten Zuchthäuser Frankreichs. Dort, in seinem Quartier, entging Eugen einem kuriosen Mordanschlag. Der Prinz erledigte seine Korrespondenz, öffnete eines der Schreiben »und fand darin nichts als ein schmierig fettes Stück Papier, das er achtlos, ohne das geringste Anzeichen von Überraschung, zu Boden warf. Daraufhin hob es sein Adjutant auf und roch daran; unmittelbar darauf wurde er von starkem Schwindel befallen und so elend, daß man ihn dazu brachte, ein Gegengift einzunehmen; und das war ein Glück für ihn; denn das Gift, welches das Papier enthielt, war so außerordentlich wirksam, daß ein Hund, dem man versuchsweise das Papier um den Hals gebunden hatte, innerhalb von 24 Stunden verendete, obwohl man ihm ein Gegengift eingegeben hatte...« Als seine Umgebung voll Entsetzen auf den Prinzen einredete, meinte er nur: »Sie brauchen sich nicht darüber zu wundern, meine Herren. Ich habe schon vorher des öfteren Briefe dieser Art erhalten[174].«

Marschall Vendôme sperrte die Nachschubwege, und einmal gelang es ihm sogar, einen Konvoi mit Munition durch den Belagerungsring zu schleusen. Marlborough erkämpfte sich ebenfalls freien Weg, um Lebensmittel und Pulver von Ostende ins Lager Prinz Eugens zu schaffen.

Die Stadtchronik erzählt von der Not der Bürger. Anfang Oktober mußten die Pferde geschlachtet werden, weil es an Fleisch mangelte und weil kaum Futter für sie vorhanden war. Für die Verwundeten in der Zitadelle spendeten die Bürger 2000 Leintücher. Der Chronist klagt, daß die Leute nun nur noch Brot mit Honig oder Marmelade zu essen hätten, weil es keine Butter mehr gäbe.

In einer Zeit vermehrter Sorgen wegen der hohen Verluste der stockenden Aktionen, holte den Prinzen sein Privatleben ein. Der Erzbischof von Mecheln schrieb ihm vom Tod seiner Mutter am 10. Oktober in Brüssel. Er hatte sie wenige Tage vor der Schlacht von Oudenaarde zum letztenmal besucht. Ein Gegner Eugens warf ihm vor, Olympia sei an gebrochenem Herzen gestorben, weil Eugen sie in Brüssel so kühl behandelt hätte. Was er für sie empfand, verbarg er hinter der Maske verschwiegener Zurückhaltung. Olympia war ein Teil eines früheren Lebens, das nun nicht mehr seines war und aus dem er sich mit eigener Kraft befreit hatte. Der gealterten einsamen Frau gegenüber wird er jedoch kaum noch Bitterkeit empfunden haben. Alfred Arneth meint im pathetischen Stil einer romantisierenden Geschichtsbeschreibung: »Es

mag die Gräfin von Soissons, welche trotz ihres Alters die heißblütige Italienerin noch immer nicht verleugnete, mit freudigem Stolz erfüllt haben, daß eben ihr Sohn das Werkzeug war, welchen das Schicksal sich auserwählt zu haben schien, um den Übermut ihres Todfeindes, des Königs von Frankreich, empfindlich zu züchtigen[175].«
Bald traf Ludwig der nächste Schlag. Nach neuen Kanonaden und Angriffswellen, Bränden in der Stadt und der schwindenden Aussicht auf einen Entsatz, entschloß sich Boufflers auf Drängen der Bürger, die Stadt zu übergeben. Um den Einsatzwillen der Soldaten anzustacheln, hatte der Prinz ihnen bei Einnahme Lilles drei Tage Plünderfreiheit versprochen. Diese Kunde war natürlich über die Wälle gedrungen und hatte den Widerstandswillen der Bürger endgültig gebrochen. An den König sandten sie eine Entschuldigungsbotschaft. Seine Majestät würde es zweifellos nur mit Schrecken sehen, wenn eine so zahlreiche und unschuldige Bevölkerung, die immer treu war, das Opfer des Zornes und der Wut der Soldaten würde, hieß es in dem Brief. Boufflers zog seine Truppen in das Pentagon der Zitadelle zurück, um weiter zu kämpfen. Eugen rückte in Lille ein, feierte das obligate Tedeum und verschonte die Stadt. Die Privilegien der Bürgerschaft blieben erhalten. »Das ist die gewohnte Haltung dieser flandrischen Städte«, schreibt Louis Trenard in seiner »Geschichte von Lille«. »Sie sind von ihrem mittelalterlichen Partikularismus geprägt und an den häufigen Wechsel der Oberherrschaft gewöhnt[176].« Sie hatten ihre Rechte behauptet und der schwergeprüften Stadt das Ärgste erspart.
Der Kampf war noch nicht zu Ende. Boufflers hielt sich noch bis zum 9. Dezember in seiner Zitadelle. Dann gab er endgültig auf. Eugen behandelte ihn mit größtem Respekt, überhäufte ihn mit Komplimenten und bat ihn zum Diner. Die Kapitulation wurde nach den Bedingungen des Franzosen angenommen. Eugen stellte sich mit seinen Generälen außerhalb der Porte des Malades auf, um die abziehenden Truppen mit ihren Troßwagen und den Verwundeten an sich vorbeiparadieren zu lassen, eine Geste des Triumphes, aber auch der Hochachtung. In dem Liller Tagebuch

zieht der Verfasser das Resümee: »76 Tage dauerte die Belagerung, davon waren 57 Tage Kanonade. Man kann sagen, daß es in Europa seit langem keine so schöne Belagerung gegeben hat; und auch keinen Ort, der mit größerer Kunst und Tapferkeit verteidigt wurde[177].«
Welch »schöne« Belagerung! Die Zitadelle hat noch viele andere Kriege und Stürme überdauert, und sie gehört noch immer dem Militär, dem 43. Regiment Royal des Vaissaux. Die Kaserne heißt Quartier Boufflers, drinnen auf dem großen Platz exerzieren Rekruten vor den Fassaden von damals. Nur die Stallungen für die Pferde, die sind jetzt Garagen für Panzerfahrzeuge. Irgendwann im Unterricht werden die jungen Soldaten wohl einmal von der »schönen« Belagerung hören; denn Frankreich braucht sich dieser Niederlage nicht zu schämen, wenn auch dieses Jahr 1708 für Ludwig eines der niederschmetterndsten war. Es hat seinen Stolz gebrochen. Die Welt, die vor ihm zitterte, spottete nun seiner. Der kleine Abbé hatte sich gerächt. 140 Jahre später vergleicht William Thackeray in seinem Roman über die Marlborough-Zeit »The History of Henry Esmond« Lille mit der Belagerung Trojas. Der Held seiner Phantasie war bereits in Blindheim dabei, in Oudenaarde und in Wynendael, bei einem erfolgreichen Gefecht zur Sicherung der Nachschublinien für die Belagerungsarmee von Lille. Das Porträt, das Thackeray vom Prinzen zeichnet, ist nicht untypisch für das britische Eugen-Bild: »In der Stunde der Schlacht wurde der Prinz von einer Art kriegerischen Raserei ergriffen; seine Augen begannen zu leuchten; tobend schoß er hin und her; Flüche und Anfeuerungsrufe wild nach allen Seiten schreiend, hetzte er die blutrünstigen Kriegsfurien auf die Fährte und war selbst immer an der Spitze der wilden Jagd.« Der Herzog hingegen wird als ebenso ruhig vor den Mündungen der Kanonen wie an der Schwelle eines Salons hingestellt, ohne ein Herz für Liebe und Haß, für Mitleid oder Furcht, Bedauern oder Reue, allen Höhen und Tiefen der menschlichen Natur mit dergleichen Gelassenheit begegnend. Der Savoyer war von »einem wilden persönlichen Haß gegen den französischen König« getrieben, im Gegensatz zu der »ruhigen Feindseligkeit unseres großen engli-

schen Generals, den das Kriegsspiel nicht mehr bewegte als eine Billardpartie.« Der Prinz jedoch führte »einen Krieg ohne Gnade gegen die Franzosen. An einem Ort zurückgeschlagen, wie im vergangenen Jahr bei Toulon, stand er nun wieder an einer anderen Grenze Frankreichs, und griff es mit seiner nimmermüden Wut an. Wenn der Prinz zur Armee stieß, entfachte er das glimmende Kriegsfeuer zur Flamme. Unsere phlegmatischen holländischen Verbündeten wurden veranlaßt, in Eilmärschen vorzurücken – unser ruhiger Herzog wurde zum Handeln gezwungen. Der Prinz war eine Armee für sich gegen Frankreich; die Energie seines ungeheuren Haßes, unermüdlich – hunderttausende von Männern damit ansteckend...[178]« Eine Charakterisierung, die gewisse Seiten des Prinzen trifft, aber durch ihre Einseitigkeit seine Persönlichkeit doch verzeichnet.

Ein anderer Großer der englischen Literatur, Laurence Sterne, setzte der Belagerung von Lille ein ironisches Denkmal. In »Tristram Shandy«, 100 Jahre vor »Henry Esmond« erschienen, spielt der schrullige Onkel Toby mit einem ehemaligen Korporal im Garten seines Hauses die großen Belagerungen des Erbfolgekrieges nach. Für Lille schloß der Korporal sechs Spielzeuggeschütze an zwei Tabakpfeifen an, um so genügend Rauch bei Kanonade zu erzeugen: »Schon am nächsten Morgen hatte er die Sache fertig; es war dies der Tag, da die Konterskarpe zwischen der unteren Deule und dem Tor von St. Andreas zur Rechten, – und zwischen dem St. Magdalenentor und dem Fluße zur Linken erstürmt wurde. Da dies der denkwürdigste Angriff im ganzen Kriege, – das tapferste und hartnäckigste Gefecht von beiden Seiten – und auch das blutigste war (denn es kostet die Alliierten an diesem Morgen über 1100 Mann), – so bereitete sich mein Onkel Toby mit mehr als gewöhnlicher Feierlichkeit darauf vor...« Und am nächsten Tag paffte der Korporal seinen Tabaksqualm gegen die imaginären Mauern von Lille[179].

Der ach so schönen Belagerung ist ein erstes populäres Prinz-Eugen-Lied zu verdanken, das Achim von Arnim und Clemens von Brentano in ihre Sammlung »Des Knaben Wunderhorn« aufgenommen haben – die Beziehung des Prinzen zu der Stadt als Werbung, Abweisung und Ergebung in bräutlicher Demut, ein Zwiegespräch zwischen Prinz Eugenius und Lille: »Lilge, du allerschönste Stadt, / Die du bist so fein und glatt, / Schaue meine Liebesflammen, / Ich lieb' Dich vor allen Damen...« Und dann der nach jeder Strophe wiederholte Refrain »Mein herzallerschönster Schatz – schönster Schatz, / Mein herzallerschönster Schatz!« Die Antwort der »Dame«? »Mein Herr Prinz, was saget Ihr, / Wer seid Ihr, was macht Ihr hier? / Was bedeuten die Soldaten, / Eure tapfern Kameraden?« Der Prinz: »Ich bin der Savoyer Held, / Bekannt in aller Welt, / Prinz Eugenius genennet, / Der zu dir vor Liebe brennet.« Und wieder Lille: »Lieber Herr, verpacket Euch! / Gehet in das deutsche Reich; / Denn ich habe zum Galanten, / Zum Gemahl und Karessanten, / Ludewig von Frankerich.« Doch der Prinz wird drängender und deutlicher: »Schönste, nicht so stolz und frech, / Weiset mich von Euch hinweg! / Laßt Euch schrecken meine Waffen, / Parfors will ich bei Euch schlafen, / Ihr mögt sagen, was Ihr wollt.« Weil sich die Dame angesichts dieser Vergewaltigungsdrohungen jedoch zu ihrem Ludewig bekennt (»... den ich hab zum Schatz erwählet, / Den lieb ich bis in das Grab.«), befiehlt der Prinz: »So, Konstabler, frisch daran, / Feuert, wer da feuern kann! / Blitz und Donner, Feur und Flammen / Spielet auf die lilg'sche Damen, Bombardiert das lose Weib!« Das verläßt sich auf seine »Starken Bastionen, / Citadell und halbe Monden, / Lachen und verspotten Euch.« Eugenius wird wild: »Halt das Maul und schweige still! / Hör, was ich dir sagen will! / Hab ich nicht in Ungarlanden / Alle Türken g'macht zu Schanden, / Hunderttausend und noch mehr?« Das imponiert Madame Lille wenig. Was sind die »Türkischen Waffen« im Vergleich zum »Franzenblut«. Da versucht es Eugenius auf die sanfte Tour: »Lilge, allerschönstes Kind! / Warum bist du also blind, / Daß du mich nicht willst annehmen? / Tust dich meiner gar wohl schämen, / Oder sag, was fehlet dir?« Schließlich empfiehlt er ihr Spaniens habsburgischen König Karl als Bräutigam. Er selber sei nur »sein Abgesandter, / Und des Kaisers General.« Der Hinweis auf das junge Blut läßt die Dame schwach werden: »Ei wohlan, so laß es sein! / Carolus sei der Liebste mein; / Denn der Ludewig veraltet / Und im Lieben ganz erkaltet, / Carolus ist ein junger Held – junger Held – Carolus ist ein junger Held[180].«

Aus dem stürmischen Liebhaber Eugenius ist der kühle Werber geworden, eine seltsame Wendung, als ob sich der Verfasser plötzlich auf Eugens Distanz zu den Frauen besonnen hätte. Im Volk machte das Lied die Runde, als Spott- und Siegesgesang, als erotisierender Ausdruck höhnischer Freude über die Schmach Ludwigs. Der französische Alptraum war gewichen, und müde und gepeinigt von Kriegsjahren ohne Unterbrechung wagten die Menschen endlich in Kategorien des Friedens zu denken. Auch Ludwig, der zutiefst Gedemütigte, suchte einen Ausweg, suchte Verhandlungen, suchte Frieden. Aber durch die ständigen Anstrengungen, die Kriegskunst zu verbessern, hatten die Großen jener Zeit die Friedenstechnik verlernt.

XIV

»... kein schärferes und blutigeres Treffen«

Malplaquet und kein Frieden

An der Grenze ist kein Schlagbaum, nur eine Ampel. Sie blinkt rot, doch der belgische Grenzer winkt die wenigen Autos lässig durch. Das französische Zollhaus befindet sich fünf Kilometer weiter. Dazwischen scheint Niemands- oder Jedermannsland zu sein. Und irgendwo liegt hier Malplaquet. Das Nest ist zu klein für die meisten Landkarten, aber es war groß genug für das Sterben und Dahinsiechen von 25 000 Menschen. Sie haben sich zumindest einen Grabstein verdient; gleich nach den belgischen Zöllnern gedenkt ein Obelisk zwischen ein paar Sträuchern der Kämpfer und der blutigsten Schlacht des Spanischen Erbfolgekrieges: eine Schlacht, bei der die Gewinner so litten, daß ihnen das Wort Sieg nur schwer über die Lippen kam, während die Verlierer den einzigen Trost darin fanden, daß die anderen noch mehr Menschen verloren hatten als sie. Malplaquet war eine Vorahnung späterer Kriege, in denen das Töten industrialisiert wurde. Das Denkmal haben die Franzosen ihren Helden gestiftet, anno 1909, zum 200. Jahrestag, das Geld wurde durch eine öffentliche Sammlung aufgebracht. Weil es nur Francs waren und nicht Pfund oder Gulden oder Kronen, die da zusammenkamen, hat man einzig die Namen der Franzosen eingemeißelt, der Marschälle Villars und Boufflers; Marlborough und Eugen bleiben selbst nach 200 Jahren Feinde, die man besser vergaß. Auch Monumente einer Niederlage werden mit Lorbeer geschmückt.

Dabei hätte es dieser Schlacht nicht bedurft, um König Ludwig XIV. die Relativität seiner Größe erkennen zu lassen. Er hatte schon genug Niederlagen erlitten. Ein absoluter Monarch, der am laufenden Band seine Schlachten verliert, gleicht einem arroganten, elegant herausgeputzten Gentleman, den eine vorbeifahrende Kutsche von oben bis unten mit Kot bespritzt hat. Die Autorität des Autokraten ist auf Glanz gebaut, er gewinnt Kraft durch Freude am Erobern, Unterdrücken und Beherrschen. Seine Energie holt er sich durch Erfolge, durch Ausdehnung, durch Auf- und Übertrumpfen. Gewonnene Kriege sind das Bodybuilding der Mächtigen, verlorene Schlachten führen zu chronischem Muskelschwund. Der Glaube an die Unfehlbarkeit des Monarchen ist in seinem Glück begründet, der Abstieg beginnt mit dem Zweifel der Untertanen. Die Selbstzweifel des Unfehlbaren sind der nächste Schritt auf dem Weg nach unten. Die Königsdämmerung hatte eingesetzt, Ludwigs Sonne spendete keine Wärme mehr. Über Frankreich war die große Kälte hereingebrochen. »Es ist eine solche grimmige Kälte, daß es nicht auszusprechen ist. Ich sitze bei einem großen Feuer, habe einen Schirm vor den Türen, einen Zobel auf dem Hals, einen Bärensack auf meinen Füßen, und allelebenwohl zittere ich vor Kälte und kann kaum die Feder halten. Mein Tag des Lebens habe ich keinen solchen rauhen Winter erlebt, wie dieser; der Wein erfriert in den Bouteillen...« So Liselotte von der Pfalz am 10. Jänner 1709 in Versailles. Das Jahr begann mit einem Frost, wie man ihn seit Menschengedenken nicht mehr erduldet hatte. Liselotte am 20. Jänner: »Alle Tage sterben hier Leute von Kälte; man begräbt achtzehn und zwanzig auf einem Tag hier. Alle Schauspiele haben zu Paris aufgehört, kein Prozeß kann mehr geführt werden, niemand kann mehr ins Palais gehen, niemand kann mehr in Kutschen fahren, alles geht zu Fuß, und alle Tag hört man von Leuten, so Arm und Bein brechen, und in allen Häusern seind Kranke. Alle meine Leute seind schier krank; die am gesundesten sein, haben den Husten und Schnupfen[181].«

Das Elend war schon vorher drückend genug gewesen. Der lange Krieg hatte Frankreichs Vorräte aufgezehrt. Die Schwächen des Colbertschen Wirtschaftssystems waren schonungslos aufgedeckt worden. Nichts ging mehr. Und nun diese Kälte. Zwei Monate lang waren alle Flüsse zugefroren, die Vegetation erstarrte. Saint-Simon erzählt: »Die Kälte war so grimmig, daß die stärksten, in Schränken stehenden Essenzen und die alkoholhaltigen Liköre die Flaschen sprengten. Bei der zweiten Frostwelle gingen die Obstbäume ein; es blieb nichts verschont, weder Nußbäume noch Olivenbäume, weder Apfelbäume noch Weinstöcke. Auch die übrigen Bäume starben zumeist ab; die Gärten verödeten, und das bereits ausgesäte Korn verkam. Die Verzweiflung über den allgemeinen Ruin war unvorstellbar. Jeder geizte mit seinem alten Getreide, das Brot wurde um so teurer, je weniger man sich von der nächsten Ernte versprach[182].« Die Gesetze von Angebot und Nachfrage können unerbittlich sein. In einem Staatswesen, in dem der König alles sein will, ist er an allem schuld, auch am Wetter. (Selbst in der Monarchie Franz Josephs sprach man vom »Kaiserwetter«.)

Unrast, Unzufriedenheit und Unbotmäßigkeit schwelten schon lange im Volk. Es wollte die schweren Lasten nicht mehr tragen oder die Bürde zumindest mit der Oberschicht teilen. In den vergangenen Jahren erhoben sich die Bauern in Cahors, in Quercy, in Périgord. Sie stürmten Schlösser, besetzten Ämter und schlugen Beamte und die verhaßten Steuereintreiber tot.

Das Steuersystem sparte die Großen aus und traf nur die Kleinen. Der greise Vauban, der über seine Festungsmauern hinauszusehen vermochte, grübelte über die Erhaltung der inneren Sicherheit Frankreichs. Als 74jähriger hatte er 1707 seinem König ein Buch über eine kühne Steuerreform vorgelegt. Klar, ohne höfische Rücksicht oder Schmeichelei stellte er seine Diagnose: »Fast ein Zehntel der Bevölkerung ist zu Bettlern erniedrigt, und von den übrigen neun Zehnteln ist die Mehrzahl in einem Zustand, daß sie eher barmherzige Gaben bekommen sollten, als daß sie welche geben könnten. Sicherlich hat man das Unheil auf die Spitze getrieben, ohne baldige Abhilfe wird das Volk in ein solches Elend gestoßen, daß es sich nie davon erholen kann. Es sind die unteren Klassen des Volkes, die durch ihre Arbeit und ihren Fleiß und ihre Angaben den Souverän und seinen Staat bereichern. Heute lebt diese Klasse wegen der Kriegsanforderungen und der

Besteuerung ihrer Ersparnisse in Lumpen und zerfallenden Hütten, während ihr Land brachliegt, weil die Söhne zum Heer eingezogen sind...[183]«

Darum schlug Vauban eine allgemeine abgestufte Einkommensteuer vor, von der keine Klasse, kein Stand ausgenommen sein sollte, weder der Adel noch die Kirche. Saint-Simon lobt die klare Sprache des Marschalls, und seine kluge Einsicht, aber sein Buch hatte einen großen Fehler: »Es beschrieb ein Vorgehen, das eine Armee von Finanzleuten, Schreibern und Beamten aller Art brotlos gemacht hätte; sie hätten auf eigene Kosten statt auf Kosten des Volkes leben müssen, und die Fundamente jener immensen Vermögen, die man in kürzester Zeit entstehen sah, wären untergraben worden. Alle Betroffenen erhoben ein großes Geschrei gegen das Buch...[184]« Der König war bereits dagegen präpariert, als er Vaubans Werk schließlich in Händen hielt. Er lehnte es ab, ließ es verbieten und anprangern. Wenige Monate später starb der Marschall, verärgert und verbittert.

Zwei Jahre danach, in jenem Winter aller Winter, wäre Ludwig Vauban anders begegnet. Er wollte sein Land aus dem Elend herausführen. Die Versuche, mit den Holländern zu einem Separatfrieden zu gelangen, waren gescheitert. Ludwig sah ein, daß er einen hohen Preis zahlen mußte. Er breitete vor den Verbündeten sein Angebot aus: er würde die habsburgischen Ansprüche auf Spanien anerkennen, wenn sein Enkel als Entschädigung Neapel und Sizilien erhielt.

Die Alliierten waren nicht in der Stimmung, sich von Frankreich irgendwelche Bedingungen vorschreiben zu lassen. Sie fühlten sich als Sieger, sie waren die Überlegenen, sie konnten diktieren. Dabei blieben sie blind für eigene Schwächen. Wie so oft bei Koalitionen hatten verschiedene Ziele, Gründe und Absichten die Mächte zu dem Bündnis getrieben. In Wien hatte man im letzten Jahrzehnt zwischen nackter Überlebensangst und utopischen Großmachtvisionen hin und her geschwankt, der Hof war geteilt: Eine Habsburger-Partei vertrat die Hausmachtinteressen, eine Reichspartei wollte das wackelige Gebilde des Sacrum Imperium erneuern und stärken. Die Engländer waren aus wirtschaftspoliti-

schen Gründen in den Krieg gegangen, aber auch aus Sorge um das europäische Gleichgewicht. Eine Hegemonie Frankreichs am Kontinent, wie sie sich Ludwig XIV. erträumte, hätte die Engländer in ihrer Inselexistenz gefährdet. Daran, daß Frankreich nun durch Österreich als Führungsmacht abgelöst würde, war ihnen ebensowenig gelegen wie den Holländern. Sie, die genug unter der französischen Expansion gelitten hatten, wünschten sich eine feste Barriere vor ihren unmittelbaren Grenzen, eine Kette von Festungen in den spanischen Niederlanden, die sie vor künftigen Einfällen des unangenehmen großen Nachbarn schützen sollten.
Erst im Jänner konnte sich Eugen Urlaub nach Wien nehmen. Er begutachtete die Fortschritte, die der Ausbau und die Erweiterung seines Stadtpalais machten – von sieben auf zwölf Fensterachsen. Die Pläne dafür hatte Hildebrandt entworfen. Auf die Frage, warum sich Eugen von Fischer von Erlach getrennt hat, wissen die Kunsthistoriker noch keine Antwort. Hildebrandt dürfte gute Arbeit geleistet haben. In diesen Winterwochen – Wien versank im Schnee – fanden mehrere der großen politischen Beratungen über die künftige Politik Wiens in der Himmelpfortgasse statt. Nach seiner inoffiziellen diplomatischen Tätigkeit wurde der Prinz nun offiziell mit der Vertretung der Monarchie beauftragt – als Bevollmächtigter des Kaisers bei den kommenden Friedensgesprächen in Holland.
In der gleichen Rolle reiste Marlborough für die britische Königin an. Ludwig XIV. hatte seinen Außenminister Jean-Baptiste Torcy, den Neffen des großen Colberts, nach Den Haag entsandt. Schon daraus schlossen die Alliierten, daß der König unbedingt den Frieden wollte. Eugen und Marlborough wohnten gemeinsam im Hause des holländischen Generals Albemarle. Festliche Essen und Empfänge gaben den äußeren Rahmen für die Verhandlungen. Was den Franzosen jedoch als Friedensbedingungen aufgetischt wurde, mußte ihnen den Appetit gründlich verderben. Nach langen Debatten und oft heftigen internen Auseinandersetzungen legten die Alliierten Torcy am 27. Mai einen Entwurf mit 40 Punkten vor. Die gesamte spanische Monarchie, einschließlich Neapel und Sizilien, sollte an Erzherzog Karl fallen, Teile des El-

saß mit Straßburg mußte Frankreich wieder an das Reich herausgeben. Unter dem Druck der Holländer war noch das Verlangen nach der Besetzung von drei französischen und drei spanischen Städten durch die Alliierten gefordert worden – als Sicherstellung dafür, daß Ludwig die Friedensbedingungen auch erfülle. Und schließlich verlangten die Alliierten vom König, daß er seinen Enkel binnen zwei Monaten notfalls mit Waffengewalt aus Spanien vertreibe.

Torcy hatte Vollmacht, alles anzunehmen. Nur über die zwei letzten Punkte mußte er mit dem König reden. Man war nur einen Handbreit vom Frieden entfernt. Hochmut, Unvernunft und die Lust auf eine völlige Demütigung Ludwigs XIV. hatten die Alliierten jedes Maß für das Mögliche genommen. Der alte König bäumte sich noch einmal auf: »Zwingt man mich zum Kampf, dann werde ich lieber gegen meine Feinde als gegen meine Nachkommen antreten«, soll er bei der Ablehnung der Friedensvorschläge gesagt haben[185].

Die Stimmung in Frankreich spiegelt sich in einem Brief Liselottes von der Pfalz: »Der Alliierten Propostitionen sind zu barbarisch; es ist besser verderben und sterben, als solche eingehen. Ich weiß nicht, wie man es hat erdenken können und glauben, daß unser König solche eingehen würde. Man sagt ›Hoffart kommt vor dem Fall‹; also hoffe ich, daß Mylord Marlboroughs und Prinz Eugens Anmaßung auch werden gestraft werden. Der letztere sollte sich erinnern, daß dies sein Vaterland und er als des Königs Untertan geboren ist. Ich bin recht gegen ihn pikiert, den Frieden verhindert zu haben...[186]«

War es wirklich die Ruhm- und Gewinnsucht der Generäle, wie viele meinten? Die Historiker haben gründlich darüber gestritten und Eugen eher entlastet. Meist sind zivile Politiker kriegslüsterner als die Militärs. Eugen gewann sicherlich eine tiefe persönliche Befriedigung aus der Vorstellung, den König auf den Knien zu sehen. Im nachhinein kritisierte er jedoch die überharten Bedingungen. Dabei war ihm von seinen Wiener Gegnern um den Fürsten Salm Nachgiebigkeit und mangelnde Härte vorgeworfen worden. Nach dem Nein aus Versailles dämpfte er den optimistischen

Glauben in Wien, daß mit einem neuen Feldzug die Franzosen total zu erledigen seien. »Es ist wahr«, schrieb er am 11. Juni an den Hofkanzler Sinzendorf, »eine glückliche Schlacht kann unsere Bedingungen noch verbessern. Die Änderung wird aber stets nur eine geringe sein, denn es ist nicht zu bezweifeln, daß die Holländer Frankreichs gänzliche Erniedrigung nicht wollen. Wenn die kriegerischen Unternehmungen nicht gleich anfangs die günstigen Resultate liefern, welche man von ihnen erwartet, so fürchte ich sehr, daß die bisherige große Standhaftigkeit sich in ihr Gegenteil verwandeln und man weit mehr verlieren werde, als gewinnen könne. Oft habe ich schon gesagt, Frankreichs Glück besteht in dem, daß, wenn es die Oberhand erhalten hat, es ohne alle Rücksicht seine Eroberungen so weit als nur immer möglich ausdehnt. Ist es aber mit einem unglaublichen Aufwande von Anstrengung und von Blut in einen Zustand wie der gegenwärtige versetzt, so fürchten alle oder doch die Mehrzahl seiner Gegner, es zu tief zu erniedrigen, ohne zu bedenken, daß es binnen Jahren sich ohne allen Zweifel erholen und von neuem beginnen wird, seine Nachbarn zu quälen. Ich kenne die Leute, mit denen wir hier zu tun haben, und ich stehe nicht an zu sagen, daß wir weit mehr wagen als wir gewinnen[187].« Wenn früher deutsche Politiker die Theorie vom französischen Erbfeind untermauern wollten, zitierten sie gerne aus diesem Brief. Während in Wien die Räte beim Nachdenken über den Krieg und Frieden unter ihren Perücken schwitzten, und sich plötzlich zu Konzessionen bereit fanden, rüsteten die Feldherren zum nächsten Schlag in Flandern. Und sie wußten, was sie dort erwartete.

Die Armee sei »in einem schönen und guten Stande«, berichtete Eugen dem Kaiser am 17. Juni aus Gent. Doch er warnte Joseph, sich zusehr »auf das veränderliche Glück der Waffen« zu verlassen, nichts sei ungewisser und zweifelhafter. »So werden E.k.M. auch von selbst Allerhöchsterleucht erachten, ungehindert ich das Beste hoffen will, was durch eine unglückliche Schlacht erfolgen könnte; dann gewiss ist es, wann man aneinander kommen sollte, daß den ganzen Krieg hindurch kein schärferes und blutigeres Treffen, als eben das gegenwärtig bevorstehende gewesen sein

werde[188].« Er sollte bitter recht behalten. Das war nicht mehr der Eugen von Zenta, der alle Hindernisse beiseite wischt, alle Bedenken negiert und in hemmungsloser Vorwärtsstrategie einzig ans Angreifen denkt. 1709 hatte Eugen zwölf Jahre als kaiserlicher Oberbefehlshaber hinter sich, sein Name war zwar mit großen Triumphen verbunden, aber er wußte auch, wie schmal der Grat zwischen Sieg und Niederlage in einer Schlacht ist. Er hatte schon unendlich viel Blut und Leid auf dem Schlachtfeld und einige seiner besten Freunde und Kampfgefährten sterben gesehen. Die Nähe des Todes war ihm nicht fremd. Des öfteren ist er gerade noch einmal davongekommen. Neben seinem Leben und seiner Gesundheit hatte er seinen Ruf zu verlieren. Er war nicht mehr der heimatlose Emigrant, sondern ein vermögender Herr, vor dem Europa den Hut zog. Wenn er sich einmal Ruhe gönnte und an Wien dachte, dann an sein prächtiges Palais, an seine Gärten draußen vor der Stadt mit den raren Pflanzen und der Menagerie, die dort im Entstehen war. So sehr identifizierten ihn die Leute mit dem Kaiser und der Habsburgermonarchie, daß sie sich erzählten, er halte dort einen lebenden Doppeladler – das Märchen war durch einen prächtigen Weißkopfgeier entstanden, den der Prinz 1706 gekauft hatte. All das war dem Prinzen teuer, nicht zuletzt seine schöne Armee. Und er zögerte, sie neuerlich ins feindliche Feuer zu hetzen.
Marlborough schwärmte wieder vom Marsch auf Paris. Man könne die Truppen von See aus versorgen. Eugen hielt nichts davon und setzte sich mit einem konservativerem Konzept durch – man sollte zuerst die wichtigsten Festungen Tournai und Mons belagern. Ein Vorstoß tief nach Frankreich hinein hätte zu viele Opfer gekostet. Denn Marschall Villars, mit dem Eugen vor Jahren in Wien so oft beim Diner oder am Spieltisch zusammengesessen war, hatte eine starke Armee in günstigen Stellungen an der Grenze postiert, um den Alliierten den Weg zu versperren. Nach einem verregneten Frühsommer versank Flandern in einem Schlammmeer. Eine bewegliche Kriegführung schien kaum möglich. Den Sommer verbrachten die Heerführer vor den Mauern von Tournai im Angesicht der vieltürmigen Kathedrale. Viele Wochen vergin-

gen mit der Belagerung. Sie war schwierig und verlustreich, und die französische Besatzung kapitulierte erst am 3. September. Nun wäre Mons an der Reihe gewesen. Da verließ Villars plötzlich seine Schanzen und zwang die Alliierten zum Handeln. Noch am 9. September zeigte Eugen in einem Schreiben an den Kaiser eine gewisse Unsicherheit. Der Feind sei in der Nähe, man müsse jedoch vorsichtig sein; »da man die Situation des Landes nicht recht kennt, darf man umsoweniger einen Hazard wagen, als daselbe wegen seines ungleichen Terrains durch die vielen kleine Bäche und Wässer bei starkem Gewitter solchergestalten durchfressen und voller Wasser, Klüfte, Hohlwege und Defiléen ist, daß man nicht allenthalten en front marschieren kann[189]«. Innerhalb von 24 Stunden fielen die Würfel. Marlborough und Eugen entschlossen sich, die Schlacht in dem ungünstigen Gelände anzunehmen. Villars hatte seine Armee zwischen zwei Wäldern aufgestellt und harrte des Angriffs. Noch nie in diesem Krieg waren solche Soldatenmassen auf so engem Raum geballt – 110 000 Alliierte und 80 000 Franzosen. Wieder waren hochgestellte Schlachtenbummler zu der erwarteten Gala der beiden Helden gepilgert oder von ihren fürstlichen Vätern geschickt worden. Ein künftiger König Englands, der Kurprinz Georg von Hannover, und Kronprinz Friedrich Wilhelm von Preußen, der spätere Soldatenkönig, und noch ein künftiger König: der Erbprinz Friedrich von Hessen-Kassel, der den schwedischen Thron erlangen sollte. Graf Schulenburg war diesmal nicht als Beobachter, sondern als Kommandeur des sächsischen Kontingents dabei – und mit ihm der erst 13jährige Graf Moritz von Sachsen, der Sohn Augusts des Starken und der schönen Aurora von Königsmark. Unter Ludwig XV. kämpfte er als Marschall von Sachsen für Frankreich. Der noch junge »alte Dessauer« fehlte nicht, weiters bei den Preußen ein Oberst von Schwerin, später General Friedrichs des Großen.
In den Reihen der Franzosen standen zwölf Offiziere, die es noch zum Marschall brachten. Und der Löwe von Lille, Marschall Boufflers, hatte sich freiwillig gemeldet. Er wollte ohne ein Kommando dabei sein. Seine Anwesenheit sollte sich als überaus wichtig erweisen, ein so vollkommenes Gespann wie der Prinz und der

Herzog bildeten Boufflers und Villars jedoch nicht. Der elegante, der schöne, der geistreiche Villars schöpfte viel Selbstvertrauen aus der Tatsache, daß er noch nie geschlagen worden war. Darum hatte ihm der König diese Armee anvertraut. Eine gute Armee, kampferprobt und von dem zornigen Widerstandswillen getragen, der die Franzosen zu einer letzten Kraftanstrengung mobilisiert hatte. Das schmähliche Friedensdiktat von Den Haag wirkte als Ansporn. Die Franzosen waren erbittert und bereit zu kämpfen.
Zuerst verzögerte die Natur den Beginn der Schlacht am 11. September, dem Jahrestag von Zenta. Drei Tage hatte es ununterbrochen geregnet. Das gewellte Gelände war aufgeweicht und morastig. Wie üblich wurde um drei Uhr früh zum Gottesdienst gerufen. Die Proviantmeister gaben eine Extraration Rum aus. Als es tagte, verhüllte dichter Spätsommernebel die Landschaft. Villars ritt noch einmal durch die Reihen seiner Soldaten und wurde mit Jubelrufen begrüßt. Die ersten Artilleriesalven lösten sich nach sieben Uhr früh, als der Nebel zerriß. Langsam entwickelte sich der Angriff – Prinz Eugen befehligte den rechten, Marlborough den linken Flügel. Die Spitze, die ins Feuer mußte, bildeten Schulenburgs Sachsen im Wald von Sars am linken Flügel.
Das Geschehen von damals ist noch nachvollziehbar. Die Gegend hat sich kaum verändert, in diesem ärmlichen Bauernland wird wenig gebaut. Die Höfe gleichen Festungen, sie standen einsam auf freiem Feld, man mußte sich hinter ihre Mauern verkriechen, die Tore verrammeln und durch die Schießscharten lugen, wenn draußen Kriegsvolk vorbeizog. In einem dieser Höfe vor dem Wald von Sars hatte Villars übernachtet. Der Wald ist etwas lichter geworden, die Bauern haben ihn zum Teil geschlagen. Dort, wo die Franzosen eingegraben den Feind erwarteten, sind jetzt Drainagerinnen aufgebrochen. Da lagen sie im Dreck wie die Soldaten modernerer Kriege und ließen die Sachsen auf die richtige Distanz herankommen, bis sie ihr mörderisches Feuer eröffneten. So war es überall auf der Front. Reihenweise wurden die vordrängenden Deutschen, Österreicher, Engländer und Holländer niedergemäht. Als Schulenburg zu schwere Verluste erlitten hatte,

ritt Eugen an die Spitze und riß die Soldaten noch einmal nach vorn. Eine Flintenkugel streifte ihn hinter dem linken Ohr. Er ließ sich nicht einmal verbinden: »Am Abend ist genug Zeit dafür.«
Der entscheidende Moment in dem stundenlangen Gemetzel? Um dem Druck Eugens zu begegnen, verstärkte Villars seine linke Flanke und schwächte dadurch das Zentrum. Der Prinz erkannte diese Lücke und stieß in der Mitte durch. Auf Marlboroughs Seite häuften sich die Leichen vor den französischen Verschanzungen, die holländische Infanterie wurde dezimiert. Boufflers hielt eisern, bis die Front durch eine gewaltige Reiterschlacht in Verwirrung geriet. Villars wurde von einer Kugel am Knie getroffen und vom Pferd gerissen. Seine Leute trugen den Bewußtlosen vom Platz. Boufflers übernahm das Oberkommando. Um zu retten, was noch zu retten war, befahl er den Abbruch der Schlacht. So konnten sich seine heilen Bataillone noch vom Gegner lösen.
Eugen und Marlborough behaupteten das Schlachtfeld und waren damit Sieger. Aber was für Sieger! Irgendwo zwischen den Bergen von Toten setzte sich Eugen am Abend hin und schrieb an Sinzendorf nach Den Haag: »Nur dieses Billet, um Euer Excellenz Kunde zu geben von einer der blutigsten und größten Schlachten, die es seit langem gegeben hat. Man hat die verschanzten Feinde angegriffen, die an ihren Flanken zwei ebenfalls befestigte Gehölze hatten, aus denen man sie nach einem sehr heftigen Kampf geworfen hat, während man zugleich in die Verschanzungen der Mitte eindrang. Dann begann der Kampf mit der Kavallerie, der überaus hartnäckig war, endlich hat man sie überall geworfen, etwas verfolgt und man liegt nun auf dem Schlachtfeld. Man hat dabei große Verluste gehabt, und ich glaube, daß man den Frieden haben könnte, wenn man wollte. Ich bin leicht verwundet am Kopf und zu ermüdet, um mehr zu schreiben...[190]« Eine knappe Relation, die den Schrecken des Kampfes ahnen läßt und die allgemeine Erschöpfung. Noch kürzer war Marlborough mit seiner Meldung an Heinsius. Ein holländischer General ritt mit dem Zettel los: »Ich bin so müde, daß ich zu entschuldigen bitte, wenn ich den Bericht über diesen glorreichen Tag dem Überbringer überlasse: er hat einen großen Anteil daran und weiß das Meiste über die Aktion.

Die Franzosen haben sich in dieser Schlacht besser verteidigt, als ich es jemals gesehen habe, so daß wir sehr viel Menschen verloren haben; aber wir haben sie so geschlagen, daß sie jetzt den Frieden haben sollten, den Sie wünschen...[191]« Kein Triumphgefühl, Gedanken des Friedens, Sehnsucht nach einem Ende der Schlächterei, in dieser Umgebung des Todes und der Verwesung, in einer Nacht, die keine Stille kannte, weil Tausende von Verwundeten stöhnten und jammerten. 2100 Tote und 3400 Verwundete bei Eugen, bei Marlborough 5700 Tote und 13 000 Verwundete, also fast 25 000 Mann, die ausgefallen waren. Die Franzosen bezifferten ihre Verluste mit 11 000. Es dürften sogar noch mehr gewesen sein. Schulenburg notierte in seinem Tagebuch: »Wir tun nichts anderes, als unsere Verwundeten zusammenzulesen und unsere Toten zu begraben und sind in großer Verlegenheit, weil es hier keine Stadt gibt, wo man sie in Hospitäler legen könnte. So werden viele sterben. Die toten Feinde liegen in großen Zahlen nackt auf dem Schlachtfeld, darunter viele Verletzte, die noch keine Hilfe bekommen haben...«

Alfred Arneth, in seinem klassischen Werk über Eugen geneigt, das Heroische zu betonen, ist vom großen Grauen der Augenzeugenberichte erschüttert: »Das Schlachtfeld bot dem entsetzten Auge einen wahrhaft gräßlichen Anblick. Dort, wo die holländischen Gardebataillone gestanden hatten, lagen ungefähr zwölfhundert furchtbar verstümmelte Leichen, meist ihrer Kleider beraubt, wie in Reih und Glied vor den französischen Verschanzungen. Die Körper derjenigen, welche die vordersten gewesen waren, schienen regelmäßig hingelegt zu sein, den Oberleib auf die feindliche Brustwehr gestutzt. Hinter ihnen war der Graben so dicht mit Leichen angefüllt, daß kein Zollbreit Erde sichtbar wurde. Zu solchem Anblicke noch das Jammergeschrei, das Stöhnen und Ächzen der Schwerverwundeten, die Klagetöne der verstümmelten Pferde und endlich den Schmerz gedacht, welchen jeder der Überlebenden über so manchen verlorenen Freund empfand, und man kann sich einen Begriff von den Schrecken der Nacht machen, welche auf die Schlacht von Malplaquet folgte[192].«

Noch heute ist ungeklärt, was mit den Massen der Leichen ge-

schehen ist. Vielleicht wurden sie verbrannt, nach einer anderen Theorie hat man sie in Stollen aufgelassener Minen geworfen.
Um zu der Mühle zu gelangen, in der Eugen Unterkunft gefunden hatte, muß man wieder über die Grenze, zurück nach Belgien: Wieder so ein festungsartiger Hof, das Wohnhaus ist jedoch modernisiert, die Schießscharten wurden zugemauert. Die Bäuerin steigt aus ihrem Mercedes und begutachtet die Fremden argwöhnisch. Fremde haben zu oft Unheil in diese Gegend getragen. Die historische Bedeutung ihres Hauses ist ihr nicht bewußt. Statt »Zur Prinz-Eugen-Mühle« verkündet ein Schild an der Straße lediglich »Kartoffeln zu verkaufen«. Auf der belgischen Seite beschäftigt sich niemand mit der Schlacht. Bei den Franzosen wurde vor ein paar Jahren von etwa 30 Geschichtsenthusiasten ein Verein gegründet, die »Association Navarre et Picardie«. Ein Freizeit-Journalist, der bei der Gemeinde arbeitet, baut in der Schule das Museum auf. Ein Zöllner bastelt an einem Zinnfigurendiorama. Die Frauen nähen die Fahnen der an der Schlacht beteiligten Regimenter. Man sammelt verrottete Kugeln, Säbeln, Gürtelspangen, Uniformknöpfe, man betreibt Schlachtarchäologie. Der Name des Vereines stammt von zwei französischen Regimentern, die hier gekämpft und geblutet haben. Jedes Jahr stellen die Mitglieder in einer wichtigen Ecke des Schlachtfeldes eine Tafel, ein kleines Denkmal auf, um so dem Terrain seine Historie wiederzugeben. So weist ein Gedenkstein die Stelle, an der Villars verwundet worden ist. Und neben dem stattlichen Bauernhof – er hat etwas von einem Herrenhaus –, in dem Marlborough übernachtete, nennen Plaketten die Namen der britischen Regimenter, die hier gefochten haben. Das Geld dafür kam aus London.
Jeden 11. September aber verbringen diese friedlichen Liebhaber der Vergangenheit im Gelände, auf dem Schlachtfeld. Sie zünden Lagerfeuer an und erinnern sich der Zehntausenden, die hier in einem Krieg starben, der schon längst hätte zu Ende sein müssen. Die Geister der Toten, die nach den Erzählungen der Bauern in dieser Nacht umgehen sollen, haben sie noch nie erblickt. Die haben in der anderen Welt ihre Ruhe gefunden und in der unruhigen Gegenwart nichts mehr zu suchen. Die Armeen Villars, Marl-

boroughs und Eugens waren nicht die letzten, die durch Malplaquet marschiert sind. Am Friedhof liegen englische Soldaten aus dem Ersten Weltkrieg. Neben dem Bistro beim französischen Zollhaus zeugt ein Bunker aus dem Zweiten Weltkrieg für eine sinnlose, überholte Verteidigungsstrategie, und daneben stehen auf einer Tafel die Namen von fünf französischen Widerstandskämpfern, die hier 1944 von der SS erschossen worden sind. Auf der belgischen Seite, bei Mons, der Festung, die von Eugen und Marlborough noch nach Malplaquet belagert und genommen wurde, arbeiten in den Büros einer campusartigen Anlage britische, holländische und deutsche Offiziere wieder Schulter an Schulter. Und mit ihnen Amerikaner und Vertreter anderer NATO-Staaten. Das atlantische Bündnis hat das Hauptquartier des SACEUR, des Oberbefehlshabers der Alliierten für Europa, in dieser ewigen Kriegsregion angesiedelt.

XV

Der »Geist der Furcht und Unentschlossenheit«

Zwei Kaiser und zwei Frieden

Das Schweigegebot, die Bitte um Stille hat keine Wirkung. Der Schulklasse in der Wiener Kapuzinergruft fehlt das Gespür für die Würde des Ortes. Der Hauch der Geschichte weht sie nicht an. Die Begräbnisstätte der Habsburger ist nichts weiter als einer der vielen Punkte ihres Besichtigungsprogramms. Wie die Zinnpest an den Sarkophagen nagt, so siecht die Ehrfurcht vor den Toten durch die Seuche touristischer Gleichgültigkeit dahin. Stummen Lärm, tonloses Musizieren, lautloses Trommeln erzeugt jedoch auch der funebre Pomp barocker Sargtischler (wenn man die Meister der metallenen Totenschreine respektlos dieser Zunft zuzählt). Als ob sie einem Kaiser auch im Jenseits kein Ausrasten, keinen Schlaf gönnten, haben sie ihn mit Pauken und Trompeten bestattet, mit Schlachtgeschrei und Waffengeklirre. Von sanfter Ruhe, von ewigem Frieden ist keine Spur. Lukas von Hildebrandt hat sich für den Sarkophag Josephs I. ein wahres Kriegsspektakel ausgedacht. Wenn Eugen über den frühen Tod des Monarchen nicht so betrübt gewesen wäre, hätte er seine Freude daran haben müssen. Da wird im Relief Turin nochmals befreit, und die Soldaten des Kaisers treiben Ungarn, Franzosen und alle anderen Feinde Habsburgs zu Paaren. Der Tod tritt nicht als Schnitter auf, sondern als Krieger, als Ritter im Harnisch. Aus dem geöffneten Visier grinsen Totenschädel mit zerschlagenem Gebiß und hohlen Augenhöhlen in makabrer Wachsamkeit die Hinterbliebenen an. Knöcherne Fratzen vom Lorbeer gekrönt, skelettierte Köpfe mit Fledermausflügeln, dazu Kriegsgerät, Fahnen und Trommeln.

Ein Engel stößt in die Posaune, ein zweiter gutgenährter Putto hält einen Siegerkranz über die Krone und in der Linken eine Schlange, die sich in den Schwanz beißt, Symbol der Ewigkeit, der Unendlichkeit, Zeichen für die Herrschaft des Hauses Habsburg, die nimmer aufhören soll.

Das überraschende Hinscheiden des noch nicht 33jährigen Kaisers war für die Männer, die sich um die Geschicke Österreichs sorgten, eine brutale Mahnung, über die Endlichkeit allen menschlichen Strebens und allen Prunks und aller Macht nachzusinnen. Im Dezember 1711 waren die Pocken aus Ungarn eingeschleppt worden. Abwehrmaßnahmen wie die Einschränkung des Handels mit Ungarn und eine Quarantänezone nach Vorbild des Pestkordons hatten nicht geholfen. Auch der Hof blieb nicht verschont. Graf Trautson, der inzwischen den alten Gegner Prinz Eugens, den Fürsten Salm, als Obersthofmeister abgelöst hatte, erkrankte. Man bangte um den Kaiser. Da er bis dahin noch nie von Blattern befallen gewesen war, bestand für ihn hohe Ansteckungsgefahr. Sechs Wochen lang sperrte er sich in seinen Gemächern im spanischen Flügel der Hofburg ein und lebte völlig isoliert.

Endlich schien die Kraft der Seuche gebrochen zu sein. Da wurden im Frühling neue Fälle gemeldet. Diesmal bagatellisierte der Kaiser die Epidemie. Am 7. April fing er jedoch zu kränkeln an, tags darauf nahm er aber noch an einer politischen Konferenz teil und an einer Jagd im Wienerwald. Am nächsten Morgen fieberte er, und bald bemerkten die Ärzte die roten Flecken auf seinem Körper – der Kaiser hatte die Pocken. Er hatte nur noch ein paar Tage zu leben. Eine Infektionskrankheit veränderte die weltpolitische Lage ganz und gar. Die Ärzte versuchten mit einer Wunderkur die Rettung – sie wickelten den Patienten in 20 Meter englisches Wolltuch. Und weil am 14. April das Fieber fiel, schöpften sie wieder Hoffnung. Trautson, nunmehr gegen Pocken gefeit, nahm die letzten Weisungen des Kaisers am Krankenbett entgegen. Joseph sprach trotz der leichten Besserung von seinem Ende. Zwei Kavallerieregimenter sollten zur Sicherung der Ordnung nach seinem Tode aus Ungarn nach Wien geholt werden. Joseph bat die Kaiserin wegen seiner Liebesabenteuer um Verzeihung. Der letzten Favoritin, Marianne Pálffy, sandte er die Briefe zurück. Prinz Eugen, der sich zur Abreise an die Front rüstete, wollte sich am 16. April von Joseph verabschieden. Der Kaiser ließ ihn nicht in seine Gemächer. Der Prinz sollte sich nicht der Gefahr einer Ansteckung aussetzen. Eugen bestieg seine Kutsche. Unmittelbar danach verschlechterte sich der Zustand des Kaisers radikal. Das Fieber schoß in die Höhe, der Kaiser phantasierte im Delirium. Am 17. April um halb zehn Uhr vormittags schloß er für immer die Augen.

Dem Prinzen Eugen überbrachte in der Nähe von Linz ein Bote die Todesnachricht. »Euer Excellenz können nicht erachten, in was für einen Stand ich mich darüber befinden müsse«, schrieb er an Reichsvizekanzler Schönborn. »Ich halte es für unnötig, Ihnen von der Stimmung zu berichten, in die mich diese traurige Nachricht versetzt hat, Sie wissen besser als jeder andere, welchen Herrn wir verloren haben«, heißt es in einem Schreiben an den Grafen Sinzendorf[193]. Und Wratislaw klagte er: »Mein Schmerz mehrt sich mit jedem Tage, denn ich habe diesen Fürsten wahrhaft geliebt[194].«

Bestürzung, Schock und Angst vor der Zukunft ergriffen die Menschen. Joseph I. war beim Volk beliebt, und in den Führungsschichten der Monarchie betrauerten ihn vor allem die reformfreundlichen Kräfte. Sie strebten danach, die veralteten Strukturen des Kaiserstaates zu erneuern, die Verwaltung zu modernisieren und ein zeitgemäßes Steuersystem einzuführen. Joseph I. hatte sich ihre Ideen zu eigen gemacht. Sein Bruder, der ihm als Karl VI. auf den Thron folgte, war jedoch völlig auf die Anerkennung der Erbfolge für seine Tochter Maria Theresia konzentriert und inneren Neuerungen eher abhold.

Das lastete als schwere Hypothek auf dem Hause Österreich – Joseph I. war ohne männlichen Erben gestorben. Der Biograph des Kaisers, Charles W. Ingrao, schreibt ihm ein gehöriges Maß an Verantwortung dafür zu: »Während es Joseph gelang, die Monarchie und ihre Sicherheit erheblich zu vergrößern, setzte er selbst diese Gewinne wieder aufs Spiel, indem er seinen Pflichten, einen

Erben hervorzubringen, nicht nachkam. So verlockend es ist, seinem frühen Tod die ganze Schuld zuzuschieben, so muß man doch sagen, daß Joseph I. möglicherweise auch keinen Sohn bekommen hätte, wenn er nicht an den Pocken gestorben wäre. Bei seiner Art zu leben, wäre er höchstwahrscheinlich ohnehin nicht alt geworden. Entweder wäre er (bei seinen wilden Jagden) tödlich gestürzt oder an Lungenentzündung oder Syphilis gestorben. Dazu kam, daß die wachsende Entfremdung zu seiner Frau die Chancen auf einen Sohn ebenfalls auf ein Minimum reduzierte[195].« Kaiserin Amalie dürfte wahrscheinlich von ihrem Mann mit einer Geschlechtskrankheit angesteckt worden sein. Deshalb war sie gar nicht mehr in der Lage, Kinder zur Welt zu bringen.

Die letzten Jahre belastete das Verhältnis des Kaisers mit der Komtesse Pálffy. Eugen und Wratislaw, beide mit dem Vater des Mädchens, dem Reitergeneral Johann Graf Pálffy, befreundet, nutzten diese Verbindung, um dem Kaiser auf diesem Umweg gewisse Nachrichten, Gedanken und Anregungen zukommen zu lassen, die sie in den offiziellen Konferenzen nicht äußern konnten. Nun traf die Mätresse die unerbittliche Rache Amalies. Kaiserin Eleonore, die Mutter Josephs, wurde bis zur Rückkehr Karls aus Spanien zur Regentin bestimmt. Und sie ließ Marianne Pálffy sofort vom Hof entfernen. Weiters mußte sie Schmuck und andere Geschenke Josephs herausgeben und einen ungeliebten Adeligen heiraten. Als die Regentin auch gegen Mariannes Vater vorgehen wollte, stellte sich Eugen schützend vor diesen.

Eine Zeitlang schien in Wien nichts wichtiger zu sein als das Nachspiel kaiserlicher Ehedramen und Bettgeschichten. Dabei ging es um die Zukunft der Monarchie. Es galt, die Kaiserwahl Karls zu sichern. Eugen wurde beauftragt, auf seiner Fahrt zur Front bei mehreren Kurfürsten für den Habsburger zu werben. Diese waren von der Notwendigkeit einer Unterstützung Karls leichter zu überzeugen, als man in Wien erwartet hatte. Am 12. Oktober, als der aus Spanien heimkehrende jüngere Sohn Leopolds in Genua an Land ging, wählte ihn in Frankfurt am Main das Kurfürstenkollegium zum Kaiser – Karl VI. war nun der dritte Habsburger, dem der Savoyer diente.

Durch diese Entwicklung zerbrach jedoch mit einem Schlag die Basis der Allianzpolitik. England und Holland hatten sich im Namen des europäischen Gleichgewichtes gegen Frankreich gestellt – jetzt wurde dieses Gleichgewicht vom Bündnispartner Österreich bedroht. Ein Weltreich wie zur Zeit Karls V., das Spanien mit seinen amerikanischen Besitzungen und die sich nach Italien und Ungarn ausdehnende habsburgische Hausmacht einschloß, war nicht im Interesse der bisherigen Alliierten. Das Bündnis hatte seinen Sinn und seinen Inhalt verloren. In England gewann die Friedenspartei die Oberhand. Langsam wurde Eugens Freund, dem Herzog von Marlborough, der Teppich unter den Füßen weggezogen.

Der Glanz des Erfolges wird nur allzuoft von Neidflecken getrübt. In zu kurzer Zeit hatte Marlborough zuviel erreicht. Dem Sieger jubelte das Volk zu, dem Politiker gehörte das Ohr der Königin. Er hatte Glück, er war reich, er wußte um sein vorteilhaftes Äußeres und trat dementsprechend auf. Eine solche Gestalt provoziert zu Gegnerschaft. Als die schockierenden Verlustziffern von 1709 bekannt wurden, hieß Marlborough in seiner Heimat nicht der Sieger, sondern der »Schlächter von Malplaquet«.

Mit Eugen war er einer Meinung, daß nach dieser Schlacht Ludwig XIV. nun endgültig auf den Knien liege. Doch die beiden hatten sich wieder einmal bitter getäuscht. Diese Schlacht festigte Frankreichs Widerstandswillen nur noch mehr. Im nächsten Feldzug vermied Villars jedes große Treffen, sicherte dabei aber den Weg nach Paris ab und sah zu, wie die Alliierten eine Festung nach der anderen nahmen – Douai, Béthune, Saint Venant und Aire. Die beiden »schrecklichen Zwillinge«, wie sie die Franzosen nannten, gewannen Mauern, feste Plätze, Positionen, aber die Armee Villars' blieb heil. Der Marschall humpelte, sein in Malplaquet zerschlagenes Knie war in eine Eisenschiene gepreßt. Als ihm der Chirurg das Bein amputieren wollte, drohte er ihm mit dem Erschießen. Also schnitt er Villars nur das vom Wundbrand angegriffene Fleisch weg – nach den Methoden der Zeit. Mit Alkohol war Villars in Trance versetzt worden, dann schnallte man ihn auf eine Tischplatte und begann mit der blutigen Arbeit.

Sie seien nur darauf aus, den Krieg zu verlängern, warfen die Feinde Marlboroughs und Eugens den beiden Feldherren vor. Der Krieg brächte ihnen soviel Gewinn, jeder neue Feldzug bedeute für sie ein glänzendes Geschäft. In Wirklichkeit wollten sie jedoch immer nur noch den letzten Schlag führen, die entscheidende Tat setzen, die Ludwig zur Kapitulation zwingen sollte. »Dieser Feldzug muß dem Krieg ein Ende bereiten«, schrieb der Herzog an seinen Premier Godolphin. Später, als alles nicht so programmgemäß lief und in der Armee Typhus und Fleckfieber umgingen, schilderte er das Elend des Volkes in Flandern: »Zumindest die Hälfte der Dorfbewohner ist seit dem letzten Winter gestorben, und der Rest sieht aus, als käme er aus dem Grab. Dies ist so schrecklich, daß kein Christ das ansehen kann, ohne sich vom ganzen Herzen einen schnellen Frieden zu wünschen[196].«
Im Volk wuchs die Unruhe, der König wagte sich kaum noch nach Paris, Pamphlete gegen ihn wurden an Zäune und Gitter gehängt, Spottgedichte machten die Runde, und die Pariser erfanden eine grimmige Vater-unser-Parodie: »Vater unser, der Du in Versailles bist, Dein Name wird nicht mehr gepriesen, Dein Königreich ist nicht mehr so groß, Dein Wille geschieht nicht mehr, weder auf Erden noch auf dem Meer. Gib uns unser Brot, das uns überall fehlt. Vergib unseren Feinden, uns geschlagen zu haben, und nicht Deinen Generälen, die zuließen, daß sie uns schlugen. Erliege nicht allen Versuchungen der Maintenon, sondern erlöse uns von Chamillart[197].« Die Maintenon war die verhaßte Mätresse, die Ludwig XIV. in aller Heimlichkeit geheiratet hatte, und Chamillart der Kriegsminister.
Auch in den Briefen Liselottes von der Pfalz wird die Not dieser Jahre lebendig, der Hunger, die Geldentwertung: »So eine elende Zeit, wie es nun ist, ist nicht auszusprechen. Die Hungersnot ist so erschrecklich, daß man an allen Enden Leute recht von Hunger niederfallen und sterben sieht; überall ist Krieg und Jammer, von den Größten bis auf den Kleinsten ... Geht man aus dem Haus, folgen einem viel Arme nach, die schwarz von Hunger. Alles wird mit Zettel bezahlt; nirgends ist Geld. Alles ist betrübt, nirgend keine Freud ....[198]«

Bevor diese letzte gemeinsame Kampagne Marlboroughs und Eugens begann, hatten die Alliierten im Frühjahr 1710 wieder mit den Franzosen in Holland verhandelt. Die Gespräche auf Schloß Gertruidenburg zogen sich hin, und Eugen verlor die Geduld. »Die Franzosen seien nur hier, um ›uns zu amüsieren‹ und ihre ›Finten und Kniffe‹ anzuwenden. Nachdem aber jetzt unsere Sachen in Waffen besser als keinmal stehen und fast das Ansehen haben will, als ob man sich gern wollte aufziehen und foppen lassen, so ist höchst nötig, daß man mit den feindlichen Ministers, wenn sie sich nicht anders aufführen, kurz abbreche und Ihnen alle Gelegenheit benähme, sich länger hier aufzuhalten[199].« Die Verhandlungen wurden abgebrochen, der Krieg fortgesetzt. Der Herzog und der Prinz ahnten nicht, daß sie nie wieder Seite an Seite die Armee führen würden. Nach Jahren der Triumphe lief plötzlich alles gegen den Prinzen. Er merkte es nur noch nicht.

Die einzigen positiven Nachrichten kamen aus Ungarn. Dort wurden die Rebellen von den Kaiserlichen unter Pálffy so bedrängt, daß sie einen Waffenstillstand annahmen. Kurz nach dem Tod Josephs I. unterschrieben sie am 29. April den Frieden von Szatmár. Hingegen hatte sich in Spanien die Kriegslage wesentlich verschlechtert. Erzherzog Karl ließ seine Frau schweren Herzens in Barcelona als Regentin zurück – und als Pfand für seinen unverminderten Anspruch auf Spaniens Krone. Im Herbst 1711 hielt er zuerst in Mailand Hoflager. Innsbruck war die nächste Station. Dort rief der neue Kaiser seine Räte zusammen. Eugen hatte den Sommer mit wenig ereignisreichen Sicherungsoperationen am Rhein zugebracht. Jetzt begegnete er in der Tiroler Landeshauptstadt seinem neuen Herrn zum erstenmal als Kaiser. Karl VI. notierte darüber in seinem Tagebuch: »Prinz Eugen votiert gut, lakonisch, kurz; Sinzendorf schwatzt viel[200].«

Zu schwätzen gab es genug. Aus dem Nebel von Geheimniskrämerei, Gerüchten und gezielter Desinformation formte sich langsam die konkrete Gestalt einer völlig veränderten britischen Politik. Für die nationalsozialistische Geschichtsbetrachtung während des Zweiten Weltkrieges war dieser »Verrat Englands« ein wahrer Glücksfall. Da baute man Eugen als deutschen Helden und Vorbild für jeden einfachen Landser auf – aber sein bester Freund war der Ahnherr Winston S. Churchills. Das paßte nicht ins Propagandaszenario. Aus der weiteren Entwicklung des Geschehens konnte jedoch die Warnung abgeleitet werden, daß sich ein aufrechter Deutscher eben nie mit den Engländern einlassen dürfe. So heißt zum Beispiel eine Sonderschrift des Oberkommandos der Wehrmacht, 1940 von Walter Elze verfaßt, »Der Prinz Eugen – sein Weg, sein Werk und Englands Verrat«. Eugen und Marlborough hätten eine neue Weltordnung geplant – und die sei von England verraten worden. »Was Englands Verrat heraufbeschwor, hat Eugen damals ausgesprochen: die Gefahr, ›mit einer solchen Conduite sich selbst und ganz Europa verlieren zu machen‹. Im Kriege heut gewinnen die deutschen Waffen für Europa neu das uralte Recht der Mitte, das unser Geist immer tätig und lebend erhielt. Doch England hat – vom schlimmen Hauch des Verrates verfolgt – ›sich selbst verloren‹[201].« Das »perfide Albion« aus der Sicht von 1940 – dieser von der deutschen Propaganda in zwei Weltkriegen überstrapazierte Begriff entstand jedoch damals, als England die große Volte schlug.

Winston S. Churchill räumt seinen Landsleuten zwar vernünftige Ziele ein, die Methoden, sie zu erreichen, waren jedoch verräterisch[202]. Noch härter urteilt Nicholas Henderson, der ehemalige britische Botschafter in Washington, in seinem Prinz-Eugen-Buch: »Es war Eugens Schicksal, einer der ersten zu sein, die über Bord geworfen wurden, als England unter Verletzung des Grundsatzes von Treu und Glauben in Verfolgung seiner eigenen Interessen und unter völliger Mißachtung aller seiner Alliierten auf einen geheimen Kurs einschwenkte. Nicht zuletzt auf Kosten Eugens erwarb sich England damals mit vollem Recht den Beinamen ›perfides Albion‹. England, das Eugen für dessen Führung im Kampf gegen den gemeinsamen Feind während eines Jahrzehntes so viel verdankte, beglich seine Schuld nicht in der gewohnten politischen Währung: mit Undank, sondern mit einfacherer, schäbigerer Münze: mit Verrat[203].«

Eugen und Marlborough wurden die Opfer der britischen Innenpolitik. Die Dschungelkämpfe der beiden Parteien waren so gna-

denlos und oft auch so schmutzig, daß die einen »Tories« (Banditen) genannt wurden und die anderen »Whigs« (Strauchdiebe). Die Tories vertraten die Klasse der Grundbesitzer, sie verkörperten das Land, im Gegensatz zu den Whigs, die für die städtische Gesellschaft fochten; sie waren die Bank- und Geschäftsleute, die Kapitalisten. Und Marlborough diente ihnen als Galionsfigur. Sie profitierten vom Krieg, ihre Anleihen zur Finanzierung der Söldnerheere trugen gute Zinsen, sie verdienten als Kriegslieferanten – die Tories hingegen ärgerten sich, daß ihre Grundsteuern auf dem Umweg über die Militärausgaben in die Taschen ihrer politischen Konkurrenten flossen. Deshalb wollten sie den Frieden. Der Umschwung kam 1710. Die Tories gewannen die Unterhauswahlen, ihr Führer Robert Harley wurde Erster Minister. Lady Sarah Marlborough hatte die Gnade und Freundschaft der Königin eingebüßt. Der Herzog sah sich plötzlich nur noch von Feinden umgeben. Die neue Regierung wagte es jedoch nicht, ihn abzuberufen. Dazu war er zu populär. Mehrere europäische Fürsten traten für ihn ein, und Eugen erklärte ohne Umschweife, wenn der Herzog gehen müsse, würde auch er abtreten.
Um Stimmung gegen Marlborough zu machen, zettelten die Tories eine Pressekampagne an – mit publizistischen Mitteln, wie sie in Wien damals noch völlig unbekannt und undenkbar waren. Einer der Hauptakteure dabei hieß Jonathan Swift, der begabte Satiriker aus Irland und spätere Verfasser von »Gullivers Reisen«. Harley nutzte dessen Talent geschickt und gebrauchte ihn als Werkzeug. Polemisch, demagogisch, oft Dichtung mit Wahrheit mischend, zog Swift in seiner Streitschrift »Das Verhalten der Verbündeten ...« gegen die Allianz ins Feld. England verblutete sich finanziell zum Nutzen des Kaisers und der Holländer. »Wir haben praktisch ganz Bayern, Ulm, Augsburg, Landau und einen großen Teil des Elsaß für den Kaiser erobert, und durch die von uns bereitgestellten Truppen, die von uns besoldeten Armeen und die von uns bewirkte Ablenkung der feindlichen Streitkräfte haben wir wesentlich zur Eroberung von Mailand und Mantua beigetragen. Der letzte Kaiser leitete den Reichtum dieser Länder in seine eigene Kasse, ohne seine Truppen gegen Frankreich zu ver-

stärken ...« Es sei »eine schreckliche Vorstellung, das Kaiserreich und die spanische Monarchie in einer und derselben Person vereinigt zu sehen ...« Und was haben die langen Kriegsjahre gebracht? »Wir haben zum Verderben des öffentlichen Wohls und zur Förderung eines Privatinteresses gekämpft. Wir haben gekämpft, um den Reichtum und die Machtstellung einer einzelnen Familie zu vergrößern, um Wucher und Börsenjobber zu bereichern und um den verderblichen Plänen einer Partei Vorschub zu leisten, indem wir den Grundbesitz ruinierten. Die Nation gelangt jetzt zu der Ansicht, daß diese Segnungen keines weiteren Kampfes mehr wert sind, und wünscht deshalb Frieden ...[204]« Swift hielt sich zugute, mit seiner Streitschrift viel zum Gesinnungswandel im Land beigetragen zu haben. Er wußte jedoch nicht, daß Harley bereits unter strengster Geheimhaltung mit den Franzosen verhandelte. Eine der wichtigsten Vorschläge der Briten war, daß Ludwigs XIV. Enkel Philipp die Krone Spaniens behalten sollte und damit auch die überseeischen Besitzungen.

Swifts Pamphlet erreichte binnen einem Monat fünf Auflagen, jeder redete darüber, und viele Engländer fühlten sich in ihrer »insularen Abgeschlossenheit und Selbstzufriedenheit[205]« und in ihrer Fremdenfeindlichkeit angesprochen. Sie wollten nicht die Dummen sein, die von den Kontinentalen übertölpelt würden.

Da Österreich ohne Englands Geld kaum fähig war, Krieg zu führen, verlangte der Kaiser von Eugen den Einsatz all seines Prestiges, um die Allianz zu retten. Der Prinz sollte nach England reisen. Die Nachricht löste bei den Tories Entsetzen aus. Sie wollten den Besuch um jeden Preis verhindern, so sehr fürchteten sie die Wirkung des neben Marlborough populärsten und berühmtesten Feldherrn. Man sandte ihm Warnungen. Seine Sicherheit sei gefährdet, der Mob werde gegen ihn demonstrieren; das Volk sehne sich nach Frieden und sei deshalb gegen den Prinzen als »Kriegshetzer« aufgebracht. Wenn er der Regierung etwas mitzuteilen habe, könne er das in Utrecht tun. Dort hatten sich die Vertreter des Bündnisses zu neuerlichen Friedensgesprächen mit den Franzosen versammelt – ohne allerdings von den heimlichen Zugeständnissen der Engländer zu wissen.

Eugen ließ sich nicht aufhalten, nicht einmal durch die Winterstürme im Kanal. Neun Tage dauerte die qualvolle Überfahrt. Die Engländer fieberten seiner Ankunft entgegen. Am 16. Jänner 1712 harrten Menschenmassen seiner im Hafen von Harwich. Aber Eugen befahl, die Flut ausnutzend, die Themse hinauf nach London zu segeln. In Greenwich und beim Tower war alles schwarz von Leuten. Um der Regierung nicht schon am ersten Tag Ungelegenheiten zu bereiten, wich der Prinz den Menschen aus. In einer Schaluppe landete er bei den Whitehall Steps und ließ sich, kaum bemerkt, in einer einfachen Mietkutsche nach Leicester House, in die Residenz des kaiserlichen Vertreters, bringen. Später spekulierte man darüber, ob ihm ein Empfang durch die begeisterte Menge nicht doch genützt und für eine günstige Atmosphäre gesorgt hätte.

Über einen Mangel an öffentlicher Aufmerksamkeit, Huldigungen und Einladungen brauchte er sich nicht zu beklagen. Ja, manchmal schien es, als ob die Tory-Regierung ihm auf diese Weise jegliche Zeit für seine diplomatische Tätigkeit rauben wollte. In Leicester House erwartete Lord Marlborough den Prinzen. Unmittelbar vorher hatte Eugen erst erfahren, daß sein Freund des Kommandos über die britische Armee auf dem Kontinent enthoben worden war. Außerdem lief eine Untersuchung gegen ihn wegen Veruntreuung öffentlicher Gelder. Der Prinz war bestürzt, aber er dürfte diese Entwicklung bereits geahnt haben. In einem langen nächtlichen Gespräch tauschten sie ihre Sorgen aus. Die Tories brachten Eugen alle Ehrerbietung entgegen, versäumten jedoch keine Gelegenheit, ihm die Sinnlosigkeit seiner Mission anzudeuten. Die Königin sagte bei einer feierlichen Audienz nur eingelernte Phrasen auf, wie sie ihr von den Ministern Harley, jetzt Lord Oxford, und Henry St. John, Viscount Bolingbroke, aufgesetzt worden waren. Eine umfassende Denkschrift Eugens zu den Problemen der Allianz beantworteten die Herren nur mündlich.

Für die Öffentlichkeit blieb Eugen eine Sensation. Über jeden seiner Schritte wurde berichtet. Die Leute drängten sich in Leicester House, daß die Böden einzubrechen drohten. Wie sah Swift, einer der schärfsten Gegner des Prinzen, diesen Besuch? In seiner nicht zur Veröffentlichung bestimmten Sammlung von Briefen an seine Geliebte Esther Johnson berichtete der Satiriker im Tagebuchstil: »...dann ging ich zu Hofe, wo es sehr voll war, weil man erwartete, den Prinzen Eugen zu sehen; er ist gestern abend gelandet und wohnt in Leicester House; die Königin hat er erst heute abend um sechs aufgesucht. Ich hoffe und glaube, er kommt zu spät, um den Whigs noch zu nützen ... Um sechs ging ich zu Hofe, um den Prinzen zu sehen, aber er war zur Königin hineingegangen, und als er herauskam, ging der Staatssekretär, der ihn vorgestellt hatte, so dicht neben ihm, daß er ihn mit seiner großen Perücke ganz verbarg.« Die giftigste und spitzeste Zunge der Insel, dieser Jonathan Swift, stand in der Menge der Neugierigen, ein passiver Zaungast, obwohl sein Beitrag zum Umschwung nicht zu unterschätzen ist. Swift erzählte weiter von der Perücke des Prinzen. Bei Hof schicke es sich nicht, ohne eine lange Perücke aufzutreten, habe man Eugen gesagt. Aber er besaß nur eine kurze, aufgebundene: »Nun, sagte der Prinz, ich wußte nicht, was ich anfangen sollte, denn ich habe in meinem Leben noch keine lange Perücke gehabt; ich habe auch zu all meinen Kammerdienern und Lakaien geschickt, um zu sehen, ob einer von ihnen eine Perücke hätte; aber keiner hatte eine.« Und Swift kommentierte: »War das nicht sehr groß gesprochen und nicht ohne einige Verachtung?« Alle paar Tage fand Swift etwas Eintragenswertes über den Gast: »Prinz Eugen hat Sonntag nicht beim Herzog von Marlborough gegessen, wohl aber war er gestern abend in Lady Betty Germains Gesellschaft, und es war eine ungeheure Anzahl von Damen da, um ihn zu sehen. – Heute waren unendlich viele Leute bei Hofe, um den Prinzen Eugen zu sehen; aber er kam nicht. – Ich konnte heute bei Hofe den Prinzen Eugen nicht sehen, es war ein zu großes Gedränge. Die Whigs bringen es fertig, daß er immer von einem Gedränge umgeben ist, und sie stellen den Pöbel an, damit er schreit, wenn er aus irgendeinem Haus kommt.« Von hoch und niedrig wurde Prinz Eugen wie ein Wundertier bestaunt. Swift: »Wir alle rüsten uns für den Geburtstag (der Königin). Wenn die Gicht der Queen zunimmt, wird sie das Vergnügen hindern.

Prinz Eugen hat sich eigens zwei schöne Anzüge dafür machen lassen; und die Königin soll ihm ein Schwert schenken, das viertausend Pfund wert ist, die Diamanten sind durchsichtig gefaßt.« Dann äußerte sich Swift zum erstenmal kritischer über den Prinzen: »Heute habe ich bei Hofe den Prinzen Eugen sehr deutlich gesehen; er ist verdammt gelb und außerdem ziemlich häßlich. Bei Hofe war es sehr voll und die Leute hatten ihre Geburtstagskleider an.« Die letzte Eintragung über Eugen: »Heute ißt Prinz Eugen beim Staatssekretär, und zwar mit sieben acht Generälen und auswärtigen Gesandten. Sie werden sich alle betrinken, davon bin ich überzeugt. Ich bin mit diesem Prinzen niemals zusammengetroffen; ich habe einigen Lords den Vorschlag gemacht, wir wollten ihn zu einem nüchternen Diner einladen, aber es will mir nicht gelingen[206].«

Szenen aus Eugens Schlacht um England. Statt Attacken ritt er Jagden mit den Lords in lieblichen Parklandschaften. Dem Getümmel entsprach das Bad in der sensationsgierigen Menge. Gefahr für Leib und Leben drohte ihm nur von der Fülle von Diners und nächtlichen Festen. Kanonaden von Papier, Memoranden, diplomatischen Erklärungen und Erläuterungen sollten dem Gegner den Mumm rauben. List und Täuschung wurden angewandt, die äußere Form höfischer Sitte blieb dabei streng gewahrt. Statt Säbelduellen lieferte Eugen Wortgefechte. Bei einem Diner für den Prinzen hielt Harley eine heuchlerische Begrüßungsrede: »Es ist dies der glücklichste Tag meines Lebens, denn ich habe die Ehre, in meinem Haus den größten Feldherrn dieses Jahrhunderts zu begrüßen.« Trocken antwortete Eugen in Erinnerung an den durch Harley gestürzten Marlborough, der natürlich nicht geladen war: »Wenn dem so ist, dann verdanke ich es nur Eurer Lordschaft[207].«

Um den starken Eindruck Eugens auf die Bevölkerung abzuschwächen und seine hohen Sympathiewerte zu vermindern, griffen Harley und St. John zu Mitteln der von ihnen so oft praktizierten psychologischen Kriegführung. Sie ließen Gerüchte ausstreuen, Eugen plane mit Marlborough einen Putsch zum Sturz der Regierung. London solle in Brand gesteckt, die Königin gefangenge-

nommen, die Minister ermordet werden. Der Prinz und der Herzog hätten auch die »Mohocks«, eine gefürchtete Bande von Räubern und Mördern, die London terrorisierte, in ihre Verschwörung einbezogen. In einem Manuskript über die Zeit der Queen Anne in Swifts Nachlaß wurde diese Behauptung noch einmal wiederholt. Eugen sei zu allem fähig, heißt es da. »Die große Neigung dieses Prinzen geht beständig auf den Krieg, ohne daß er sich um dessen Ursachen oder Folgen kümmerte. Er ist von Natur nicht ganz von jener Grausamkeit frei, die man den Italienern zuweilen anlastet. Und da er unter den Waffen aufgewachsen ist, hat er die Empfindungen von Mitleid und Reue soweit bei sich ausgelöscht, daß er imstande ist, das Leben von tausend von Menschen einer Caprice von Ruhm oder Rache aufzuopfern[208].«
So haben ihn also seine Gegner porträtiert. Gilbert Burnet, ein Marlborough nahestehender Theologe und Geschichtsschreiber, geriet nach mehreren Begegnungen mit Eugen ins Schwärmen: »Er hat eine ganz ungezwungene Bescheidenheit an sich und kann die Ehrerbietung kaum vertragen, die ihm jedermann erweist. Ungezwungen stellt er sich mit jedem auf eine Stufe, mit dem er sich unterhält, und in der Diskussion ist er ohne jede Anmaßung[209].«
Doch die Tage zogen sich hin, die Zeit verrann. Die Aussichtslosigkeit seiner Mission mußte Eugen immer klarer werden. Ein tragischer persönlicher Verlust verdunkelte die letzten Wochen seines Englandaufenthaltes. Er hatte seinen Neffen Eugen als Adjutanten mitgenommen. Der noch nicht 20jährige Chevalier de Savoye dürfte das Londoner Leben im wahrsten Sinn des Wortes in vollen Zügen genossen haben. Man erzählt von seiner Trinkfreudigkeit und einer Schlägerei in einem Kaffeehaus. Nach nur kurzer Krankheit starb er plötzlich am 7. März an den Blattern. Der Prinz soll wenig Schmerz gezeigt haben, bemerkten die Londoner. Aber Eugen verstand es, diszipliniert wie er war, seine Gefühle zu verbergen und Haltung zu bewahren. Er hatte sich um die Söhne seines älteren Bruders Ludwig Thomas sehr gekümmert, jedoch ohne viel Glück. Erst vor zwei Jahren war Moritz, der ältere Bruder des Chevaliers, als kaiserlicher Offizier in Spa-

nien einer Krankheit erlegen. Und nun Eugen – er wurde in der Familiengruft des Herzogs von Ormonde in der Westminsterabtei bestattet.

Eugen hingegen mußte seine Hoffnungen auf die Wiederherstellung der Allianz im alten Stil begraben. Sein Beharrungsvermögen, seine Zähigkeit wollten ihn die Niederlage in der Schlacht um England nicht wahrhaben lassen. Der persönliche Erfolg seines glanzvollen Auftretens wurde durch das Scheitern seiner diplomatischen Mission getrübt. In der Welt der Salons hatte er reüssiert, war er eine Attraktion, wenn er sich auch bei manchen Vergnügungen zurückhielt, weil ihm, wie ein Beobachter meinte, bei den französischen Tänzen die Übung fehlte. Seine Sache sei der Husarentanz, das könnten Türken und Franzosen bezeugen. In der Politik fand er sich in dem ihm völlig fremden Milieu einer parlamentarischen Oligarchie schwerer zurecht. Gegen die bewegte Handels- und Geschäftswelt London war Wien provinziell, zurückgeblieben und altmodisch. So vieles war anders: der Vorrang wirtschaftlicher Interessen, das Wechselspiel der Parteien und Cliquen, eine dynamische Publizistik als Propagandawaffe, kurzum – ein politisches Instrumentarium, das handzuhaben man in Wien noch nicht gelernt hatte.

Vor seiner Abreise nahm sich Eugen noch Zeit, mit seinem preußischen Generaladjutanten Georg Wilhelm von Hohendorff durch die Londoner Antiquariate zu streifen. Hohendorff war ein großer Bücherkenner und hat Eugen wahrscheinlich mit seiner Bibliophilie angesteckt.

Resigniert bestieg der Prinz Ende März sein Schiff. Er wußte, daß mit England nicht mehr zu rechnen war. In Utrecht tagte der Friedenskongreß. Weil sich die Franzosen wegen ihrer geheimen Abmachungen mit England wieder stark fühlten, stockten die Verhandlungen. Deshalb wurden die Truppen noch einmal ins Feld geschickt. Eugen jagte wieder dem Phantom des letzten, alles entscheidenden Gefechts nach. Nominell gehörten die Briten dem Bündnis noch an. Sie schickten auch ihre Soldaten unter dem Herzog von Ormonde, mit dem der Prinz in England zur Jagd geritten war. Aber er hatte seine eigenen Anweisungen von Viscount Bolingbroke: Er »müsse sich eine Zeitlang jeder Aktion enthalten, es sei denn, er befände sich in einem beträchtlichen Vorteil[210]«. Londons Agenten paktierten in der Verborgenheit weiter mit den Franzosen. Man kam einander so nahe, daß der Herzog von der Königin den Befehl erhielt, sich an keiner Belagerung und an keiner Schlacht mehr zu beteiligen. Gewisse Kreise in London wünschten jetzt ein Niederlage Eugens, und sie lieferten Marschall Villars alle Informationen über die Pläne der alliierten Armeen. Eugen war wütend, schimpfte Ormonde einen Dummkopf und schrieb die Engländer ab. Anfang Juli wurden die britischen Truppen offiziell abgezogen – die von England bezahlten deutschen Söldner liefen nun zu Eugen über.

Der Prinz nahm die Festung Quesnoy nach kurzer Belagerung und legte seine Truppen vor Landrecies noch tiefer nach Frankreich hinein. In Versailles herrschte Panik. Ludwig XIV. dachte schon daran, sich selbst an die Front zu begeben. Da vollbrachte Marschall Villars das Wunder von Denain. In der österreichischen Geschichtsschreibung hat Denain keinen allzu hohen Stellenwert, in Frankreichs Historie ist dieser Name mit goldenen Lettern verzeichnet. Frankreich sei durch Denain gerettet worden, sagte Napoleon.

Der Retter hat seinen Ehrenplatz im Herzen der schäbigen Industriestadt, 50 Kilometer südöstlich von Lille: Marschall Villars – alles ist Triumph an diesem Standbild, das Pferd nimmt die übliche Haltung ein mit den vorderen Hufen in der Luft und mit wehendem Schwanz. Alles scheint Bewegung zu sein. Villars Perükke fliegt, die Federn auf seinem breitkrempigen Hut wallen, der Säbel steckt zwar in der Scheide, dafur schwingt der Feldherr seinen spazierstockgroßen Marschallstab, als ob er damit die Feinde Frankreichs niederschlagen wollte. Der Retter Frankreichs, wie ihn sich das gerettete Land vorstellt oder wie er in der Phantasie patriotischer Bürger anno 1913 weiterlebte. Damals wurde das Geld für das Denkmal gesammelt, im Anschluß an die 200-Jahr-Feier 1912. Im Stadtmuseum ruft ein dem Jugendstil verwandtes Plakat zum Festzug – wieder der Überheld Villars, vor dem das Volk dankbar die Knie beugt, und im Hintergrund sinkt die Dop-

peladlerflagge in den Staub, während das Banner mit der Sonne Ludwigs XIV. seine Strahlen zurückgewonnen hat. In den Vitrinen mit Schlachtberichten, Kugeln, verrosteten Säbeln und Bajonetten liegen auch Photos von dem historischen Umzug in den Kostümen der Periode des großen Königs, und die Kapelle der Bergarbeiter spielte eine eigens komponierte Hymne auf die unsterblichen Sieger von Denain. Im Café »Le Marechal Villars« am Hauptplatz sitzen die alten Herren, von denen einige die Denkmaleinweihung noch als Kinder erlebt haben, bei ihrem kleinen Glas Roten und ereifern sich über Sieg oder Platz – beim Tiercé, beim Pferdetoto. Das Denkmal wurde übrigens 1924 zum zweitenmal aufgestellt – 1918 hatten es die Deutschen zerstört.
Denain 1712 war zunächst eine holländische Angelegenheit. Lord Albemarle, ein von Wilhelm von Oranien geadelter Holländer, sollte diesen wichtigen Nachschubstützpunkt sichern. Die Magazine dort waren für Eugens weit vorgeschobene Armee lebenswichtig. An einen Angriff Villars dachte jedoch niemand. Der Marschall hatte seine Armee in Bewegung gesetzt und Eugen durch einen Zickzack-Marsch getäuscht. Er gab es in einem Brief an den Kaiser zu: »Man kann bei so vielen verschiedenen Bewegungen nicht wissen, wohin des Feindes Intentionen gerichtet sein mögen[211].« Er wußte es erst am 24. Juli, als Villars plötzlich einen totalen Schwenk machte und Denain angriff. Bis dahin hatte Eugen eher mit einer Entsatzoperation für Landrecies gerechnet.
Die Holländer Albemarles waren der französischen Übermacht nicht gewachsen. Als sie sich mit dem Troß über die Schelde zurückzuziehen versuchten, brach die Schiffsbrücke ein. Hunderte Soldaten ertranken. Eugen eilte zu Hilfe. Von einer der nahen Höhen zum Fluß sah er das Desaster. Viel mehr als eine peinliche Zuschauerrolle war in dem Drama für ihn nicht drin. Er hatte noch zu wenige Leute, um eingreifen zu können. Villars empfing General Albemarle als Gefangenen – und mit ihm 4000 Mann. Für Eugen war es ein »ärgerlicher Unfall«, für die Franzosen der erste große Sieg, Balsam auf die vielen Wunden dieses endlosen Krieges, eine dringend nötige Stärkung ihres Selbstbewußtseins,

eine Wundermedizin für ihre »Gloire«. In seinem Echo wuchs der Sieg ins Überdimensionale. Die äußeren Umstände, Englands Verrat, der sinkende Kampfwille der Holländer, die allgemeine Kriegsmüdigkeit zählten nicht. Frankreich wollte sich nach so vielen Demütigungen mit eigener Kraft, am eigenen Zopf aus dem Sumpf gezogen haben. Saint-Simon spricht von »einem Wunder der göttlichen Vorsehung, das allem Elend Frankreichs ein Ende bereitete[212]«. Liselotte von der Pfalz freute sich darüber, daß »der häßliche Prinz Eugène die Sach mit seinen Augen hat sehen müssen, ohne zu Hülf kommen zu können; das muß ihn doch brav verdrossen haben. Das ist wohl angewandt, denn er macht auch alle Leute doll mit seiner Raserei gegen den Frieden, also ist es auch löblich, daß er wieder ein wenig ›chagrin‹ hat«. Er hat ihr selbst so oft Kummer bereitet, daß die Pfälzerin in Versailles Eugen nun Sorgen und Schmerz von Herzen vergönnte[213].
Und davon gab es fortan genug für den Prinzen, obwohl er es sich nicht anmerken ließ. Die Holländer waren nach den Verlusten von Denain ohne jeden Kriegswillen, für die kaiserliche Armee fehlte wie in alten Zeiten das Geld, Eugens Nachschublinien waren zusammengebrochen, und Villars eroberte Quesnoy, Douais und Bouchain zurück. Zornig schrieb Eugen an Sinzendorf: »Es ist sicher, daß wenn wir mit Festigkeit gehandelt hätten, wir diese stolzen Franzosen und ihre neuen Freunde zittern hätten machen können, denn den schlechten Erfolg dieses Feldzuges darf man nicht der Affäre von Denain zuschreiben, sondern diesem Geist der Furcht und Unentschlossenheit der Holländer[214].«
Die Affäre von Denain – in Frankreich wurde sie auf Eugens Konto geschrieben. Der Unbesiegbare mußte endlich ein Besiegter sein. Seine Schuld? Mangelnde Übersicht und zu ausgedehnte Nachschublinien. So beurteilen es die meisten französischen Memoirenschreiber. Denain selbst hat inzwischen den Krieg mit der Zeit verloren. Am Stadtrand, dort wo die grauen Arbeitersiedlungen aus dem Boden wachsen, erinnern Haldengebirge an eine industrielle Vergangenheit. Ein gewaltiges Stahlwerk mit verschlossenen Gittertoren verkommt langsam, ein Dinosaurier des Technikzeitalters. Vor ein paar Jahren hat man die letzten Leute entlas-

sen und zugesperrt. Ebenso ging es mit den Kohlengruben in der Umgebung. Ruhm war in Denain einmal zu Diskontpreisen erhältlich, Arbeit hingegen ist heute Mangelware.
Anno 1713 waren Feldherren und Soldaten noch immer nicht arbeitslos. Im Krieg stirbt's sich zwar schnell, aber die Kriege selbst haben ein zähes, langes Leben. Europa war erschöpft, ausgelaugt, müde. Seit der Türkenbelagerung Wiens 1683 wurde fast pausenlos irgendwo gekämpft – vom Mittelmeer und der Iberischen Halbinsel bis in die Weiten Rußlands, Heere standen einander in Skandinavien gegenüber, am Rhein, in den Niederlanden, in Frankreich, in Oberitalien, Feldzüge führten nach Ungarn und in die Tiefen des Balkans. Es gab Offiziere, die unter den verschiedensten Feldherren und Herrschern gestritten und mehrmals Seiten, Dynastien und Interessen gewechselt hatten – und andere wie Eugen, die ein Muster an Loyalität blieben; die Mächtigen mußten sich erst wieder daran gewöhnen, nicht nur in Kategorien der Gewalt und des Krieges zu denken, sondern den Frieden als wünschenswerte Realität anzuerkennen. Der französische Literat Abbé Saint-Pierre veröffentlichte ein Projekt für einen dauerhaften Frieden in Europa. In Utrecht plagten sich die Diplomaten, den Erbstreit, diesen Familienzwist, aus dem ein Krieg der Nationen geworden war, zu beenden. Auch in Wien war die Friedenspartei immer stärker geworden. Im Dezember 1712 hatte sie jedoch ihren besten Mann verloren – den Grafen Wratislaw, knapp über 40, litt er unter Fett- und Wassersucht und starb am 21. Dezember. Nach dem Tod Josephs I. hat Eugen kaum ein anderes Ereignis tiefer erschüttert. Wratislaw war zehn Jahre lang das politische andere Ich des Prinzen. Eugen konnte sich beruhigt monatelang auf den Schlachtfeldern herumtreiben, während der Freund und gewandte Diplomat in Wien in seinem Sinne waltete. Wratislaw hatte sich bis zuletzt bemüht, Karl VI. Spanien auszureden. In achtenswerter Treue zu seinen Anhängern in Katalonien glaubte der Kaiser, seine spanischen Ansprüche nicht aufgeben zu dürfen. Und die Beraterschar, die er aus Spanien importiert hatte, bestärkte ihn in dieser Ansicht.
In Utrecht kamen die Unterhändler Schritt für Schritt weiter.

Österreich unterzeichnete einen Vertrag, der Italien, die Niederlande und Spanien für neutral erklärte. Die kaiserlichen Truppen würden Katalonien räumen. Wieder einmal schien der Friede greifbar nahe. Karl sollte für seinen Verzicht auf Spanien mit den südlichen Niederlanden, Mailand und Neapel entschädigt werden. Da versuchten die Franzosen plötzlich, noch mehr herauszuholen. Sie verlangten für den unter Reichsacht stehenden Max Emanuel Bayern und Luxemburg, weiters die Aufgabe Mantuas und die Anerkennung Philipps V. als König von Spanien – zum Unterschied vom bloßen Verzicht Karls auf diese Krone. Das war dem Kaiser zuviel. England, Holland, Preußen, Savoyen und Portugal unterzeichneten am 11. April mit Frankreich den Vertrag von Utrecht (am 13. Juli folgte der Vertrag Englands mit Spanien). Der Vertreter des Kaisers, Graf Sinzendorf, hatte durch einen Eilkurier die Anweisung aus Wien erhalten, nicht zu unterschreiben.
In Wien schäumte Prinz Eugen über den verlorenen Frieden. Er selbst hatte den Kaiser beeinflußt nachzugeben, den letzten Forderungskatalog hielt er jedoch für unannehmbar. Der holländische Gesandte Hamel Bruynincx berichtete von einem Temperamentsausbruch, wie man ihn von dem kühlen Savoyer sonst nicht kennt. Von Posttag zu Posttag habe man dem Kaiser mehr abzuzwacken versucht, ärgerte er sich. »Was die Herren Oxford und Bolingbroke mit ihren Saufbrüdern und Huren nachts aufsetzten, und was ihnen dazu im Schlaf noch träumte, das ließen sie anderen Tags als neue Forderung hinausgehen; sie hielten den Kaiser wohl für einen Jungen, der ein halbes Faß nach Hause bringe, und behandelten die Königin (Karls Frau, die als Regentin in Barcelona geblieben war) als eine Schattenfigur oder hölzerne Puppe...« Als sich der Holländer von Eugen verabschiedete, bemerkte er, »daß dem guten Prinzen die Tränen in den Augen standen[215]«. Tränen des Zorns und der Verbitterung darüber, daß für den Kaiser der Krieg noch weiterging.
Es war einer der unglücklichsten Feldzüge Eugens, dieses letzte, so unnötige Aufflackern des Streites um das spanische Erbe, das schon längst verteilt war. Auf sich allein gestellt, krankte die kaiserliche Armee unter den alten Übeln: kein Geld, kein Sold, man-

gelnde Verpflegung, wenig Munition, schlechte Disziplin, Deserteure zuhauf, alles Voraussetzungen, die Prinz Eugen zu einer ihm nicht angemessenen Passivität zwangen. Die Reichsfürsten hatten zwar Hilfe zugesagt, aber ihre Versprechen nur beschränkt erfüllt. Frankreich raffte sich dagegen zu neuen Kriegsanstrengungen auf, und Villars befehligte ein überlegenes Heer. Eugen zog eine dünne Sicherungslinie am Rhein, während Villars beweglich operierte und den Prinzen über seine Absichten ins Unklare setzte. Eugen blieb nichts anderes übrig, als untätig zuzuschauen, wie Villars die wichtige linksrheinische Festung Landau belagerte und einnahm. Dann setzte der Marschall bei Straßburg über den Strom, führte seine Armee in Eilmärschen nach Süden, überwand den Schwarzwald und schloß Freiburg ein. Der Prinz konnte den Kommandanten General von Harsch nur beschwören, möglichst lange auszuhalten. Die wichtigste Stadt Vorderösterreichs kapitulierte erst Mitte November. Da war es für Villars bereits zu spät, durch das Donautal in Richtung Wien weiterzuziehen. Dieser Feldzug brach die letzten Widerstände gegen einen Friedensschluß zwischen Kaiser und König. Nicht die Diplomaten sollten ihn aushandeln, sondern die Feldherren. Die Spezialisten des Krieges zogen ihre Waffenröcke aus, steckten die Säbel in die Scheide und verwandelten sich in Friedensmacher: Am 26. November 1713, nur neun Tage nach der Kapitulation von Freiburg, trafen sie einander im Schloß von Rastatt: Prinz Eugen von Savoyen und Louis Hector Herzog von Villars.

Der Ruhm des »Türkenlouis« und Reichsfeldmarschalls, sein Reichtum, zum Teil durch seine Kriegsdienste erworben, und seine Stellung als Markgraf von Baden, werden durch diesen Schloßbau materialisiert – die Summe seines Lebens ließ Ludwig Wilhelm am Abend seiner Zeit Architektur werden: Strenge, Ordnung, Größe, eine mächtige Fassade in einem zarten Rotbraun, das ins Rosa geht, ein Bauwerk, nicht so wuchtig und monumental wie die Schlösser Ludwigs XIV., aber auch ohne die graziöse Schwerelosigkeit des Belvederes. Der von zwei Seitenflügeln flankierte Cour d' honneur bietet genügend Platz für Ehrenbezeugungen jeder Größenordnung. Die französischen und die kaiserlichen Einheiten, die an diesem Novembernachmittag Haltung annahmen, waren eher bescheiden. Die Friedensverhandlungen sollten weder durch üppigen Aufwand, übertriebenes Gefolge noch durch ein allzu ausgeklügeltes Zeremoniell kompliziert werden. Darum störte es Eugen nicht, daß Villars eine halbe Stunde vor ihm eingetroffen war. Beide Herren kannten das Schloß: Villars hatte sich hier einquartiert, als die Franzosen 1707 nach Baden eindrangen, auch Eugen hatte mehrmals hier logiert. Und sie kannten einander sehr gut: Der Franzose hatte als französischer Beobachter an den Türkenfeldzügen in Ungarn teilgenommen und – wie wir wissen – vor dem Krieg als Ludwigs XIV. Botschafter so manchen Abend dinierend und beim Spiel mit Eugen verbracht. Daß sie sich dann als Gegner gegenübergestanden waren, änderte an ihren persönlichen Beziehungen nichts. Obwohl der Spanische Erbfolgekrieg unter den Völkern einen bis dahin kaum bekannten Nationalismus weckte, blieben die Solidarität der Generalskaste, die Internationale des über alle Grenzen hinweg verschwägerten Adels davon unberührt. Der Prinz und der Herzog umarmten einander als »honêttes hommes«, als Männer von Stand und Ehre, die sich freiwillig einem anspruchsvollen Verhaltens- und Sittenkodex unterwarfen.

Durch seine Siege in den letzten Kriegsjahren hatte Villars viel an Prestige gewonnen. Trotzdem überragte ihn der wesentlich kleinere Savoyer in diesen Tagen von Rastatt. Villars stellte mehr dar, er war kräftig, etwas beleibt, wegen seiner Verletzung von Malpalquet hinkte er. Dieses Handicap machte er durch übertriebene Gesprächigkeit, einen Hang zu Höflichkeitsformeln und einer oberflächlichen Liebenswürdigkeit wett. Vielleicht quälte ihn ein unterbewußter Minderwertigkeitskomplex angesichts Eugens, und er war – wie es Helmut Oehler diagnostiziert – bestrebt, »dem geborenen Fürsten um jeden Preis entgegenzukommen und es ihm an ›Seelengröße‹ gleichzutun, seine Unsicherheit unter vielen Worten, einem lebhaften Mienen- und Gebärdenspiel und geräuschvoller Herzlichkeit verbergend«. Villars gegenüber war der »kleine schmächtige Eugen, von überlegener Ruhe, voll Bedacht in jeder Äußerung, mit der ganzen Sicherheit und Selbstverständlichkeit uralten Adels, äußerlich höchst unscheinbar, aber verklärt und bedrückt durch die Last seines Ruhmes, seine echte, schlichte Vornehmheit der allzu bewußten und gespielten des anderen entgegensetzend und den Charakter des Gegners geschickt benutzend[216]«.

Villars durfte es nicht stören, daß die Fresken über der Feststiege zum Verhandlungssaal im Gewand antiker Mythen seinen König verhöhnten. Noch zu Lebzeiten Kaiser Leopolds ausgeführt, soll die Geschichte vom Phaeton Ludwigs XIV. grausiges Los prophezeien. Der Sohn des Sonnengottes Apollo wollte dessen flammenden Sonnenwagen durch das Himmelsgewölbe lenken. Weil er die vorgeschriebene Bahn nicht einzuhalten vermochte, drohte er, Himmel und Erde in Brand zu setzen. Jupiters Blitze schleuderten den von Größenwahn erfüllten Phaeton von seinem Gefährt. Diesen Sturz zeigt das Deckengemälde – und Phaeton, das ist Ludwig XIV. Er hat Europa durch das Feuer seiner Kriege verheert. Ihn trifft nun die gerechte Strafe. Und die wahre Sonne strahlt vom Himmel, Kaiser Leopold[217].

Im sogenannten Ahnensaal wurde unter den steinernen Blicken geknechteter Türkenfiguren verhandelt. Jeder der Fürsten bewohnte einen Schloßflügel. Am Abend saß man beim Diner zusammen und spielte danach Piquet, wie anno dazumal in Wien. Das große Drama der Hunderttausend-Mann-Armeen war auf ein Zweipersonenstück geschrumpft. Diese zwei Hauptdarsteller wollten beide den Frieden. Villars schien noch emsiger darum bemüht als Eugen, nach seinen militärischen Triumphen auch als der große Diplomat und Friedensstifter in die Geschichte einzugehen. Villars vermengte gerne sein privates Streben mit der Politik, er hatte sein persönliches Weiterkommen vor Augen, seine Stellung bei Hof – Eugen hingegen zeigte, was man heute ein Pokerface nennen würde. Bei aller Freundschaft bewahrte er einen kühlen Kopf, drohte mehrmals mit der Abreise und packte schließlich seine Sachen und begab sich nach Stuttgart, als der König in Versailles einen bereits ausgearbeiteten Friedensentwurf verwarf.

Über die wesentlichen Punkte war man sich von Anfang an einig gewesen. Man stritt sich noch um die Entschädigung Max Emanu-

els, um den Titel »katholische Majestät« für Karl, die dem spanischen König gebührte, um die Amnestie seiner Anhänger in Katalonien. Am 27. Februar kehrte Eugen wieder nach Rastatt zurück. Das nun fertiggestellte Friedensdokument trägt das Datum vom 6. März 1714. Am Morgen des 7. März setzten die beiden ehemaligen Gegner, die jetzt Freunde geworden waren, die Unterschrift unter die Artikel des Vertrages: »Im Namen der Allerheiligsten und unzertrennlichen Dreieinigkeit sei allen und jeden, denen es angehet oder auf einigerlei Art und Weise angehen kann, zu wissen, daß nach dem Europa viele Jahre her durch lange und blutige Kriege beunruhigt worden, worinnen die vornehmsten Staaten und Koenigreiche von Europa sich verwickelt gesehen, es endlich Gott, der die Herzen der Könige in seinen Händen hat, gefallen, derer Souveränen Gemüter zu einer vollkommenen Wiedervereinigung zu bereiten ...« Ein »christlicher allgemeiner Friede und eine immerwährende aufrichtige und wahrhaftige Freundschaft« zwischen Kaiser und König werden gelobt[218]. Eugen und Villars lieferten ihnen ein gutes Beispiel. Der Prinz kehrte allerdings mit dem Gefühl heim, durch kluge Taktik für Österreich ein Maximum herausgeholt zu haben. Die Wiener begrüßten ihn wie nach einem seiner großen Siege. Der Kaiser ging ihm entgegen, umarmte ihn, und als Eugen versuchte, seine Hände zu küssen, drückte Karl ihm zwei Küsse auf die Wangen.
Europa atmete befreit auf. Frankreich war in seine Grenzen gewiesen worden, zumindest in jene des Friedens von Rijswijk. Das Elsaß, Straßburg und die lothringischen Bistümer Verdun, Metz und Toul durfte es behalten, ebenso Landau, alles auf Kosten des Reiches. Der Kaiser brauchte auf seine spanischen Ansprüche nicht zu verzichten und blieb weiter im Kriegszustand mit Philipp, ohne aktiv Krieg zu führen. Er konnte sich mit Mailand, Mantua, Neapel und Sardinien trösten. Und mit den südlichen Niederlanden. Der Besitz Belgiens wurde allerdings durch die holländischen Grenzfestungen auf diesem Territorium etwas eingeschränkt. Österreich hat reiche Gebiete dazugewonnen, und neue Völker. Dieser Reichtum brachte jedoch auch viele Lasten und Konflikte auf Vorrat. Im Chorgestühl der Klosterneuburger

Stiftskirche lassen die Wappen der einzelnen Provinzen dieses Imperium Karls VI. – seine Weite und seine Größe – ahnen.
Am meisten haben jedoch die Briten profitiert. Während sich Österreich im Herzen des Kontinents als die dominierende Kraft etablierte, wurde England durch den Frieden von Utrecht die See- und Handelsmacht Nummer eins. Der Gewinn von Neufundland und Neuschottland, von Gibraltar und Menorca diente den maritimen Interessen der Briten. Das Monopol auf den Sklavenhandel mit den spanischen Kolonien in der Neuen Welt erwies sich als eine Goldgrube. Seit der Vernichtung der französischen Flotte beherrschte die Royal Navy die Weltmeere, Holländer und Spanier waren keine ernstzunehmenden Konkurrenten mehr. Für England hatte der finanzielle Einsatz in diesem Krieg höchste Zinsen getragen. Nach dem überraschenden Tod Queen Annes im Sommer 1714 kehrten die Whigs wieder an die Macht zurück, Marlborough wurde rehabilitiert, und die Architekten des Umschwungs und Verrates von 1712 büßten hart: Robert Harley, Earl of Oxford, landete im Tower, und Lord Bolingbroke floh nach Frankreich.
Eine andere Gestalt, deren Name mit dem Begriff »Verrat« befleckt ist, Max Emanuel, kam relativ glimpflich davon. Er erhielt Bayern und die Oberpfalz zurück und kehrte 1715 heim. Das kühne und zukunftsträchtige Projekt Wratislaws und Eugens, Bayern gegen Belgien einzutauschen, scheiterte am Widerstand der anderen Mächte.
Prinz Eugen wurde mit Ehren überhäuft. Die Krisenjahre waren vergessen. Die bösen Zungen, die ihn einen Kriegsverlängerer geschimpft hatten, verstummten. Der Feldherr als Architekt des Friedens, der Soldat als Diplomat, der General als Politiker – an Ansehen kam ihm nun niemand in der Führungsschicht der Habsburgermonarchie gleich. Neben dem Kaiser stand unumstritten Prinz Eugen, die gewichtigste Stimme in allen Räten und Konferenzen. Die Grenzen dieses Staates waren vor allem seinen Kriegserfolgen und seinem Verhandlungsgeschick zu verdanken. Nun wollte er seine Energien darauf verwenden, dieses habsburgische Reich zusammenzuhalten.

Nach diesen gehetzten Jahren in Heerlagern, in Kutschen, im Sattel, von Stadt zu Stadt, von Land zu Land, von Kriegsschauplatz zu Kriegsschauplatz, dauernd in Bewegung, Strapazen ausgesetzt, Verwundungen, mit immer kürzeren Winteraufenthalten in Wien, sehnte er sich wohl auch nach etwas Privatleben und Ruhe. Sein ausgebautes Prachtpalais erwartete ihn, und Hildebrandt hatte bereits mit der Arbeit am Unteren Belvedere begonnen. Der Prinz konnte sich diesen Luxus leisten. Kaiser Karl VI. schaute darauf, daß ihm trotz der leeren Kassen die Honorare ausgezahlt wurden – die 300 000 Gulden einer Schenkung Josephs I., aufgestockt um weitere 100 000 Gulden durch Karl VI. Als ihm das Bankhaus Wertheimer am 1. April 1717 die letzte Rate überwies, hatte Eugen jedoch schon wieder eine Schlacht geschlagen, und eine andere stand ihm bevor, in seinem letzten Türkenkrieg.

XVI

»Alle Türken zu verjagen ...«

Peterwardein und Belgrad

Ein Gebirge aus roten Ziegelmauern, Basteien, Schanzen, Batterien, Toren, Gängen, Schießscharten und Wachhäusern, eine kurvige schmale Straße, die von der Donau hinauf in die Festung führt, bei einem Tor hinein, beim anderen wieder hinaus, oben auf dem Plateau des Basaltfelsens die Offiziers- und Mannschaftsunterkünfte, und der Uhrturm mit den verkehrten Zeigern – der große zeigt die Stunden, der kleine die Minuten, als ob man damit den Feind hätte täuschen können: Peterwardein, das »Gibraltar an der Donau«, das eindrucksvollste Monument der österreichischen Herrschaft über diesen Strom, und eng mit Prinz Eugen verbunden.

Peterwardein sei ein so wichtiger Platz, von dem »so importante Länder dependieren«, so daß man ihn »wenigstens in einen solchen Defensionsstand setzen« müsse, »damit ein Feind nicht sogleich hineinlaufe oder eine Armee zu (seiner) Erhaltung notwendig sei«, schrieb Eugen im Sommer 1716 an den Kaiser, nachdem er die Festung inspiziert hatte[219]. Dieser Felsen verlangt nach einer Festung. Die Donau wird durch diesen Basaltauswuchs der Fruska-Gora-Hügel zu einer knieartigen Windung gezwungen. Dadurch sieht man Peterwardein vom Schiff aus schon lange vor sich und hat es dann noch eine geraume Weile im »Rückspiegel«. Von hier aus kann der Strom kontrolliert und gesperrt werden. Das wußten schon die Römer. Sie legten hier eine Militärstation an. Seitdem blieb der Platz befestigt. Die Ungarn hielten ihn gegen die Türken; nach dem Fall von Belgrad diente Peterwardein zur Sicherung des türkischen Aufmarschweges gegen Ofen und Wien. Als Peterwardein endlich wieder in Christenhand fiel, setzte sich Prinz Eugen sofort für den Ausbau der Festung nach dem System Vaubans ein. Die Verwandtschaft mit dessen Zitadellen in Flandern oder am Rhein ist unverkennbar. Ihre Abwehrkraft wurde jedoch nie ernstlich erprobt. Die Türken sind nie mehr dazugekommen, dieses Bollwerk zu belagern. Seine Abschreckungswirkung genügte. Den Österreichern bot es Rückhalt für die Operationen im Donauraum. Unter Feuer geriet Peterwardein erst im Jahre 1848: die Festung war von rebellierenden Ungarn besetzt, und kaisertreue kroatische und serbische Grenzertruppen versuchten sie einzunehmen. Heute erobern Touristenschwärme die Festung ohne viel Mühe. Im ehemaligen Offizierspavillon servieren serbische Kellner unter Bildern kaiserlicher Soldaten feurige Haidukenspieße. In der durch Mauern in die Festung einbezogenen »Wasserstadt« am Strom hat sich eine jugoslawische Garnison in k.u.k. Kasernenbauten einquartiert. Das ärgste Donauhindernis bildet heute jedoch die alte Brücke von Peterwardein nach Novi Sad, dem ehemaligen Neusatz. Wegen ihrer geringen Höhe bleibt der Schiffsverkehr bei Hochwasser hier hängen.

Schiffsbrücken über die Donau, die Armee Eugens und die Heerscharen des Großwesirs, die türkische Illusion, Peterwardein stürmen zu können, den Frieden von Karlowitz zu revidieren und die »vermaledeiten Ungläubigen« wieder zurückzudrängen, bestimmten das Geschehen im Jahre 1716. Während des Erbfolgekrieges dachte Eugen oft und oft an die Grenze im Südosten. Aber die Türken waren noch zu schwach, um Österreichs Bedrängnis durch die Franzosen und die Kurutzen auszunützen. Langsam erholten sie sich jedoch von den schweren Schlägen zwischen 1683 und 1697. Ehrgeizige Großwesire dürsteten nach Revanche. Die unruhigen Hilfsvölker wie die Tataren brauchten Beschäftigung, der Krieg war ihr liebster Zeitvertreib und die wichtigste Einnahmequelle. Gegen die kaiserlichen Armeen wagten sich die Türken noch nicht. Statt dessen griffen sie Zar Peter den Großen an; sie brachten ihm 1711 am Pruth in der Moldau eine schwere Niederlage bei. Ohne die Zahlung einer hohen Bestechungssumme wäre er sogar in Gefangenschaft geraten. Durch diesen Erfolg angefeuert, wandten sich die Türken gegen Venedig und eroberten 1715 in einem Hundert-Tage-Feldzug die Halbinsel Morea zurück. Venedig erinnerte Wien an die Heilige Allianz, der Papst appellierte an den Kaiser. Die Türkenangst ging wieder um.

Aus späterer Sicht neigt man dazu, die Gefahr im Südosten zu bagatellisieren. Das türkische Weltreich war jedoch trotz seiner Gebietsverluste in Europa ein unheimlicher, bedrohlicher Koloß. Istanbul übertraf mit seinen 700 000 bis zu 1 Million Einwohnern alle westlichen Großstädte. Zum Imperium des Sultans gehörten neben den osmanischen Kernlanden Marokko, Algerien, Tunesien, Libyen, Ägypten, Arabien, Palästina, Syrien, Kleinasien, die Krim, Südrußland, Bessarabien, die Moldau, die Walachei, Bulgarien, Serbien, Montenegro, Bosnien, Albanien, Griechenland, die Ägäischen Inseln und Kreta. Das Gebot des Sultans galt in Athen und in Belgrad ebenso wie in Kairo, Bagdad und Jerusalem. Als das Weltreich endgültig zerbrach, entstanden daraus über 20 verschiedene moderne Nationalstaaten. Bei der Ausdehnung des Reiches über drei Kontinente hinweg war eine zentrale Verwaltung nicht mehr funktionsfähig. Tüchtige Großwesire verstanden es aber doch, die lokalen Machthaber vor den gemeinsamen Karren zu spannen, die Tribut- und Steuerzahlungen sicherzustellen und sie zu gemeinsamen Kraftanstrengungen gegen die Ungläubigen anzuspornen.

Seit 1701 regierte Sultan Achmed III., das heißt, er ließ regieren, gab sich den Freuden des Harems hin und seinem Schönheitssinn. Animiert von der Kunde der Prachtentfaltung Ludwigs XIV. ließ der Sultan luxuriöse Lustpavillons im französischen Stil errichten oder Teehäuser nach chinesischem Modell. Seine Leidenschaft galt den Tulpen. Sie waren im 16. Jahrhundert durch einen Amsterdamer Kaufmann aus der Türkei nach Holland gelangt und dort durch Züchtung weiterentwickelt worden. Man erinnere sich nur der Zeit der Tulpenspekulationen, als viele in den kostbaren Blumen – oder besser in den Zwiebeln – eine Geldanlage sahen. Dieser Rummel war längst vorbei. Doch Achmed konnten ausländische Gesandte mit nichts eine größere Freude bereiten als mit neuen Tulpensorten. Der Sultan veranstaltete Blumenfeste. Für die Hochzeit seiner Lieblingstochter kochten 1500 Köche auf. Theater, Feuerwerk, Gaukler, Akrobaten, Ringkämpfer, chinesische Schattenspieler sorgten für die Unterhaltung des Padischahs; und Dichter sangen Verse von der Liebe.

In diesem Zaubergarten des Schönen war jeder Kriegslärm verpönt. Die ästhetische Weltsicht verlangte auch Produkte der westlichen Kultur. So wurden in Istanbul zum erstenmal europäische Stühle importiert. Konservative Moslems – heute würde man sie islamische Fundamentalisten nennen – grollten diesen verderblichen Einflüssen der Ungläubigen. Auch die Schmach der Niederlagen am laufenden Band gegen die Armeen des Kaisers war noch nicht getilgt. Der neue Großwesir Damad Ali, ein Schwiegersohn des Sultans, verstärkte die Flotte und holte sich ersten Kriegsruhm gegen die schwachen Venezianer. Um ein Eingreifen des Kaisers zu verhindern, hatte er vorher, Anfang 1715, einen Sonderbotschafter nach Wien entsandt.

In der Kaiserstadt erinnerte man sich des Besuches eines türkischen Gesandten im April 1711 bei Prinz Eugen, kurz vor dem Tode Josephs. In seinem »Entwurf einer historischen Architektur« zeigt Fischer von Erlach das Stadtpalais bei der Ankunft des Türken[220]. Aus allen Fenstern schauen Leute, die Menschen drängen sich vor dem Palais, eine Ehrenkompanie zieht auf, Vorreiter sprengen vor der sechsspännigen Kutsche des Vertreters der Hohen Pforte einher – ein wienerischer »Auflauf«, ein Spektakel, das Neugier weckt und Gesprächsstoff liefert. Vier Jahre später war die Auffahrt kaum anders. Der Prinz wußte, wie man dem Türken imponierte. Zuerst ließ er Ibrahim Aga zwei Wochen warten, bis er ihn am 13. Mai wahrhaft kaiserlich empfing. Es mag Eugen einige Überwindung gekostet haben. Doch hier bedeuteten Zeremoniell Politik, Etikette Diplomatie und Pomp Macht. Prinz Eugen vertrat den Kaiser. Er spielte diese Rolle so souverän, daß der Türke keinen Augenblick daran zweifeln konnte, dem wichtigsten Mann neben Karl VI. gegenüberzustehen. Der Prinz saß »unter einem rotsamtenen, mit goldenen Borten verbrämten Baldachin auf einem rotsamtenen Rücken- und Armsessel, in einem roten mit Gold gestickten Kleid, mit bedecktem Hut; auf der rechten Seite waren Ihre Excellenz der Hofkriegsrats-Vizepräsident samt dem löblichen Hofkriegsrat nach dem Range und auf der linken Seite der geheime Refendarius gestanden. Sobald der Aga Ihro Durchlaucht sitzend sah, machte er seine Zeremonien mit dreimaliger Berührung des Turbans und überreichte sein Beglaubigungsschreiben stehend ...« Wie eine liturgische Handlung wurde diese diplomatische Begegnung zelebriert. Der Prinz ließ sich auf seinem Thron nieder, während er dem Aga mit der Hand deutete, »auf einem zurückgestellten, rotsamtenen Rücken-Lehnsessel sich niederzusetzen[221]«.

Das nun folgende Gespräch hätte man sich ersparen können, die große Geste blieb ohne Inhalt. Die Türken hatten schon vorher jede österreichische Vermittlung im Konflikt mit Venedig abgelehnt. Sie wollten den Krieg mit der Serenissima. Der große Bruch mit dem Kaiser wurde nur etwas aufgeschoben.

Vermeiden ließ sich der Krieg nicht mehr. Ohne irgendwelchen Selbsttäuschungen zu erliegen, hatte Eugen bereits im Februar 1715 in einer gründlichen Studie dem Kaiser die Lage erläutert. Man könne sich einen Krieg eigentlich nicht leisten. Zu sehr seien in den vergangenen 14 Kriegsjahren »die Länder an Geld, Volk und anderen Notwendigkeiten entkräftet worden.« Deshalb sollte man trachten, Zeit zu gewinnen. Die Soldrückstände seien noch nicht bezahlt, und die Magazine und Zeughäuser in schlechtem Zustand. Auch die ungarischen Festungen müßten dringend verbessert werden. Sonst würden die Türken die Oberhand gewinnen (»so doch Gott gnädig verhüten wolle«) und in ein oder zwei Jahren wieder vor Wien stehen, »mithin E.k.M. in Ihrer eigenen Residenz nicht sicher sein würden«. In einem Zehn-Punkte-Programm diktierte der Prinz seine Forderungen: Aufstockung der Kavallerie, neues Pferdematerial, Ergänzung der Infanterieregimenter, mehr Geschütze, Munition, Proviant, Schiffsbrücken; er verlangte den Ausbau einer Donauflottille, eine Verbeserung der Versorgung (Anwerbung von Bäckern, Backöfen auf den Schiffen, gefüllte Magazine), die Errichtung von Feldspitälern, »um den kranken Soldaten, wovon so viele crepieren, nicht allerorten mitschleppen« zu müssen. Und schließlich benötigte er noch 600 000 Gulden zusätzlich für die Befestigung diverser Verteidigungsstellungen, weil man auch bei einer Offensiv-Operation die Defensive nicht vergessen dürfe[222].

Der Kaiser hat ihn wohl verstanden. Die Horrorvision der Türken vor Wien schreckte Karl auf. Für ihn war es jedoch wesentlich schwieriger, eine so mächtige Armee auf die Beine zu stellen als für den Sultan. Als stehendes Heer hatte der Sultan das Elitekorps der Janitscharen und die Spahis, die besoldete Reiterei, zur Verfügung. Weiters ermöglichte das Lehenssystem eine relativ billige Mobilisierung. Die Paschas, Agas und anderen großen Grundbesitzer mußten je nach Einkommen im Kriegsfall Soldaten – meist Berittene – aufbieten. Sie kamen für ihre Kosten bis zur Vereinigung mit dem Hauptheer auf. Für eine so durch und durch militarisierte Gesellschaft war der Kampf gegen die Ungläubigen noch dazu eine religiöse Pflicht. Der Tod im Heiligen Krieg brachte einen sicheren Platz im Paradies. »Was bei den Soldaten der christlichen Heere durch methodische Ausbildung erreicht wurde, das ersetzten die Osmanen durch ihr kriegerisch angelegtes Wesen und ihre Vertrautheit mit der Waffenführung.« Über ihre Kampfkraft heißt es im monumentalen Werk des Kriegsarchivs über die Feldzüge Prinz Eugens: »Die Soldaten waren tapfer, gehorsam, fanatisch, ein grausamer Vernichtungstrieb beseelte sie und bald wußten sie wieder wie einst, Schrecken vor sich her zu verbreiten. In regelrechter Schlachtordnung zu kämpfen verstanden sie nicht, aber eben die ungebundene Kampfesführung, das Wirken auf Flanke und Rücken, hatte ihnen bei ihrer großen Zahl auch jene gewisse taktische Überlegenheit erhalten, welche sie so lange Zeit auf den ungarischen Schlachtfeldern zur Geltung gebracht hatten ...[223]«

Ohne eine formelle Kriegserklärung wälzte sich im Juli 1716 eine türkische Soldatenflut donauaufwärts; mit dem Troß und allem, was zu einer solchen Armee gehört, waren es an die 200 000 Mann – mit einem Schwarm von Pferdeknechten, Dienern, Sklaven, Handwerkern, Kaufleuten usw. Angeführt wurde diese Menschenmasse vom Großwesir Damad Ali. Geschickt im Ränkespiel des Istanbuler Serails, hatte er sich nach oben gedient. Im Krieg nicht sehr erfahren, erwarb er sich durch seinen Feldzug gegen die Venezianer jedoch militärischen Ruhm. Dadurch war er um so mehr von sich eingenommen, hochmütig und wegen seiner Strenge bei Offizieren und Soldaten unbeliebt.

Gegen Eugen und seine Generäle stand der Großwesir wie ein blutiger Anfänger da. Vertraute Gesichter umgaben den Prinzen, der alte Heister, nicht gerade sein Freund, kommandierte die Infanterie. Graf Pálffy, der Befehlshaber der Kavallerie, hingegen gehörte zu seinem engeren Kreis. Wer war noch dabei? Zwei Protegés des Savoyers, Feldmarschall Prinz Alexander von Württemberg und Prinz Ferdinand Albert von Braunschweig-Bevern, der Bruder der Kaiserin, dann der alte Haudegen Graf Mercy, der schneidige Husarengeneral Ebergényi, der 1702 den kühnen Ritt nach Mailand unternommen hatte, und Maximilian Starhemberg, der jüngere Bruder Guidos. Dieser allerdings fehlte. Nach dem politischen Debakel in Spanien hatte er sich vergrämt in die Komturei des Deutschen Ritterordens nach Laibach zurückgezogen. Noch einer der Veteranen der Türkenkriege ritt nicht mehr mit – General Rabutin. Er fühlte sich alt und krank und harrte in seinem Wiener Palais des bald nahenden Todes.

Die Türken marschierten Richtung Peterwardein. Einige Kilometer von der Festung entfernt, nahe der Kapelle, die an den Frieden von Karlowitz gemahnte, ließ Damad Ali das Lager aufschlagen – wie zum Hohn. Der Vertrag von 1699 war nur noch ein Stück Pergament, er galt für die Türken nicht mehr. Eugen führte unterdessen seine Truppen über zwei Schiffsbrücken auf das rechte Donauufer. Ein bewaffnetes Aufklärungsunternehmen Pálffys endet tragisch. In der Nähe von Karlowitz geriet der Ungar mit seinen 3000 Reitern an eine 10 000 Mann starke Kavallerievorhut und wurde umzingelt. Nach vierstündigem Gefecht in ungünstigem Gelände gelang es Pálffy zwar, sich und den Rest seiner Leute herauszuhauen. Aber er hatte fast 700 Mann an Toten, Verwundeten und Gefangenen verloren. Unter den Gefangenen befand sich Feldmarschalleutnant Graf Breuner. Sein Pferd war unter ihm zusammengebrochen. Ein Kürassier versuchte ihm aufzuhelfen, da

traf den Soldaten ein türkischer Säbelhieb, und der General wurde gefesselt vor den Großwesir geschleppt.
Der unglückliche Ausgang des Gefechtes drückte auf die Stimmung im Lager. Die Angriffslust der kaiserlichen Generäle sank angesichts der erdrückenden Übermacht der Türken. (Eugen kommandierte zwischen 60 000 und 70 000 Mann.) In dem hügeligen Gelände hatten sie außerdem die vorteilhafteren Stellungen bezogen. Man redete vom Rückzug über die Donau, einer Konzentration auf die Verteidigung der Festung oder von einem Verharren in den alten Schanzen am Strom. Nur Eugen war für die Offensive. Er befahl die Attacke für den 5. August. Sein Heer postierte er zwischen den Sümpfen am Donauufer und dem Festungsberg.
Weil ein nächtlicher Sturm mehrere Schiffsmühlen gegen die Pontonbrücken getrieben hatte und dabei größerer Schaden entstanden war, ging die Kavallerie viel zu spät über den Strom. Der Angriffstermin mußte auf sieben Uhr früh verschoben werden. Die erste Welle am linken Flügel unter Württemberg kam gut vorwärts. Doch die ausgezeichnet kämpfenden Janitscharen gefährdeten das Zentrum der Kaiserlichen. Eugen war wieder einmal ganz vorne und feuerte seine Leute an. Durch ein geschicktes Manöver gelang es ihm, die türkische Front vom linken Flügel her durch die Kavallerie aufzurollen. Die leichten Spahis wichen vor der Wand der gepanzerten Kürassiere. Alfred Arneth wurde durch die Leistung der »Eisenreiter« zu schwärmerischer Schlachtenpoesie verleitet: »Wie vor der gleichmäßig strömenden Lava, welche alles niederwirft und in ihren Feuerfluten begräbt, was sie erreicht, so vermochte nichts Stand zu halten vor dieser eng aneinander gedrängten Reitermasse, und was etwa die Stirne zu bieten wagte, wurde schonungslos niedergemacht und unter den Hufen der Pferde zertreten...[224]«
In einem Augenblick der Krise, als er die zurückweichende Infanterie aufhalten wollte, hatte sich »Prinz Eugenius ungemein exponiert«, wie später Prinz von Braunschweig-Bevern berichtete. »Weil er sich eben bei der Infanterie befand, als sie die Flucht nahm, war er in der größten Gefahr, von den Türken niedergesä-

belt oder gefangen zu werden[225].« Der Großwesir dagegen stand während der ganzen Schlacht unbeweglich neben seinem Zelt vor der heiligen Fahne des Propheten. Erst als alles verloren war, stürzte er sich in den Kampf, bis ihn eine Kugel traf. Seine Begleiter trugen ihn zwar noch aus dem Getümmel, aber auf dem Weg nach Belgrad verschied Damad Ali Pascha.

Die traurigen Reste seiner Armee flohen über die Save in die Festung. Die Kaiserlichen fielen über die reiche Beute in dem prächtigen Lager her. Prinz Eugen diktierte im Zelt des Großwesirs einen ersten Kurzbericht an den Hofkriegsrat. Gott der Allmächtige habe die kaiserlichen Waffen gesegnet, »mittels welchen der Feind totaliter geschlagen«. In der Schlachtenrelation, die er drei Tage später in der Festung Peterwardein verfaßte, erzählte der Prinz dem Kaiser von dem grausigen Fund im Türkenlager: »Der Feldmarschalleutnant Graf von Breuner ist bei des Großwesirs Zelt ganz frisch zerhauen mit Eisen an Hals und Füßen, dann verschiedene unserer Leute herum von dem ersten Pálffyschen Recontre, enthauptet aufgefunden worden.« Aus einem anderen Bericht wird deutlich, daß Breuner gefoltert worden war: Der Leichnam sei »noch ganz blutig« gewesen, er hatte »eine große Kette um den Hals gehabt, wie auch am Fuß, der Rücken kohlschwarz von den bekommenen Schlägen, weil sie gesehen haben, daß sie ihn nicht konnten mitführen. Auf der anderen Seite des Zeltes wurde eine Quantität Christenköpfe gefunden[226].« Das war ein völlig anderer Krieg als der, den die Veteranen in Italien, in Flandern oder am Rhein gefochten hatten. Hier gab es kein Pardon, und hier hielt man sich an keine Regeln. »Wir haben nicht mehr als 20 Gefangene gemacht, indem unsere Leute viel zu blutgierig waren und Alles massacriert haben«, schrieb ein Offizier[227]. Die Türken dürften rund 30 000 Mann verloren haben, die Verluste der Kaiserlichen betrugen 5000 Mann.

Fünf Stunden hatte die Schlacht gedauert. Viel mehr Zeit brauchten die Soldaten, um die Masse der Beute zu sichern und untereinander aufzuteilen. Pferde, Büffel, Kamele – weil die Soldaten mit diesen exotischen Tieren nichts anzufangen wußten, verkauften sie sie um einen Gulden das Stück. Herden von Schlachtvieh wurden zusammengetrieben, man fand 12 000 Säcke Reis, 2500 Fässer Mehl, über 1000 Wagen Hafer, über 500 Wagen Kaffee und Zwieback. In der Aufstellung der erbeuteten Munition verzeichnete der Stuck-Hauptmann in Peterwardein auch »56 Halsringe, die gefangenen Christen anzufesseln.« Eugen beanspruchte für sich nur das seidene Prunkzelt des Großwesirs und »die Sänfte, in welcher seine Favoriten geführt wurden[228]«. In Wien läuteten die Glocken den Sieg, und im Stephansdom wurden die erbeuteten fünf Roßschweife und 156 Fahnen ausgestellt.

Die umkämpften Hügel an der Donau tragen heute Weinkulturen. Nahe der Stelle, an der Graf Breuner sein Martyrium erlitten hat, steht ein Kirchlein. Die Familie des Grafen hatte eine kleine Moschee zu einer katholischen Gebetsstätte umgestalten lassen. Sie wurde Maria Schnee geweiht, weil die Schlacht an diesem Marienfest geschlagen worden war.

»Die Merkmale dieses glorreichen, blutigen Tages sind noch frisch, das Feld ist noch mit Schädeln, Gerippen unbegrabener Menschen, Pferden und Kamelen überstreut«, schrieb ein halbes Jahr nach der Schlacht, im Februar 1717, Lady Mary Montagu. Auf der Reise nach Istanbul an der Seite ihres Mannes, des britischen Gesandten beim Sultan, hatte sie Peterwardein passiert. »Ohne Schauder konnte ich eine solche Menge zerstümmelter menschlicher Körper nicht ansehen und dachte dabei an die Ungerechtigkeit des Krieges, der das Morden nicht allein notwendig, sondern auch verdienstvoll macht. Nichts scheint mir ein deutlicherer Beweis für die Unvernunft der Menschen zu sein, als die Wut, mit welcher wir um einen kleinen Flecken Landes streiten, da doch so große Teile fruchtbaren Landes noch unbewohnt liegen. Freilich hat die Gewohnheit den Krieg jetzt unvermeidlich gemacht, allein kann es denn einen stärkeren Beweis von Mangel an Vernunft geben, als die Festigung einer Gewohnheit, die dem Vorteil der Menschen so offenbar zuwider ist ...[229]«

Solche philosophische Reflexionen über Krieg und Frieden leistete sich Prinz Eugen nicht. Er dachte an die Auswertung des Sieges. Für einen Angriff auf Belgrad war seine Armee zu erschöpft. Auch fehlte ihm das dazu nötige Schiffsmaterial. Er führte seine

Armee in die Ebene am linken Donauufer in Richtung Theiß. Sein Ziel hieß Temesvár, nach Belgrad die stärkste türkische Festung in diesem Raum. Wegen der sengenden Hitze marschierten die Kolonnen in der Nacht oder in den frühen Morgenstunden. Am 17. und 18. August sind Eugens Briefe aus dem Feldlager von Zenta datiert. An der Stätte seines Sieges von 1697 bereitete er den Übergang über die Theiß vor. Am 27. August lag die Armee vor den Wällen der Stadt an der Bega und rüstete sich zur Belagerung – ein mühseliges, schwieriges Unternehmen in sumpfigem, ungesundem Gelände. Die 15 000 Mann unter Mehmet Pascha verteidigten sich hartnäckig. Lebensmittelmangel, Krankheiten und nicht unbeträchtliche Verluste bereiteten Eugen Sorge. Wie schon in Flandern klagte er über das Fehlen guter Ingenieure. So war er eher überrascht, als am 12. Oktober mitten in den Vorbereitungen zum Generalangriff auf den Bastionen eine weiße Fahne aufgezogen wurde. Der Pascha wollte über die Kapitulation verhandeln. Die andauernden Kanonaden, die verheerenden Brände in der nur aus Holzhäusern bestehenden Stadt und die geringe Aussicht auf Entsatz hatten die Belagerten zermürbt. Die Übergabe der Festung erfolgte in einer für die Türkenkriege ungewohnt zivilisierten Weise. Alle Ausschreitungen und Plünderungen wurden vermieden. Der Pascha schenkte dem Prinzen ein edles Roß. Der Garnison wurde der Abzug gestattet. Auch die islamische Zivilbevölkerung erhielt freies Geleit und durfte sich mit ihrer privaten Habe in Sicherheit bringen. Ein Exodus mit einer Kolonne von 1000 Wagen beendete die 164jährige Herrschaft des Halbmondes über Temesvár. Eugen hatte dem Kaiser das ganze Banat gewonnen.
Die Verwaltung dieses fruchtbaren Landes übertrug Eugen dem lothringischen Kavalleriegeneral Graf Claudius Florimund Mercy. Keiner seiner Offiziere war mehr von Pech verfolgt als dieser General. Trotzdem förderte ihn der Prinz und hielt ihm die Treue. Mercys Großvater war 1645 im Dreißigjährigen Krieg in bayerischen Diensten gefallen und sein Vater 1686 bei der Einnahme von Ofen. Mercy brachte es fertig, in einem Jahr (1701) gleich zweimal in die Hände der Franzosen zu geraten, einmal davon bei dem

Überfall auf Cremona. 1709 scheiterte Mercys Vorstoß über den Rhein in die Franche Comté, nicht zuletzt durch Verrat. Und jetzt, 1716, mißlang ihm die von Eugen gewünschte Blockierung des türkischen Donauverkehrs durch die Besetzung der südlich von Orsova gelegenen Insel Adah Kaleh. Bei den Donauschwaben gilt Mercys Name jedoch bis heute viel – als der »Vater des Banats«. Er war für die erste Besiedlungswelle verantwortlich. Noch im Feldlager von Temesvár hatte Eugen das Startzeichen dazu gegeben. In einer Anweisung an Mercy befahl er, die Stadt »mit lauter deutschen Einwohnern« zu besiedeln, die der »wahren, alleinseligmachenden katholischen Religion« anhingen[230]. Damit begann der große Zug deutscher Siedler ins Banat. Vor allem in jenen Gebieten, die im Krieg stark gelitten hatten, entschlossen sich viele Bauernsöhne zu dem Abenteuer. Sie kamen aus den verschiedensten Ländern des Reiches, aus der Pfalz, aus Schwaben, ja sogar aus Lothringen. Die Herkunft der einzelnen Siedler läßt sich bis heute aus den von Dorf zu Dorf völlig verschiedenen Dialekten bestimmen. Eugen verlangte Disziplin und Wohlverhalten seiner Truppen auch gegenüber der ansässigen serbischen und walachischen Bevölkerung. Sie hätten unter dem Krieg genug zu leiden gehabt. Das Land müsse sich erholen, damit es dem Kaiser Einkünfte bringe. Darum sollte es direkt unter kaiserlicher Verwaltung bleiben und nicht ins ungarische Komitatssystem eingegliedert und damit den adeligen Grundherren überantwortet werden.
Die Siedler verwandelten das Banat durch ihren Fleiß in eine der reichsten Provinzen der Monarchie. Ihre Nachkommen wurden unter Mißbrauch von Eugens Namen in den Waffenrock der SS gesteckt: in der 7. SS-Freiwilligen-Gebirgs-Division »Prinz Eugen«. Mit der Freiwilligkeit war es nicht weit her. Die Idee, aus den Volksdeutschen des Banats eine SS-Division zu bilden, entstand Anfang 1942. Da sich der Zustrom jedoch in Grenzen hielt, setzte Himmler für den jugoslawischen Teil des Banats die Wehrpflicht für alle Deutschstämmigen durch. In Rumänien wurde weiter heftig für »Prinz Eugen« geworben. Die Division bestand jedoch zu 90 Prozent aus Nichtfreiwilligen. Der Divisionskom-

mandeur, SS-General Arthur Phleps, ein Siebenbürger Sachse, hatte in der österreichisch-ungarischen und dann in der rumänischen Armee gedient. Er erhielt den Auftrag, aus dem Kreis alter k.u.k. Kameraden ein Offizierskorps zu bilden. Durch den Namen »Prinz Eugen« sollte an die Tradition der Grenzerregimenter angeknüpft werden. Im Soldatenheim in Pancsova an der Donau gegenüber von Belgrad stellte eine Reihe von Wandbildern die Verbindung zu Wallensteins Dienst an der Militärgrenze über Prinz Eugen bis zum Partisaneneinsatz in den bosnischen Bergen her. Dafür war die Truppe nämlich bestimmt – zum Kampf gegen Titos Partisanen. Die Division endete in jugoslawischen Lagern und Gefängnissen, viele Offiziere wurden hingerichtet, auch viele gewöhnliche Soldaten überlebten die Gefangenschaft nicht[231].
Die Tragödie der Deutschen im Südosten war damit noch nicht zu Ende. Die Schwaben aus dem jugoslawischen Banat wurden unter grausamen Bedingungen vertrieben, die in Rumänien sind zum Großteil geblieben – 200 000. Seit Jahren verringert sich ihre Zahl ständig, weil sich die meisten um eine Aussiedlung in die Bundesrepublik bemühen. Temesvár hat sich noch Reste vom barocken Charme dieses »Klein-Wiens«, wie die Stadt genannt wurde, bewahrt. Die türkische Vergangenheit ist völlig vergessen. Dafür erinnert das Prinz-Eugen-Tor an dessen Einzug in die eroberte Festung.
Dem Prinzen wurde im November 1716 noch eine außerordentliche Ehrung zuteil: Papst Clemens XI. übersandte ihm ein geweihtes Prunkschwert und einen Hut – das höchste päpstliche Ehrengeschenk für Feldherren, die für die Sache der Christenheit siegreich gestritten haben. Vor Eugen war so der Polenkönig Sobieski für die Befreiung Wiens ausgezeichnet worden. Kaiser Karl VI. berichtete dem Prinzen von dem Ehrengeschenk in einem Handschreiben ins Lager vor Temesvár. Er wurde dabei sehr persönlich und nahm dem Anlaß mit wienerischer Ironie ein wenig von seiner Feierlichkeit. Nachdem er seine Freude über die Auszeichnung seines »so geliebten Generals« bekundet hatte, fügte der Kaiser hinzu: »Schließlich möchte ich wohl meinen lieben Prinzen in dieser Funktion und mit dem schönen Kappl sehen und

im geheimen ein wenig lachen, da ich Euer Durchlaucht Humor in solchen Funktionen kenne ...« Zum Schluß drückte er in überaus herzlicher Art seine Sorge um Gesundheit und Leben des Prinzen aus. Er müsse sich darüber beklagen, »daß Sie sich doch Tag und Nacht in Gefahr setzen und hassardieren, ein Unglück zu haben, das nicht meiner Freundschaft korrespondiert.« Er solle sich mehr schonen und vor allem nicht in den Laufgräben, wenn es nicht unbedingt nötig sei, so exponieren. »Wo dies (diese Ermahnung) nicht hilft, nehme ich mir die Freiheit es zu befehlen, besser auf sich Acht zu haben[232].«

An solche Appelle und Befehle hat sich Eugen nie gehalten. Und das »schöne Kappl« nahm er wohl doch wichtiger als der Kaiser. Auf dem Rückweg nach Wien wurden ihm die Ehrengeschenke mit großem Zeremoniell im Dom von Raab, dem heutigen Györ, überreicht. Schwert und Hut konnten die Wiener dann im Stephansdom bewundern, wo die beiden Prunkstücke tagelang auf einem Altar ausgestellt waren. Die Bedeutung dieser päpstlichen Anerkennung wird durch mehrere Flugschriften mit Abbildungen des Präsents hervorgehoben. Der Hut ist mit neun Hermelinschwänzchen behängt – auch ein anonymes Gemälde zeigt Eugen mit den Ehrengaben. Im Deckenfresko Martino Altomontes im Marmorsaal des Unteren Belvederes bilden die hervorgehobenen Buchstaben eines Spruchbandes das Chronogramm für 1716, und die lateinische Inschrift lautet übersetzt: »Großer Genius, nimm die Geschenke willig an und sei Latium wohlgesinnt.« Mehr ist davon nicht geblieben. Schwert und Hut wurden nach dem Tode Eugens wahrscheinlich dem Kaiser verkauft. Im Inventar des kaiserlichen Zeughauses ist 1846 noch eine rote Samthaube mit Goldschnüren als Geschenk Clemens' XI. erwähnt – sie war möglicherweise ein Ersatz für den Ehrenhut. Das »schöne Kappl« ist wohl gestohlen worden, auch vom Schwert fehlt jede Spur[233].

Der Kaiser bedankte sich beim Papst mit zwei türkischen Fahnen aus der Peterwardeiner Beute. Dem Prinzen hatte Karl VI. bereits unmittelbar nach der Siegeskunde ein Porträt geschenkt. Obwohl sich die Beziehungen zwischen dem Monarchen und seinem Feldherrn später etwas abkühlten, zeugt das eigenhändige Schreiben

des Kaisers vom 20. August 1716 für Gefühle freundschaftlicher Dankbarkeit. Der Souverän ist von seinem Thron herabgestiegen und nähert sich dem bedeutendsten seiner Untertanen von Mensch zu Mensch. Um seine »Liebe, Estime und Erkenntnis«, also Liebe, Wertschätzung und Anerkennung, zu zeigen, habe er keinen anderen Weg gefunden, »um Dero liebster Person hier als ein amant allzeit inséparabler zu sein, als ihm mein handliches Gesicht wenigstens gemalter zu schicken, weil leider ich selbst nicht bei ihm sein kann«. Dieses Bild soll Eugen auch daran gemahnen, »so mich euer Durchlaucht lieben, Sie sich nicht mehr so in Gefahr setzten, sondern sich mir zu Liebe mehr schonen sollen, sonst ich mein Bild zurückrufe und meine amitié aufsagen werde[234]«.
Das Porträt erhielt einen Ehrenplatz in Eugens Stadtpalais. Die Stellung des Prinzen beim Kaiser war nach Peterwardein und Temesvár besser denn je. Alle Neider verstummten, die Intriganten bissen sich auf die Zungen und flüsterten höchstens in kleinstem Kreis von dem maßlosen Glück des Savoyers. Der Kaiser war bereit, in jeder politischen Frage seinen Rat zu hören. Und er schloß sich ohne Zögern der Ansicht des Prinzen an, daß ein Friede mit den Türken erst dann sicher und beständig sein könne, wenn Belgrad wieder in der Hand des Kaisers sei.
Dieses Unternehmen wurde nun zielstrebig vorbereitet wie selten ein Feldzug. Der Kaiser blieb allein – bis auf Hilfe aus Bayern. Max Emanuel war in einer Mischung von Reue und Opportunismus ins Lager des Kaisers zurückgekehrt. Er selbst zog nicht mehr in den Krieg, aber er stellte 6000 bayerische Soldaten unter General Maffei. Ein Allianzangebot des russischen Zaren lehnte Eugen ab. Peter ging es nur um leichten Landgewinn an der unteren Donau. In der Planung verließ sich Eugen auf den Grafen Mercy. Der Lothringer studierte die Befestigungen Belgrads vom anderen Donauufer aus, er wertete Agentenberichte aus, befragte erfahrene Donauschiffer und lieferte alle nötigen Unterlagen, Daten und Erkenntnisse für den Sturm auf das stärkste türkische Bollwerk an der Donau.
Der Name der Festung über Donau und Save, Kalemegdan, ist türkisch, die noch bestehenden Basteien und Wälle sind meist von

den Österreichern angelegt. Auf dem Burgberg, um den sich Kelten, Römer, Byzantiner, Serben, Ungarn, Türken, Österreicher und Deutsche gestritten haben, suchen die Belgrader in den Parkanlagen frische Luft und Schatten. Von den Zinnen der Burg wird einem ein strategisches Lehrbild geboten. Man begreift, daß diese Festung Eroberer magnetisch anziehen mußte. Auf der Westseite die Save, der Strom, zu dem Belgrad direkteren Kontakt hat, im Norden das breite Band der Donau, die die Wassermassen der Save schluckt. In den von beiden Strömen gebildeten Winkel hat sich die Festung gezwängt, als Schlüsselpunkt, Pforte, Sperriegel und Damm für jede Macht, die entweder vom Schwarzen Meer donauaufwärts nach Ungarn und Mitteleuropa marschierte oder vom Norden kommend die Beherrschung des Balkans, der Meeresküsten und Istanbuls anstrebte.
Auch Lady Montagu rühmte im Winter 1717 die Wälle Belgrads: »Jetzt ist es mit der äußersten Sorgfalt und Kunst, deren die Türken fähig sind, befestigt und durch eine sehr starke Besatzung der tapfersten Janitscharen verstärkt.« Die englische Dame beklagte sich über die Disziplinlosigkeit der Soldaten. Sie machten mit ihren Befehlshabern, was sie wollten. Daher schrieb die Lady: »Sie können sich wohl vorstellen, daß ich nicht eben recht ruhig in einer Stadt sein kann, die in Wirklichkeit unter der Regierung einer frechen Soldatenbande steht[235].« Die Garnison war im Frühjahr auf 30 000 Mann aufgestockt und für viele Monate verproviantiert worden. Und in Adrianopel sammelte sich wieder ein gewaltiges Heer zum Zug nach Norden.
Prinz Eugen hoffte, ihm 100 000 Mann entgegenstellen zu konnen. Es wurden dann nur 70 000. Nichts schien ihm jedoch wichtiger als die technische Vorbereitung des Unternehmens. Die Festung wurde durch zwei Ströme geschützt. Um sie zu überwinden, bedurfte es ausgezeichneter Brückenbauer und vor allem einer schlagkräftigen Donauflottille.
Die Donau gehörte den flinken Kriegsschiffen der Türken, den Tschaiken. Um deren Überlegenheit zu brechen, wurde auf das Drängen Prinz Eugens endlich Geld für den Flottenausbau bewilligt. 1715 verwandelte sich ein Teil der Praterauen in eine Werft.

Ein englischer und ein Hamburger Schiffsbaumeister waren verpflichtet worden, und im April 1716 lief das erste Donaukriegsschiff, die »Santa Maria«, vom Stapel – eine mit 54 Kanonen bestückte Segelgaleere. Am 15. Juli wurden sieben Schiffe vom Wiener Erzbischof Kollonitsch getauft. Als »Vizeadmiral und Oberster der kaiserlichen Schiffsarmada« war der dänische Kapitän Peter von Andersen engagiert.
Die Schiffe hatten sich im Krieg von 1716 jedoch nicht übermäßig bewährt. Sie waren gegenüber den wendigen Tschaiken zu schwerfällig. So wurden noch drei leichtere Galeeren gebaut, die »St. Eugenius«, die »St. Theresia« und die »St. Johannes Capistranus«. Aus Amsterdam wurden 200 Schiffsgeschütze bestellt, bei Kriegsbeginn verfügte man jedoch erst über 123. Auch mit den 1000 Matrosen aus aller Herren Länder dürfte die total binnenländische Heeresverwaltung gewisse Probleme gehabt haben. Die Donauschiffer meuterten, weil ihnen der Sold zu niedrig war. Weiters beklagten sie sich über die mangelhafte Versorgung mit Getränken. Daraufhin antwortete ihnen der Commodore Schwendermann, »daß er gar nirgends so viel Bier aufzutreiben wisse, als sie täglich nötig hätten, und daß sie daher wohl auch mit einem schlechten Wein vorlieb nehmen könnten[236]«.
Auch Eugen wählte diesmal die Donau als bequemsten und schnellsten Weg auf den Kriegsschauplatz. Er wollte früher als gewöhnlich mit der Belagerung beginnen, lange bevor sich das Entsatzheer der Festung näherte. Der Aufbruch verzögerte sich etwas. Ganz Wien wartete gespannt auf die Geburt eines Thronerben. Am 13. Mai wurde die Kaiserin jedoch eines Mädchen entbunden. Die Enttäuschung war groß, erst vor einem halben Jahr war der einzige Sohn des Kaiserpaares, Erzherzog Joseph, noch ein Säugling, gestorben. Das Mädchen erhielt den Namen Maria Theresia. Am 14. bestieg Eugen das Schiff.
Der erste Operationsziel war die Überquerung der Donau. Der direkte Weg hätte über die Save geführt, doch die lag im Bereich der Kanonen des Kalemegdan. Mercy riet Eugen, mit der Armee östlich von Belgrad über die Donau zu gehen. Der Strom war dort zwar sehr breit, eine Sandbank würde jedoch den Brückenschlag

erleichtern. Der größte Vorteil – die Türken dachten nicht einmal im Traum an eine so unkonventionelle Strategie, an eine Brücke über die Donau.

Damit sind wir beim lebendigsten Zeugnis dieser historischen Stunden, Tage und Wochen: beim Prinz-Eugen-Lied. Ein Volkslied, eine Melodie, die jedes Kind kennt und mit der unzählige Soldaten für die Habsburger in diverse Kriege gezogen sind, erhebt den Prinzen in legendäre Bereiche. Gleichzeitig ist dieses Lied ein wirklichkeitsnaher Schlachtenbericht, eine gesungene Relation, ein gereimter Rapport, ein rhythmisches Resümee. Der Verfasser blieb unbekannt. Die Mär von einem brandenburgischen Kürassier hält einer Überprüfung nicht stand. Die Preußen fehlten vor Belgrad; das Idiom ist typisch süddeutsch. Ferdinand Freiligrath hat 1844 die Lageratmosphäre dichterisch geschildert, in der das Lied entstanden sein könnte: »Zelte, Posten, Werda-Rufer! / Lustge Nacht am Donauufer! Pferde stehn im Kreis umher / Angebunden an den Pflöcken; / An den engen Sattelböcken / Hangen Karabiner schwer. / Um das Feuer auf der Erde, / Vor den Hufen seiner Pferde / Liegt das Östreichsche Pikett. / Auf dem Mantel liegt ein jeder, / Von den Tschakos weht die Feder. / Leutnant würfelt und Kornett ...« In diese abendliche Idylle tritt plötzlich ein Trompeter / »Laßt die Köchel, laßt die Karten! / Kaiserliche Feldstandarten / Wird ein Reiterlied erfreuen!...« Er singt die neue Weise, gleich mehrmals, bis die anderen in kräftigem Chor einstimmen. »›Prinz Eugen, der edle Ritter!‹ Hei, das klang wie Ungewitter / Weit ins Türkenlager hin. / Der Trompeter tät den Schnurrbart streichen / und sich auf die Seite schleichen / Zu der Marketenderin.« Ob es so war? Es könnte so gewesen sein. Carl Loewe hat daraus eine Ballade für Bariton komponiert, die zum Standardprogramm von Liederabenden gehört[237].

Was weiß die Wissenschaft? Die älteste Aufzeichnung findet sich in einem handgeschriebenen Liederbuch »Musikalische Rüstkammer auf der Harfe« aus dem Jahr 1719 in der Stadtbibliothek Leipzig. Bei Rhythmus und Taktanordnung entdeckte ein Musikwissenschaftler die Verwandtschaft mit einem bayerischen Volkstanz. Süddeutsch sind auch gewisse Reime wie »Brucken« und

»rucken«. Er schließt daraus, daß der Dichter und Komponist dem bayerischen Kontingent unter Eugens Truppen angehört haben könnte. Unmittelbares Vorbild dürfte ein Lied sächsischer Teilnehmer an der Befreiung Wiens 1683 gewesen sein: »Als Kursachsen dies vernommen, / daß der Türk vor Wien war kommen, / ruft er seine Völker bald. / Tät sich eilends dahin machen, / da hört man das Pulver krachen, / da wurden viel Bluthunde kalt[238].« Die Ähnlichkeit ist unverkennbar, doch Volkslieder haben eben ein natürliches Wachstum. Sie werden nicht am Schreibtisch komponiert. Solche Balladen entstehen aus einem geschichtlichen Augenblick, dabei wird vorhandenes Material um- und verarbeitet, nur aus dem Bedürfnis heraus, die Geschehnisse einer besonderen Stunde in Verse und in Musik umzusetzen.

Zuerst wird das Angriffsziel definiert. »Prinz Eugenius, der edle Ritter, wollt dem Kaiser wiedrum kriegen Stadt und Festung Belgerad.« Dann folgt sofort das entscheidende Faktum: »Er ließ schlagen eine Brucken, daß man konnt' hinüber rucken, mit d'r Armee wohl vor die Stadt[239].«

In der Nacht von 14. auf 15. Juni glitten die Schiffe mit den Landungskommandos aus der Temes in die Donau. Drüben brannten Wachfeuer, mehr als die Türken Leute hatten. Die Kriegsschiffe deckten die Tschaiken, Plätten und einfachen Boote mit den Infanteristen. In drei Staffeln ging es hinüber auf das andere Ufer. In der Feldzugsbeschreibung des Kriegsarchivs heißt es: »Es war ein Moment hoher kriegerischer Begeisterung, als das Heer sich anschickte, nach so langer Zeit endlich wieder die Fahnen des Kaisers und der Christenheit zur Entscheidungsschlacht auf türkischem Boden zu tragen. Am Ufer erhob der P. Superior des Heeres, um die Hilfe Gottes betend, das Diamantkreuz, das der Kaiser beim Abschiede dem Prinzen Eugen gegeben hatte und das sonst in des Prinzen Zelt hing, die Schiffe durchschnitten die Wellen der Donau und ein Kanonenschuss donnerte von jenem Mercy's, als es die Mitte des Stromes erreicht hatte. Die Kriegsschiffe begannen nun ihre Geschütze zu lösen, allerdings ohne eigentlich sichtbaren Gegner und wohl mehr, um die Türken einzuschüchtern; die Truppen, die eine außerordentliche Kampfbegierde zeigten,

erhoben das Feldgeschrei ›Sofia‹ und ›Stambul‹, Trommelschall und das Spiel der Pfeifen erfüllten die Luft und hoch flatterten die kaiserlichen Fahnen ...[240]« Es herrschte eine Kreuzzugsstimmung, und die Befreiung Sofias oder gar Konstantinopels schien nicht mehr in unerreichbaren Fernen zu liegen.
Die Türken leisteten kaum Widerstand. Prinz Eugen folgte mit der zweiten Staffel, mit ihm schifften an die 40 Prinzen aus diversen europäischen Fürstenhäusern über. Nicht zur größten Freude Eugens waren sie als Gäste in sein Lager gekommen, ähnlich wie in Lille, um auf billige Weise Kriegserfahrung zu sammeln. Neben diesen hochgestellten Schlachtenbummlern befanden sich auch zahlreiche Freiwillige im Heer, so einige französische Edelleute, die es drängte, unter Eugen gegen die Türken zu kämpfen.
Der Brückenkopf wurde gebildet, die Brücke geschlagen. Die Kavallerie konnte ungehindert über den Strom rücken. Eine der schwierigsten Phasen des Unternehmens war glücklich vorübergegangen. Eugen entschloß sich nach einem Erkundungsritt, das Lager der Armee am selben Ort aufzuschlagen, an dem die Kaiserlichen 1688 unter Max Emanuel gelegen waren. Auf die Erfolgsmeldung vom Donauübergang schrieb der Kaiser: »Einen solchen Fluß im feindlichen Angesicht so ohne geringsten Widerstand zu passieren, ist bloß Euer Liebden Eifer, großen Erfahrenheit und vernünftiger Conduite zuzuschreiben«, lobte Karl Eugen[241].
Das Heer richtete sich ein. Schanzen wurden aufgeworfen, die Batteriepositionen zum Beschuß der Festung ausgebaut. Die ersten Artillerieduelle begannen. Arbeiterkolonnen schwangen die Spaten. Der Prinz hatte Kärntner Bergleute aus Bleiberg als Mineure angeheuert. Die Schiffsbrücke wurde weiter donauaufwärts verlegt und eine zweite über die Save geschlagen, um die Versorgung des Lagers zu gewährleisten. Am Anfang einer solchen Belagerung ist alles Organisation – unter dauernden Störmanövern der Belagerten. Dabei wußte Eugen – je länger er brauchte, um den Widerstandswillen der Verteidiger zu brechen, desto näher rückte das Entsatzheer Chalil Paschas.
In dem Lied vom edlen Ritter sind manche Angaben irreführend und ungenau. Da ist jetzt die Rede von Aufklärung und Nachrich-

tendienst, einer Sparte der Kriegführung, für die Eugen mehr übrig hatte als die meisten anderen Feldherren seiner Zeit: »Am einundzwanzigsten August soeben, ein Spion bei Sturm und Regen, schwur's dem Prinzen und zeigt's ihm an, daß die Türken futragieren, so viel man konnt verspüren, an die dreimal hunderttausend Mann.« Das Datum ist falsch, es kann nur der 21. Juli gewesen sein. Den Spion kennt man, János Vékony, der ungarische Doppelagent, hatte sich nach dem Fall von Temesvár als Rákóczy-Anhänger unter die abziehenden Türken gemischt. Er war vom Großwesir als Bote nach Belgrad gesandt worden, brachte seine Informationen jedoch ins Lager Prinz Eugens. Die im Lied angegebene Stärke des türkischen Heeres ist jedoch übertrieben – mit 150 000 Mann übertraf die Armee Chalil Paschas die Eugens dennoch um mehr als das Doppelte. Der Prinz hatte sich auf Angriff und Verteidigung eingerichtet. Zur Festung hin bohrten sich die Laufgräben durchs Gelände, auf der Südseite hingegen wurden Schanzen angelegt, als Sicherung gegen das Entsatzheer.

Die Zeile »bei Sturm und Regen« spielt wohl auf eine Kossowa an, auf einen der gefürchteten Donaustürme, bei dem der Strom Meeresgewalten entfesselt. Die Natur war schlagkräftiger als die Türken. Die Schiffsbrücken zerrissen, Munitions- und Proviantboote versanken, Zelte wurden weggeweht, und die Janitscharen nutzten die Verwirrung zu einem Ausfall. Die Soldaten Eugens hielten in ihren Stellungen aus. Der gefährlichste Feind schlich sich aus den morastigen Donau- und Saveauen ins Lager: das Sumpffieber, der natürliche Verbündete aller Verteidiger Belgrads. Dazu kam die Ruhr. Prinz Eugens Armee schmolz dahin. Der Feldherr selber kränkelte.

Am 28. Juli wurden in der Festung Raketen abgeschossen, Freudenböller knallten, die Beobachter hatten in der Ferne die ersten Reiter des Entsatzheeres erspäht. Langsam wälzte sich der Heerbann heran und schlug sein Lager in den Höhen über der Donau auf. Prinz Eugen wartete täglich auf einen Angriff. Die Türken sollten sich vor seinen Schanzen verbluten, dann wäre die Gelegenheit für einen Gegenstoß günstig, schließlich würde auch die Stadt kapitulieren.

In seinen Briefen sprach Eugen immer wieder von dem Angriff, der kommen mußte. Der Großwesir ließ sich Zeit, befestigte seine eigenen Positionen und belagerte die Belagerer. Da eine zweite, schwächere türkische Armee im Banat vorstieß, um die Nachschublinien der Kaiserlichen am linken Donauufer zu unterbrechen, entwarfen Pessimisten bald ein Horror-Szenario: die kaiserliche Armee, von der Außenwelt abgeschnitten, ohne eine Chance, sich über Donau und Save zurückziehen zu können, wurde vom Großwesir und von der Garnison der Festung in die Zange genommen und saß rettungslos in der Falle. Wenn aber diese Armee verlorenginge, dann stünde den Türken der Weg nach Ofen und Wien wieder offen. Die Neider Eugens in Wien hämten, sein Glück habe ihn verlassen, denn seine bisherigen Siege seien doch alle nur Wunder gewesen. Er habe stets alle Regeln verachtet, zuviel riskiert und es nur seiner maßlosen »fortune« zu verdanken gehabt, daß sich alles immer noch zum Guten gewendet habe. Vor Belgrad zeigten sich jetzt Eugens Grenzen. Selbst der bayerische Resident Mörmann spekulierte in seinem Bericht über die verzweifelte Lage Eugens. Die Christenheit habe sich in höchster Gefahr befunden, eine Katastrophe habe gedroht, von der sich das Erzhaus in 50 oder mehr Jahren nicht hätte erholen können[242].

Aus Eugens Briefen in der ersten Augusthälfte klingt eine gewisse Ratlosigkeit ob der Absichten des Feindes. Jeden Bericht von der Not in der belagerten Stadt zitiert er ausführlich (»Fleisch sei gar nicht zu sehen und der Zwieback so schlecht, daß er fast nicht zu genießen sei, mithin die Krankheiten sehr zunehmen, hingegen bei den meisten der Mut zum Fechten abnähme...«)[243]. Das sollte ihn über die Mißstände im eigenen Lager hinwegtrösten. Seine Truppen litten unter den ständigen Kanonaden von zwei Seiten. Der Proviant wurde knapp. Den Türken war es gelungen, mehrere Versorgungsschiffe zu kapern. General Heister verließ das Lager wegen seines schlechten Gesundheitszustandes. General Mercy warf ein Schlaganfall aufs Krankenbett.

Am 14. August hatten Eugens Leute endlich wieder einmal Grund zum Jubeln. Die aus einem zehnpfündigen Mörser abgeschossene

Bombe hatte das Hauptpulverlager der Festung getroffen. Eine verheerende Explosion soll an die 3000 Menschenleben gefordert haben. Ein Teil der Stadt wurde zerstört. Der Mörser steht im Heeresgeschichtlichen Museum in Wien. Ein später eingeschnittenes Relief zeigt die Explosion und ein Porträt des Prinzen. Dazu die Inschrift: »Anno 1717, den 14. Augusti war ich der Föstung Belgrad gesetzt zum großen Schröcken und meine kleine Bombe mußt viel zum Tod aufwecken. Sie schlug ins Pulverhaus und ließe nichts darin als Jammer, Tod und Graus, den schröcklichsten Ruin[244].«
Den eigenen Ruin vor Augen, entschloß sich Eugen nun zum Handeln. In seinem Brief vom 13. August an den Kaiser deutete noch nichts auf die Absichten des Prinzen hin. Den Entschluß, aus der Verteidigung in die Offensive überzugehen, faßte er wie gewohnt allein. Am Nachmittag des 15., des Maria-Himmelfahrts-Tages, rief Eugen jedoch seine Generäle in sein Zelt: »Ließ er gleich zusammenkommen sein General und Feldmarschall. Er thät sie recht instruigieren, wie man sollt die Truppen führen, und den Feind recht greifen an.« Im Schlachtbericht des Prinzen an den Kaiser hört sich das so an: »Nachdem der Feind des christlichen Glaubens dem allhiesigen retranchierten Lager also sich genähert hatte, daß er solches mit Stücken und Bomben immer mehr beängstigt, und endlich mit kleinem Gewehr stark zu feuern angefangen, und den Aussagen nach einen ordentlichen Angriff zu wagen sich entschlossen hatte, wurde den 15. die Beschaffenheit der Situation wohl überlegt und resolviert, den Feind am anderen Tag bei seiner Arbeit anzugreifen ...[245]«. Ob Eugen damals tatsächlich gesagt hat: »Entweder nehme ich Belgrad, oder die Türken nehmen mich«, ist aus den Kriegsakten nicht zu ersehen.
»Bei der Parole thät er befehlen, daß man sollt' die Zwölfe zählen. Bei der Uhr um Mitternacht; Da sollt' All's zu Pferd aufsitzen, mit dem Feinde zu schwarmützen, was zum Streit nur hätte Kraft ...« So das Lied, Prinz Eugens Order lautete: »Die Kavallerie rückt aus und fängt an, sich zu formieren um Mitternacht, außer dem Retranchement (den Laufgräben), und stellt alles, was reiten kann. Die Infanterie richtet sich nach den beiden Flügeln

der Kavallerie ...« Der unbekannte Dichter – vielleicht selber Kavallerist – erzählt weiter: »Alles saß auch gleich zu Pferde, jeder griff nach seinem Schwerte, ganz still ruckte man aus der Schanz; die Musketier wie auch die Reiter thäten alle tapfer streiten, es war fürwahr ein schöner Tanz!«

Zuerst war es eher ein Verwirrspiel in Nacht und Nebel. Die Türken bemerkten nicht, wie es im Lager lebendig wurde. 24 Kavallerieregimenter saßen auf, 52 Infanterieregimenter formierten sich, im Dunkeln durch die Durchlässe der Verschanzungen in Richtung Feind vorrückend, die Infanterie in zwei Treffen hintereinander im Zentrum, die Kavallerie an den Flügeln. Die Türken ahnten noch nicht, was sich da zusammenbraute. Sie hatten nie mit solch einem »Wahnsinnsentschluß«, mit dieser »Alles-oder-Nichts«-Taktik des Prinzen gerechnet, mit einem Angriff zwischen zwei Feuern.

Der Nebel aus den Donauauen breitete einen milchigen Schleier über die Eskadronen und Kompanien, wie man ihn heute mit Nebelgranaten erzeugen würde. Er schluckte das Getrappel der Pferde, das Klappern und Klirren der Waffen, die leisen Befehle und Flüche. In dem grauen Brei verloren jedoch auch einige kaiserliche Einheiten die Richtung, und es entstand Verwirrung. Doch dann, als der Morgen schon graute, krachte es auf einmal, gellten Schreie, fuhren Säbel aneinander. Am rechten Flügel war die Reiterei überraschend auf türkische Mineure gestoßen, die im Niemandsland einen Laufgraben gegen das kaiserliche Lager trieben. Im Nu war die Schlacht im Gange, nicht ganz so, wie sie Prinz Eugen geplant hatte.

Jetzt wurde der Nebel zum Feind. Die Kommandeure verloren die Übersicht. Unsicherheit machte sich breit, bis endlich gegen acht Uhr früh die Sonne durchkam. In diesem Augenblick hätte Eugen die Schlacht verlieren können – die Türken waren mit starken Kräften in eine Lücke im Zentrum eingebrochen. Ihre Reiterei hatte die Chance, den linken Flügel der Kaiserlichen von innen her aufzurollen. Prinz Eugen schaltete jedoch schnell. Er warf das zweite Treffen in den gefährdeten Raum und setzte sich selbst an die Spitze der Kavallerie. Er wurde zwar durch einen Streifschuß

am Arm verwundet, spornte aber seine Truppen an, das Letzte herzugeben. Wieder einmal wirkte das Vorbild eines einzelnen Wunder. Der Gegenangriff wurde abgewehrt, jetzt stürzte sich die Armee mit fliegenden Fahnen, wildem Kampfgeschrei, schmetternden Trompeten, nervenzerreißendem Trommelwirbel und unermeßlicher Erbitterung und Wut auf die feindlichen Hauptschanzen.
Der Oberst eines bayerischen Regimentes berichtete später: »Ein fürchterliches Geheul und Geschrei erfüllte die Lüfte, nichts vermochte jedoch mehr unsere Soldaten zurückzuhalten, jeder kletterte mit Mut unter dem Feuer und den Würfen hinan, und keine Gefahr achtend stürzten sie endlich mit solcher Schnelligkeit in das Innere der Schanze, daß die Türken sich erschrocken zur Flucht wandten.« Im Lied heißt das so: »Ihr Konstabler auf der Schanzen, spielet auf zu diesem Tanzen, mit Kartaunen groß und klein, mit den großen, mit den kleinen auf die Türken, auf die Heiden, daß sie laufen all' davon. Prinz Eugenius wol auf der Rechten, thät als wie ein Löwe fechten, als General und Feldmarschall ...«
»Bei dieser Beschaffenheit, da der Feind sich völlig gegen sein Lager zurückgezogen hatte, ließ man die Armee auf den Anhöhen einen halben Kanonenschuß davon anhalten, seine Flucht beobachten und durch Abfeuerung einiger avanzierter Stücke beschleunigen ...«, berichtete Eugen dem Kaiser[246]. Seine Soldaten wies er jedoch an, sich noch nicht auf die Zeltstadt mit all ihrer Beute zu stürzen, weil die beim Plündern entstehende Unordnung allzuleicht noch eine gefährliche Situation hätte erzeugen können.
Die Verteidiger waren hilflose Zuschauer. Ohnmächtig erlebten sie den Untergang der Armee, die sie befreien sollte. Mustapha Pascha bot die Kapitulation an. Mit allen militärischen Ehren verließ er samt seinen Truppen die Festung. Eugen zog am 22. April in Belgrad ein. Ein Tor am Fuße des Kalemegdan, das heute frei und funktionslos im Feld steht, weil die Mauern an seiner Seite längst abgebrochen sind, nennen die Belgrader das Prinz-Eugen-Tor. Europa jubelte, der Kaiser dankte überschwenglich. Er habe

nur gewünscht, selber Zeuge dieses herrlichen Sieges zu sein und Eugen »in loco zu embrassieren«, also an Ort und Stelle zu umarmen. »Will hoffen, daß Euer Durchlaucht der Schuss in Arm nicht inkommodiert, doch bitte E.D. auch dies kleine zu schonen, mir zu lieb, daß es nicht übler wird, denn dies ist jetzt meine einzige Sorge, auch hinfüro doch mehr auf sich selbst Acht zu haben ...« Schon vorher hatte der Kaiser wie so oft seine Sorge um den Prinzen kundgetan, denn »ohne Dero Konversation (wäre) auch die größte Victorie allezeit für mich ein Unglück und nicht ersetzlicher Verlust gewesen[247]«.

Eines rätselhaften Verlustes gedenkt das Lied in seinen letzten Strophen. Da ist vom geheimnisvollen Prinzen Ludewig die Rede. Er »ritt auf und nieder: ›Halt euch brav, ihr deutschen Brüder, greift den Feind nur herzhaft an!‹« Doch dann ist's um ihn geschehen: »Prinz Ludewig, der mußt aufgeben seinen Geist und junges Leben, ward getroffen von dem Blei. Prinz Eugenius war sehr betrübet, weil er ihn so sehr geliebet, ließ ihn bringen nach Peterwardein.« In der Peterwardeiner Franziskanerkirche wurden einige vor Belgrad gefallene kaiserliche Offiziere bestattet. Die Historiker fahnden vergeblich nach Ludewig. Ein Prinz Lamoral von Thurn und Taxis, der in der Kirche liegt, wurde zitiert oder der ebenfalls dort begrabene französische General Graf d'Estrades, der möglicherweise mit dem von ihm betreuten 17jährigen Prinzen Ludwig von Dombes verwechselt wurde.

Mit welchem Entsetzen die Türken die Kunde vom Fall Belgrads in Istanbul aufnahmen, berichtete Lady Montagu: »Es ist unbeschreiblich, welche Bestürzung diese Niederlage hier verursacht hat. Der Sultan befürchtet von der Rache und dem Unwillen des Volkes, der durch gewisse Rädelsführer geschürt wird, eine Rebellion und hat seine Vorsichtsmaßregeln damit angefangen, daß er nach der löblichen Gewohnheit dieser glückseligen Regierungsart verschiedene Personen erdrosseln ließ, auf die sein königlicher Argwohn gefallen war. Auch hat er seinem Schatzmeister befohlen, den Janitscharen einige Monate Sold vorauszuzahlen, was um so weniger nötig erscheint, als ihr Verhalten in diesem Feldzug sehr schlecht gewesen ist und ihre wilde Frechheit durch die allgemeine Verachtung ziemlich gezähmt zu sein scheint. Die, welche in zerstreuten Haufen in die Hauptstadt zurückkommen, haben weder Mut noch Ansehen genug, sich selbst gegen die Beschimpfungen des Pöbels zu verteidigen. Selbst die Kinder verhöhnen sie, und das Volk speit ihnen im Vorbeigehen ins Gesicht ...[248]«

Den Türken war die Lust am Krieg vergangen. Sie suchten den Frieden. Das erste Verhandlungsangebot wurde Prinz Eugen bereits am 5. September in seinem Lager in Semlin zugestellt. Der tapfere Verteidiger Belgrads, Mustapha Pascha, wandte sich an »des Kaisers höchsten Minister, dem großmächtigen, ehrwürdigsten und liebwertesten Prinzen von Savoyen (dessen letzte Stunden auf dem Wege des Heiles glücklich enden mögen)[249].« Bis man sich jedoch an einen Tisch setzte, mußte Eugen im folgenden Jahr noch einmal mit einer um Belgrad massierten Armee drohen. Von seinem Belgrader Hauptquartier aus kontrollierte er die Friedenskonferenz in der serbischen Stadt Passarowitz. Mit einem gesunden Sinn für das Mögliche riet er zur Mäßigung. Durch den am 21. Juli 1718 unterzeichneten Frieden erwarb Österreich, was es bereits besaß – das Banat mit der Hauptstadt Temesvár, die westliche Walachei, das nördliche Serbien mit Belgrad. Den österreichischen Kaufleuten wurden Vorzugsbedingungen im Osmanischen Reich eingeräumt, die Türken durften die den Venezianern abgenommene Halbinsel Morea behalten.

Eugen sandte den jungen Grafen Karl Batthyány, den Sohn seiner Herzensfreundin Eleonore, mit der Kunde von dem Friedensschluß nach Wien. Im Begleitbrief mahnte er den Kaiser, die für die Befestigung Belgrads nötigen Gelder flüssig zu machen, damit »der ganzen Welt gezeigt werde, daß man nicht nur von den Feinden christlichen Namens etwas zu erwerben, sondern auch das Erworbene zum Vorteil der Christenheit beizubehalten bedacht sein wolle[250]«. Solange Eugen lebte, blieb Belgrad in österreichischer Hand ...

XVII

»... seine Lust, schöne Paläste aufzurichten ...«

Im Haus des Prinzen

Die Mahnung des Prinzen schwebt über seinem Haupt wie ein Damoklesschwert. Der österreichische Bundesminister für Finanzen amtiert im Konferenz- und Arbeitszimmer Prinz Eugens im Stadtpalais in der Himmelpfortgasse. Hier tagte der Hofkriegsrat, hier fanden alle geheimen Konferenzen jenes kleinen Kreises von ausgewählten Männern statt, die die neue Großmacht Österreich lenkten. Nur wenn der Kaiser mitreden wollte, wurden die Herren in die Hofburg gebeten. Als passende Dekoration für diesen Raum hatte sich Eugen von Peter Strudel eine Allegorie über den ungerechten Herrscher und den gerechten Krieg zu seiner Beseitigung oder Maßregelung an die Decke malen lassen – das heißt, es sind Ölbilder, die am Plafond montiert wurden. Die Staatsgewalt repräsentieren Liktorenbündel, der Gerechtigkeit ist die Waage aus den Händen geschlagen. Der böse Herrscher hat Krone und Zepter verloren. Gemeint ist damit Ludwig XIV., ähnlich wie in den Fresken von Rastatt. Was nämlich die Franzosen als seine Größe preisen, war für Eugen nur Anmaßung, Hybris und Machtgier, die sich mit dem Ethos des Regierenden auch in der Zeit absoluten Fürstentums nicht vereinen ließ.

Als sich Eugen nach dem Frieden von Passarowitz endlich seinen Palästen, seinen Sammlungen und seinem Privatleben widmen konnte, war Ludwig XIV. bereits mehrere Jahre tot. Sein Hochmut endete in Demütigungen, seine Hegemoniebestrebungen stürzten ihn in tiefste Ohnmacht, seine Sonne verdunkelte sich im Nebel militärischer und politischer Niederlagen. Wesentlichen

Anteil daran hatte der von ihm so unterschätzte Savoyer. Nach dem Tod Ludwigs XIV. am 1. September 1715 jubelte das Volk in den Straßen von Paris. An die Stelle des Königs trat Philipp von Orléans, der Sohn Liselottes, als Regent für den noch in kindlichem Alter stehenden Urenkel des Königs. Wie schon Ludwig XIV. an seinem Lebensabend suchte Philipp Annäherung an den Kaiser. Der Weg führte logischerweise nur über Prinz Eugen. Schon vor seinen letzten großen Türkensiegen – und erst recht danach – schien Eugen der erste Mann im Staat zu sein. Seine militärischen Erfolge hatten ihm nicht nur Ruhm, Ländereien und bares Geld eingetragen, sondern auch politische Macht. Wie wenig der Kaiser damals ohne Eugen auskommen konnte, verrät der Brief, den er ihm eigenhändig nach dem Fall von Belgrad schrieb. Nach der lation schilderte Karl VI. dem Prinzen seitenweise sämtliche außen- und innenpolitische Probleme, die ihn gerade beschäftigten. Er befragte Eugen in Personalangelegenheiten, er suchte wirtschaftlichen Rat, er erzählte ihm von diplomatischen Verwicklungen in allen Weltgegenden. Niemand war unentbehrlicher geworden als der Prinz. Und Eugens Haus in der Himmelpfortgasse galt neben der Hofburg als die erste Adresse in der Stadt.

»Sind sonst die Soldaten gewohnt, die schönsten Gebäude bis auf den Grund zu verderben und niederzureißen, so hatte Prinz Eugenius hingegen seine Lust, schöne Paläste mit großen Kosten aufzurichten, und solch in vollkommenen Wesen zu erhalten«, heißt es in einer zeitgenössischen Reisebeschreibung. »Sein prächtiger Palast zu Wien dient dessen zum unverwerflichen Zeugnis. Sintemal auch dessen äußerliche Pracht alle Anschauer gleichsam in erstaunliche Verwunderung setztet. Die Wände und Mauern sind mit den vortrefflichsten Gemälden geschmücket, unter welchen dessen erfochtene Victorien mit besonderer Pracht hervorleuchten. Auf denen beiden Flügeln sieht man von innen die schönsten Zimmer und Säle, deren einige zum Aufenthalt und Retirade des Prinzen, die andern aber zu den solennen Empfang derer Gesandtschaften zur Abhandlung wichtiger Traktaten, und zur Bewirtung derer vornehmen Gäste gewidmet waren...[251]«

Einen Mangel hatte das Palais – seine Lage in einer engen Gasse

der Innenstadt. Die Künstler, die es für aktuelle Kupferstichsammlungen darstellten, zauberten einen Vorplatz davor und stellten das riesige Gebäude in einen freien Raum. Die schon erwähnte Auffahrt des türkischen Sonderbotschafters war sicherlich nicht so möglich, wie sie auf dem Stich zu sehen ist. Bei jedem zeremoniellen Anlaß herrschte in der Himmelpfortgasse ein lebensgefährliches Gedränge. Die 18 steinernen Gestalten aus der griechischen Götter- und Allegorienwelt auf dem Sims des Palais (Sieg, Malerei, Philosophie, Ackerbau, Milde, Skulptur, Architektur, Geschichte, Treue, Friede, Ruhm, Gerechtigkeit, Herkules, Minerva, Klugheit, Mars, Apollo und Fortuna) konnte man nur aus einem seitlichen Winkel erblicken. (Die Statuen wurden im 19. Jahrhundert durch Kopien ersetzt und 1931 abgetragen. Seitdem sind sie verschwunden.) Die Monumentalität, die im Barock als Ausruferin und Marktschreierin der Macht dient – sie begegnet uns erst im Treppenhaus. Da hat Fischer von Erlach einen königlichen Aufgang geschaffen, wie er einem mehr oder weniger heimlichen Herrscher eines großen Reiches gebührt. Muskelprotzende Atlanten beugen sich unter der Last der Empore, und der Besucher schreitet auf den kraftstrotzenden Herkules zu, der nach getanen Arbeiten lässig an einem Baumstamm in seiner Muschelnische lehnt. Um ihn und über ihm ist alles Raum, Weite, Helligkeit. Man strebt empor in der Ahnung, einem Mann zu begegnen, der wie Herkules die Fähigkeit besitzt, selbst die unmöglichsten Aufgaben bewältigen zu können.
In der Einfahrt, durch die die Kutschen rollten, hat ein einfallsreicher Stukkateur eine ironische Gegenstimme zu dieser heroischen Symphonie komponiert. An den Wänden werden im Halbrelief Kriegsgerümpel, Schlachtenschutt und Heldenabfall auf einen Streitwagen, einen Schubkarren, einen Leiterwagen und in Reisekörbe gepackt: Helme, Waffen, Feldzeichen, Rüstungen in buntem Durcheinander aufgehäuft. Die Beute wird heimgekarrt, der Feldherr wirft den kriegerischen Plunder zum alten Eisen, Mars legt den Panzer ab und zieht den seidenen Schlafrock an, um sich einem friedlicheren Leben zu widmen.
Die Menschen, die beim Prinzen vorgelassen wurden und die sich

die Treppen hinaufbemühten, haben sicher seriösere Deutungen dafür gefunden. Die meisten, die sich dem Prinzen näherten oder sich ihm nähern durften, erstarben in Ehrfurcht und Bewunderung. Der große Saal, der Wartesaal, in den der unaufhörliche Besucherstrom geleitet wurde, war als Ruhmeskatalog des Prinzen ausgestattet worden. Die Wände zierten die riesigen Schlachtengemälde Jacques Ignace Parrocels. Jedem Fremden wurde in Erinnerung gerufen, wen er vor sich hatte, wo er sich befand. Tausende von winzigen Reitern, Infanteristen, Artilleristen, Generälen, von Türken, Franzosen und Kaiserlichen, von Söldnern, Janitscharen und Husaren bevölkerten die Wände. Unter sachkundiger Anleitung des Prinzen war ein Panorama seiner Siege entstanden – Zenta, Höchstädt, Cassano, Turin, Oudenaarde, Malplaquet, Belgrad. Die Vorlage dafür lieferte die Serie der Schlachtenbilder des Holländers Jan van Huchtenburg. Ihm hat der Prinz die Pläne seiner Bataillen zukommen lassen und wohl auch beratend und vom militärischen Standpunkt korrigierend über die Schulter geschaut. Diese Schlachtenstücke hängen heute in einem eigenen Prinz-Eugen-Saal der Galleria Sabauda in Turin. Weite Verbreitung erlangten diese Darstellungen durch ein Kupferstichwerk Huchtenburgs. Parrocels Mammutbilder wurden zur Zeit Maria Theresias in ein Depot verbannt, Napoleon verschleppte sie nach Paris und ließ sie im Louvre ausstellen. 1815 kehrten sie in die kaiserlichen Gemäldesammlungen zurück. Erst nach dem Zweiten Weltkrieg hatte ein kluger Kopf im Finanzministerium die glückliche Idee, die Bilder wieder dorthin zu holen, wohin sie gehörten – in die Himmelpfortgasse. Sie wurden nun jedoch im ehemaligen großen Bibliotheksaal aufgespannt. Und jeder Finanzminister genießt seitdem das beglückende Überraschungsmoment, wenn er einen ausländischen Gast vor das größte aller Gemälde, vor die Vedute des Entsatzes von Turin, führt und ihn auf die winzige Figur eines kaiserlichen Melders hinweist – der Mann entkommt feindlichen Verfolgern auf einem Velociped, auf einem altertümlichen Hochfahrrad. Ein anonymer Restaurator soll, aus Ärger über sein erbärmliches Honorar, dieses anachronistische Fortbewegungsmittel in das Soldatengewimmel hineingezaubert haben.

Der große Saal wurde zwar baulich verändert, abgeteilt, seines ursprünglichen Schmuckes beraubt (dafür hängen Huchtenburgs Stiche an der Wand), er ist jedoch Vorzimmer geblieben. Gleich daneben, in kleineren Räumen, sind die Sekretäre des Prinzen über ihren Briefen und Akten gesessen: hochgebildete Herren, denen Eugen alle Detailarbeiten und -entscheidungen überließ. Vor allem Ignaz Koch wurde in den letzten 15 Jahren zum unentbehrlichen Helfer, zum anderen Ich in diplomatischen und administrativen Angelegenheiten. Sein Vater Georg Gottfried Koch diente dem Prinzen seit den neunziger Jahren als treuer Verwalter.
Wer in Europa etwas auf sich hielt, erstrebte eine Höflichkeitsvisite beim Prinzen. Alle waren sie hier versammelt, Schmeichler und ehrerbietige Bewunderer, Offiziere, die um Beförderung einkamen, Agenten, Hochstapler und Intriganten, originelle Köpfe mit kühnen Projekten, große Geister, die Eugen ihre Werke widmeten und die Diskussion mit ihm suchten, und allerhand vornehmes Geblüt, das den Prinzen in die Sammlung seiner Eitelkeiten einreihen wollte, Diplomaten, Kuriere, Beamte, Priester und Höflinge, alle, alle harrten sie im großen Saal Eugens. Die einen wurden zu intimen Beratungen eingeladen, andere in feierlicher Audienz empfangen. Dafür war der Rote Salon reserviert. Eine Vielzahl der Besucher fand sich im Paradezimmer ein, dem Blauen Salon. In der Mitte stand das Prunkbett; beim spätmorgendlichen Levée dürfte es zugegangen sein wie im »Rosenkavalier«.
Er habe nie etwas Kostbareres gesehen als den Hausrat des Schlafzimmers, schrieb der preußische Adelige Karl Ludwig Freiherr von Pöllnitz. »Die Tapezereien sind grün und mit Gold gestickt, woran man die künstlichste und zarteste Arbeit entdeckt. Das ganze Zimmer ist darnach aufgeputzt ...« Und dann staunte der Preuße über das benachbarte Spiegelkabinett, das »durch vergoldet und mit Malereien und Spiegeln gezieret ist, die marmornen Tische, die Arm-Leuchter, sogar die Feuerschaufeln sind von erlesenster Arbeit. Ich darf auch nicht unterlassen, der vielen und schönen Kronleuchter Erwähnung zu tun, und man hat mir gesagt, daß derjenige, so in dem Schlafgemach hängt, der kostbarste ist, und auf 40 000 Gulden zu stehen kommt[252].«

Die Lust am eigenen Bild, die vielfältige Reflexion in den geschickt versetzten Spiegeln, der üppige Glanz des Goldes, die aus einem Stück an Ort und Stelle geschnitzte vergoldete Decke, das zarte Blumengeranke auf den Tapeten entsprach einer barocken Paradies- und Himmelsvision. Und Eugen bat nur seine vertrautesten Freunde in diesen goldenen Schrein, um sich hier beim Kartenspiel, bei Kaffee oder Schokolade zu ergötzen – und beim diskreten Gespräch über die große und die kleine Politik und die Umtriebe bei Hof und die Netze, die seine Feinde nach ihm auswarfen.

Die menschliche Nähe, die aus den Briefen des Kaisers an Eugen während des Türkenkrieges sprach, ließ es als fast ausgeschlossen erscheinen, daß Eugen unmittelbar danach beinahe in Ungnade gefallen wäre und um seine politische Existenz kämpfen mußte. In Wien war es möglich.

Solange die Türkenangst umging, duckten sich Eugens Neider und Gegner. Jetzt trugen sie ihre Köpfe wieder hoch. Ein neuer Krieg, den Eugen nicht wollte und mit halbem Herzen dirigierte, bot ihnen Angriffsflächen. Der Bourbone auf Spaniens Thron wollte, angestiftet von seiner ehrgeizigen Gattin Elisabeth Farnese und ihrem Berater Kardinal Alberoni, die an Österreich verlorenen italienischen Gebiete zurückgewinnen. Gekämpft wurde in Sizilien. Es war der erste Krieg, in dem der nun 56jährige Prinz zu Hause blieb. Seine Generäle bedeckten sich nicht mit Ruhm. Unter dem Druck der Engländer und der Franzosen, die sich ebenfalls gegen Spaniens Italien-Abenteuer stellten, mußte Karl VI. schließlich 1720 auf all das eingehen, was man schon vor dem Krieg von ihm verlangt hatte: nämlich die Anerkennung der Bourbonenherrschaft und seinen Verzicht auf den spanischen Thron. Dafür vertrieben die Engländer die Spanier aus Sizilien und aus Sardinien. Sizilien fiel an Österreich, der Herzog von Savoyen bekam Sardinien und einen dazugehörigen Königstitel. Die österreichische Monarchie hatte ihre größte Ausdehnung erreicht – von der Nordsee bis vor die Küsten Afrikas.

Der Kaiser litt jedoch schwer darunter, etwas aufgeben zu müssen, was sich ohnehin nie in seinem Besitz befunden hatte und

was er auch nie mehr bekommen konnte. Doch Spanien war das prägende Erlebnis seiner Jugend. Seinen Parteigängern aus jener Zeit bewahrte er eine fast krankhafte Anhänglichkeit. Nach Karls Rückkehr nach Wien fiel ein Schwarm von Spaniern in der Residenzstadt ein, machte sich breit, beanspruchte Ämter und Einkünfte, belebte das längst nicht mehr zeitgemäße spanische Hofzeremoniell wieder und bildete in Form des »Spanischen Rates« eine Nebenregierung. Um die Fiktion einer Herrschaft aufrechtzuerhalten, wurde den Spaniern die Verwaltung der ehemals spanischen Gebiete in Italien übertragen. Infolgedessen tauschte Prinz Eugen seine einträgliche Statthalterschaft von Mailand 1716 mit dem Gouvernement der Niederlande. Der Präsident des Spanischen Rates, Don Antonio Folch de Cardona, Erzbischof von Valencia, bezog 20 000 Gulden jährlich, und der 66jährige Don Ramon Perlas de Vilana Marqués de Rialp erhielt zu seiner Hochzeit mit einer 17jährigen Sinzendorf-Tochter vom Kaiser eine Herrschaft im Wert von 240 000 Gulden als Präsent.
Zuerst hatte Eugen die Verständigung mit den Spaniern gesucht. Da er die Spaniensehnsucht des Kaisers jedoch als Belastung seiner Außenpolitik betrachtete, machte er sich die meisten der Emigranten bald zu unversöhnlichen Gegnern, allen voran den Grafen Stella. Dazu gehörte auch ein Nichtspanier, Michael Johann von Althann. Als Karls Vertrauter war er in Spanien zu dessen erklärtem Favoriten geworden. Diese freundschaftliche Bindung ging so weit, daß die Wiener munkelten, Althanns attraktive Gemahlin, eine Gräfin Pignatelli, sei die Mätresse des Kaisers. Und Althann neidete dem Prinzen Erfolg, Reichtum und Macht. Ein Kreis hochgestellter Männer, die Einfluß auf den Monarchen hatten, schloß sich zu einer Kabale, zu einem Ränkelspiel, um mit Hilfe von Verleumdungen, Fälschungen und Verdrehungen Eugens Stellung zu untergraben.
Europa sah Eugen nur als strahlenden Helden. Bot er überhaupt Angriffsflächen? Nach den Türkenkriegen war er kränkelnd nach Wien zurückgekehrt. Seine Gegner warfen ihm eine zu geringe Arbeitsleistung vor. Er widme nur am Vormittag ein paar Stunden den Akten und den Geschäften des Hofkriegsrates. Nachmittags

sitze er oft am Spieltisch und unterhalte sich mit einer auserwählten Gesellschaft. Alle Bürokratie überließe er seinen Beamten. Außerdem sei er zu sehr von den Einflüsterungen seiner engsten Freunde abhängig, vor allem von denen der Gräfin Eleonore Batthyány. Seine Wortkargheit, die viele als Schroffheit auslegten, sein aufbrausendes Gemüt und seine Ungeduld in Diskussionen schufen ihm viele Feinde. Ein französischer Agent, der einen Geheimbericht über die Zustände am Wiener Hof 1719 nach Paris lieferte, kapitulierte vor der Aufgabe, »ein wahres und solides Urteil über die Ansichten und Pläne des Prinzen Eugen zu gewinnen, sein Geheimnis ist bis zu einem Grade undurchdringlich, daß man bei allen seinen unbestreitbaren heroischen Qualitäten als die ihn beherrschende Eigenschaft eine tiefe Verstellung, auch seinen besten Freunden gegenüber bezeichnen kann[253]«.
Einer der besten Kenner des Prinzen war der Genfer Baron Saint-Saphorin. Unter Kaiser Leopold I. hatte er in den achtziger Jahren die erste Donauflottille befehligt und Eugens Vertrauen gewonnen. Später trat er in englische Dienste und berichtete als Resident aus Wien nach London: »Ich halte den Prinzen nicht für fähig, dem Kaiser jemals etwas zu raten, was gegen Treue und Glauben verstößt, denn da er unter keinen Umständen im eigenen Interesse unredlich handeln will, wird er auch niemals seinen Herrn einen Weg leiten, den er selbst nicht gehen möchte.« Der Schweizer kritisiert jedoch Eugens Umgang, seine Abhängigkeit von seinen Sekretären und eine gewisse Lässigkeit bei der Arbeit. »In einem Wort, das ist auf Grund seiner großen Fähigkeiten einer der ersten Männer Europas, aber in kleinen Dingen zeigt er viele Schwächen[254].«
Durch die Überzeichnung dieser Schwächen sollte der Prinz beim Kaiser in Mißkredit gebracht werden. Trotz seiner Gunstbezeugungen hatte der Monarch ein gespaltenes Verhältnis zu Eugen – wie ein Direktor, der sich seinem besten Angestellten unterlegen fühlt und schließlich auch darunter leidet, daß dieser Mann für ihn unentbehrlich ist. »Man sollte meinen, daß die Dienste, die der Prinz Eugen dem Hause Österreich geleistet hat, seinen Kredit gesichert und seine Autorität am Wiener Hofe gefestigt hätten«,

schrieb der französische Agent. »Es steht indessen fest, daß sie ihm nicht die Zuneigung und das Vertrauen Seiner Kaiserlichen Majestät gewonnen haben, die, sei es aus Eifersucht auf die Reputation dieses Prinzen, sei es aus Mißtrauen gegen die Selbstlosigkeit seiner Absichten, für gewöhnlich seinen Ratschlägen nicht folgt.«

Durch verschiedene Personalentscheidungen des Kaisers merkte Eugen die ersten Anzeichen einer Entfremdung. Wieder einmal waren gewisse Kreise bestrebt, ihn als Präsidenten des Hofkriegsrates zu verdrängen. Gerüchte über unlautere Machenschaften wurden in die Welt gesetzt. Eugen war gekränkt und dachte daran, alles hinzuwerfen. Saint-Saphorin traf ihn in diesen Krisentagen zu einem Gespräch: »Die Beredsamkeit ist nicht sein größtes Talent, aber die Entrüstung verlieh sie ihm in einem solchen Maße, wie ich es in meinem Leben noch nicht gehört habe, wobei sich als Schluß ergab, daß es sich durchaus mit seinem Ruhme vereinbare, wenn er sich zurückziehe und hier nicht mehr sich Beleidigungen und Verdruß aussetze, mit 10 000 Gulden Rente, sagte er, kann ich meine Tage ruhig und ohne Ärger beschließen und ich besitze eine genügend große Zahl von Büchern, um mich nicht zu langweilen[255].«

Die Intrige geriet mehr und mehr auf eine kriminelle Ebene, als sich ein Agent seines Vetters Victor Amadeus einschaltete. Der Herzog von Savoyen hätte seinen Sohn gerne mit einer der beiden Töchter Josephs I. verheiratet, Eugen hingegen strebte Verbindungen mit einem bayerischen und einem sächsischen Prinzen an. Durch das Lügengespinst eines mysteriösen Abbés Tedeschi gemeinsam mit Althanns Schwager, dem Kammerherrn Graf Nimptsch, sollte dem Kaiser Material gegen Eugen zugespielt werden, das zum endgültigen Bruch führen würde. Der Skandal erschütterte den Kaiser, Hof und Gesellschaft, als die Machenschaften durch die Wachsamkeit eines Nimptschen Dieners aufflogen.

Dem Manne war das seltsame Benehmen seines Herrn aufgefallen. Gegen seine Gewohnheit führe dieser ungewöhnlich viel Korrespondenz, schleiche sich in einen schwarzen Mantel gehüllt zu nächtlicher Stunde aus dem Palais, um an geheimen Orten einen italienischen Abbé zu treffen. Aus einem belauschten Gespräch schloß der Lakai auf eine politische Verschwörung gegen Prinz Eugen. Für den Diener war es nicht so leicht, an den Prinzen heranzukommen, bis er ihn endlich im Belvederegarten anreden konnte. Der Prinz verlangte Beweise, der Diener brachte nach ein paar Tagen einen Brief. Dem Kaiser sollte durch seinen Kammerherrn, den Grafen Nimptsch, eingeflüstert werden, Eugen plane die bayerische Heirat nur, um die Wittelsbacher und seine Person in Österreich an die Herrschaft zu bringen.

Jetzt handelte Eugen, das heißt, er wurde durch Nichthandeln aktiv. Er boykottierte alle Sitzungen und Konferenzen und verweigerte jede Zusammenarbeit mit Kaiser, Regierung und Hof, bis ihm Genugtuung geleistet würde. Bald war die Rolle des Abbé Tedeschi klar: Er war mit Bestechungsgeldern wohl versehen und versorgte den Grafen Nimptsch mit Schmutzgeschichten über Eugen. Der Kaiser hatte sich bereits einige dieser üblen Märchen angehört, ohne energisch dagegen Widerspruch zu erheben.

Die plötzliche Angst, Eugen zu verlieren, ließ den Kaiser jedoch gegen die Intriganten vorgehen. Nimptsch wurde vom Hof verstoßen und für zwei Jahre in Graz in Haft gehalten. Mit Tedeschi machte man kurzen Prozeß. Der falsche Abbé, ein ehemaliger Gemüsehändler, wurde am Neuen Markt an den Pranger gestellt und dann vor einem johlenden Publikum mit 30 Rutenstreichen auf den entblößten Rücken bestraft, »worunter er sich sehr gewunden und geschrien[256]«. Schließlich eskortierte man ihn bis zur Grenze südlich von Trient und wies ihn ohne Rückkehrrecht aus.

Der Prinz nahm seine Tätigkeiten wieder auf. Seine Feinde verhielten sich eine Zeitlang ruhig. Sie warteten auf die nächste Gelegenheit; und immer wieder war es die Gräfin Batthyány, die sie als Zielscheibe ihrer Attacken gegen den Prinzen wählten. Die »schöne Lori« nannten die Wiener die fesche Witwe. Ein Bild ist uns von ihr erhalten, und das nur als Kopie – das Gemälde einer reizvollen jungen Frau. Ihr langes schwarzes Haar wogt in lockerer Frisur um ihr schmales Gesicht und fällt bis auf die Schultern. Das ungarische Festkleid läßt sie als Magyarin oder als Südländerin er-

scheinen. In den scharfgeschnittenen Zügen und den großen Augen entdeckte der Maler verborgene Lebhaftigkeit und einen Schuß von Ironie; eine edle Frau von Geist und Schönheit. Als Gräfin Eleonore Batthyány für dieses Porträt saß, war sie höchstens 20. In der Zeit ihrer engen Beziehungen zu dem Prinzen zählte sie bereits über 40. »Die Gräfin Batthyány ist diejenige, die den meisten Einfluß auf ihn hat, sie ist nicht mehr ganz jung, besitzt aber viel Geist, jedenfalls verdient sie einige Aufmerksamkeit«, berichtete der französische Botschafter du Luc 1715 nach Versailles. Die 27jährige Lady Montagu wunderte sich ein Jahr später in einem Brief an eine Londoner Freundin über die Anziehungskraft, die »ältere« Frauen in Wien ausübten. »... ich kann Dir versichern, daß Runzeln oder etwas gebeugte Schultern, ja sogar graue Haare kein Hindernis für neue Eroberungen sind ... eine Frau wird bis fünfunddreißig bloß als ein unerfahrenes Mädchen betrachtet und kann nicht vor vierzig in der Welt von sich reden machen ... für mich ist es ein wahrer Trost, zu wissen, daß es auf Erden ein derartiges Paradies für alte Frauen gibt ... außerdem hat das verwirrende Wort ›Ruf‹ hier eine ganz andere Bedeutung, als man ihm in London gibt. Einen Geliebten zu bekommen, bedeutet durchaus nicht, seinen Ruf zu verlieren, sondern erst richtig Reputation zu erwerben, und die Damen werden viel mehr wegen des Ranges ihrer Liebhaber, als jenes ihrer Gatten geschätzt ...[257]«
Nun, Eleonore Batthyány hatte keinen »Ruf« in diesem Sinn. Sie war auch keine Ungarin. Als Tochter des Hofkanzlers Theodor Heinrich von Stratmann wurde Eleonore 1692 mit dem Grafen Adam Batthyány vermählt. Stratmann, ein Deutscher aus Kleve am Niederrhein, der in Wien Karriere machte, ist erst 1685 in den Grafenstand erhoben worden. Schon früh förderte er den Savoyer; auch zum Grafen Batthyány bestanden Verbindungen. Der Banus von Kroatien kämpfte in den Türkenkriegen Seite an Seite mit Eugen und war in Zenta dabei. 1703 ist er mit nur 41 Jahren gestorben. Das von manchen Autoren kolportierte Gerücht, die beiden Söhne Eleonores, 1696 und 1697 geboren, stammten von Eugen, gehört wohl in Fabelbereiche. Gekannt haben dürfte Eugen die Gräfin schon sehr früh, nähergekommen sind sie einander erst

lange nach dem Tod ihres Mannes. Die einen nennen sie Eugens Mätresse, die anderen wollen nur von einer platonischen Beziehung wissen. Sicherlich war Eleonore nach seiner Mutter Olympia die wichtigste Frau im Leben des Prinzen.

Aber was bedeuteten ihm Frauen überhaupt? »Er wolle sich niemals verheiraten«, nach dem Grundsatz, daß eine Frau für einen Kriegsmann ein »meuble embarrassant«, ein lästiges Möbelstück sei ... So zitiert ihn einer seiner frühen Biographen, der sich auf die Aussagen von Eugens Zeitgenossen stützte[258]. Er würde seine Pflicht vergessen, weil seine Gedanken bei ihr wären, und würde zu oft im Kampf sein Leben schonen, nur um sich für seine Gattin zu erhalten. Die Liebe erschien Prinz Eugen »stets als eine jener frivolen Leidenschaften, denen sich ein vernunftbegabter Mann niemals hingeben dürfe«. Öfters sagte er, »die Verliebten seien in der bürgerlichen Gesellschaft das, was Fanatiker im religiösen Bereich sind, nämlich Wirrköpfe.« Mehrere Heiratsprojekte in Spanien, mit einer böhmischen Gräfin usw. scheiterten – zum Teil wegen seines wenig ansprechenden Äußeren, seiner Scheu und seines schroffen Benehmens gegenüber den Kandidatinnen.

War es mehr als die Weiberfeindlichkeit eines Kriegsmannes? In den Sittengeschichten wird Prinz Eugen unter die großen Homosexuellen gereiht. Man stützt sich auf die schon zitierten verächtlichen Äußerungen der Liselotte von der Pfalz über seine Jugendabenteuer am französischen Hof. In Frauenkleidern habe er mit Freunden sein Unwesen getrieben. Noch 1710, in der düstersten Periode des Spanischen Erbfolgekrieges, hat sie in einem Brief über den Erzfeind Frankreichs geschrieben: »Er kommt mit Frauen nicht gut aus; ein paar hübsche Pagen würden wohl mehr nach seinem Geschmack sein[259].« Bei seinem Englandbesuch wurde sein mangelndes Interesse für Frauen und seine geringe Tanzfreudigkeit bespöttelt. Lady Montagu bemerkte 1717 im Hinblick auf Eugen: »Ich weiß nicht, welchen Trost andere Leute darin finden, die Schwäche großer Männer zu betrachten (weil diese dadurch ihrem eigenen Niveau nähergebracht werden), aber für mich ist es immer eine Demütigung, zu beobachten, daß es in der Menschheit keine Vollkommenheit gibt ... Ich spreche von ihm

(Eugen) in Wien ebenso ungern, wie ich über Herkules am Hof von Omphale reden würde, hätte ich ihn dort gesehen[260].«
In der Herkules-Sage dient der Held der lydischen Königin Omphale in Frauenkleidern – das kann sowohl eine Anspielung auf die Neigung zum Transvestitentum sein als auch auf die völlige Versklavung des Mannes durch eine Frau. Und damit wäre wieder Eleonore Batthyány gemeint. In dem schon erwähnten Brief über das Echo auf den Fall von Belgrad in Istanbul rühmte die Lady Eugens Geschicklichkeit und Tapferkeit: »... und ich freue mich besonders, daß die Stimme der Ehre und der Pflicht ihn von ... (und dann sind in der Handschrift etliche Worte ausgestrichen und unleserlich gemacht) ... weggerufen hat[261].« Also noch ein Indiz für irgendeinen bösen Tratsch, der der mitteilungsfreudigen Dame in Wien zu Ohren gekommen war.
Was läßt sich sonst zur Untermauerung der Theorie von Eugens Liebe zum männlichen Geschlecht anführen? Ein Liebhaber scheint in keiner Quelle auf. Enge Freunde waren die früh verstorbenen Lothringer Prinzen Commercy und Vaudemont, beide in seinem Alter, Kriegskameraden, lebenslustig, immer dem Tode nah, doch nichts weist auf eine homosexuelle Verbindung hin. Und später? Aus dem geheimnisvollen Prinzen Ludewig im Lied vom »edlen Ritter«, der bei Belgrad gefallen ist, möchten manche einen intimen Freund Eugens machen, weil er ihn laut Lied »so sehr geliebet« hat. In seinen Erinnerungen bemerkte Graf Schulenburg im Zusammenhang mit der Belagerung von Mons: Der Prinz schätze »la petite débauche (das heißt, er gönnt sich gerne eine kleine Ausschweifung) et la p...« über alles. Für das p... setzte Max Braubach paillardise (Unzucht, Schweinerei) oder »prostitution« ein[262]. Es könnte aber auch »pédérastie« gemeint sein. Daß die Feldherren auf ihren Kriegszügen zu sexueller Enthaltsamkeit gezwungen waren, nimmt ohnehin niemand an. Psychologische Gründe für seine Frauenfeindlichkeit sucht man in der ursprünglich starken Mutterbindung Eugens. Durch die Enttäuschungen mit Olympia habe er sich völlig von den Frauen abgewandt.
Dabei verwundert, daß alle die Intriganten und Verschwörer nie eine etwaige Homosexualität des Prinzen benutzt haben, um ihn

beim Kaiser anzuschwärzen – selbst die nicht zimperliche französische Kriegspropaganda ließ solche Anschuldigungen aus. Dem Prinzen wurden eher Mätressen vorgeworfen. In seinem Wiener Leben spielte jedoch keine Frau eine wichtige Rolle – bis zur Freundschaft mit der »schönen Lori«. Außer ihr stand ihm noch ihre Schwägerin, die Frau ihres Bruders Heinrich von Stratmann, ebenfalls eine Eleonore, nahe.

Von Eugen und der »schönen Lori« wissen wir nur durch Dritte. Kein Brief von Eugens Hand an die Gräfin ist erhalten, keine Notiz, kein Dokument. Nicht einmal ein Ausspruch Eugens über die so hochgeschätzte Frau wird überliefert. Auch sie hat uns nichts Geschriebenes hinterlassen, außer einigen von ihr quittierten Empfangsbestätigungen.

Um so eifriger diktierten die Gesandten der Großmächte ihren Sekretären jedes Geflüster über die beiden. Denn die Gräfin besaß den Schlüssel zu Eugen, sie kontrollierte den Zugang; wen sie empfahl, den empfing er, den hörte er sich an und setzte sich für ihn ein. Die »schöne Lori« soll sich dabei nicht völlig selbstlos verhalten haben, für eine runde Summe befürwortete sie eine Beförderung, ein Stellengesuch. So erzählte man es sich jedenfalls in Wien. Sie stimmte sich bei solchen Geschäften mit Ignaz Koch und anderen Sekretären Eugens ab und baute mit ihnen ein Sicherheitssystem auf, um den alternden Helden von einer immer mehr drängenden und mehr begehrenden Umgebung abzuschirmen.

Frankreichs Botschafter du Luc verrechnete der Pariser Zentrale die Spesen für einige Geschenke an die Gräfin. So steht's in seinem Rechnungsbuch: »18 Paar Schuhe oder Pantoffel als Geschenk für die Gräfin Batthyány, einen Schal, ein Haarfärbemittel und einen Goldschmuck, den sie sich von mir erbeten hat – 1200 Pfund[263].«

All die Machenschaften, Redereien und bösen Zungen konnten das Verhältnis nicht trüben. Je älter Eugen wurde, desto mehr war er auf Eleonore angewiesen. Sein Dasein war mit dem ihren so sehr verflochten, daß an seinem Lebensabend das Gerücht umging, er habe die Batthyány heimlich geheiratet. Was war es? Liebe, Freundschaft, eine familiäre Zuneigung? Trotz seines Ruhmes ist Eugen in Wien ein Fremder geblieben. Er hat das Gesicht der

Stadt mitgeprägt und geformt, aber die Stadt war nicht bereit, sich ihm hinzugeben. Er hat ihr mit dem Belvedere einen Schmuck verehrt, wie ihn kein Kaiser zu schenken vermochte, aber die Stadt hat sich ihm verweigert. Unter den Feudalherren der Monarchie blieb Eugen ein Außenseiter. Seinem Kreis gehörten vor allem Fremde an. Sein letzter Freund in der Führungsschicht des Habsburgerreiches, der Graf Wratislaw, war 1712 gestorben. Da bot die »schöne Lori« dem Prinzen Zuflucht, das Gefühl, irgendwo daheim zu sein, den Schein einer Familie, Gesellschaft und Geborgenheit, vor allem in den langen Jahren, da er Frühling, Sommer und Herbst nicht mehr mit seinen Offizieren und Soldaten verbrachte. Er genoß die Abende am Spieltisch, die Konversation, die durch die Anwesenheit von Gelehrten, Philosophen und Dichtern veredelt wurde; manchmal traf man sich auch in der Renngasse im Palais Batthyány oder bei der anderen Eleonore im Palais Stratmann in der Schenkenstraße. Und die Wiener schmunzelten über die Geschichte von den Pferden, die den Weg zwischen Himmelpfortgasse und Renngasse von selber fanden, weil der Kutscher, der Lakai und der Prinz, alle drei zusammen weit über 100 Jahre alt, selig entschlummert waren.
Der politische Einfluß der Gräfin wurde von den in Wien stationierten Diplomaten zweifellos überschätzt. Auf eine eigene Willensbildung legte der Prinz größten Wert. Aber einmal (1724) wandte sich sogar der Kaiser durch Mittelsmänner an Eleonore, damit sie Eugen überredete, die Statthalterschaft in den Niederlanden freiwillig niederzulegen.
Mit 250 000 Gulden Jahreseinkommen war dieses Amt für Eugen zuerst einmal ein Versorgungsposten. Glück haben ihm die ehemals spanischen Niederlande kaum gebracht. Zwischen 1716 und 1724 besuchte er die seiner Regierungsgewalt unterstehenden Provinzen nicht ein einziges Mal. Er überließ die Verwaltung einem savoyischen Edelmann, Ercole Giuseppe Turinetti Marchese di Prié. Der erfahrene Diplomat besaß seit Jahren das Vertrauen des Prinzen, für diese schwierige Aufgabe war er jedoch kaum geeignet. Denn die Belgier, müde der ständigen Fremdherrschaft, erwiesen sich als unbequeme Untertanen. Zäh verteidigten

sie ihre Privilegien und überkommenen Rechte. Sie litten unter dem Barrierevertrag, der ihnen die Unterhaltskosten für die holländischen Garnisonen an der Grenze Frankreichs aufbürdete. Ihre Handelstätigkeit war durch die von Engländern und Holländern verlangte Sperre der Schelde mit einer dicken eisernen Kette vor Antwerpen schwer beeinträchtigt.

Eugen kümmerte sich wohl um »sein« Land. In den Archiven liegt eine umfangreiche Niederlande-Korrespondenz. Das Land zu entwickeln, seine wirtschaftlichen Interessen zu fördern, die Einkünfte und den Lebensstandard der Bürger zu erhöhen, solche ökonomische Probleme berührten ihn jedoch kaum. Der Prinz dachte in Sicherheitskategorien. Belgien sollte nie mehr zum Aufmarschfeld für französische Armeen werden. Er betrachtete die Provinzen hauptsächlich vom militärischen Standpunkt. Als die Bürger aufmuckten, die Gildenmeister den drückenden Steuerforderungen nicht nachkommen wollten und in den größeren Städten Unruhen ausbrachen, sandte Eugen unverzüglich starke Truppeneinheiten nach Brüssel. Wie in Bayern, wie in Ungarn sollten sie ein Exempel statuieren. Ein Protest des Bürgers, ein Aufbegehren gegen die staatliche Autorität, hatte im absolutistischen Weltbild des Prinzen keinen Platz. Er befahl härtestes Durchgreifen. Und Prié lieferte den Belgiern einen Märtyrer, als er einen der Anführer des Ausstandes, den angesehenen 70jährigen Gildenmeister Anneessens, foltern und auf der Grande Place öffentlich köpfen ließ. All das geschah mit Eugens Billigung.

Das war kaum die richtige Methode, sich in einem fremden Land beliebt zu machen. Viele Unzulänglichkeiten wurden Eugens Abwesenheit zugeschrieben. »Das ist hier ein Chaos, wo es weder Verständigung noch Respekt gibt und allein Ihre Gegenwart der Unzufriedenheit steuern kann«, heißt es in einem schriftlichen Hilferuf aus Brüssel[264]. Die Diplomaten in Wien warfen der Gräfin Batthyány vor, Eugen aus Eigensucht an einer Reise in die österreichischen Niederlande zu hindern.

Durch diese Provinzen geriet der Binnenländer Eugen wieder einmal indirekt in Berührung mit dem ihm so fremden Meer. Er sollte den Seehandel fördern. Wenn schon Antwerpen blockiert war,

so konnte sich wenigstens Ostende zu einem lebendigen Hafen entwickeln. Reeder und Kauffahrer tauften ihre Schiffe zeitgemäß auf den Namen des Kaisers und des Statthalters. Da der Prinz maritimen Unternehmungen stets etwas mißtrauisch begegnete, geriet er bald mit Karl VI. in Konflikt. In seinen spanischen Jahren hatte sich der Monarch Verständnis für den wirtschaftlichen Nutzen der Seefahrt erworben. Er sah die neuen Einnahmequellen für den Staat: außerdem gehörte eine Flotte zu einer Großmacht. Nicht zufällig steht in Triest bis heute ein Denkmal Karls VI. mit Blick auf die Adria. Nun wollte der Kaiser auch aus der Küstenlage Belgiens vermehrten Gewinn herausholen. Der beste Weg schien ihm die Gründung einer »Ostendischen Kompagnie« – nach dem Vorbild der englischen und der holländischen Seehandelsgesellschaften. Eugen war von dem Projekt nicht sehr begeistert. Er überlegte weniger wirtschaftlich als politisch. Er warnte vor den traditionellen Seemächten England und Holland, sie würden ihr Monopol des Überseehandels mit allen Mitteln verteidigen. Ein gutes Verhältnis zu den beiden Staaten schien Eugen wichtiger als selbst die gewinnbringendsten Geschäfte mit Indien und anderen exotischen Ländern.
Österreichs Seegeltung wird im Kuppelfresko der Wiener Nationalbibliothek gedacht; der aufmerksame Beobachter entdeckt dort eine kaiserliche Fregatte, mit rotweißrotem Wappenschild und rotweißrotem Banner und einer Doppeladlerflagge dazu. Zumindest in seinem Prunktempel für die kostbare Büchersammlung des Hofes wollte Kaiser Karl VI. die glorreichen Seefahrerzeiten konservieren. Österreichs Farben auf den Weltmeeren wurden zu einem Stör- und Unruhefaktor. Da konnte schon 1718 ein Jesuitenmissionar aus China melden: »Den 13. Juli ist zu Canton ein Schiff aus denen österreichisch-kaiserlichen Niederlanden, der ›Printz Eugenius‹, mit zweien Priestern unserer Gesellschaft glücklich angelangt. Etliche Europäer sahen das Schiff mit scheelen Augen an, in der Sorge, der Kaiser wolle die sinische Mission in seinen Allerhöchsten Schutz nehmen[265].«
Die »Printz Eugenius« wurde von einem irischen Kapitän befehligt, sonst bestand die »österreichische« Seefahrernation aus Fla-

men, Franzosen und Schotten. Sie errichteten Handelsstationen in Kanton, im Golf von Bengalen und an der indischen Koromandelküste. Die Seemächte antworteten mit Stör- und Sabotageaktionen. Die Gründung der Ostendischen Kompagnie 1723 wurde von England und Holland fast als Kriegserklärung aufgefaßt. Nach anfänglichem Zögern stieg auch Eugen mit 60 000 Gulden ein. Die Gesellschaft machte phantastische Gewinne. Aber Eugen behielt mit seinen Warnungen und seiner Vorsicht recht. England und Holland zwangen Kaiser Karl VI. dazu, die Kompagnie 1727 zu suspendieren – als Preis für die Anerkennung der Pragmatischen Sanktion durch England.

Damals war Eugen seines niederländischen Amtes schon längst ledig geworden. Auch wenn der Prinz die Kompagnie nach ihrer Gründung unterstützt hatte, verzieh ihm der Kaiser den anfänglichen Widerstand gegen sein Lieblingsobjekt nicht. Als sich nun der einheimische Adel gegen Prié und Eugen stellte, fand der Generalstatthalter beim Wiener Hof wenig Rückendeckung. Der äußere Anlaß war die Verhaftung des Marquis von Merode-Westerloo, eines alten Feindes Eugens aus dem Spanischen Erbfolgekrieg. Der Marquis – nun kaiserlicher Feldmarschall und Ritter vom Goldenen Vlies – hatte eine Verleumdungskampagne gegen Prié angezettelt; Eugen erlaubte seinem Stellvertreter, Merode-Westerloo einsperren zu lassen. Der Kaiser reagierte jedoch verärgert auf dieses drastische Vorgehen, weil dadurch der gesamte niederländische Adel in die Opposition gegen die österreichische Herrschaft gedrängt würde. Dazu kam noch der Skandal um Alexander de Bonneval.

Der Franzose zählt zu jenen barocken Abenteurern, die von Hof zu Hof zogen, ihre Loyalität wechselten wie ihre Hemden und mit Witz, Frecheit, Hochmut, Tollkühnheit in völliger Bindungslosigkeit einem neuen Freiheitsideal anhingen. Ihre Persönlichkeit, ihr Wille, ihr Herrentum standen über allem und allen. Bonnevals militärische Laufbahn begann in der französischen Marine. Bei Luzzara focht er zum erstenmal gegen den Prinzen. Als er sich vom Kriegsminister Chamillart in seiner Ehre gekränkt wähnte, scheute er den offenen Konflikt nicht und verließ Frankreich.

Bonneval trat in österreichische Dienste. In Abwesenheit zum Tode verurteilt, wurde sein Bild vom Henker in Paris auf einem öffentlichen Platz an den Galgen gehängt. Der Graf zeichnete sich sofort als Soldat aus. Er kämpfte bei Turin, er nahm an dem Zug durch die Provence nach Toulon teil, ritt auch in den folgenden Schlachten des Spanischen Erbfolgekrieges an der Seite Eugens. Er brachte es rasch zum Feldmarschalleutnant und zu einem eigenen Regiment. In Rastatt gehörte er zur Delegation des Prinzen. Bonneval gefiel Eugen, er schätzte seinen Mut, sein romanisches Temperament, seine hohe Bildung und seinen scharfen Verstand. Solche Männer scharte Eugen viel lieber um sich als die in ihrer Vornehmheit erstarrten Mitglieder der österreichischen Hocharistokratie. Als Lady Montagu von Prinz Eugen zum Besuch seiner Bibliothek eingeladen wurde, fand sie den Grafen Bonneval bei ihm, des »Prinzen Liebling. Die Bücher sind prächtig in türkisches Leder gebunden, Bonneval sagte mir auf eine lustige Art, verschiedene Quartbände wären in Spahis- und Janitscharenhäute gebunden, und dieser Scherz, der in der Tat schön war, erregte ein gefälliges Lächeln auf dem ernsthaften Gesicht des berühmten Kriegers[266]«.
Dieser lockere Ton Bonnevals, ein stets auf Pointen bedachtes spöttisches Reden und Schreiben, sollte schließlich auch zum Bruch mit dem Prinzen führen. Vor Peterwardein schlug sich der Franzose noch hervorragend und erlitt eine schwere Bauchverletzung, die ihm bis an sein Lebensende zu schaffen machte. In der Schlacht vor Belgrad führte er einen entscheidenden Angriff. Im Frieden scheiterte er jedoch am »Dämonen in seiner Brust, seinem bis zum Wahnwitz übersteigerten Ehr- und Herrengefühl«, wie Max Braubach schreibt[267]. Der Graf erwartete sich in Österreich ein wohldotiertes Amt, eine Statthalterschaft oder das Gouvernement einer der eroberten Städte. Er war jedoch nur Mitglied des Kriegsrates. Zu mehr hatte ihm Eugen nicht verholfen. Bonneval glaubte, daß vor allem Eugens Mitarbeiter gegen ihn arbeiteten. So ließ er ein Spottgedicht verfertigen – auf die »Dummköpfe und geldgierigen Schufte«, die im Dienst des Savoyers stünden. Der Prinz reagierte verärgert.

In Wien sah Bonneval kaum noch Möglichkeiten. Er ging nach Brüssel und versuchte dort, das Festungskommando von Charleroi zu erlangen. Marquis di Prié stellte sich jedoch dagegen, weil er einem Franzosen eine so wichtige Grenzfestung gegen Frankreich nicht anvertrauen wollte. Hitzig, rachsüchtig und aufbrausend ergriff Bonneval die nächste Gelegenheit, mit Eugens Stellvertreter einen öffentlichen Streit zu beginnen. Der Anlaß war eine lächerliche Tratschgeschichte. Die Damen in Priés Haus hatten sich über eine angebliche Ehebruchsaffäre der 15jährigen spanischen Königin, einer Tochter des französischen Regenten Philipp von Orléans, lustig gemacht. Bonneval glaubte, als Franzose und Verwandter des Hauses Orléans die Ehre der Dame verteidigen zu müssen. Bei einer Abendgesellschaft verlas er eine Erklärung, in der er die Damen, die solche Gerüchte über die Königin verbreiteten, »schamlose Dirnen und alte Vetteln« nannte, die »verdienten, daß man ihnen rückwärts den Rock aufschneide und daß er davon keine Person ausnehme, selbst wenn es die Marquise Prié oder gar der Progubernator des Kaisers wäre«. Und dieser Text wurde in Brüssel als Flugblatt verbreitet[268].
Eine Reihe belgischer Adeliger solidarisierte sich mit Bonneval. Prié hob die Affäre auf eine politische Ebene und erklärte den Franzosen zum Staatsfeind und zum Anführer einer Rebellion. Wenn er ihn herausforderte, dann ebenso die Autorität des Kaisers. Prié ließ den Grafen verhaften und in die Zitadelle von Antwerpen bringen. Die Belgier feierten Bonneval als Märtyrer. Mit einer Flut von Briefen an den Hofkanzler Sinzendorf und an den Kaiser selbst versuchte er sich zu verteidigen. Dabei steigerte er sich mehr und mehr in direkte Angriffe auf Eugen hinein. Den Prinzen forderte er auf, dafür zu sorgen, daß ihm »volle Gerechtigkeit, ohne Unrecht und ohne Gnade« zuteil würden. »Im übrigen weiß Euer Durchlaucht wohl, daß ich wegen eines viel kleineren Unrechts, das mir der Erste Minister Frankreichs zufügte, meine Güter und mein Vaterland aufgab und in den Dienst des Kaisers trat. Sie werden daher nicht erstaunt sein, wenn ich bereit bin, in dieser Angelegenheit meinen Kopf zu wagen, denn nichts in der Welt kann mich bewegen, in einer Sache zurückzuweichen,

in der ich persönlich weniger beleidigt bin als die ganze Armee Seiner Majestät[269].« (Weil seine Verhaftung von der zivilen Behörde und nicht von einem Kriegsgericht verfügt worden war.)
Nun lernen wir den Prinzen von einer bisher unbekannten Seite kennen. Verbissen und unerbittlich, mit ähnlicher Konsequenz wie auf dem Schlachtfeld, setzt er alle seine Energien ein, um den einstigen Freund zu vernichten. Er müsse auf seine »in Euer Kaiserlichen Dienst mit Schweiß und Blut erworbenen Reputation« bedacht sein, schrieb Eugen dem Kaiser. Und Karl VI. notierte an den Rand des Briefes: »Der Bonneval soll wie mir geraten alsogleich auf sein parola auf den Spielberg sich stellen, ohne sich wo aufzuhalten ...[270]« Der Spielberg war das berüchtigste und gefürchtetste Staatsgefängnis der Monarchie, die Festung auf einer Höhe über Brünn.
Bevor Bonneval die Reise in die Haft antrat, bombardierte er Wien noch mit seinen Briefen. So schrieb er an Sinzendorf: »Euer Exzellenz kann versichert sein, daß ich den Launen und Vorurteilen des Prinzen Eugen nicht geopfert werden will. Ich glaube, ebensoviel Mut und Aufrichtigkeit wie dieser Prinz zu besitzen. Dafür, daß er dem Haus Österreich Schlachten gewonnen und Länder erobert hat, ist er genug belohnt worden, um nicht noch als Draufgabe fordern zu können, daß der Kaiser ihm den Ruf eines Mannes meinesgleichen opfert ... Ich halte meine Moral für mindestens ebensogut wie die seine, denn er hat fast immer nur Spitzbuben ausgehalten, und ich habe mit Leuten dieser Art immer nur Streit gehabt.« Dann in einem anderen Schreiben an den Kanzler: »Prié greift meine Ehre an, der Prinz Eugen erklärt laut, daß er ihn hält, folglich greift auch er meine Ehre an ...[271]«.
Bonneval legte mit dem Donauschiff in Nußdorf an und hoffte, sich vor dem Kriegsgericht verteidigen zu können. Das verhinderte Eugen: »Wenn Bonneval bei einem Tor einfährt, werde ich bei einem andren hinausfahren.« Der Kaiser ließ also den Grafen direkt von 40 Dragonern nach Brünn eskortieren. Dort, in der Festung, erfuhr er das Urteil: Alexander de Bonneval sollte nach dem Verlust aller seiner Würden »von dem Leben zum Tod mit dem Schwert hingerichtet werden«. Gleichzeitig wurde dem Kai-

ser jedoch die Begnadigung zu einjähriger Festungshaft empfohlen. Es ging nicht darum, den Mann um seinen Kopf zu bringen. Der harte Spruch des Gerichtes sollte vor allem dem beleidigten Eugen Recht geben, ihm Genugtuung leisten. Dazu meint Heinrich Benedikt, der Biograph Bonnevals: »Wenn jemand sich für eine Staatsnotwendigkeit halten durfte, war es Österreichs glücklichster Feldherr. Bonneval hatte sich gegen seine Autorität, die der Kaiser schützen mußte, vergangen. Aber obgleich der Schwächere, hatte er den (aussichtslosen) Kampf, bei dem er Freiheit und Leben einsetzte, mit einem Stolz vor Königsthronen und einer Kühnheit geführt, die kaum ihresgleichen kennt[272].« 14 Tage, vom 23. Dezember bis zum 8. Jänner, mußte Bonneval nun bangen, bis der Kaiser das Gnadenurteil sprach. Bonneval wurde wegen seines respektwidrigen Verhaltens gegen den Hofkriegsratspräsidenten seiner militärischen Chargen entkleidet, aus dem kaiserlichen Dienst verstoßen und noch ein volles Jahr am Spielberg gefangengehalten.

Nach seiner Entlassung 1726 ging er zuerst nach Venedig und bot seine Dienste den verschiedensten europäischen Mächten an. Niemand hatte Bedarf an dem eigenwilligen Grafen; so flüchtete dieser 1729 in die Türkei, trat zum Islam über und reformierte als Achmet Pascha die türkische Armee, in der Hoffnung, sie einmal erfolgreich gegen seinen großen Gegner führen zu können. Der Krieg brach erst aus, als Eugen schon tot war. Ein Pamphlet Bonnevals über seinen Fall mit vielen Angriffen auf Eugen, das 1730 in Holland erschien, wurde in Wien auf gerichtliche Weisung vom Henker am 23. Juni 1730 auf dem Neuen Markt öffentlich verbrannt. Zwei Jahre später hielt Eugen seinen Gegner noch immer für so gefährlich, daß er ein Mordkomplott mit seiner Empfehlung versah. Ein in Istanbul lebender Italiener bot sich an, gegen gute Bezahlung Bonneval mit Hilfe vergifteten Diamantenpulvers zu beseitigen. Eugen fand es »der Mühe wert, daß solche Industrie des Operanten von Euer Kaiserlichen Majestät mit der vertrösteten Belohnung allermildest angesehen werden möge«. Der Kaiser schrieb sein Einverständnis an den Rand des Papiers: »Placet in toto[273].« Der dilettantisch aufgezogene Attentatsversuch scheiter-

te jedoch kläglich. Bonneval überlebte alle seine Feinde und starb erst 1747, 72jährig, am Bosporus und wurde dort nach mohammedanischem Ritus bestattet.
Eugen war also Sieger geblieben, doch auch er mußte für diesen Sieg bezahlen. Die Stellung seines Vertreters in Brüssel war unhaltbar geworden. Und damit auch die Position Eugens. Noch vor dem Kriegsgerichtsspruch gegen Bonneval hat Eugen selbst die Generalstatthalterschaft niedergelegt. Im Auftrage des Kaisers habe Sinzendorf die Gräfin Batthyány von der Unvermeidlichkeit eines Rücktritts Eugens überzeugt, hieß es in diplomatischen Berichten. Weil »alle anderen Personen, die seinen geheimen Rat bilden, von dieser Dame abhängig sind, haben sie alle auf den Prinzen entsprechend ihren Direktiven eingeredet[71]«. Am 16. November erklärte Eugen vor dem Kaiser seine Resignation.
Die materiellen Verluste glich Karl VI. durch die Schenkung der Herrschaft Siebenbrunn im Marchfeld vor den Toren Wiens aus und durch den mit keinerlei politischer Macht verbundenen Ehrenposten eines Generalvikars von Italien. Das Amt brachte Eugen 140 000 Gulden jährlich. Bald nach Eugens Rücktritt verließ Prié Brüssel. Der Prinz aber wirkte müde und alt. Eine schwere Bronchitis quälte ihn, der Kaiser sandte ihm freundliche Billetts, in denen er sich um die Gesundheit Eugens sorgte und ihm seinen Leibarzt empfahl. Die diplomatischen Beobachter sahen Eugens Bedeutung als politischer Faktor schwinden. Er sei depressiv und würde sich nun wohl hauptsächlich seinen Büchern, Bildern und anderen Sammlungen widmen, seinen Palästen und Schlössern. Der Glanz, der Eugen umgab, war matt geworden, von seinem Lorbeerkranz fielen die Blätter ab.
Der Prinz verspürte jedoch noch keine Lust, seine Tage als Luxuspensionär zu verbringen. 40 Jahre lang hatte er auf den Schlachtfeldern Europas den Bestand der Monarchie gesichert, ihr Gebiet um ein Vielfaches vermehrt und ihre Großmachtstellung begründet. Nun wollte er nicht tatenlos zuschauen, wie unfähige Minister all das Gewonnene wieder verspielten. Der eingefahrenen Wege und der Routine der Hofbürokratie überdrüssig, begab sich Eugen jedoch in Bereiche, die ihm vertrauter waren. In allen sei-

nen Feldzügen witterte er jede Gelegenheit für Aktionen, wie sie nicht in den Taktiklehrbüchern standen – und auch nicht in Moralkodices und Völkerrechtstraktaten. Er liebte geheime Wege und hatte sehr früh den Wert eines funktionierenden Nachrichtendienstes zu schätzen gelernt; er sandte seine Agenten aus, um hinter der Front des Gegners Aufruhr anzuzetteln oder feindliche Post abzufangen. Durch Spione ließ er die Absichten seiner Gegner auskundschaften, und durch Täuschungsmanöver und Kriegslisten versuchte er, ihre Konzepte und ihre Strategie zu verwirren. Warum sollte er sich solcher Methoden, mit denen er so erfolgreich war, nicht auch im Frieden bedienen? Er baute sich in ganz Europa ein Netz von Vertrauten auf, von Gewährsleuten, hochgestellten Diplomaten, Berufsschnüfflern, bezahlten Agenten usw., die ihn direkt mit Nachrichten belieferten. Der einzige, der davon wußte, war der Kaiser. Es spricht für Karl VI., daß er nach den Krisen um Eugen weiterhin seine Unersetzbarkeit anerkannte; darum förderte er die Untergrunddiplomatie und sorgte dafür, daß niemand außer ihm und dem Prinzen und den unmittelbar Beteiligten davon auch nur ahnte.
Selten sind Geheimnisse am österreichischen Hof so gut gewahrt worden. Darum kam erst Max Braubach in den späten fünfziger Jahren dieser verborgenen Tätigkeit des Prinzen auf die Spur. Bei den Forschungen für seine Eugen-Biographie stieß der Bonner Historiker im Wiener Haus-, Hof- und Staatsarchiv auf Originale und Kopien einer umfangreichen Korrespondenz Eugens mit seinen Mittelsmännern in Berlin, in Hannover, in Paris, in London usw. Durch diese Entdeckung lernte die Nachwelt einen neuen Eugen kennen. Der Prinz tritt uns als Erzvater europäischer Geheimdienste und der politischen Spionage auf höchster Ebene entgegen.
Die Eckpfeiler dieser Geheimdiplomatie waren österreichische Botschafter, zum Teil Männer, die Eugen ihren Posten verdankten – Amadeus Graf Rabutin in Petersburg, Joseph Lothar Graf Königsegg in Madrid, Viktor Graf Philippi in Turin, Friedrich Graf Harrach beim Reichstag in Regensburg, zwei Kinsky-Brüder in Paris und London – Stephan und Philipp – und vor allem

Friedrich Heinrich von Seckendorff, der kaiserliche Botschafter in Berlin. Von ihm blieb das umfangreichste Material erhalten. Seckendorff verstand sich prächtig mit Friedrich Wilhelm I. von Preußen, dem Soldatenkönig. Er schmauchte in dessen Tabakskollegium die Pfeife und gehörte zu der trinkfreudigen Gesellschaft der Mäßigkeitsgegner, der »Societé des Antisobres«, die der Preußenkönig bei einem Karnevalsbesuch in Dresden mit August dem Starken gegründet hatte. Ein weiterer Tischgenosse in diesem Verein war der Staatsminister des Königs, Friedrich Wilhelm von Grumbkow. Vielleicht als Verfechter des Reichsgedankens noch an den Kaiser gebunden, vielleicht aber auch nur um des lieben Geldes willen, war er als einer der einflußreichsten Männer am Hofe in Berlin bereit, Seckendorff so ziemlich alles auszuhändigen, was ihm an diskreten Dokumenten auf den Schreibtisch kam. Neben Abschriften seiner eigenen politischen Korrespondenz bediente er Seckendorff mit allen wichtigen Berichten der preußischen Gesandten, mit allen Details über die Krise zwischen dem König und dem Kronprinzen, dem späteren Friedrich den Großen, mit militärischen Informationen und mit den vertraulichsten und intimsten Geschichten des Hofes. Dafür erhielt er mindestens 6000 Gulden im Jahr. Außer dem Minister stand noch der Kammerdiener des Königs, Eversmann, auf Seckendorffs Gehaltsliste (mit 100 Dukaten), weiters wurde der preußische Vertreter in London bezahlt; weil Eugen um die finanziellen Nöte des von seinem Vater kurzgehaltenen preußischen Kronprinzen wußte, ließ er Friedrich von Zeit zu Zeit ebenfalls größere Summen zukommen.

Ähnlich wurde auch in den anderen Residenzen operiert. Das Geld dafür erhielt Eugen aus der Privatschatulle des Kaisers. Die Summen wurden zum Teil durch diplomatische Kuriere, zum Teil durch das Wiener Bankhaus der Brüder Palm übermittelt. Neben Bargeld gab es Hochzeitsausstattungen für Töchter, Sachgeschenke, vorteilhafte Scheingeschäfte usw. Strikte Geheimhaltung war oberstes Gebot. Neben ihren routinemäßigen Berichten an den Hofkanzler Sinzendorf und an die Geheime Konferenz schrieben die ausgewählten Botschafter noch ihren eigenen viel konkreteren und offeneren Report für den Prinzen. Diese Form der Diplomatie lief also am offiziellen Apparat vorbei und war dazu bestimmt, den Kaiser durch direkte Informationen, die natürlich von Eugen gefiltert wurden, in seinen Entscheidungen wesentlich zu beeinflussen. So schrieb Eugen an Königsegg nach Madrid: »Eure Exzellenz können fortfahren, mir separat die Umstände und Materien anzuvertrauen, die Sie zur geheimen Information Seiner Majestät durch mich für notwendig halten, und Sie dürfen überzeugt sein, daß ich davon nur den zum Dienst des Herrn und zum Vorteil Eurer Exzellenz dienenden Gebrauch machen werde[275].« Der auf diese Weise übergangene und ausgeschaltete Hofkanzler Sinzendorf hat nie etwas davon erfahren. Der Kaiser genoß seine Überlegenheit, die ihm das Wissen aus Eugens dunklen Kanälen vermittelte. Der Prinz dagegen hielt die Zügel der Außenpolitik des Habsburgerreiches fester in seinen Händen denn je. Nie hat er die Geheimdiplomatie für seine eigenen Zwecke mißbraucht. Eugen bildete keine Gegenregierung; auch wenn er ihn lenkte und beriet, so unterwarf sich der Prinz dem Kaiser doch. Karl VI. war der Souverän – und Eugen der Untertan, sein Diener. Die Interessen der Monarchie stellte er über alles. Davon war seine Laufbahn bis zum Ende bestimmt.

Einer der Hauptakteure auf dieser Bühne, vor der der Vorhang nie hochging, war Eugens Sekretär Ignaz Koch. Seit 1725 bewältigte er die ungeheure Last einer vielfältigen Korrespondenz. Der Prinz umriß ihm meistens nur kurz den Inhalt eines Schreibens, und Koch verfaßte es dann selber. Er hatte für die Chiffrierung zu sorgen, und für die diskrete Abwicklung des Postverkehrs. Koch war sicher auch fähig, selbständig politisch zu denken. Er hatte sogar Zugang zum Kaiser und diente später Maria Theresia bis zu seinem Tode 1763 als unentbehrlicher Kabinettssekretär.

Doch was war das Ziel dieses Handels mit dem Wissen um Kabinettsaffären, Ministerschwächen und Herrscherlaunen? Nun, Eugen kaufte nicht nur Informationen, sondern auch Einfluß an allen Höfen. Geprägt von den langen Kriegsjahrzehnten, hing Eugen dem Dogma vom europäischen Gleichgewicht an, von der Friedenserhaltung durch ein sorgfältig ausgewogenes Verhältnis der Mächte. Durch die plötzliche Neigung Karls VI. zum bourbonischen Spanien – er beabsichtigte sogar, seine Tochter Maria Theresia mit dem spanischen Infanten zu verheiraten – wurde dieses Gleichgewicht gestört. Eugen wollte Europa wieder in die Balance bringen. Mit Hilfe Seckendorffs und Grumbkows flocht er eine Allianz mit Preußen und mit Rußland. Der Versuch, auch Sachsen in das System einzubinden, scheiterte, als der ebenfalls von Eugen honorierte erste Minister August des Starken, Ernst Christoph Graf Manteuffel, gestürzt wurde. Dafür gelang es Eugen, die guten Beziehungen zu England wieder aufzufrischen – durch die Verständigung mit Robert Walpole, dem Premierminister und Schatzkanzler der Hannoveraner Könige Georg I. und Georg II. Und schließlich brachte Eugen mit Hilfe seiner schwarzen Fonds den Regensburger Reichstag dazu, die Pragmatische Sanktion, also die weibliche Erbfolge des Hauses Habsburg, im Namen des Heiligen Römischen Reiches anzuerkennen. Zumindest auf dem Papier, durch eine Kette von Verträgen, waren Österreichs Zukunft und die Herrschaft der Habsburger gut abgedeckt. Im Gegensatz zu seinem Kaiser machte sich Eugen jedoch keine Illusionen über den Wert dieser Dokumente. Gerade in der Barockzeit existierten Verträge hauptsächlich, um gebrochen zu werden. Deshalb verfocht der Prinz gegenüber dem Monarchen beharrlich den einen Grundsatz: die beste Garantie für die Erbfolge Maria Theresias sei eine volle Kasse und ein starkes Heer.

Dafür wäre jedoch eine Zentralisierung der Verwaltung nötig gewesen, eine Entmachtung der Stände, eine Erhöhung der Einkünfte. Zu diesen Reformen fehlte Karl VI. die Kraft, und auch Eugen, der wohl die Fehler sah, hatte nicht mehr die Energie und die innenpolitische Hausmacht, um einen solchen Wandel zu bewirken. Dennoch konnte einer der Mitwisser der Geheimdiplomatie, Johann Christoph von Bartenstein, 30 Jahre später in einem Rückblick auf diese Zeit feststellen: »Gegen Ende des Jahres 1732 schien das Erzhaus in größtem Flor und Aufnahme und des höchstseligen Kaisers Ruhm und Glorie auf das Höchste angestiegen zu sein ...[276].«

Ruhm, Glorie und höchste Blüte – all das traf noch einmal auf Eugen zu. Wer ihn in seinem Garten zwischen seinen beiden Palästen, dem Unteren und dem Oberen Belvedere, erlebte, dem dürfte sich wohl manchmal die Frage aufgedrängt haben, wer nun der Erste im Lande sei, der Kaiser oder der Prinz. Denn prächtiger, eleganter, vornehmer, von mehr Glanz umgeben, in einer harmonischeren Sphäre des Geistes und höchster Kultur verbrachte damals in Wien niemand seine Tage als Eugen von Savoyen, Herkules der Kriege und Apoll der schönen Künste zugleich. Eugen ließ es sich viel kosten, daß die besten Künstler seiner Zeit diesem Image durch ihre Werke Unsterblichkeit verliehen.

XVIII

»Wunderwürdiges Kriegs- und Siegs-Lager des unvergleichlichen Heldens unserer Zeiten ...«

Eugens Welt des Schönen und des Geistes

Die Augen hat er gesenkt, fast geschlossen, als ob ihn der Glanz der Sonne blendete. Er will niemanden sehen, er hat schon genug gesehen und sieht nur noch in sich hinein. Sein Gesicht verbirgt das Altern nicht mehr. Im Gegensatz zu den meisten Gemälden ist es voller, runder, nicht so spitz, nicht so glatt. Der Ansatz eines Doppelkinns verdeckt den Hals. »Zu viele Falten«, meinte König August der Starke in Dresden, als er dort als erster die Prinz-Eugen-Statue seines Hofbildhauers Balthasar Permoser zu Gesicht bekam. Zu Korrekturen hätte er in Wien Gelegenheit, wenn es notwendig wäre. Da habe er ja den Prinzen vor sich, meinte der Künstler mürrisch.

Nach Peterwardein und Belgrad wollten römische Verehrer des Prinzen ein Eugen-Monument aufstellen. Der Savoyer winkte gnädig ab. An eine solche Eitelkeit habe er nie gedacht. Und doch war er dagegen nicht gefeit. Wozu dienten die Künste denn als zur Verherrlichung der Großen? Sie konnten die Künstler schließlich auch bezahlen. Hildebrandt hatte das Sommerpalais am Fuße seines Gartens vollendet. Eugen war zufrieden, nun reizte ihn der Gedanke, sich von der Hand eines der angesehensten Bildhauer verewigen zu lassen. Er kannte das Werk des Salzburgers Permoser von Besuchen in Dresden. Über einen Mittelsmann bot er dem 70jährigen 2400 Taler, davon 400 als Vorschuß. Permoser ging jedoch nur zögernd ans Werk. Er begab sich nicht nach Wien, sondern ließ sich zuerst ein Porträt und dann ein Gipsmodell von Eugens Kopf senden. Deshalb wurden die Züge des Prinzen auch

so realistisch. Der erste Entwurf mißfiel Permoser jedoch, und er zerstörte die Statue.
Zwischen 1719 und 1721 dokumentieren einige Briefe den Fortgang der Arbeit. Der Prinz wurde ungeduldig, hatte doch Hildebrandt für das Untere Belvedere auch nicht länger gebraucht als zwei Jahre. (Das obere Schloß wurde zwischen 1721 und 1723 fertiggestellt.) Um den griesgrämigen und kränkelnden Alten bei Laune zu halten, wurden Permoser weitere 600 Taler ausbezahlt. Am 1. November 1721 traf der Meister mit seinem Werk in Wien ein. Wie Eugen darauf reagierte, als er zum erstenmal seinem Abbild gegenüberstand? Direkte Kritik ist keine überliefert; nur sein Sekretär Koch äußerte sich, daß die Statue doch nicht so ganz nach Eugens Gusto ausgefallen sei – eine kuriose Haltung, zu viele kleine Figuren, zuwenig klassischer Heroismus[277].
Da mag er wohl recht haben. Denn Permosers Eugen scheint mit dem Ruhm zu ringen, die Verehrung ist ihm lästig, von allen Seiten bedrängt, biegt er sich abwehrend zurück. Permoser macht das zeitlose Dilemma des Berühmtseins sichtbar. Trotz der Fülle huldigenden Beiwerks hat Permoser aus diesem lebendig gewordenen Marmorblock den Zwiespalt der Glorie herausgemeißelt – neben all dem Lustgewinn für das Ego steht die Last einer solchen Prominenz. Zur selben Zeit, da Johann Sebastian Bach in Köthen, nicht allzuweit von Dresden, in den Solosonaten für Violine und den Solosuiten für Violoncello mit kleinsten Mitteln gewaltige musikalische Gebäude errichtete, gelang es Permoser, aus seinem Stein, auf engstem Raum beschränkt, ein Universum des Heldenkultes herauszuhämmern und gleichzeitig die Dialektik allen Strebens nach irdischen Ehren, Anerkennungen und Siegen darzustellen.
Der edle Ritter darf sich wieder mit Herkules vergleichen. Das Löwenfell liegt über der Schulter, die Rechte umklammert mit festem Griff, jedoch etwas unnatürlich, die Keule des antiken Kraftprotzes. Eugen tritt als Kriegsmann auf – im Harnisch mit Feldbinde, mit Degen, mit dem Goldenen Vlies. Die weibliche Gestalt der Fama will die Taten des Helden in die Welt hinausposaunen,

doch bescheiden schließt Eugen mit seiner Linken die Öffnung des Instrumentes. Nike, die Siegesgöttin, hält ihm die Sonne des Ruhmes wie einen Spiegel vor, gerahmt wird sie vom Ewigkeitssymbol der Schlange, die sich in den eigenen Schwanz beißt. Wohlgenährte Putten umschwärmen seinen Rücken. Und den rechten Fuß hat der Prinz auf die Schulter eines in der Niederlage gebeugten Türkens gesetzt. Das gequälte Gesicht des Unterworfenen ist das des Künstlers. Wollte sich Permoser von einem Auftrag und dem Auftraggeber auf diese Weise distanzieren? Seine grimmig leidende Miene ist unnötig. Ihm gelang ein grandioses Kunstwerk, das erst jetzt, im Goldkabinett des Unteren Belvederes, voll zur Geltung kommt. Es spiegelt sich von allen Seiten, man spürt das Eigenleben, die Bewegung und die geballte Kraft dieser ungewöhnlichen Huldigungsgruppe. Der edle Ritter als antiker Halbgott mit Allongeperücke, vielbesungener Retter der Christenheit, eine Mischung von Maß und Übermaß, von Arroganz und Bescheidenheit.

Diese Botschaft ließ sich auch völlig negativ ausdeuten, vor allem dann, wenn man dem Prinzen übel wollte. So spottete Graf Bonneval am Höhepunkt des Streites mit Eugen in einem seiner Briefe an Sinzendorf über die Apotheose. Eugens »schlichte Bescheidenheit« habe ihn dazu gebracht, »sich seine eigene Statue zu weihen, umgeben von Putten, von denen einige seine Hintern streicheln, seinen Arsch kratzen, während andere auf seine Schultern klettern, um seinen Mund zu küssen: eine Bescheidenheit, die ihn auch nötigte, eine Unzahl von Gelehrten zu Rat zu ziehen, welche Inschrift man darauf setzen könnte, oder ob er sich begnügen solle, einfach einige von denen, die für Alexander, Cäsar oder andere Heroen verfaßt wurden, als Muster zu nehmen[278]«. Eine Explosion des Hasses als Antwort auf die künstlerische Verklärung des Prinzen! Die Inschrift am Sockel des 2,30 Meter hohen Bildwerkes spricht lediglich vom unbesiegbarsten Feldherrn Kaiser Karls VI. und des Heiligen Römischen Reiches, und vom Ritter des Goldenen Vlieses. Die Statue wurde im Offiziersspeisesaal des oberen Schlosses aufgestellt.

Permoser gelang das aufregendste und unmittelbarste plastische

Prinz-Eugen-Porträt, ein Denkmal seiner Bedeutung, seines Geschmacks und seines Kunstsinns hat sich der Prinz selber gesetzt – durch seinen Garten und die beiden Palais. (Der Name Belvedere stammt erst aus der Zeit Maria Theresias.) Um Eugens Welt nachzuerleben, genügen Augenblicke zwischen den beiden Schlössern, der besinnliche Anstieg vom Rennweg hinauf zum oberen Palast und der Blick über die Stadt, wie ihn der Prinz oft getan haben mag. Lukas von Hildebrandt hat das Wunder des doppelten Panoramas genau einkalkuliert. Beim Weg hinauf bezaubert der Wechsel von Auftauchen und Verschwinden der zeltartigen Pavillons des oberen Schlosses – mit der Bewegtheit einer Bergkette am Horizont hat es jemand verglichen –, ist man jedoch oben angelangt und schaut zurück, so liegt einem Wien zu Füßen – das Häusermeer mit dem Stephansdom als Dominante, mit Kahlenberg und Leopoldsberg als Hintergrund. Wenn der Prinz da oben stand, war er der Herr Wiens, der Herr Österreichs. Nichts war über ihm als die Sonne und der Himmel – und weit unter ihm residierte der Kaiser in seiner Burg. Trotzdem hat Eugen die Hybris nie angerührt, hat er in seinen Beziehungen zu Karl VI. stets seine Grenzen gekannt. Er diente dem Kaiser aus freiem Willen, er unterwarf sich ihm ohne Zwang, er beugte sich, ohne sich dabei zu demütigen.

Nirgends fühlen wir uns Eugen näher als im Belvedere. Dank des Zeugnisses eines Augsburger Kupferstechers wissen wir jedoch, daß damals vieles anders war als heute. Salomon Kleiner, der Bildchronist des barocken Wiens, hinterließ ein unschätzbares Mappenwerk, das »Wunderwürdige Kriegs- und Siegs-Lager des unvergleichlichen Helden unserer Zeit, oder Eigentliche Vor- und Abbildung der Hof-, Lust- und Gartengebäude des Durchlauchtigsten Fürsten und Herrn Eugenii Francisci ...« Auf 140 Blättern hat Kleiner zwischen 1731 und 1740 das Belvedere außen und innen, mit seinen Sammlungen, seiner Menagerie und mit den Menschen, die den Prinzen besuchten und die ihm dienten, veröffentlicht. Kunsthistoriker identifizierten daraus die wichtigsten Gemälde der Galerie des Prinzen, Kenner der Sprache barocker Gärten ermittelten aus Kleiners Stichen das ursprüngliche Programm der Anlagen, Zoologen und Botaniker registrierten den Bestand der Menagerie und die Fülle exotischer Pflanzen. Die Titelseite der ersten Mappe zeigt Permosers Apotheose. Kleiner hat allerdings Eugens Augen geöffnet und seinen Kopf etwas gehoben – mit dieser Pose wäre der Prinz sicher zufriedener gewesen[279].

Die Idee der Bebauung seines Garten hat Eugen seit dem Kauf der Weinberge im Süden der Stadt verfolgt. Das Sommerpalais sollte im Tal liegen, die Höhe aber eine Art Gloriette krönen, ein Schmuck- und Aussichtstempel. In der Endphase des Spanischen Erbfolgekrieges und während der Friedensverhandlungen in Rastatt bat Eugen in Briefen Hofkanzler Sinzendorf mehrmals, sich um seinen Garten zu kümmern. So am 11. September 1713: »Ich lege Ihnen meinen Garten ans Herz, denn ich möchte ihn unbedingt diesen Herbst bepflanzen lassen[280].« Vorher hatte er seine Sorgen über die Pest in Wien und in den Erblanden bekundet. Trotz der Epidemie pflanzten damals bis zu 1300 Taglöhner Blumen, Bäumchen und Sträucher, schütteten die Terrassen auf und legten die Wege an, wie sie Hildebrandt vorgezeichnet hatte. Für die Wasserkünste borgte sich Eugen den französischen Wasserbauspezialisten Dominique Girard vom bayerischen Kurfürsten Max Emanuel. Das Wasser wurde überaus kostspielig in bleiernen Rohren aus Wienerwaldquellen bei Mariabrunn und Ober-St. Veit im Westen Wiens hergeleitet.

Aus dem vollen schöpfen konnte Eugen, als er zusätzlich zu seinen Prämien für die Siege und sein Kriegsratspräsidentengehalt noch 250 000 Gulden jährlich als Statthalter der Niederlande kassierte. Nach Belgrad und dem Frieden von Passarowitz war das untere Schloß bereits bezugsfertig, und Eugen empfing dort den türkischen »Großbotschafter« Ibrahim Pascha und ergötzte ihn mit seinen Wasserkünsten, seiner Menagerie und Kaffee und Limonaden. Schon 1716 staunte eine flämische Delegation über Pracht und Größe des Gartens: »Wir gingen den Hof anzusehen, den Prinz Eugen in der Vorstadt errichten läßt. Vorne, am Eingang, ist ein treffliches Portal aus Quaderstein in der Form eines Amphitheaters, dann kommt man in den niederen Garten, wo ein großer Bär an der Kette lag. Dieser Platz ist rundum sehr prächtig

gebaut, es sind dort die Zimmer der Domestiken und die Stallungen der Pferde. Das Ende durchschreitend, kommt man in einen schönen viereckigen Saal aus Marmor, mit einer sehr schönen Oberlichte. Von da kommt man in einen sehr langen und breiten Garten, wo man gerade vier große Bassins errichtete, um Fontänen springen zu lassen ...« Dann schwärmte der Flame, ein Kanonikus aus Brügge, von den geplanten Wasserspielen. »Am Ende dieses Gartens wird ein großartiges Palais sein ...[281].«
Und seine Großartigkeit sollte alles übertreffen, was Wien bis dahin bewundern konnte. Das untere Schloß diente zum Leben, zum sommerlichen Dasein. Neben dem Marstall entstanden Wohnungen für das Personal, das »Paradeisgärtlein«, in das sich der Prinz zurückziehen konnte, die beiden Glashäuser und die Orangerie, das »Pomeranzenhaus«, wie es die Wiener nannten. Im Sommer befanden sich die Orangenbäume im Freien, im Winter wurde das Haus mit Holz und Glas geschlossen und mit Warmluft beheizt. Andere exotische Pflanzen gediehen in einem »holländischen« Glashaus. Das »Wiener Diarium« informierte seine Leser über das Blühen der Orangenbäume und der Kakteen, der Reiseschriftsteller Johann Basilius Küchelbecker bewunderte den botanischen Reichtum: »Allhier ist auch eine schöne Orangerie und andere kostbare und rare Gewächse zu sehen, welche im Winter in einem kuriosen Glashaus verwahrt werden. Derer raren Gewächse, welche teils von Florenz, teils von Genua, von Neapel, aus Peru, Malabar, Indien und Türkei hierher gebracht worden, werden über zweitausend gezählt[282].« Bei Salomon Kleiner schleppen zwei Arbeiter gerade eine riesige Ananas zum Glashaus, ein Bananenstrauch entfaltet seine Blätter, und ein Feigenkaktus wächst gar trefflich. Als Sensation galt, daß Eugen als erster in Mitteleuropa drei verschiedene Palmenarten besaß.
Aus vielen Briefstellen Eugens wissen wir, wie sehr ihm seine Pflanzen am Herzen lagen. Im Konvolut seiner Korrespondenzen als Generalstatthalter der Niederlande lagern neben politischen Papieren viele Schreiben an Blumenhändler. Braubach zitiert den Brief an einen Pater Philibert, der Eugen Blumenzwiebeln verehrt hatte: Eugen dankte ihm und suchte zugleich Rat: »Obwohl ich

nicht zweifele, daß mein Gärtner sie richtig pflanzet, würden Sie mir einen Gefallen tun, wenn Sie mir angeben würden, auf welche Weise man mit ihnen in Ihrem Lande verfährt[283].« Durch mehrere Türen konnte Eugen den Garten direkt aus seinen Wohnräumen betreten, und er hat, wie es eine frühere Lebensbeschreibung weiß, mit eigenen Händen die trockenen Blätter von den Pflanzen entfernt.

Die gebändigte Natur, geplant, geordnet, den Gesetzen der Geometrie unterworfen, ihre Überwindung durch die Zucht von Pflanzen, die nicht für das lokale Klima geschaffen waren, das entsprach dem Lebensgefühl des barocken Menschen. Exotik, ferne Kontinente, das Unerreichbare in greifbarer Nähe zu haben, der Besitz erlesener Pflanzen und Tiere, wie sie sich nicht einmal der Kaiser leisten konnte, all das wurde zum Machtsymbol und zum Herrschaftszeichen. Der Prinz hatte jedoch noch mehr im Sinn als die reine Schau, das bloße Vorzeigen und Protzen. Seine Schätze betrachtete und ordnete er mit großer Kenntnis. Davon zeugen die vielen wissenschaftlichen Werke über Botanik und Zoologie in seiner Bibliothek. Was gut und teuer war, wurde angeschafft. Wie er als Feldherr oft schon vor einer Schlacht durch perfekte Aufklärung den sicheren Sieg vorbereitete, wie er in der Diplomatie durch eine Fülle von Informationen Überlegenheit erreichte, so war für ihn solides Wissen die Basis seiner Liebhabereien. Dazu setzte Eugen seine hohe Position und seine weltweiten Beziehungen energisch für die Vergrößerung der Sammlungen ein. Die Residenten des Kaisers in den europäischen Hauptstädten hatten des öfteren sehr unpolitische Aufträge für den Prinzen zu erledigen. Da ging es etwa um die Beschaffung exotischer Vögel, die der kaiserliche Resident Hoffmann in London vermitteln mußte – oder der Konsul in Cadiz. Dem General Mercy, um 1720 Militärbefehlshaber in Sizilien, dankte Eugen für ein Chamäleon und einen ägyptischen Hirschen: »Wenn es in jenem Land noch irgendwelche andere seltene Tiere, vor allem Federvieh, geben sollte, würde ich gern davon zugeschickt haben, aber nur bei sicherer Gelegenheit, damit sie nicht unterwegs eingehen[284].« Und die Schiffskapitäne, die von Ostende nach Amerika oder Indien segelten, wußten wohl, daß sich die Gunst des Generalstatthalters am ehesten durch Tiere und Pflanzen aus den Tropen gewinnen ließ. Ausländische Botschafter vermehrten den botanischen Garten und die Menagerie gerne durch einige ausgewählte Stücke – es mußte ja nicht gerade ein Hund ohne Vorderbeine sein, wie ihn Eugen aus Tunis erhielt. Der Prinz nahm solche Geschenke jedoch nur an, wenn sie ihn zu keinerlei politischen Gegenleistungen verpflichteten.

Die Menagerie hatte schon vor dem Bau des oberen Schlosses auf dem Hochplateau ihren Platz. »Bei dem Entree kommt man in einen Hof, allwo allerhand Vögel herum laufen, als Pfauen, Schwäne, Kraniche, Löffelgänse und dergleichen«, berichtete Küchelbecker. Er sah »allerhand indianische Vögel«, tripolitanische Schafe, die sehr fett waren, einen Auerochsen mit einem großen Bart wie ein Ziegenbock, eine indianische Kuh, deren Kopf und Vorderteil wie von einem Hirschen, der Hinterleib jedoch wie von einem Esel war, einen indianischen Wolf, der, obwohl nicht angekettet, »den Tierwärter dennoch litt und sich von demselben wacker rumpeitschen« ließ, einen jungen Löwen, mit dem der Wärter spielte, fünf Strauße, einen Kasuar usw. usw. »Oben ist auch ein großes weitläufiges Vogelhaus, darinnen man durch das Gitter von Draht die tausend Vögel, welche der Prinz darinnen ordentlich unterhalten ließ, sehen und hören konnte[285].« Mit Hilfe dieser und ähnlicher Beschreibungen und zwölf Kupferstichen Kleiners über die Menagerie haben Zoologen 38 Arten Säugetiere und 59 Arten Vögel festgestellt (zum Vergleich – in Schönbrunn werden heute etwa 100 Arten Säugetiere und 300 Arten Vögel gehalten).

Später brauchte Prinz Eugen im oberen Schloß nur auf die Terrasse des Ostpavillons zu treten, um über die sternförmig angelegten Gehege und Käfige Heerschau zu halten. Den Löwen, der inzwischen herangewachsen war, soll er des öfteren selber gefüttert haben. Und auch einen Adler, wie das zur Legende eines großen und starken Feldherrn gehört.

Was verrät das Untere Belvedere, heute Barockmuseum, von den Sommeraufenthalten des Prinzen dort? Die Scheinarchitektur des

Marmorsaales und das schon erwähnte Fresko von Altomonte erheben Eugen in himmlische Höhen, in olympische Wolkengefilde, der Göttergleiche in trauter Gesellschaft mit antiken Göttern und Helden. Das übliche Kriegsgeschirr und Trophäengewimmel dekoriert die Wände, und mürrische Türken krümmen die Rükken zum Zeichen der Unterwerfung. Im anschließenden Schlafzimmer erinnern Tag- und Nacht-Allegorien sowie Sonne und Mond an den ursprünglichen Verwendungszweck des Raumes, und das Groteskenkabinett erweckt den Eindruck, als ob die Pflanzenpracht aus dem Garten in den Saal weitergewachsen und -gewuchert wäre.
In staunender Achtung erstarrten die Besucher jedoch in der Marmorgalerie – da nahmen in den Nischen zwischen barocken Figuren die drei »Herkulanerinnen« Ehrenplätze ein. Von allen Kunstschätzen des Prinzen waren diese drei Frauengestalten die kostbarsten und interessantesten. Der kaiserliche General, Prinz d'Elboeuf, in Neapel stationiert, bot sie seinem Oberbefehlshaber 1713 als Geschenk an. Und Eugen bedankte sich freundlich, ohne zu ahnen, von welcher Bedeutung dieses Präsent war. Die Figuren hatten Bauarbeiter auf dem Landgut des Generals bei Portici ausgegraben – im Areal der 79 nach Christus gleichzeitig mit Pompei beim Vesuvausbruch untergegangenen Stadt Herculaneum. Erst 1709 waren die ersten antiken Stücke zum Vorschein gekommen, und der Adel Neapels ließ in dem Gelände nach griechisch-römischen Kostbarkeiten buddeln. Die »Herkulanerinnen«, aus Marmor, dürften aus der Werkstatt des attischen Bildhauers Praxiteles stammen – aus der großen Epoche griechischer Kunst im letzten Viertel des vierten Jahrhunderts vor Christus, Schlüsselwerke, die in den meisten Kunstgeschichten verzeichnet sind. Noch in Eugens Todesjahr verkaufte sie seine Nichte Viktoria dem sächsischen König. Die Statuen sind heute in der Dresdner Antikensammlung zu bewundern. Ein nicht weniger berühmtes Stück aus Eugens Schatzkammer, ein bronzener »Betender Knabe«, ein in der antiken Literatur erwähntes Werk des Boidas (Ende des 4. Jahrhunderts), geriet auf ähnliche Weise nach Berlin.
Wenn Eugen und Hildebrandt beim unteren Schloß vor allem an

einen Sommersitz dachten, an dem man die heißen Monate fern von Dunst, Hitze und den zweifelhaften Düften der Stadt verbringen konnte, so war grandiose Zwecklosigkeit der Zweck des oberen Schlosses – die totale Repräsentation, ein Himmelsgebäude, das »wie eine Fata Morgana« am Horizont erscheint; wenn man aber beim Linienwall, dem heutigen Gürtel, durch das Südtor eintritt, steigt es aus der Wasserfläche des Teiches auf, verschwimmt mit seinem Spiegelbild und läßt so völlig schwerelos schwebend schöne Träume zur Wirklichkeit werden. Die Kutschen der Gäste fuhren durch den Ehrenhof über die rechte Rampe direkt in das ursprünglich offene Treppenhaus hinein. Auf Kleiners Stich eilt ein »Laufer« dem Wagen voraus und meldet den Besucher. »Wie ein Prunkzelt mit Trophäen bestückt und mit Szenen aus der Geschichte Alexanders des Großen geschmückt, wölbt sich die Decke über dem Aufgang zur Residenz des siegreichen Feldherren«, schreibt einer der besten Kenner des Belvederes, Hans Aurenhammer[286].
Auch die Arkaden der Sala Terrena auf der Gartenseite mit dem Wien-Blick waren offen. In Kleiners Ansichten fehlen die unter ihrer Last stöhnenden vier Giganten in der Halle. Sie mußten von Hildebrandt 1732 als Stützen rekutiert werden, weil die Flachdekke unter dem Marmorsaal eingestürzt war. Seitdem tragen die vier Kraftmenschen ein sichereres Gewölbe. Der Kriegsheld als Herr des Friedens ist eines der Themen der Fresken und Dekorationen: immer neue Variationen von Herkules und Apollo, ein Göttersitz als würdige Umgebung für den »größten Helden des Zeitalters«, der rechte Ort, um die Elite Europas zu empfangen.
»Es ist an diesem Palast überhaupt weder Mühe noch Geld gespart worden, um solchen zu einem der vollkommensten Häuser zu machen, dergestalt, daß es aller Menschen Approbation und Verwunderung findet«, schrieb Küchelbecker nach einem Rundgang durch das Schloß.[287] Nicht minder kostbar und kostspielig war der Garten zwischen den beiden Schlössern – Eugen soll 15 000 bis 16 000 Gulden jährlich dafür aufgewendet haben, zehn Taglöhner und zwölf Gärtnergesellen betreuten ständig Bäume, Büsche, Bosketten, Brunnen und Bassins. Im Verein mit den Götter-

statuen, Nymphen und anderem antiken Personal gehörten sie zu einer barocken Kosmologie – aus der Erde sprießender Mythos, aus den Quellen sprudelnde Götter- und Heldensage, ein für den Kundigen verständliches Schaubild vom Weg nach oben, vom Sieg des Menschen über die Elemente, vom Triumph der Tugend über das Böse.

Hans Aurenhammer hat mit Hilfe der Bilder Salomon Kleiners die Geheimschrift des Gartens enträtselt, den Gegensatz zwischen dem unteren bewaldeten, aus Bosketten, diesen intimen Lusthainen, geformten Teil und dem oberen Part, mit seinen der Sonne ausgesetzten baumlosen Terrassen. Es ist der Gegensatz von Tal und Berg. Von oben quillt das Wasser herunter, der Mensch aber bricht auf zu seinem langen Marsch zu den Sternen. Aurenhammer: »Der Garten des Prinzen Eugen ist also vorerst ein Bild des Kosmos, in dem die Elemente walten, die Götter regieren und der Halbgott Herkules (im Kampf mit den Elementen und gegen die Feinde im Dienste der Menschheit) seinen Weg durch die Gefahren zum Olymp findet – der Heimat der Götter, dem höchsten Teil des Berghanges mit dem oberen Schloß. Der Weg zu ihm führt über den Parnaß, den Ort der sittlichen Entscheidung. Hier siegen Apoll und Herkules über ihre Gegner, die elementaren und ungestalteten Mächte. Gemeint ist damit, daß der Weg zum Olymp, in die Unsterblichkeit, nur durch die Bewährung im Kampf um das Gute und Schöne erreicht werden kann. Nicht umsonst ist der Parnaß (das Gebirge über Delphi) auch Sitz der Musen. Dieses Ideal des Guten und Schönen als Weg der Vollkommenheit und Unsterblichkeit ist ein Geheimnis der Bilderwelt dieses Gartens ... Das Bild des auf der Lebenswanderung befindlichen Menschen, der, sich läuternd, in die Ewigkeit eingeht, ist uralt, es läßt ihn in allen Überlieferungen nicht allein, sondern gibt ihm Mitstreiter an die Seite.« Der Wanderer stößt in der Mitte an die Hauptkaskade, an eine sprudelnde Wasserwand, er muß zur Seite ausweichen, über die Treppen, deren mittlere Rampen mit Quadrat- und Kreis-Ornamenten geziert sind – Symbole für Erde und Himmel, für Zeit und Ewigkeit. Das Vorbild dafür sind die Treppen im Himmelstempel in Peking, dort ist

die flache Mittelrampe den Geistern reserviert, die Menschen müssen sich über die Stufen plagen. Endlich oben angelangt, hat der Wanderer »als ›Tugendheld‹ wie Herkules das Wilde und Böse durch Klugheit und Mäßigung überwunden, wie Apoll das Ungeformte durch die Kunst bewältigt (zwei Fontänen zeigten Herkules, wie er den Riesen Antaios erwürgt, und wie Apoll den Satyr Marsias straft). Nun ist ihm der Weg zum Olymp, zur Unsterblichkeit offen. Dort lagerten die Götter, vor dem Eingang zum oberen Schloß die Paare Jupiter und Juno, Neptun und Amphitrite, die Beherrscher des Kosmos. Im Schloß jedoch residierte der ›Tugendheld‹ Prinz Eugen, der wie Herkules Heldentaten im Dienste der Menschheit vollbrachte, aber auch sich selbst überwand und wie Apoll das Chaotische des Lebens durch Kunst und Wissenschaft gestaltete ...[288].« Der Garten als Medium, seine Geometrie als Botschaft, ein vollendetes Gesamtkunstwerk als Inhalt eines Lebens, als grandiose Exposition der Ideale des »honnête homme«, der barocken Herrengestalt, die dem Selbstverständnis des Prinzen Eugen am nächsten kam.
Nach der Schlacht von Denain verteidigte Eugen den holländischen General Lord Albemarle, dem alle die Schuld an der Niederlage anlasteten. »Ich würde die Pflicht eines honnête homme beleidigen, wenn ich die Wahrheit, wovon ich genugsam überzeugt, nicht kundbar machen wollte[289].« Auch seinem von allen Seiten bedrängten Vertreter in Belgien, den Marquis de Prié, empfahl er die Gelassenheit, die seinem Stande entsprach: »Eifersüchteleien sollten einem ›homme d'honneur‹ keinen Kummer bereiten ...[290].« »Homme d'honneur« – ein Mann von Ehre, »honnête homme« – der ehrenwerte Mann, dieses Vorbild des ritterlichen Herrn, tugendhaft und edel, der gelassen über den Dingen steht, war in Frankreich den provenzalischen Troubadouren nachempfunden worden; und es wurde zum Erziehungsmodell für die herrschenden Schichten, für »eine von materiellen Sorgen und politischen Lasten befreite Elite, die, abgesichert durch herrschaftliche Renten und geschützt durch die absolute Monarchie, frei dafür war, die kommenden Umwälzungen vorzubereiten[291]«. Der Preis dieser Freiheit waren strenge Bindungen und ein hohes Maß

an Pflichten. Sie zu erfüllen, und in diesem Eingebundensein Individualität und Selbstachtung zu bewahren und sich dabei unbedingt an die Regeln eines Ehrenkodex zu halten, das machte den »honnête homme« aus.

Nur wenige erreichten dieses hohe Ziel. Im Urteil über Eugen dürfte unter den Zeitgenossen die Übereinkunft gegolten haben, daß ihm dieser Titel mehr gebührte als allen anderen. So redete ihn Friedrich Karl von Schönborn, der fühere Reichsvizekanzler und nunmehrige Fürstbischof von Bamberg und Würzburg, mehrere Male in Briefen als »Roi des honnêtes gens«, als König der ehrenwerten Männer an, eben der wahren Herren.

Lebensart, Lebensweisheit, ein Beruhen auf sich selbst – in einem berühmten Essay über den »honnête homme« bezeichnete Carl Jacob Burckhardt den Prinzen Eugen als Musterexemplar dieser raren Spezies: »Und hier steht der Prinz Eugen vor uns, er, einer der größten Herren aller Zeiten, der die Ritterlichkeit des großen französischen Jahrhunderts in den alten ritterlichen Dienst des Kaisers gegen die Ungläubigen getragen hat. Der Savoyer wurde ein Vorbild ritterlicher Kultur für alle Länder, die unter dem Doppeladler lebten ...« Burckhardt zitierte zwei legendäre Aussprüche Eugens. So stellte er vor seinen adeligen Offizieren Maximen der Ritterlichkeit auf: »Meine Herren, Sie haben nur eine Lebensberechtigung, wenn Sie beständig auch in der größten Gefahr als Beispiel wirken, aber in so leichter und heiterer Weise, daß es Ihnen niemand zum Vorwurf machen kann ...« Diese »so leichte und heitere Weise« ist es, die den Romanen Eugen zum Österreicher werden läßt: wenn man darunter eine kosmopolitische Weltoffenheit versteht, die allen Zungen, Rassen, Kulturen und geistigen Strömungen aufnahmebereit und tolerant begegnet. Dann definierte Eugen den Gehorsam, daran sei für den Offizier nichts herumzudeuten: »Wenn wir gehorchen, kommen wir immer dem Willen Gottes nahe, und darin liegt die beste aller Freiheiten.« Burckhardt meinte dazu: »Hier haben wir die alte Libertas obedientiae (die Freiheit im Gehorsam) der kollektiven Elite, die einem obersten Prinzip zu gehorchen sich bemüht. Die Soldaten, die vom ›Prinz Eugen, dem edlen Ritter‹ sangen, hatten eine unbewußte Ahnung von der Wahrheit, daß das ewige Wesen des Rittertums nur in jenem wiedergeboren wird, der, zur Bewunderung fähig, sich einordnet und um das Lehen dient, das er erhalten hat. Mit Form und Spiegelungen ist keine Elite zu schaffen, nur aus dem Geist[292].« Der Schweizer Historiker hat diese Thesen in einem Vortrag 1931 verkündet, als ein neuer bedrohlicher Elitegedanke immer weiter um sich griff, um schließlich Europa in den Abgrund zu stürzen.

Bei allen Deutungen müssen wir Eugen jedoch stets in seiner Zeit sehen, im Rahmen ihrer Dünkel und Vorurteile. In der höfischen Gesellschaft des Absolutismus hatte nur eine verschwindend kleine Minderheit überhaupt die Chance, solchen Leitbildern nachzuleben. Nur wenige bestimmten die Geschicke von Millionen. Unter diesen Auserlesenen ragte der kleine, fast etwas bucklige, unansehnliche Savoyer heraus, daß ihm selbst die meisten seiner Gegner Respekt zollten. Und es waren nicht nur Feldherren wie der Marschall Villars, nein, auch die Männer des Geistes achteten ihn und sahen in ihm mehr als nur einen vermögenden Fürsten, der als Mäzen und Melkkuh dienen konnte. Umgekehrt erkannte Eugen Dichter und Philosophen als Geistesadelige und ebenbürtige Nobilitäten an.

Ein Dichter, der zu seiner Zeit höher eingeschätzt wurde als heute, Jean Baptiste Rousseau (weder verwandt noch verschwägert mit Jean-Jacques Rousseau), prägte das Wort vom »philosophe guerrier«, vom Krieger als Philosophen, vom Feldherrn als Freund der Weisheit, von der glücklichen Verbindung des Geistes mit der Macht. Rousseau gab auch Zeugnis für die Belesenheit Eugens: »Glauben Sie mir«, schrieb er einem Pariser Freund, »daß ein fast allein mit allen Sorgen Europas belasteter Mann, Generalleutnant des Reiches und erster Minister des Kaisers, Zeit findet, ebensoviel zu lesen, wie jemand, der nichts anderes zu tun hat. Dieser Prinz ist über alles unterrichtet, aber er gibt sich keineswegs den Anschein einer besonderen Bildung, er liest nur, um sich zu erholen, und er nutzt so seine Muße ebenso wie seine Arbeit[293].«

Rousseau, ein gewandter Poet für alle Gelegenheiten, dazu auch

satirisch begabt, war wegen einiger Spottgedichte aus Paris verbannt worden. Im Schlepptau des aus Genf nach Wien übersiedelten französischen Botschafters du Luc kam er 1715 in die Kaiserstadt; und er fühlte sich dort sofort heimisch. »Alle Fürstlichkeiten und Herren sprechen unsere Sprache und die meisten kennen deren Vorzüge besser als wir selbst. So war ich hier schon vor meiner Ankunft in Mode, alles, was Rang und Namen hat, zeigte sich begierig mich zu sehen ...«, schrieb der Dichter prahlerisch einem Freund. »Prinz Eugen begegnete mir mit außerordentlicher Güte, und seine erste Unterredung mit dem Botschafter drehte sich fast nur um mich. Unter uns gesagt: ich könnte bei ihm bleiben, wenn ich wollte; aber allzugeheiligte Bande binden mich an den Grafen du Luc, als daß ich mich von ihm trennen könnte, es sei denn, daß die Notwendigkeit mich dazu zwingt[294].«
Diese Notwendigkeit war gegeben, als der Graf aus Gesundheitsgründen 1717 nach Frankreich zurückkehrte. Eugen honorierte den Dichter regelmäßig, und der bedankte sich mit französischen Lobeshymnen auf den Schlachtenruhm und die Geistesgröße des Savoyers. Lady Montagu bemerkte, daß sich der berühmte Dichter Rousseau »hier unter dem besonderen Schutze des Prinzen Eugen« aufhält und von dessen Freigiebigkeit lebt. »Er gilt hier für einen Freigeist und, was meiner Meinung noch ärger ist, für einen Mann, dessen Herz die Lobsprüche nicht fühlte, die er in seinen Gedichten der Ehre und Tugend zollt[295].« Prinz Eugen hat ihn trotz einiger Enttäuschungen doch viele Jahre lang ausgehalten. Rousseau wurde zu einem Mitglied jener internationalen weltoffenen Tischgemeinschaft, die Eugen um sich bildete. In dieser Runde wurde nur französisch oder italienisch gesprochen. So haftete Eugens Umgebung noch immer das Fremde und Ausländische an, und jeder große Franzose, der in Wien eintraf, strebte nach einer Audienz bei dem Prinzen.
Wie viele Große zog der Prinz die Leute an wie das Licht die Motten. Skurrile Existenzen umkreisten ihn, wollten ihn für ihre Projekte begeistern, ihn als Finanzier gewinnen, seine Unterstützung finden, seiner Eitelkeit mit Elogen und Hymnen schmeicheln und ihre eigene Eitelkeit durch den Umgang mit dem ersten Mann

nach dem Kaiser befriedigen. So suchte auch der 25jährige Voltaire über Rousseau den Weg zu Eugen. Er übersandte ihm sein neues Stück »Ödipus« – und Rousseau vermittelte ihm als väterlicher Protektor das Urteil seines Herrn: »Der Prinz Eugen, der Ihr Stück mit größter Ungeduld erwartete, hat es mit ebensolcher Befriedigung erhalten; er hat mit mir davon mit einer Bewunderung gesprochen, die Ihnen gewiß nicht weniger wie die des Publikums schmeicheln würde, wenn Sie Treffsicherheit und Unterscheidungsvermögen des Geistes dieses Prinzen ebenso kannten wie sein Verdienst und seine Reputation im Krieg ...[296]«. Was ist davon nun Übertreibung eines Berufsschmeichlers, wie weit gingen literarisches Verständnis und Kritikfähigkeit des Prinzen wirklich? Von ihm selbst haben wir kaum Zeugnisse dafür, daß er Literaten, Philosophen und andere Schöngeister gerne um sich scharte. Voltaire ist nie nach Wien gekommen, aber ein anderer großer Aufklärer aus Frankreich war bei Eugen zu Gast – Montesquieu. Sein Freund Lord Waldegrave, der neue britische Botschafter beim kaiserlichen Hof, hatte Montesquieu eingeladen. Er fand sofort Kontakt, lobte die Verbreitung der französischen Sprache und erwähnte schon in seinen ersten Briefen Eugen und dessen Gegner Guido von Starhemberg als fortschrittliche, aufgeschlossene Köpfe – die zwei gebildetsten Männer in Wien nannte er sie.

Nach Begegnungen mit Karl VI. und Besuchen bei Eugen äußerte er einmal, daß es ihn durchaus nicht störe, ein Land zu sehen, in dem die Untertanen besser wohnten als ihr Herr. Das Obere Belvedere hatte ihn beeindruckt, war für seinen an der Klassik orientierten Geschmack jedoch zu überladen, mit Hildebrandts genialer Auflösung aller Flächen wußte er wenig anzufangen: »Das Haus ist schön, und es gibt darin zwei herrliche Zimmerreihen. Es finden sich Räume in diesen Appartements, so geschmückt und vollendet, daß es unmöglich ist, etwas Besseres hinzuzufügen. Vielleicht sind sie zu reich geschmückt. Überdies ist die Stirnseite dieses Hauses von schlechtem Geschmack: voll von kleinen Dingen und Schnörkeln.« Und er philosophierte wohlwollend über das ungeheure Vermögen des Prinzen. Erworbener Reichtum würde selten verziehen, nur die ganz Großen seien über den Neid erhaben, wenn ihr Vermögen der Lohn ihrer Tugend sei. Dann stellte er die rhetorische Frage: »Wer war jemals über die großen Güter Eugens schockiert?[297]«

Italienisch wurde in der Himmelpfortgasse und im Belvedere parliert, wenn sich dort Kardinalspurpur zeigte. Zwei päpstliche Nuntien zählten zum ersten Freundeskreis Eugens – von 1720 bis 1730 Kardinal Alessandro Albani und sein Nachfolger Domenico Passionei. Albani galt als Spezialist für antike Kunstwerke, und Eugen empfahl seinen Agenten in Rom, nichts zu kaufen, was Albani nicht gutheiße. So hat der Kardinal die Platten für die Marmortische im Belvedere ausgesucht. Mit Passionei entwickelte sich eine Beziehung über größere Distanzen hinweg. Eugen betrieb schließlich seine Ernennung zum Vertreter des Papstes beim Kaiser. Gelehrte Disputationen, Diskussionen über alle möglichen Gegenstände, politische Überlegungen und manchmal auch nur Gesellschaftstratsch flossen in Eugens Palästen in lockeres Geplauder über und wurden oft von einer Partie Piquet unterbrochen, dem modischen Kartenspiel des Barocks. Passionei war einer der häufigsten Gäste.

Von allen Bindungen Eugens zu Mitgliedern der europäischen Gelehrtenrepublik rühmte man seine Beziehungen zu Leibniz am meisten: Gottfried Wilhelm Leibniz, der universelle Philosoph, Mathematiker, Staatsdenker, der zu allem etwas zu sagen hatte und von jedem um Rat gefragt wurde. Als Ludwig XIV. am Höhepunkt seiner Länderraffgier war, versuchte Leibniz vergeblich, einen Plan zur Gewinnung Ägyptens zu lancieren, um die Franzosen von Europa, vom Reich abzulenken. Leibniz hielt das Heilige Römische Reich für erhaltenswert und erhaltbar, in rastloser Tätigkeit suchte er die Fürsten in diesem Sinne zu beeinflussen. Dabei sollte die Internationale der Wissenschaft als Bindemittel dienen. Bis zu seinem Tode kämpfte er für die Gründung wissenschaftlicher Akademien; in Preußen war es ihm gelungen, nun träumte er von einer solchen Institution in Wien, sie sollte die Residenzstadt des Kaisers schmücken wie Eugens Paläste. Vom Prinzen erwartete sich Leibniz gegen Ende des Spanischen Erbfolgekrieges moralische Unterstützung. Die Verbindung mit Eu-

gen hatte Graf Bonneval hergestellt. Der Franzose unterhielt schon längere Zeit eine Korrespondenz mit Leibniz. Fast zwei Jahre verbrachte der Philosoph in Wien.
Nach dem Ende des Krieges wurde Leibniz mehrmals in der Himmelpfortgasse empfangen, nicht zuletzt um Eugens Bücherschätze zu bewundern. Aus Verehrung für den Prinzen, und weil er ihn für seine Pläne günstig stimmen wollte, überreichte ihm Leibniz eine Mappe mit sechs Handschriften seiner philosophischen Traktate. Als Ergebnis seiner Diskussionen mit dem Prinzen hatte er eine leichter verständliche Zusammenfassung seiner Ideen geschrieben, eine Art Kurzfassung seiner Gedankenspiele. Er fügte noch einige andere Schriften dazu, zum Großteil von eigener Hand oder zumindest von ihm selbst mit Überschriften, Ergänzungen und Verbesserungen versehen. Der Prinz war sich der Kostbarkeit dieses Geschenkes bewußt. Er ließ die Schriften in karmesinrotes Maroquinleder binden, mit seinem Wappen in Gold darauf. In seiner spöttischen Art witzelte Bonneval über die geradezu religiöse Verehrung, mit der Eugen diese Manuskripte behandelte. Er sei drauf und dran, sich mit dem Prinzen deswegen zu überwerfen, weil ihm Eugen den Codex absolut nicht zum Kopieren überlassen wolle, klagte Bonneval in einem Brief. Eugen halte die Handschriften nämlich in einer Kassette wie in einem heiligen Schrein verschlossen und würde ihn – wie die Priester in Neapel das Blut des heiligen Januarius – nur in einem Respektabstand zum Küssen vorzeigen und dann wieder einpacken[298].
Das Akademie-Projekt des Philosophen ging jedoch nicht voran. Mit Versprechungen des Kaisers versehen und dem Titel eines Reichshofrates reiste Leibniz enttäuscht wieder ab. Der Kontakt blieb dennoch aufrecht. Leibniz besorgte Eugen einige Bücher und Handschriften, verfaßte Gutachten für ihn und erhielt von dem Prinzen mehrere kurze Dankschreiben in deutscher Sprache. Nach dem Sieg von Peterwardein hoffte Leibniz noch einmal, daß durch den Erfolg der österreichischen Waffen unter Eugen nun endlich mehr Energien für kulturelle Aktivitäten in seinem Sinne aufgewendet werden könnten. Daß sein Optimismus müßig war, sollte Leibniz nicht mehr erfahren. Am 14. November 1716 ist er

in Hannover gestorben. Sein Manuskripteband liegt in der Handschriftensammlung der Österreichischen Nationalbibliothek.
Was Eugen von den Leibnizschen Theorien hielt, ist durch keine eigene Stellungnahme belegt. Selbständige philosophische Ideen waren von ihm nicht zu erwarten, aber als gebildeter Amateur, als Liebhaber, als feinsinniger Dilettant – das Wort kommt ja vom lateinischen Verbum dilettare: sich ergötzen, amüsieren – erfreute er sich am Abenteuer des Denkens und genoß die Kühnheit geistiger Spekulationen ebenso wie die vollkommene Schönheit seiner Kunstwerke. Wie Tiere, Pflanzen, Paläste, Bilder und Bücher sammelte der Barockmensch Eugen auch die großen Ideen seiner Zeit, und er scharte die Menschen um sich, die sie produzierten.
Beinahe 40 Jahre seines Lebens hatte Eugen auf dem Schlachtfeld verbracht, in rüttelnden Kutschen, zu Pferd, im Feldlager, in fremden Schlössern, unter dem Einsatz seines Lebens in direkter Konfrontation mit dem Feind. Angesichts des damaligen Standes der Medizin ist es ein wahres Wunder, daß der Prinz seine neun Verwundungen ohne ernstliche Schäden, Nachwirkungen oder Behinderungen überstanden hat. Die Sehnsucht nach dem Schönen, die Leidenschaft, alle anderen in seinen Sammlungen und Palästen zu übertreffen, dieses Lebensgefühl wurzelte in einer solchen ruhelosen Existenz. Sein Ästhetizismus sollte die erlebten Greuel verdrängen. Er flüchtete sich in eine verfeinerte Kultur, weil ihm so viel Grobes begegnet war. Kunstschätze ersetzten ihm Liebe und Familie, die Pracht und Vollkommenheit eines Belvederes erlaubten es dem Fremden, jene Überlegenheit zu empfinden, die ihm die alteingesessene Gesellschaft nur zögernd zugestand. Und seine Bücher, seine Handschriften, seine Bibliothek, hoben Eugen in einen Himmel der Gelehrsamkeit und repräsentierten einen Reichtum, wie er selbst in glanzvollsten Festen nicht zur Schau gestellt werden konnte.
Die Gedanken an all diese Wunderdinge und an die Vergrößerung seiner Sammlungen begleiteten den Prinzen Eugen überall hin. Am 20. September 1716, einen Monat nach der Eroberung von Belgrad, diktierte er im Feldlager von Semlin, von der Festung nur durch die Save getrennt, einen Brief an den Kaiserlichen Hofanti-

quar Karl Gustav Heraeus: »Mein Herr, ich bin Ihnen sehr dankbar für den Fingerzeig, den Sie mir gegeben haben, daß sich die Peutingerschen Tafeln des Theodosius im Original auf Pergament geschrieben, in Augsburg zum Verkauf befinden. Sie wissen ja, daß derartige Werke von einem Kenner geprüft werden müssen. Ich werde mich also bemühen, jemanden zu finden, der sie an Ort und Stelle in Augenschein nehmen kann, und werde Ihnen dann meinen Entschluß bezüglich des Preises mitteilen[299].« Es ging um einen der wichtigsten Käufe Eugens – die Tabula Peutingeriana ist die mittelalterliche Kopie einer römischen Straßenkarte aus der zweiten Hälfte des vierten Jahrhunderts. Sie blieb bis heute die wichtigste Quelle für Ortsnamen in den Provinzen des römischen Reiches, ein unschätzbares Dokument, zu dem nichts Vergleichbares entdeckt worden ist. Eugen erwarb die Karte aus dem Erbe des Augsburger Humanisten Konrad Peutinger, sie ist eines der wertvollsten Stücke der Österreichischen Nationalbibliothek.
Das ist der Ort, wo heute Eugens Sammlersinn greifbar wird, zum Anfassen, zum Durchblättern, oder wenn man nur als Besucher durch Fischer von Erlachs Prunksaal wandert, zum Anschauen der roten, blauen und gelben Buchrücken aus Maroquinleder. Denn Eugens Bibliothek hat ein einheitliches Gesicht. Jedes Buch war, bis auf einige Widmungsbände, von dem Hofbuchbinder des französischen Königs, Antoine Boyet, und dem in Wien arbeitenden Martin Tourneville in den Jahren nach dem Spanischen Erbfolgekrieg einheitlich gebunden worden – nicht in Spahi- und Janitscharenhäuten, wie Bonneval gescherzt hat, aber im Leder nordafrikanischer Ziegen, dunkelrot gefärbt für Geschichte und Literatur, dunkelblau für die Theologie und die Rechtswissenschaften und dunkelgelb für das umfangreichste Gebiet, für die Naturwissenschaften. Jeder Band ist mit Goldschnitt versehen, und jeden ziert das Wappen des Savoyers mit dem Goldenen Vlies.
Eugens Leidenschaft für schöne Bücher wurde durch seinen Generaladjutanten Georg Wilhelm von Hohendorff angeregt. Wir haben ihn erlebt, wie er mit dem Prinzen durch die Londoner Antiquariate streifte. Hohendorff besaß selber eine berühmte Bibliothek – sie ist nach seinem Tod 1720 von Karl VI. um 60 000 Gul-

den für die Wiener Hofbibliothek erworben worden. Auf seinen diplomatischen Missionen für Eugen ging Hohendorff stets auf Jagd nach seltenen und schönen Büchern. Er stellte die Verbindung zu dem Buchbinder Boyet her. Dessen Sohn, Etienne Boyet, wurde von Eugen nach Wien geholt und in seinem Haushalt als Bibliothekar angestellt. Er organisierte das Binden der Handschriften und Bücher und steuerte weitere systematische Ankäufe, wann immer in Europa irgendwelche bibliophile Raritäten auf den Markt kamen. Boyet sandte Eugen Kataloge ins Feldlager mit Vorschlägen, was in den Angeboten erwerbenswert sei. Ein zweiter Franzose, Jean Mariette, der Sohn eines berühmten Pariser Kunstverlegers, katalogisierte die Bibliothek und kümmerte sich vor allem um die Kupferstichsammlung. Sie bildet heute einen wesentlichen Teil der Wiener Albertina. Der Reiseschriftsteller Johann Georg Keyssler begeisterte sich für die Kupferstiche, »welche Porträts berühmter Kriegshelden, Potentaten, Damen, Gelehrten etc. vorstellen und in Portefeuilles oder Kästchen, die als große in roten Safian gebundene Folianten mit vergoldeten Rücken und Titeln anzusehen sind[300]«.

Allein die Porträtsammlung nahm über 200 Bände ein – 61 davon mit deutschen, 48 mit französischen und 31 mit italienischen Berühmtheiten. Die über 15 000 Bände der Bibliothek umfaßten neben Bildhandschriften und frühen Drucken, so auch einer Lutherbibel, das gesamte Wissen der Zeit – ohne von kirchlichen Zensurbestimmungen eingeengt zu sein. Einen hohen Anteil haben theologische Werke, obwohl Eugen selbst kaum ein tief religiöser Mensch gewesen sein dürfte. Er trug seinen Glauben nicht so zur Schau wie etwa Karl VI., und bei mancher kirchlichen Feier, die der Kaiser nicht versäumte, ließ sich der Prinz entschuldigen. Eugen dürfte sich wohl als gläubiger Christ und Katholik gefühlt haben, doch in seinem Kreis befanden sich viele Protestanten und Freigeister. Sein Freund, Nuntius Passionei, gehörte zu den aufgeklärtesten Priestern und war ein heftiger Gegner der Jesuiten. Als Eugens Truppen in Italien Territorien des Kirchenstaates besetzten, blieb Eugen von einem Exkommunikationsdekret des Papstes gegen ihn und Kaiser Joseph I. unberührt. Im Gegenteil,

er bestärkte den Kaiser noch, eine harte Haltung einzunehmen, bis der Papst einen Rückzieher machte. In Belgien verhinderte er scharfe kirchliche Maßnahmen gegen die Jansenisten. Das Haus Eugens war sicher eines der tolerantesten im barocken Wien.
Was heißt Haus – seine Häuser, seine Paläste, seine Schlösser. Überall bildete die Bibliothek das Zentralstück, und jeder Gast wußte die Auszeichnung zu schätzen, wenn ihm Eugen einige seiner Atlanten, Bibeln, Weltgeschichten, gemalten Chroniken usw. zeigte. Eugens Sammelleidenschaft richtete sich auch auf die Malerei. Italiener und vor allem Niederländer entsprachen seinem Geschmack, nicht jedes Bild war so erlesen, wie die Prachtexemplare der Bibliothek. In der Turiner Galleria Sabauda sind drei Säle mit Eugens Bildern behängt. Die meisten befanden sich früher im Belvedere und auch in Schloßhof, dem letzten Ort, an dem er noch einmal Hildebrandts Bauherr war.
»Der Prinz liebt sein Landhaus so sehr, daß ihn nichts davon abhalten kann, dorthin zu gehen, wenn er es sich einmal vorgenommen hat«, berichtete ein britischer Gesandter 1733 aus Wien nach London. Das »Landhaus« war Schloßhof, ein Landpalast, eines der imposantesten Produkte fürstlicher Erholungsbedürfnisse fern der Stadt. Fern und nah – denn Schloßhof an der March war von Wien aus bequem über die Donau zu erreichen, und auf der Straße durch die Ebene des Marchfeldes. Dort, wo sich Österreich in den Osten verliert, hat sich Eugen in seinem letzten Lebensjahrzehnt noch ein kleines Reich errichtet. Am Anfang stand die Schenkung der Herrschaft Obersiebenbrunn durch den Kaiser nach dem Verlust des Generalgouvernements der Niederlande: fruchtbares Ackerland, ein reiches Jagdgebiet. Eugen ließ die Felder trockenlegen, einen Park gestalten und dort im Schnittpunkt mehrerer Alleen von Hildebrandt einen Pavillon setzen – zierlich, verspielt, ein architektonisches Divertissement, einen Point de vue, einen Blickfang. Im Pavillon konnte Jonas Drentwett, der niederländische Groteskenmaler aus dem Stadtpalais und dem Belvedere, seine Phantasie austoben – in fröhlichen Fresken von Jagdfreuden und Landleben. Kurz nach der kaiserlichen Schenkung erwarb der Prinz die Herrschaften Niederweiden und Hof

an der March. In Niederweiden hatte Fischer von Erlach für Rüdiger von Starhemberg ein Jagdschloß entworfen. Das angrenzende Schloßhof war eine uralte Wehranlage zur Sicherung der Furt durch die March. Die Schloßterrasse bot ein ideales Gelände für den Neubau Hildebrandts[301].

In seinen Planungen kalkulierte Gian Luca wohl noch gewisse Verteidigungsmöglichkeiten ein, Eugens Schloß sollte jedoch jene Sicherheit demonstrieren, die Österreich dem Prinzen zu verdanken hatte. Noch immer erdrückt der mächtige Block, dieses vierschrötige Gebäude, den Beschauer. Aber die Terrassen, der Park, der sich Stufe für Stufe, Plateau nach Plateau, dem Osten zu öffnet und weitet, verheißen Frieden und Lebensfreude. Für diese Mauern bedurfte es keines Festungsbaumeisters mehr. Die Büsche stehen zwar stramm, und die Blumenbeete gehorchen der Geometrie, die Natur ist den Vorstellungen der Gartenkünstler unterworfen und weiße Flußgötter verwandeln den Park in einen antiken Hain. Wieder ist Kriegszeug versteinert – daß hier einmal die Türken und die Kurutzen umgingen, soll keiner vergessen. Die Wasserspiele und die verschlungenen Windungen und Girlanden schmiedeeiserner Tore mit dem E und dem S Eugen von Savoyens werden zu Musik für die Augen. Und das alles wurde nach Osten hin komponiert. Vom Schloß blickt man wie ein Feldherr über die grüne Ordnung des Parks und schaut weit über die March hinweg zur Porta Hungarica, zu den Bergen, durch die sich die Donau nach Ungarn durchfrißt, in jene Lande, die ihre Befreiung vom türkischen Joch zum Großteil dem Hausherrn von Schloßhof zuzuschreiben hatten.

Ein riesiges Heer von Arbeitern war hier zwischen 1726 und 1730 beschäftigt. Im Kirchenbuch der nächsten Pfarre ist von »800 Personen an Handwerksleuten und Taglöhnern« in Schloßdiensten die Rede[302]. Der Prinz nahm am Fortschreiten der Bauarbeiten großen Anteil. Als er einmal auf ein Baugerüst kletterte, stürzte er und verletzte sich dabei. Die Schloßhofer Baustelle ist auch Schauplatz jener berühmten Anekdoten, die heute als frühes Beispiel für die Bekämpfung der Arbeitslosigkeit zitiert werden kann: Ein aufs Geld bedachter Verwalter meinte dem Prinzen ge-

genüber einmal, daß hier doch viel zuviele Leute beschäftigt seien. Man benötige nicht einmal die Hälfte von ihnen. Da entgegnete Eugen: »Meint Er, ich brauche vielleicht Ihn? Braucht man irgend einen Menschen in der Welt? Wenn Er denkt, es sei gestattet, die Menschen verhungern zu lassen, die man nicht mehr braucht, wer soll denn Ihn und mich vor dem Verhungern schützen?[303]«
Die Geschichte erzählt auch Hugo von Hofmannsthal in einem 1915 für die Jugend geschriebenen Bilderbuch »Prinz Eugen der edle Ritter« mit Illustrationen des Jugendstilkünstlers Franz Wacik. Dieses verbreitete Buch prägte das Eugen-Bild einer Generation. Dabei war es ein Propagandaprodukt, das in den frühen Phasen des Ersten Weltkrieges Patriotismus, Wehrwillen und Zusammenhalt in der Monarchie fördern sollte. Karl Kraus hat mit bitteren Spott auf das zwischen zwei Buchdeckeln verpackte Heldenelexier reagiert. Hofmannsthal, Mitglied des Kriegspressequartiers, erfüllte seine vaterländische Pflicht, indem er Eugen in Schloßhof in visionäre Trance versetzte: »In späteren Jahren seines Lebens mehrte es sich, daß er für kurze Augenblicke seiner Umgebung entrückt war und an verborgenem Geschehen teil hatte. So ging er eines Abends im Herbst auf der Terrasse seines Schlosses Hof auf und ab, trat an das steinerne Geländer vor und sah hinaus auf die Niederung, die von einem schwachen frühen Mondlicht erfüllt war und in der der Flußnebel aufstieg und sich regte. Ein Teil des Nebels hob sich plötzlich und fing an, gegen Osten zu ziehen in vielen Streifen und Wölkchen, ein langer, langer Zug. Eugens Augen sahen auf dieses Schauspiel der Luft. Immer neue Züge schoben sich nach, es war ein tausendfaches Drängen und Vorwärtswollen, auf einmal geschah in seinem Inneren eine kleine Bewegung, nur so wie wenn ein Glas Wasser ausgegossen wird, da wußte er mit einemmal, daß er jetzt nicht bloß mit leiblichen Augen in die Ferne des Himmelsraumes sah, sondern durch die Zeiten hindurch und daß diese Wölkchen und Streifen, die nach Osten drängten, wieder stockten und wieder hinglitten, in Wirklichkeit etwas anderes waren, nämlich ein ungeheurer Heerzug Österreichs, der sich zu irgend einer Zeit zutrug, in die seine Seele in diesem Augenblick entrückt war. Er spürte die gan-

ze Kraft dieses Zuges nach Osten, die Seelen von Hunderttausenden, das Überwinden der Hindernisse, das Klirren der Waffen, er fühlte das tausendfache Rufen: ›Vorwärts, Österreich! Vorwärts‹ und den Hauch von Sterbenden. Dies war so groß, daß es ihn schauderte wie einen Knaben, aber er zitterte vor Glück, seine Seele schwang sich aus ihm heraus und flog diesem nach und schwebte durch eine Kette von brennenden donnernden Schlachten hindurch. Sein Leib blieb ganz still zurück, dort an die Steinbalustrade gelehnt mit offenen Augen, aber so starr und still, daß der Diener, der leise herzugeschlichen war, nicht herankam, er stand im Dunkel, als hielten ihn Fäuste, bis sein Herr wieder eine Regung tat und auf ihn zukam, als wäre nichts gewesen. Aber das Gesicht seines Herrn sah im Mondlicht so aus, wie dieser vertraute Diener es nie zuvor gesehen hatte und nie wieder sah ...[304]«
Auf der letzten Bildtafel des Buches stürmen Soldaten Franz Josephs unter der Doppeladlerfahne in Galizien vor, und über ihnen schwebt die übergroße Silhouette Eugens, der sie als Geisterreiter in die Schlacht führt: der edle Ritter als mystischer Durchhalteheros, Eugen im Devotionalienhandel der Kriegspropaganda. Dabei war in Schloßhof all sein Sinnen nur auf friedliche Unterhaltung gerichtet. Nach der Vollendung des Baues lud der Prinz Freunde und Diplomaten zu Jagden ein, er feierte dort seinen Geburtstag und den der Gräfin Batthyány mit aufwendigen Festen, Theateraufführungen und anderem Spektakel; lange Stunden vergingen am Spieltisch. Die Tage an der March erfreuten den alternden Mann. Er genoß den Frieden. Die Vision von der Zukunft seines Lieblingsschlosses blieb ihm sicher erspart, der Gedanke, daß Schloßhof noch mehrmals von feindlichen Truppen überrannt werden würde – Napoleons Soldaten zogen 1809 vorbei, 1866 nach Königgrätz die Preußen, die Einquartierung einer k.u.k. Militärreitschule fügte dem Gebäude kaum weniger Schaden zu als eine feindliche Besetzung. Und 1945 stellten die Soldaten der Roten Armee ihre Pferde in die Stallungen des Prinzen. Solche Zukunftsalpträume störten den Schlaf des Prinzen kaum, ja, er konnte auch nicht ahnen, daß er als 70jähriger noch einmal selber in den Krieg ziehen würde.

XIX

»... wenn ich anders noch lebe«

Letzte Jahre, letzte Monate und letzte Stunden

Es sind ihrer zwölf an dem Tisch und er. Prinz Eugen präsidiert die Versammlung, die rechte Hand liegt auf dem Tisch, die Linke ist in die Hüfte gestemmt. Salomon Kleiner läßt in seiner Darstellung einer Sitzung des Hofkriegsrates im Belvedere keinen Zweifel aufkommen, wer hier das Sagen hat. Der Mund des Prinzen ist offen, er redet gerade, einer der Herrn notiert sich etwas, ein anderer setzt zu einer Entgegnung an. Dem Zeichner ging es um den Raum, um die Dekorationen, um die bespannten Wände, um das Deckenfresko über die Tugenden des Feldherrn in Krieg und Frieden. Dennoch ist das Männchen in der Mitte eindeutig als Eugen zu erkennen. Das Bild gehört zu den wenigen, die Eugen in seinen späteren Jahren zeigen[305]. Als er seine Kräfte schwinden fühlte und das Alter seine Züge zeichnete, empfand er kein Bedürfnis mehr, noch einmal einem Porträtisten zu sitzen. Der Eugen, den uns die Maler überlieferten, ist ein Mann in seiner besten Zeit, der professionelle Sieger, dem nichts und niemand widerstehen kann – mit Marschallstab, Kommandiergeste, Küraß und Türkenleibern. Nur ein Gemälde, das Jakob van Schuppen zugeschrieben wird, erlaubt uns einen Blick auf einen anderen Eugen: im Ornat des Ordens vom Goldenen Vlies scheint sich der Prinz nicht sehr wohl zu fühlen. Auf keinem anderen Bild wird seine geringe Körpergröße so augenfällig. Ein wallender Vorhang im Hintergrund, eine Säule machen ihn noch kleiner. Das dunkelrote Ordensgewand wirkt viel zu groß. Die Perücke fällt tief über seine linke Schulter herab. Auf keinem anderen Bild trägt er so ein

Ungetüm auf dem Kopf. Das Gewand hat er gehoben und läßt sein linkes Bein sehen – wie Ludwig XIV. auf dem Gemälde von Rigaud, nur nicht so kokett, eher peinlich berührt von dieser vom Maler verlangten Pose. Die Rechte weist hinter seinen Rücken, wohl auf all das Schöne, was er gebaut hat, auf seine Gärten und Schlösser. Dem blassen Antlitz mit den winzigen dunklen Knopfaugen und dem spitzen Mund fehlt jede Siegerzuversicht. Auch wenn van Schuppen im Gegensatz zu Permoser alle Falten vermieden hat, so stehen in diesem Gesicht das Alter und die Müdigkeit nach einem langen Leben.

Es sei zu lang gewesen, zumindest um drei Jahre, meinen manche. Die Unsterblichkeit war Eugen sicher, aber seinen Abschied aus dieser Welt vergrämten ihm körperlicher Verfall und ungewohnte Niederlagen. Wie so mancher Großer der Geschichte hatte sich Eugen überlebt. Sein Körper und sein Geist hielten mit seinem Namen und seiner Legende nicht mehr Schritt. Dabei traute ihm die Welt noch Wunderdinge zu. Als nun auf einmal wieder vom Krieg geredet wurde, meinte der dänische Gesandte Berkentin, mit einem lebendigen Eugen müsse alles gut ausgehen für die Österreicher, sollte er jedoch bei Kriegsbeginn nicht mehr am Leben sein, so wäre es am besten, ihn »ausgestopft in die Armada zu schicken, weil auch nur sein Schatten Glück und Respekt gebären würde[306]«.

Vorläufig zeigte sich Prinz Eugen dem Volke noch in Fleisch und Blut. Als in Europa die Mächte des langen Friedens überdrüssig waren, wollte der Kaiser seine Soldaten sehen. Am 23. April 1733 rückten die Savoyendragoner in neuen Monturen aus. Sie marschierten vom Stubentor an den Festungsmauern vorbei bis zum Kärntnertor und hinaus auf die Wieden bis zur Favorita. Dort nahm Karl VI. die Parade des Regimentes ab – mit Eugen an der Spitze. Neben dem Kaiser beobachtete Erzherzogin Maria Theresia dieses militärische Spektakel. Nach dem Vorbeimarsch »beurlaubte sich der Prinz mit neigendem Degen untertänigst. Und ist die Menge, sowohl des Adels als des gemeinen Volks, unbeschreiblich, welches von allen Orten sowohl zu Fuß als zu Pferd und in Wagen, um dieses sehr schöne und in auserlesensten Leuten bestehende Regiment samt seinem heldenmütigen Haupt in Kommando zu sehen, zusammen gelaufen war.« So vermerkte es ein Chronist in etwas verschachtelten Sätzen[307].

Auch der Feldherr legte zum erstenmal seit langem wieder Uniform an. Erinnerungen werden in ihm aufgestiegen sein an einen ähnlichen Tag vor 32 Jahren, als er vor dem Ausbruch des Krieges um Spaniens Thron seine Dragoner bei der Favorita an Kaiser Leopold I. vorbeiführte. Zwei Erzherzöge hatten damals zugeschaut – Joseph und Karl, zwei künftige Kaiser, denen Eugen dienen würde. Das Getrappel der Pferde, das Klirren der Waffen, das Knirschen des Lederzeuges, die kurzen Befehle, die blitzenden Säbel, die vielen Männer, die einem Kommando gehorchten, einen massiven Block bildeten, hat all das in dem Siebzigjährigen noch einmal die Lust am Soldatenspiel geweckt, zu einem ernsten Spiel, zu einem tödlichen Spiel?

Ein paar Wochen vorher hat Eugen in einem Brief an seinen alten Gegner und Freund Marschall Villars über den Gang der Welt nachgedacht: »Wie übrigens alle menschlichen Dinge ihren Lauf und ihre Zeit haben, so ist es wohl natürlich, daß wir beide nicht jünger werden. Daher freut es mich besonders, daß Sie sich noch so kräftig fühlen ... Was die von Ihnen berührten Weltsachen betrifft, so ist es mit denselben jetzt wie allezeit beschaffen. Viele Pläne, große Entwürfe und tausend geheime Umtriebe, welche nur darauf abzielen, die öffentliche Ruhe und das Glück zu stören, dessen Europa so leicht genießen könnten, wenn man sich nicht immer das Vergnügen machte, es daran zu hindern. Was uns betrifft, so wünschen wir nichts, als das Unsrige zu behalten und sind weitentfernt nach dem Gute anderer zu streben ...« Eugens Gegner haben ihn selbst in seinem hohen Alter noch einen Kriegstreiber genannt. Der Brief sagt das Gegenteil aus. Nur am Ende heißt es: »Wenn man uns angreift, so werden wir uns so gut zu verteidigen suchen, wie wir es im Stande sind ...[308]« Eine realistische Einschätzung der Lage, auch wenn Eugen den Stand der österreichischen Verteidigungsfähigkeit doch wesentlich besser eingeschätzt hat, als er dann tatsächlich war.

Die Störung der »öffentlichen Ruhe und des Glücks« in Europa hatte ihre Ursachen wieder einmal in einem leeren Thron, in unerledigten Erbschaftsangelegenheiten. Am 1. Februar 1733 war August der Starke gestorben, Kurfürst von Sachsen und König von Polen. Zwei Kandidaten boten sich an – der Pole Stanislaus Leszczynski und Augusts Sohn Friedrich August II. Auf Stanislaus fiel die Wahl der Mehrzahl der polnischen Adeligen, und er wurde auch von den Franzosen unterstützt. Er war der Schwiegervater König Ludwigs XV. Und diese Verbindung schien den Russen ebenso wie den Österreichern untragbar. Französisches Geld und die russischen und österreichischen Einsprüche bestärkten die Polen jedoch in ihrem Entschluß, Stanislaus die Krone zu geben. Am 12. September wurde er gewählt. Die Russen marschierten mit österreichischer Billigung sofort in Polen ein und vertrieben den König. Preußen stand ebenfalls hinter dieser Politik. Was im Osten Europas geschah, wurde für Frankreich Anlaß, im Westen und im Süden seine Armeen in Marsch zu setzen.
Wie relativ das Gewicht der Lebensjahre sein kann, wie unterschiedlich der Alterungsprozeß verläuft, zeigt das Beispiel Eugens und das des Kardinals Fleury, der seit 1726 die Geschicke Frankreichs lenkte. Fleury, der Erzieher Ludwigs XV., war zehn Jahre älter als Eugen. Sein politisches Leben hatte jedoch erst begonnen, als er schon über 70 war, und nun, 80jährig, erwies er sich als zielstrebiger, energischer und erfolgreicher als die meisten jüngeren Monarchen und Politiker Europas. Fleury hatte Frankreichs Finanzen saniert, die Langzeitfolgen des totalen Bankrotts Ludwigs XIV. überwunden und neuerlich eine schlagkräftige Armee auf die Beine gestellt. Polen und des Königs Schwiegersohn lagen dem klugen Taktiker sicher nicht so am Herzen, daß er deswegen einen Krieg riskiert hätte. Ihn beunruhigte der Gedanke der bevorstehenden Heirat Maria Theresias mit Franz Stephan von Lothringen. Eine so enge Bindung des Herzogtums, auf das Frankreich immer wieder Anspruch erhoben hatte, an Österreich war für Fleury unerträglich. Ein Krieg mit dem Kaiser bot die Gelegenheit, Lothringen einzustecken und auch die Herrschaft Habsburgs in Italien zu brechen. Dafür war Spanien leicht als Verbün-

deter zu gewinnen. Und zur Überraschung und zum Ärger Eugens ließ sich auch Karl Emanuel III., König von Sardinien und Herzog von Savoyen, durch Versprechungen auf ein Stück Lombardei von den Franzosen »einkaufen«.
In Wien glaubte man lange, den Krieg vermeiden zu können. Eugen verbrachte die Herbsttage auf Schloßhof, als ob er so die Krise verdrängen wollte. Europa war aus dem Gleichgewicht. Das durch Eugens Geheimdiplomatie geschaffene Bündnissystem zerbrach. Die Engländer dachten nicht daran, ihre Verpflichtungen zu erfüllen und Österreich beizustehen. Und ohne englisches Geld waren des Kaisers Armeen bloß die Hälfte wert. Nur Preußen bot Hilfe an. Einem totalen Einsatz der »langen Kerle« Friedrich Wilhelms I. unter der Führung des Königs stand man in Wien jedoch eher ablehnend gegenüber. Man fürchtete den zu hohen politischen Preis dafür. Friedrich Wilhelms I. Unterstützung wurde auf ein Korps von 10 000 Mann beschränkt – und mit dabei war Kronprinz Friedrich.
Von dunklen Ahnungen gequält, warnte Eugen vor dem Krieg. Die Macht des Feindes sei zu groß, die Aussichten auf einen Sieg wären düster. Während man sich in Wien unsicher und schwankend zu orientieren suchte, marschierten Franzosen und Savoyer unter Marschall Villars in der Lombardei ein, Mailand wurde besetzt, und die Spanier bedrohten Sizilien und Neapel. Im Westen ging ebenfalls ein Veteran des Spanischen Erbfolgekrieges, Marschall Berwick, über den Rhein und nahm die Festung Kehl. Bevor die Kaiserlichen noch richtig zum Kämpfen gekommen waren, hatten sie den Krieg fast schon verloren.
Wie jedes Jahr im Winter quälten den Prinzen Bronchitis und Grippe. Im Frühjahr mußte er jedoch seine Feldequipage besteigen und auf den westlichen Kriegsschauplatz reisen. Dort standen seine Truppen einer fünffachen Übermacht gegenüber. Allein Eugens Name genügte, um Berwick zur Vorsicht zu zwingen. Dabei hätte die schwache Armee einem energischen Vorstoß der Franzosen nur wenig entgegenzusetzen gehabt. »Ich sehe sonst für eine besondere Schickung und Gnade Gottes an, daß der Feind ganze drei Wochen hindurch, zur Zeit, wo er wegen seiner großen

Übermacht alles, so er nur gewollt hätte, unternehmen können, still gesessen ist, denn wäre er damals nach Bayern gegangen, so hätten die Sachsen ein seltsames Aussehen, wenigstens so lange gehabt, bis meine Armee wäre versammelt gewesen ...[309]«
Die Franzosen schlossen die Festung Philippsburg am rechten Rheinufer, 50 Kilometer nördlich von Karlsruhe, ein – »Trutz Frankreich« hieß eines ihrer Bollwerke, in jedem deutsch-französischen Krieg war Philippsburg umkämpft. Eugen harrte der Verstärkungen; neben den Preußen trafen ein hannoveranisches Kontingent ein, verschiedene Reichstruppen und Dänen. Der Kaiser erwartete eine Entsatzschlacht wie bei Turin, ein neues Wunder, einen totalen Sieg, der mit einem Schlag alles auf dem Kopf stellen würde. Von überall her trafen schlechte Nachrichten in Wien ein. In der Lombardei und in Süditalien gab es nichts wie Niederlagen. Die Generäle versagten, waren untereinander zerstritten, die Truppe kämpfte schlecht.
»Eine glückliche Hauptaktion allhier oder in Italien ist freilich dasjenige, was alleinig den allerorten so übel aussehenden Sachen eine andere Gestalt geben kann«, tröstete der Prinz den Kaiser, »und bevor diese nicht erfolgt, sind nichts als höchst nachteilige Friedenspropositionen von Frankreich und dessen Alliierten zu vermuten.« Aber er glaubte nicht mehr so recht an das Gelingen einer solchen »Hauptaktion«. Dennoch versprach er dem Kaiser, sich seines Vertrauens würdig zu erweisen, »und die Ehre Dero Waffen, die durch jenes, so in Italien seit vorigem Herbst vorgefallen, nicht wenig von ihrem vorhinigen bei der ganzen Welt sich erworbenen Ruhm verloren haben, wieder empor zu bringen«. Gleichzeitig warnte Eugen jedoch vor den Folgen »einer unglücklich ausschlagenden Aktion«. Sie könnten so gefährlich für das ganze Römische Reich sein, daß es »nicht so leicht als sonst sich was hazardieren läßt[310]«.
Das war nicht mehr der Prinz aus der Zeit der großen Siege. Er spielte meist mit höchstem Einsatz. Er hatte dort zugeschlagen, wo andere zögerten und abwarteten, und alles riskiert, um noch mehr zu gewinnen. Jetzt zögerte er, wartete ab, überlegte, taktierte, als ob er den Glauben an die Zweckmäßigkeit einer Schlacht

verloren hätte. Er scheute die Entscheidung. Er konnte keine Mirakel mehr vollbringen – und er zweifelte auch an der Qualität seiner Armee. Die langen Friedensjahre hatten ihr nicht gutgetan. Die Generäle zeigten zwar alle guten Willen, schrieb der Prinz dem Kaiser, seien aber »nicht alle von genugsamer Erfahrung«. Einige hätten überhaupt keinen Feldzug mitgemacht, andere nur in untergeordneter Position. Doch das seien eben »die natürlichen Früchte eines lang dauernden Friedens, während welchem viele Unordnungen und Mißbräuche in den Regimentern eingeschlichen sind, auch viele Offiziere einen Teil des Dienstes vergessen haben ...« Deshalb begreife er sehr wohl den Unterschied, »wie Dero Truppen ehedessen waren und wie sie nun sind«. Deswegen müsse er »mit weit größerer Behutsamkeit und Vorsichtigkeit umgehen« als früher[311].

Den Prinzen trafen Vorwürfe, in den Friedensjahren als Hofkriegsratspräsident und Hauptverantwortlicher für die Armee sich zuwenig um eine Erneuerung ihrer Bestände und um die Erhaltung ihrer Kampfkraft gekümmert zu haben. Die Finanzierung der Armee war noch immer Sache der Stände der Erbländer. Wenn die Landes- und Grundherren jedoch keine Bedrohung spürten, zahlten sie weniger. Das Budget sank, die Truppenstärken wurden reduziert, routinierte Offiziere und Soldaten entlassen. Der alternde Prinz hatte nicht mehr die Kraft, sich diesen Entwicklungen zu widersetzen. Manche seiner ursprünglichen Reformen waren versandet. Der Regimenter- und Chargenkauf kam wieder in Schwung. Eugen hatte 1711 wohl das Kriegsarchiv gegründet, und eine Ingenieurschule, an eine Offiziersschule dachte er jedoch nicht. Und auch vom Drill, der die modernen Heere prägte, vor allem von der preußischen Zucht samt Friedrich Wilhelms Riesensoldaten hielt er wenig.

Jetzt im Krieg wurden diese Versäumnisse schmerzlich offenbar. Auch Eugen war nicht blind: »Daß es am Exerzieren bei der dasigen Infanterie fehle, dessen wundert mich so mehreres, als es durchaus alte Regimenter sind ...« Deshalb habe er die Regimentskommandanten angewiesen, »ihre Leute im Feuer gehörig exerzieren zu lassen, denn so wenig ich für das unnötige Schießen

in Friedenszeiten bin, so sehr erkenne ich, daß die Leute in Kriegszeiten im Feuer geübt sein müssen, lasse auch die Regimenter allhier täglich im Exercitio üben[312]«.
Der 71jährige Feldherr, der in Wien im Hofkriegsrat öfters eingenickt war, nahm sich viel mehr Zeit zum Nachdenken als früher. Und er zeigte plötzlich Gefühle für die Menschen, für die kleinen Leute, für die einfachen Soldaten, Empfindungen, die in dieser Epoche einem Feldherrn eher fremd waren. So richtete er einen ungewöhnlichen Appell der Menschlichkeit an Marschall Berwick wegen der Ausschreitungen der Franzosen gegen die Zivilbevölkerung: »Ihre Soldaten überlassen sich Exzessen, von denen die Geschichte nicht viele Beispiele aufzuweisen haben wird. Sie respektieren weder die Kirchen noch die geweihten Hostien, welche sie zur Erde werfen, nicht die Priester, die sie nackt an die Fenster und Türen der Häuser binden, nicht die Frauen, welche sie mit den Händen an Bäume nageln und in dieser furchtbaren Lage in so empörender Weise mißhandeln, daß viele unter ihren Händen sterben, endlich die unschuldigen Kinder nicht, welche sie in gräßlichster Weise verstümmeln. Zu sehr überzeugt von Ihrer Rechtlichkeit, um glauben zu können, daß man solche Grausamkeiten mit Ihrem Wissen verübt, setze ich vielmehr voraus, daß Sie dieselben mit gleichem Abscheu wie ich vernehmen und bereit sein werden, ihnen für die Zukunft zu steuern ...« Und nun folgte ein Satz, der wohl für alle Kriege gilt: »Die Drangsale des Krieges haben ihre Grenzen, und die Gesetze der Menschlichkeit sollten, so scheint es mir, niemals außer Acht gelassen werden von den Herren so großer Monarchen, wie diejenigen sind, welchen wir die Ehre haben zu dienen. Ich wende mich daher an Sie, um die Beendigung von Exzessen zu erwirken, die bisher unbekannt waren zwischen zivilisierten und christlichen Nationen. Außerdem versichere ich feierlich, daß ich mit der äußersten Strenge sowohl Offiziere als Soldaten meiner Armee bestrafen lassen werde, wenn sie es wagen sollten, sich mit ähnlichen Unwürdigkeiten zu beflecken. Überdies ist ja das Glück der Waffen leicht wechselnd ...[313].«
Nach so vielen Kriegsjahren, nach so vielen Schlachten fand der

Prinz die richtigen Worte über Feldherrenmoral und eine humane Kriegführung, soweit so etwas überhaupt möglich ist. Berwick griff sofort durch und sorgte für mehr Disziplin. Bald war er selber dem Wechsel des Waffenglückes in tragischer Weise unterworfen. Am Morgen des 12. Juni, als er vor Philippsburg die in der Nacht gegen die Festung vorgetriebenen Gräben inspizierte, zerschmetterte ihm eine Kanonenkugel den Kopf. »Sein Sohn, welcher an seiner Seite stand, wurde von dem Blute des Vaters bedeckt«, heißt es in einem Bericht[314]. Tief erschüttert nahm Eugen die Nachricht vom Tode seines Gegners auf, wenige Tage später starb der 80jährige Marschall Villars in Turin, und am 29. Juni fiel Feldmarschall Mercy zwischen Parma und Piacenza unter den Kugeln französischer Grenadiere. Der greise Marschall, halb blind und siech, war ungerührt in das feindliche Feuer hineingeritten.

Um Eugen wurde es leerer, seine Zeitgenossen räumten einer nach dem anderen die Bühne. Marlborough war schon zwölf Jahre, Max Emanuel acht Jahre tot, nur Guido Starhemberg lebte noch, an den Beinen gelähmt; sarkastisch bemerkte er: »Ich werde von den Füßen aufwärts alt, aber ich kenne jemanden, dessen Zustand sich genauso rasch vom Kopf abwärts verschlechtert[315].« Und jeder wußte, daß er damit Eugen meinte.

Im Westen harrte man einer entscheidenden Tat Eugens. Seine Armee lag nahe den französischen Stellungen um Philippsburg. Eugen war von den neuen Schanzmethoden der Franzosen überrascht. Sie hatten ihre Stellungen auch gegen ein Entsatzheer so befestigt, wie man es bisher nicht gekannt hatte. Der Prinz soll sich sogar seinen Baumeister Hildebrandt haben kommen lassen, damit dieser die französischen Positionen inspizierte. Eugen hoffte, den Franzosen mit dem Wasser beikommen zu können. Der Rhein führte Hochwasser, Schleusen wurden geöffnet, Kanäle zum Überlaufen gebracht, ganze Landstriche überflutet. Die Belagerer standen in ihren Gebäuden bis zum Bauch im Wasser. Sie gaben nicht auf.

Einen Sturm, eine große Schlacht wagte Eugen jedoch nicht. Er schrieb einen Satz an den Kaiser, der ihm früher wohl nie in den

Sinn gekommen: Nachdem er die »üblen Folgen« eines Verlustes von Philippsburg beklagt hatte, meinte er, daß »dagegen andererseits die Mannschaft ohne wachsenden Success zur Schlachtbank zu führen und die Armee nebst Philippsburg zu verlieren, noch weit schlimmere Folgen haben könnte[316]«. Wenn er noch an einen Generalangriff gedacht hatte, so mußte er seine Pläne aufgeben, als der Rhein sank und das Wasser aus den überfluteten Gebieten abrann. Am 19. Juli meldete der Prinz seinem Kaiser: »Zuvorderst bedauere Allergnädigster Herr, daß Deroselben die Übergabe von Philippsburg hiemit anerinnern muß. Wuttgenau hat sein Äußerstes und alles jenes getan, so von einem rechtschaffenen Kommandanten anverlangt werden mag...[317].« Die Armee, vor allem die Infanterie, sei für einen Befreiungsversuch viel zu unerfahren gewesen. Von da an beschränkte sich Eugen darauf, durch geschickte Bewegungen und Truppenverschiebungen den Franzosen den Weg ins Reich zu versperren und eine größere Katastrophe zu verhindern. Und das ist ihm auch gelungen.

Aus der Sicht eines jungen tatendurstigen Fürsten, der als Volontär im Lager Prinz Eugens saß, nahm sich der Ablauf der Dinge überaus deprimierend aus. »Dieser Feldzug ist die friedlichste Sache der Welt«, schrieb der preußische Kronprinz Friedrich, später Friedrich II., an seine Schwester. »Man hört keinen Schuß fallen. Die Franzosen hüten sich wohl, uns anzugreifen, und die Unsern haben ebensowenig Angriffslust. – Hier denkt man so wenig an die Schlacht als wie ich Papst werden will. – Wie gesagt, ist hier nichts los, als daß wir mit aller Seelenruhe zusehen, wie Philippsburg vor unserer Nase genommen wird.« Und später, als König, dachte er noch einmal an diesen Krieg zurück: »Der Held hatte sich selbst überlebt. Er scheute sich, seinen wohlbefestigten Ruf dem Zufall einer einzigen Schlacht auszusetzen. Die Franzosen eroberten Philippsburg vor den Augen des Prinzen Eugen, ohne daß jemand dagegen einschritt[318].«

Diese Erfahrungen änderten nichts an der Verehrung, die Friedrich für Eugen hegte. Er zählte ihn unter die größten Helden der Geschichte, ersann einmal ein Gespräch Eugens und Marlboroughs im Himmel über die Vergänglichkeit des Ruhmes, und vor dem Angriff seiner Armee auf das österreichische Schlesien 1740 erinnerte der König seine Offiziere: »Wir werden Truppen angreifen, die unter dem Prinzen Eugen die Bewunderung der Welt errungen haben. Zwar ist dieser Prinz nicht mehr; aber unsere Siege werden darum nicht weniger ruhmvoll sein, da wir uns mit seinen braven Soldaten zu messen haben werden[319].« Für die deutschnationale Geschichtsschreibung war der Eugen-Kult Friedrichs später eine Legitimation dafür, den Savoyer als wahrhaft deutschen Helden zu feiern.

Eugen hingegen spekulierte darauf, den künftigen König im Sinne habsburgischer Interessen zu beeinflussen. Er kümmerte sich um ihn, lud ihn oft an seine Tafel, unterhielt sich lange mit dem jungen Mann über militärische Angelegenheiten und empfahl ihn auch dem Kaiser: »Unendlich viel liegt daran, diesen jungen Herrn zu gewinnen, welcher sich dereinst mehr Freunde als sein Vater in der Welt machen und ebensoviel Schlimmes als Gutes wird tun können. Daher werde auch ich, so lange er noch hier bleibt, nichts unterlassen, um ihn selbst für Eure Majestät zu stimmen...[320].« Bei aller Senilität, die man Eugen um diese Zeit schon nachsagte, offenbarte er einen großen Weitblick. Ja vielleicht war seine Kriegführung in Anbetracht des Zustandes und der Kampfkraft seiner Armee gar nicht so unklug, wie sie im Vergleich zu seinem früheren Verhalten auf Schlachtfeldern ausgesehen haben mag.

Die Franzosen begnügten sich mit Philippsburg, in Italien verloren die Truppen des Kaisers auf allen Linien. »In den Verhältnissen, in denen wir uns jetzt befinden, ist es immer schon ein großer Gewinn, dem Gegner durch eine sichere und entschlossene Haltung zu zeigen, daß man ihn nicht fürchtet«, riet Eugen dem Nachfolger Mercys, Feldmarschall Königsegg[321]. Nach anfänglichen Teilerfolgen wurde er jedoch völlig besiegt. Und in Süditalien fiel eine Festung nach der anderen, bis Neapel den Spaniern die Tore öffnete.

Der Prinz kehrte Mitte Oktober nach Wien zurück und feierte ein trauriges Geburtstagsfest in Schloßhof. Als sich die Räte des Kaisers zusammensetzten, um die Lage zu bedenken, riet Eugen dringend zu einer Beendigung des Krieges. Von außen sei wenig Hilfe

zu erwarten, im Inneren bereite es immer größere Schwierigkeiten, die ungeheuren Summen zu beschaffen, die der Krieg verschlinge. Zusätzlich müsse man noch einen Angriff der Türken befürchten. »Bei so beschaffenen Umständen auf einen vorteilhaften Frieden zu hoffen, ist vergebens. In dem Zustande, in welchen die Sachen geraten sind, wird übrigens jeder Friede besser als der gegenwärtige Krieg, auch der zu besorgende Verlust noch zu verschmerzen sein, wofern ein Mittel gefunden werden kann, das dasjenige, was Eurer Majestät allenfalls in Italien bleibt, nebst den hiesigen Erblanden die eigentliche Stärke der Monarchie ausmachen, unzertrennlich und in unangefochtenem Besitz gelassen wird[322].« Man solle also durch einen raschen Frieden die Länder retten, die man noch besaß, und auf Neapel und Sizilien verzichten. Eugen hatte die Grundlinie für den späteren Frieden gezogen, aber wie so oft bei den Kriegen des 18. Jahrhunderts war ihre Beendigung ein langsamer und umständlicher Prozeß. Gegen den Rat Eugens wollte der Kaiser noch weiterkämpfen, weil er immer noch von einer Wende träumte.
Der Feldzug hatte den Prinzen viel Kraft gekostet. Er mußte sich immer öfters von Konferenzen entschuldigen lassen. Und die Briefe des Kaisers enthielten fast immer eine »medizinische« Passage. »Ich beschwöre Sie, mein Prinz, tragen Sie Sorge für Ihren Husten und Ihre Gesundheit überhaupt, von der Sie wissen, wie sehr ich mich für Sie interessiere«, hieß es in einem Brief und in einem anderen: »Ich wünsche, daß es mit Ihrem Husten sich endlich bessere und Sie auf sich Acht haben mögen, weil ja auf Ihnen mein ganzes Vertrauen beruht[323].«
In diesem Winter mußte Eugen einen schweren persönlichen Verlust verkraften – der letzte direkte männliche Verwandte, sein Großneffe Eugen, starb am 24. November nur 20jährig im Winterquartier am Rhein. Der Prinz hatte große Hoffnungen auf den jungen Mann gesetzt. Mit seiner Familie war er jedoch vom Unglück verfolgt. Erinnern wir uns nur an den Tod seines Neffen – dieser hieß ebenfalls Eugen – 1712 während des London-Besuches. Ein Jahr danach verheiratete der Prinz den letzten noch lebenden Sohn seines Bruders, Emanuel, mit einer Prinzessin

Liechtenstein. Die Ehe war glücklich, doch Emanuel erlag 1729 den Blattern. Der junge Eugen erhielt das Kürassierregiment seines Vaters, wurde in den Vlies-Orden aufgenommen und zog mit seinem Großonkel 1734 in den Krieg. Eugen ließ ihn am Rhein zurück. Die Todesnachricht traf den Prinzen schwerer als alle politischen Hiobsbotschaften. Sein Familienzweig war zum Aussterben verurteilt.

Als sich Eugen im Mai 1735 zum letztenmal auf die Reise in den Krieg begab, tat er das wider besseres Wissen, nur aus Gehorsam seinem Kaiser gegenüber. An seiner Seite saß als eine Art persönlicher Schutzengel einer der beiden Söhne der Gräfin Batthyány. Es entwickelte sich ein Krieg ohne Schlachten, ein taktisches Mühle-Spiel, ein Hin und Her der Truppen, man wartete ab, ließ es höchstens auf Abtastscharmützel ankommen und tat sonst nichts. Das einzige Ereignis war die Ankunft russischer Truppen am Rhein – zum erstenmal in der Geschichte Europas. Zarin Anna erfüllte ihre Bündnisverpflichtungen gegenüber dem Kaiser, indem sie über 10 000 Mann aus Polen in Richtung Westen in Marsch setzte. Die Regimenter unter Feldmarschall Lacy trugen Namen russischer Städte wie Kiew, Archangelsk, Moskau, Nowgorod, Woronesch usw. Für den langen Marsch wurden sie in Breslau neu eingekleidet, neue Gewehre wurden aus Dresden bestellt. In zwei Kolonnen rückten die Russen über Schlesien nach Böhmen vor, trafen in Pilsen aufeinander und marschierten sehr zum Unwillen des Kurfürsten durch Bayern in Richtung Westen. Gemäß den Abmachungen mußte ihnen der ungestörte russisch-orthodoxe Gottesdienst garantiert werden. Bei jedem Regiment befanden sich Popen. Und die Verpflegung mit Roggenmehl, Grütze und Fleisch stellten die kaiserlichen Magazine. Weil in diese Zeit gerade eine orthodoxe Fastenperiode fiel, an die sich die Soldaten streng hielten, brachen viele auf dem Weg zusammen. Ohne Fleisch waren die Soldaten den Strapazen des Marsches nicht gewachsen. Der Anteil an Kranken war überdurchschnittlich hoch. Die Disziplin der Russen wurde jedoch gelobt. Mehr als zwei Monate hatten sie für die 800 Kilometer gebraucht, als sie am 27. August vielbestaunt in Heidelberg eintrafen.

Eine Feuertaufe hatten die Russen nicht zu bestehen. Die Diplomaten waren bereits am Werk, den Frieden vorzubereiten, ein Frieden, der, wie es Eugen vorausgesehen hatte, für die Monarchie einschneidende Gebietsverluste brachte. Karl VI. mußte auf sein spanisches Erbe in Italien verzichten, auf Sizilien und Neapel. Randgebiete der Lombardei wurden an Savoyen abgetreten. Aber die Österreicher konnten wieder nach Mailand zurückkehren. Und das Reich mußte endgültig seine Ansprüche auf Lothringen aufgeben. Stanislaus Leszczynski wurde mit dem Herzogtum für die verlorene Polenkrone entschädigt – und der Lothringer Franz Stephan, der Bräutigam Maria Theresias, bekam bei diesem Ländertausch über die Köpfe der Untertanen hinweg die Toskana. Als er sich sträubte, seine Heimat so leichtfertig aufzugeben, stellte ihm Karls allmächtiger Geheimsekretär Bartenstein das Ultimatum – entweder er füge sich oder es gäbe keine Erzherzogin.
Erstmals wurde in Wien die Außenpolitik ohne Eugens Rat gestaltet. Die Entwicklung lief an ihm vorbei. Bartenstein suchte ihn auszuschalten, wo es nur ging. Der körperliche Verfall Eugens war nun nicht mehr zu übersehen. Die ausländischen Diplomaten berichteten davon an ihre Höfe. Eugen verbrachte nach seiner Rückkehr noch ein paar schöne Herbsttage in Schloßhof. Er feierte dort in gewohnter Weise seinen Geburtstag. »Unser Prinz Eugen ist zurückgekehrt, wie er gegangen war, schwach an Geist und Körper«, berichtete die Gräfin Fuchs, die Obersthofmeisterin Maria Theresias. »Er hat einige Tage mit viel Gesellschaft am Land verbracht, und alle versuchten, ihn mit Maskeraden und anderem Kinderspiel zu unterhalten, was wohl besser zu seiner Altersschwäche paßte als zu seinem Charakter[324].«
Alles neigte sich dem Ende zu. Ein hüstelnder Greis, der gleich vergaß, was man ihm gesagt hatte, schloß sich in seinem Palais in der Himmelpfortgasse ein. Er entschuldigte sich von allen offiziellen Anlässen – und die Räte des Kaisers zählten ihn nicht mehr mit. Wie passive Zuschauer beobachteten Hofcliquen und Diplomaten sein letztes Gefecht. Der Kaiser sandte weiter Billetts, in denen er sich um seine Gesundheit besorgt zeigte und ihm seinen Leibarzt empfahl. Eugen hielt jedoch von Ärzten und Kuren und

Tränklein wenig – beim damaligen Stand der Medizin sicherlich eine lebensverlängernde Einstellung. Am St.-Andreas-Tag, dem 30. November, fehlte Eugen beim traditionellen Gottesdienst der Vlies-Ritter. Der Kaiser hatte ihm davon abgeraten, »denn dies nicht anders als Euer Liebden Gesundheit und Katarrh in der feuchten und kalten Kirche höchst schädlich sein würde...[325]«. Der Prinz wies auf seinen »hartnäckigen Katarrh« hin und schrieb Karl VI.: »Nach Eurer Kaiserlichen Majestät Verordnung werde ich mich so viel wie möglich schonen, und ist mir nichts empfindlicheres als daß so lange Zeit der Gnad mich enthalten muß, bei Dero Füßen zu erscheinen, indem bei noch anhaltendem Katarrh das Reden recht schwer mir ankommt und ich eben derwegen und wegen der in der Kirchen seienden Kälte bei dem Toisonsfest zu erscheinen mich nicht getraue, sobald mich aber auf der Brust etwas besser befinde, so warte Euer Kaiserlichen Majestät alleruntertänigst auf, bis dahin allenfalls Vorfallende nach Dero allerhöchsten Erlaubnis schriftlich anzeigen werde...[326]«
Der Kaiser war zwar besorgt um den Prinzen und versicherte ihn seines Vertrauens. Doch das hatte sein immer einflußreicherer Geheimsekretär Bartenstein längst untergraben. Der Prinz war kein politischer Faktor mehr. Der »Katarrh« wuchs sich zu einem schweren Lungenleiden aus. Bei der Hochzeit Maria Theresias mit Franz Stephan am 12. März mußte Eugen absagen. Und Fürst Wenzel Liechtenstein berichtete dem Kronprinzen Friedrich nach Preußen: »Der Prinz Eugen ist sehr schlecht dran, und ich glaube nicht, daß er den Monat März überleben wird: das ist wohl ein Gegenstand der Moral, von dem man lernen soll; das war der größte Mensch seines Jahrhunderts, und er wird sterben, vielleicht sehr wenig bedauert von einer Armee, die unter seinen Befehlen so viele Siege errungen hatte[327].«
Während alle Welt über die Vergänglichkeit des Ruhmes und die Gebrechlichkeit des menschlichen Körpers philosophierte, weckte die erste Frühlingssonne Eugens Lebensgeister zum letztenmal. Zur peinlichen Überraschung der Räte wollte er die Arbeit wieder aufnehmen. Der Wille bäumte sich auf, und am 12. April diktierte Eugen ein langes Memorandum an den Kaiser über das Verhalten

der Armee im Winterquartier und andere technische Einzelheiten. Die Tore des Winterpalais öffneten sich wieder den Kutschen der Freunde und Gäste. Die Abende beim Spiel wurden wieder länger. Die Totengräber legten ihr Werkzeug beiseite. Doch der Tod kam still, unerwartet, ohne Kampf, weil der Prinz in seinem Leben schon genug Kämpfe bestanden hatte. Der 20. April 1736 war ein Tag wie jeder andere. Bei der routinemäßigen Konferenz am Vormittag wirkte der Prinz etwas müde und unterbrach einen der Sekretäre, man möge die Angelegenheiten auf morgen verschieben, »wenn ich anders noch lebe[328]«. Zu Mittag speiste Eugen wie gewohnt mit Gästen. Er ging ihnen entgegen, um sie zu begrüßen, und er begleitete sie wieder zur Tür. Wegen seines angegriffenen Zustandes schoben ihm die Diener einen Lehnstuhl hin. Er beharrte jedoch auf dem Hocker, den er immer benützte. Über seinen letzten Abend gehen die Berichte auseinander. Da heißt es, er habe sich zu einer Partie Piquet in die Renngasse, ins Palais der Gräfin Batthyány, bringen lassen. Überzeugender ist die Version von dem Kartenspiel in seinem Palais. Der neue schwedische Gesandte Graf Tessin war dabei, Graf Windisch-Graetz, einer der engsten Freunde dieser späten Jahre, der portugiesische Gesandte Graf Silva-Tarouca und die »schöne Lori«. Gegen neun überkam den Prinzen der Schlaf. Die Gäste verabschiedeten sich. Tarouca blieb noch für einige Minuten und riet Eugen, doch eine Medizin zu nehmen. Wegen Atembeschwerden hatte er beim Spiel ständig den Mund offengehalten. Der Prinz weigerte sich und ließ sich von seinem Diener zu Bett bringen. Der Lakai soll um Mitternacht noch nach seinem Herrn gesehen haben. Er fand den Prinzen in ruhigem Schlaf. Am nächsten Morgen, als das Klingelzeichen des Prinzen ausblieb und auch sein Husten nicht zu hören war, betrat der Diener das Schlafzimmer. Er fand seinen Herrn, so wie er ihn in der Nacht hatte liegen gesehen. Prinz Eugen von Savoyen war tot, entschlafen, wie das Wort es sagt; nach dem Befund der Ärzte ist er gegen drei Uhr früh an einem Lungenstau gestorben. Seine Züge strahlten Ruhe aus, sein Leben war widerstandslos, ohne ein Aufbäumen, ohne Schmerzen verhaucht. Ohne letzte Worte und ohne Testament.

Weil sich ein Großer nicht ohne äußere Zeichen aus der Welt wegstehlen darf, ging unterm Volk bald die ergreifende Mär vom Löwen im Belvedere um. Als die Leute über die genaue Todesstunde des Prinzen rätselten, gab ihnen der Aufseher der Menagerie eine Antwort. Der älteste der Löwen, der, den der Prinz so oft gefütterte hatte, begann um drei Uhr früh »wider alle Gewohnheit ganz entsetzlich zu brüllen, und von selbiger Stund bezeiget er sich ungemein traurig, habe wenig mehr gefressen und gesoffen«, und sei bald darauf eingegangen[329].

Kaiser Karl VI. nahm die Todesnachricht zwiespältig auf. »Um halb 9 Uhr Nachricht, Prinz Eugen von Savoyen, der seit 83 in meines Hauses Dienste getan, 1703 Kriegspräsident worden, mir seit 1711 in allem dient, im Bett tot gefunden worden nach langer Krankheit. Gott sei der Seele gnädig. In seinem 73. Jahr«, schrieb er in sein Tagebuch. Und dann kritzelte er in seiner kaum leserlichen Schrift noch hinzu: »Jetzt sehen alles recht einrichten, bessere Ordnung[330].« War es ein Gefühl der Erleichterung, das der Kaiser empfand? Als ob der Prinz einer Ordnung der Verhältnisse in der Monarchie entgegengestanden wäre ...

Doch Karls Trauer war echt. Den Vorschlag des Grafen Tarouca und des Nuntius Passionei, Eugens Herz in die Herzgruft der Habsburger in der Augustinerkirche zu bringen, lehnte er ab, weil der Savoyer kein Mitglied der Herrscherfamilie sei. Er sollte jedoch mit allem Pomp zu Grabe getragen werden, damit die Welt erkenne, »wie ich den Prinzen selig ästimiert habe«. Und die Wiener erlebten eine »schöne Leich«.

Im Schlachtenbildersaal des Winterpalais wurde Eugen drei Tage lang aufgebahrt. In der scharlachroten Uniform seines Dragonerregimentes lag der kleine schmale Körper auf dem Paradebett, das einer breiten Bühne glich. Die Wände waren schwarz verhängt, die Insignien seiner Macht, die Zeichen seines Ruhmes hatte man ihm zur Seite gelegt – den Herzogshut, die Kette des Goldenen Vlieses, seinen Marschallstab, den Küraß und die Ehrengeschenke des Papstes nach dem Sieg vor Peterwardein, das »schöne Kappl«, den hermelinbesetzten Hut und das diamantengeschmückte geweihte Schwert. Tausende zogen an der Bahre vorbei, die meisten betrauerten den Prinzen aus tiefster Seele. Dann und wann vernahm man ein Schluchzen, es mischte sich in das lateinische Gemurmel der Priester, die an acht Altären in dem Saal Seelenmessen lasen.

Am Nachmittag des 26. April läuteten alle Glocken, dröhnte die Pummerin. Der Zug nahm den weitesten Weg von der Himmelpfortgasse zum Dom – durch die Kärntnerstraße zur Augustinerstraße, an der Hofburg vorbei über den Kohlmarkt und den Graben nach St. Stephan. 14 Feldmarschalleutnants schritten neben der Bahre und hielten die Zipfel des Bahrtuches. In der Beschreibung des »herrlichen Trauergepränges« ist von einer »unbeschreiblichen Menge« die Rede. In voller Ordnung füllte sie Straßen, auf allen Balkons, an allen Fenstern drängten sich die Menschen. Als der Sarg des Prinzen in die Gruft in der Kreuzkapelle gesenkt wurde, ertönten drei Salven der Regimenter, die draußen vor dem Dom aufgestellt waren. Der Kaiser wohnte der Einsegnung inkognito bei. Das Hofzeremoniell gestattete seine offizielle Teilnahme nur bei Begräbnissen von Mitgliedern des Hauses Habsburg. Eugens Familienbande wurden auf andere Weise respektiert – man sandte sein einbalsamiertes Herz nach Turin. Dort wurde es in der neuen savoyischen Grabeskirche auf dem Supergahügel beigesetzt.

So still das Sterben des Prinzen war, so laut und pompös trauerte man um ihn. Das feierliche kirchliche Totengedenken fand erst Anfang Juli statt. Johann Lukas von Hildebrandt arbeitete zum letztenmal für den Prinzen und entwarf eine monumentale Trauerdekoration, die mehr von seinen Siegen und Triumphen kündete als vom Schmerz der Hinterbliebenen. Der Jesuitenpater und Domprediger Franz Peikhart ließ ein Feuerwerk bildreicher Redekunst los, schmückte seinen Lobpreis des Prinzen mit rhetorischen Figuren gleich den Koloraturen barocker Opernarien: »Allhier liegt in einem Totensarg beisammen, was man immer unter uns Menschen Großes nennen kann: ein Prinz von Geburt, ein Soldat von der Natur, ein Eroberer so vieler Plätze und Festungen, ein Bezwinger so vieler Länder und Königreiche, ein Überwinder aller Feinde, ein Held, welcher, da er allen gleichen wollte, aus allen einen jeden übertroffen hat. Kurz zu sagen: allhier liegt der große Eugenius, welcher so oft gesieget als er gestritten; und von dem keiner, denn der Tod allein sich rühmen konnte, daß er ihn einmal überwunden habe: doch mußte auch solches in dem Schlaf geschehen, weil dieser Held nicht gewohnt war, einen Überwinder mit offenen Augen anzusehen ...« Und zum Schluß – der gedruckte Text der Ansprache nimmt 36 Seiten ein – empfahl der Prediger einen Grabspruch: »Eugenius der teure Held, der allzeit obsieget, der niemals überwunden war, allhier im Grabe lieget. Er ist nun tot: doch wer er war, wird dieser Grabstein melden. Ein Sieger aller Siegenden, ein Helde aller Helden[331].« Drei Tage dauerten die Feierlichkeiten, das Castrum doloris, der Katafalk, wurde illuminiert, alle Glocken läuteten wieder, und die Diplomaten berichteten vom »entsetzlichen Zulauf des Volks«.

Die alte Zeit war damit zu Grabe getragen worden, eine neue Ära, keine bessere, hatte schon vor dem Tod des Prinzen begonnen. Und es paßte in die Unordnung jener Jahre, daß Eugen selbst keine Anstalten getroffen hatte, was mit seinem Vermögen geschehen sollte. Es war, als ob er den Gedanken an den Tod nicht hätte wahrhaben wollen. Auch auf das Drängen seines Verwalters, des alten Ignaz Koch, hatte sich der Prinz nicht zum Diktieren eines Testamentes entschließen können. Stiftungen für Kriegsinvalide hätte er geplant, Legate für seine treuen Mitarbeiter und Diener, für die Angehörigen seines Haushaltes. Sie sind alle leer ausgegangen. Ob die Krone das riesige Erbe nicht für sich beanspruchen sollte, meinten einige kaiserliche Räte. Karl VI. verlangte nur die Schenkungen in Ungarn, sie sollten wieder an die Krone zurückfallen. So blieb als Universalerbin eine Nichte übrig, der Eugen seinen Reichtum kaum gegönnt hätte: Viktoria, das einzige noch lebende Kind seines Bruders Ludwig Thomas. Eugen hatte ihr nie große Sympathien entgegengebracht.

Die kaiserliche Kommission, die die Vermögensbilanz erstellte, kam auf 1 870 000 Gulden. Die Besitzungen im Marchfeld wurden auf 600 000 Gulden geschätzt, das Belvedere und das Winterpalais auf je 100 000 Gulden, die Bibliothek auf 150 000. Auf der Bank hatte Eugen 200 000 Gulden liegen, und die gleiche Summe

in bar in seiner Kasse. Das Silbergeschirr wurde mit 170 000 Gulden bewertet, die Juwelen mit 100 000, dieselbe Summe setzte man für die Gemäldesammlung ein. 150 000 Gulden war der Posten für die beiden Abteien in Piemont. Die ungarischen Güter hatten die Buchhalter bereits ausgeklammert[332].
Ein Kurier des Kaisers überbrachte Viktoria die frohe Botschaft nach Frankreich. Sie eilte nach Wien und kam zu den Trauerfeierlichkeiten im Juli gerade noch zurecht. Sofort zog sie ins Belvedere ein und begann, alles was sich von den Schätzen ihres Onkels verkaufen ließ, zu Geld zu machen. Mehr als so viele seiner politischen Entscheidungen trug da das rettende Eingreifen Karls VI. zu seinem Nachruhm bei. Nachdem schon wertvolle Stücke, unter anderem die kostbaren Antiken, in alle Welt verschachert worden waren, wollte er die Bibliothek zusammenhalten und für Wien bewahren. Er erwarb die Bücher, Handschriften und die Kupferstiche für eine jährliche Leibrente von 10 000 Gulden. Die Gemälde sicherte sich zum Großteil Karl Amadeus I. für Turin. Dort hängen auch die beiden großen Reiterbilder – Eugens kriegerischer Großvater von der Hand van Dycks, und der Prinz selber hoch zu Roß die Türken niederreitend von Jakob van Schuppen; sie weisen in der Galleria Sabauda den Weg zu den Sälen mit den Schlachtenbildern und zu dem, was von Eugens Sammlung erhalten geblieben ist. Die keineswegs attraktive Viktoria heiratete mit 54 Jahren den fast 20 Jahre jüngeren kaiserlichen General Prinz Sachsen-Hildburghausen. Er brüstete sich in aller Öffentlichkeit, daß er diesen Schritt nur wegen des Geldes der Braut getan hatte. Die unglückliche Verbindung wurde durch die Vermittlung Maria Theresias nach sechs Jahren geschieden. Maria Theresia erwarb auch das Belvedere, das Winterpalais und Schloßhof für die Krone. In die Himmelpfortgasse zogen die Beamten ein, zuerst die oberste Bergbehörde, dann das Finanzministerium. Das Belvedere wurde zur Stätte kaiserlicher Feste und dann Zuflucht einiger durch diverse Revolutionen obdachlos gewordener Habsburger. Seit Joseph II. war die kaiserliche Gemäldegalerie in Eugens Gartenpalais daheim – bis zum Bau der neuen Museen am Ring. Anton Bruckner erhielt im Kustodentrakt vom Kaiser eine

Wohnung zugewiesen – und dort ist er auch gestorben. Und 1900 gestaltete der Thronfolger Franz Ferdinand das Obere Belvedere zu einer sehr persönlichen Residenz um. Belvedere wurde zum Synonym für Opposition auf höchster Ebene, für eine Regierung in Wartestellung, bis die Uhr des alten Kaisers abgelaufen sein würde. Nach dem Zusammenbruch der Monarchie wurde hier die Österreichische Staatsgalerie eingerichtet – mit zeitgenössischen Malern. Hitler feierte im Marmorsaal des Oberen Belvederes die Vertragsabschlüsse mit seinen Satelliten auf dem Balkan. Im Krieg wurde die Westseite des oberen Schlosses durch Bombentreffer schwer beschädigt. Und am 15. Mai 1955 bildeten Österreichbewußtsein und Belvedere eine untrennbare Einheit – als Außenminister Leopold Figl den Zehntausenden in Eugens Garten vom Balkon aus den unterschriebenen Staatsvertrag hinhielt und mit brüchiger Stimme sein »Österreich ist frei« zurief.
Längst ist der Savoyer, der Flüchtling, der Fremdling, der immer ein Außenseiter war, völlig austrifiziert worden. Die Vielschichtigkeit des Österreichertums, in Eugen nimmt sie Gestalt an. In einer Zeit, die ihre Heroen nicht in Kriegen sucht und in der martialisches Heldentum abgewirtschaftet hat, steht ein einzelner Mann, zwar nicht makellos, nicht ohne Schwächen und Fehler, aber doch in grandioser Einmaligkeit vor uns. Die Geschichte würde einzig von gesellschaftlichen Kräften bewegt, heißt es. Eugen widerlegt diese Theorie. Ohne ihn, ohne diesen Mann, ohne diesen genialen Einzelgänger, wäre das große Österreich nie geworden, was es war. Diese Einsicht bestätigte sich nach Eugens Tod in bitterer Weise. Durch einen dilettantisch geführten Türkenkrieg verspielte Karl Belgrad und einen Teil der Eroberungen auf dem Balkan. Nach seinem überraschenden frühen Tod im Alter von 55 Jahren 1740 erfuhr Maria Theresia, daß die von ihrem Vater so mühsam durchgesetzte Pragmatische Sanktion nur ein Stück wertloses Pergament war und nicht mehr.
Fürs erste verblaßte Eugens Bild jedoch. Seine Reichtümer, seine Besitzungen waren verschleudert, verteilt, vergeudet. Nicht einmal seine Tiere erhielten das Gnadenbrot, viele wurden in die Hetzarena verkauft, um »sodann fürs Geld gemartert zu werden«,

wie es eine frühe Eugen-Biographie weiß. Nur der Weißkopfgeier, den Eugen 1706 erworben hatte, blieb im Belvedere. Erst 1823, nach 117jähriger Gefangenschaft, ist er eingegangen – Napoleon soll sinnend vor dem Vogel gestanden sein, dem einzigen noch lebenden Wesen, dessen Augen den Prinzen gesehen hatten[333].

Und was geschah, um das Andenken des Prinzen hochzuhalten? Ein Mausoleum sollte ihm der Kaiser bauen, sagten die Leute. Die Prinz-Eugen-Kapelle im Stephansdom, gleich links neben dem Haupteingang, wurde nicht von den Habsburgern ausgeschmückt. Die Familie Liechtenstein übte das Patronatsrecht aus. Darum hatte dort zuerst Eugens Neffe Emanuel die letzte Ruhe gefunden. Seine Gemahlin Theresia, geborene Liechtenstein, ließ die Gruft 1736 für Eugen öffnen. Die beiden Wappen in dem schmiedeeisernen Tor zeigen die Verbindung der beiden Häuser Savoyen und Liechtenstein an. 1754, nicht ganz 20 Jahre nach Eugens Tod, wurde das Grabmonument im Auftrag Theresias errichtet: eine einfache Pyramide über einem Sarkophag, das Relief einer Türkenschlacht, es könnte Belgrad gemeint sein, auf einem Kissen der päpstliche Hut und das Schwert und der Kommandostab, die Wappen, ein Porträtmedaillon Theresias, die Inschrift, die den Toten als unbesiegbarsten Feldherrn preist.

Die Kapelle wurde später oft als Aufbahrungsstätte benützt, auch Wolfgang Amadeus Mozart lag hier, bevor er auf seinen einsamen Weg zum Friedhof hinausgebracht wurde – und 1964 Bundeskanzler Julius Raab. Während der Renovierungsarbeiten wurde 1974 die Gruftplatte gehoben. Steinstufen führten hinunter in die Grabkammer. Drei Särge standen dort, ein unbeschädigter barokker Kupfersarg – der des Prinzen Emanuel, und zwei Holzsärge – der Theresias und der Eugens. Der Sarg des Prinzen war am ärgsten mitgenommen, durch die Feuchtigkeit und einen Wassereinbruch vermodert und auf einer Seite zusammengebrochen. Man störte die Ruhe des Toten jedoch nicht, der geschlossene Sarg wurde in einen Kupfer-Übersarg umgebettet[334]. An der rechten Wand der Kapelle markiert ein schlichtes Kreuz genau die Stelle, an der der Prinz seinen langen Schlaf schläft.

Zeittafel

1663 (18. Oktober) Prinz Eugen von Savoyen wird in Paris als fünftes Kind von Eugen Moritz Graf von Soissons und von Olympia Mancini geboren.

1683 (7. Juli) Eugens Bruder Ludwig Julius wird als Kommandant eines Dragonerregiments bei Petronell tödlich verwundet.

(August) Prinz Eugen tritt als Kriegsvolontär in die kaiserliche Armee ein.

(12. September) Befreiungsschlacht um Wien (Zweite Türkenbelagerung).

(14. Dezember) Prinz Eugen wird Oberst und Inhaber des Dragonerregiments »Graf Kuefstein«. Dieses Regiment trägt für »immerwährtende Zeiten« den Namen des Prinzen.

1684 Heilige Liga zum Kampf gegen die Türken.

1685 Sieg der Kaiserlichen bei Gran; Ernennung des Prinzen zum Generalfeldwachtmeister.

1686 Prinz Eugen erhält den Orden vom Goldenen Vlies.

(2. September) Ofen wird von den Türken befreit.

1687 (12. August) Prinz Eugen entscheidet die Schlacht bei Mohács.

1688 Prinz Eugen wird zum Feldmarschalleutnant ernannt.

(6. September) Eroberung Belgrads, schwere Verwundung Eugens.

1688–1697 Dritter Eroberungskrieg Ludwigs XIV. gegen die Pfalz; Prinz Eugen kämpft nach seiner Genesung in Italien.

1690 Prinz Eugen wird zum General der Kavallerie ernannt.

1693 Prinz Eugen wird zum Generalfeldmarschall ernannt.

1697 Prinz Eugen übernimmt den Oberbefehl im Kampf gegen die Türken.

(11. September) Schlacht bei Zenta.

1699 Friede von Karlowitz. Österreich erhält Ungarn, Siebenbürgen, den größten Teil von Slawonien sowie von Kroatien und wird damit zur Großmacht.

1700 Prinz Eugen wird Mitglied des Geheimen Rates des Kaisers.
Tod König Karls II. von Spanien und damit
1701–1714 Spanischer Erbfolgekrieg.
1701 Alpenübergang und Siege des Prinzen Eugen bei Carpi und Chiari.
1703 Prinz Eugen wird zum Präsidenten des Hofkriegsrates ernannt.
1704 (13. August) Schlacht bei Höchstädt.
1705 Tod Kaiser Leopolds I.
Joseph I. wird neuer Kaiser (bis 1711).
1706 (7. September) Schlacht bei Turin.
Prinz Eugen wird zum Generalgouverneur des Herzogtums Mailand ernannt.
1707 Prinz Eugen wird vom Kaiser zum Generalleutnant und vom Reichstag zu Regensburg zum Feldmarschall bestellt.
1708 (11. Juli) Schlacht bei Oudenaarde.
1709 (11. September) Schlacht bei Malplaquet.
1711 Tod Kaiser Josephs I. Karl VI. wird Kaiser (bis 1740).
1713 (Juli) Friede von Utrecht.
1714 Friede zu Rastatt. Österreich behält die Spanischen Niederlande, Mailand, Neapel und Sardinien. Spanien und alle übrigen spanischen Besitzungen gehen verloren.
Prinz Eugen wird Generalgouverneur der Niederlande.
1716–1718 Krieg gegen die Türken.
1716 (5. August) Schlacht bei Peterwardein.
1717 (16. August) Schlacht bei Belgrad.
1718 Friede von Passarowitz. Österreich erhält das Banat, Nordserbien mit Belgrad, Teile der Walachei und Bosniens.
Quadrupelallianz gegen Spanien.
1720 Österreich erhält für das 1717 verlorengegangene Sardinien nunmehr Sizilien.
1733–1735 Krieg um die polnische Thronfolge.
1735 Vorfriede zu Wien (endgültiger Friede erst 1738). Österreich verliert fast alle italienischen Besitzungen.

1736 Vermählung Maria Theresias mit Franz Stephan von Lothringen.
(21. April) Prinz Eugen von Savoyen stirbt in Wien.

Anmerkungen

[1] »Feldzüge des Prinzen Eugen von Savoyen«, I. Serie, II. Band, insgesamt 22 Bände, hg. vom K. K. Kriegsarchiv, Wien 1876–1892.
[2] »Feldzüge ...«, a. a. O.
[3] Alfred Arneth, »Das Leben des kaiserlichen Feldmarschalls Grafen Guido Starhemberg«, Wien 1853.
[4] »Feldzüge ...«, a. a. O.
[5] Karl Teply-Richard F. Kreutel, »Der Löwe von Temeschwar – Erinnerungen an Ca'fer Pascha den Älteren, aufgezeichnet von seinem Siegelbewahrer Ali«, Graz 1981.
[6] »Feldzüge ...«, a. a. O.
[7] »Feldzüge ...«, a. a. O.
[8] Teply-Kreutel, a. a. O.
[9] »Feldzüge ...«, a. a. O.
[10] »Feldzüge ...«, a. a. O.
[11] Karl Teply, »Türkische Sagen und Legenden um die Kaiserstadt Wien«, Wien 1980.
[12] Max Braubach, »Prinz Eugen von Savoyen«, Band I, Wien 1963.
[13] Braubach, a. a. O.
[14] Hugo von Hofmannsthal, »Gesammelte Werke – Reden und Aufsätze II«, Frankfurt 1979.
[15] Viktor Bibl, »Prinz Eugen – ein Heldenleben«, Wien 1941.
[16] Ferdinand Menčik (Hg.), »Ein Tagebuch während der Belagerung von Wien im Jahre 1683«, Wien 1898.
[17] »Die Briefe der Liselotte von der Pfalz, Herzogin von Orleans«, ausgewählt von C. Künzel, München 1912.
[18] »Die Briefe ...«, a. a.O.
[19] »Die Memoiren des Herzogs von Saint-Simon«, hg. von Sigrid von Massenbach, Frankfurt – Berlin 1977.
[20] Zitiert nach Braubach, a. a. O.
[21] »Die Briefe ...«, a. a.O.
[22] Zitiert nach Braubach, a. a. O.
[23] Alfred Arneth, »Prinz Eugen von Savoyen«, Band I, Wien 1858.
[24] »Die Briefe ...«, a. a. O.
[25] Braubach, a. a. O.
[26] Menčik, a. a. O.
[27] Zitiert nach Egon Caesar Conte Corti, »Der edle Ritter – Anekdoten um den Prinzen Eugen«, Berlin 1941.
[28] Zitiert nach Walter Sturminger, »Die Türken vor Wien in Augenzeugenberichten«, Düsseldorf 1968.
[29] Richard F. Kreutel, »Karamustapha vor Wien – das türkische Tagebuch der Belagerung«, Graz 1955.

30 Zitiert nach Braubach, a. a. O.
31 Zitiert nach Braubach, a. a. O.
32 Der französische Botschafter Marquis de Sébeville über Leopold, zitiert nach Braubach, a. a. O.
33 Zitiert nach Dorothy Gies McGuigan, »Familie Habsburg«, Wien 1967.
34 Emil Schaeffer, »Habsburger schreiben Briefe«, Leipzig 1935.
35 Heinrich Benedikt, »Die Monarchie des Hauses Österreich«, Wien 1968.
36 Philipp Wilhelm von Hörnigk, »Österreich über alles, wann es nur will«, Wien 1983.
37 »Saint-Simon«, a. a. O.
38 Victor-Lucien Tapié, »Das Zeitalter Ludwigs XIV.«, in: »Propyläen Weltgeschichte«, 7. Band, Berlin 1964.
39 Zitiert nach Braubach, a. a. O.
40 Die Zahlen nach Oswald Redlich, »Die Weltmacht des Barock«, Band 1, Wien 1961.
41 Zitiert nach Braubach, a. a. O.
42 Franciscus Peikhart, »Lob- und Trauer-Rede über den Todt des Durchleuchtigen Printzen Eugenii Francisci Hertzogen von Savoyen und Piemont«, Wien 1736.
43 Eleazar Mauvillon, »Feldzüge des Prinzen Eugen in Ungarn«, Wien 1788.
44 Johann Georg Keyssler, »Neueste Reise durch Deutschland, Böhmen, Ungarn, die Schweiz, Italien und Lothringen«, Leipzig 1776.
45 Arneth, a. a. O.
46 Eucharius Gottlieb Rink, »Wunderwürdiges Leben und Thaten Kaiser Leopolds des Großen«, Leipzig 1709.
47 Villars, »Memoires du Maréchal de Villars«, Paris 1884–1904.
48 »Feldzüge ...«, I. Serie, I. Band, a. a. O.
49 Villars, a. a. O.
50 Papst Innozenz XI. hatte fast ein Jahr lang gezögert, der Übergabe der Klöster an einen Laien und Kriegsmann zuzustimmen.
51 Zitiert nach Braubach, a. a. O.
52 Zitiert nach Braubach, a. a. O.
53 Zitiert nach Braubach, a. a. O.
54 Zitiert nach Will und Ariel Durant, »Kulturgeschichte der Menschheit – Das Zeitalter Ludwigs XIV.«, München 1963.
55 »Die Briefe ...«, a. a. O.
56 Zitiert nach Arneth, a. a. O.
57 Zitiert nach William H. McNeill, »Krieg und Macht«, München 1984.
58 McNeill, a. a. O.
59 Zitiert nach Arneth, a. a. O.
60 Zitiert nach Arneth, a. a. O.
61 Zitiert nach Braubach, a. a. O.
62 Zitiert nach Arneth, a. a. O.
63 Eleazar Mauvillon, »Historie du Prince Francois Eugène de Savoye«, Wien 1790.

64 Zitiert nach Braubach, a. a. O.
65 Zitiert nach Braubach, a. a. O.
66 »Die Feldzüge ...«, a. a. O.
67 »Das Winterpalais des Prinzen Eugen«, hg. von Beppo Mauhart, Wien 1979.
68 Arneth, a. a. O.
69 Zitiert nach Braubach, a. a. O.
70 Eugen an Ludwig Wilhelm von Baden, zitiert nach Braubach, a. a. O.
71 Zitiert nach Braubach, a. a. O.
72 »Feldzüge ...«, I. Serie, II. Band, a. a. O.
73 »Feldzüge ...«, a. a. O.
74 »Feldzüge ...«, a. a. O.
75 »Feldzüge ...«, a. a. O.
76 Abraham a Sancta Clara, »Hundert Ausbündige Narren«, nach dem Original von 1709, Dortmund 1978.
77 Günter Brucher, »Barockarchitektur in Österreich«, Köln 1983.
78 Brucher, a. a. O.; Kurt Eigl, »Schönbrunn – ein Schloß und seine Welt«, Wien 1980; Georg Kugler, »Schönbrunn«, Wien 1980.
79 Johann Georg Keyssler, »Fortsetzung neuester Reisen durch Deutschland, Böhmen, Italien und Lothringen etc.«, Leipzig 1741.
80 Richard F. Kreutel – Otto Spieß, »Der Gefangene der Giauren«, Graz 1962.
81 Zitiert nach Hermine Cloeter, »Häuser und Menschen von Wien«, Wien 1915.
82 P. Matthias Fuhrmann, »Alt- und Neues Wien«, Wien 1738; Cloeter, a. a. O.; Robert K. Massie, »Peter der Große«, Königstein am Taunus 1982.
83 »Die Briefe ...«, a. a. O.
84 Zitiert nach Braubach, a. a. O.
85 »Die Briefe ...«, a. a. O.
86 Zitiert nach Durant, a. a. O. Der Pyrenäen-Ausspruch wurde von Voltaire irrtümlich Ludwig XIV. zugeschrieben.
87 »Feldzüge ...«, I. Serie, III. Band, a. a. O.
88 »Feldzüge ...«, a. a. O.
89 Zitiert nach Bibl, a. a. O.
90 »Saint-Simon«, a. a. O.
91 Zitiert nach Braubach, a. a. O.
92 »Feldzüge ...«, I. Serie, IV. Band, a. a. O.
93 »Feldzüge ...«, a. a. O.
94 Zitiert nach Bibl, a. a. O.
95 »Feldzüge ...«, a. a. O.
96 »Feldzüge ...«, a. a. O.
97 Zitiert nach Nicholas Henderson, »Prinz Eugen, der edle Ritter«, Wien – Düsseldorf 1965.
98 Unter den gefallenen Offizieren befand sich auch der irische Hauptmann Macdonell, der nach seiner Gefangennahme in Cremona erst kurz vorher ausgetauscht worden war. Beeindruckt von der Kampfkraft der Iren hatte Eugen versucht, mit

Macdonells Hilfe ein irisches Regiment aufzustellen. Das Projekt wurde nun aufgegeben.

99 »Feldzüge ...«, a. a. O.

100 »Feldzüge ...«, I. Serie, V. Band, a. a. O.

101 »Feldzüge ...«, a. a. o.

102 »Feldzüge ...«, a. a. O.

103 »Feldzüge ...«, a. a. O.

104 Werner Keller, »Und wurden zerstreut unter alle Völker«, München 1966.

105 Ferdinand Tremel, »Wirtschafts- und Sozialgeschichte Österreichs«, Wien 1969.

106 »Feldzüge ...«, a. a. O.

107 Zitiert nach Oswald Redlich, »Das Werden einer Großmacht«, Bd. II, Wien 1962.

108 Walter Hummelberger – Kurt Peball, »Die Befestigungen Wiens«, Wien 1974.

109 »Feldzüge ...«, a. a. O.

110 »Feldzüge ...«, a. a. O.

111 »Feldzüge ...«, a. a. O.

112 »Feldzüge ...«, a. a. O.

113 »Feldzüge ...«, a. a. O.

114 Zitiert nach Derek McKay, »Prinz Eugen von Savoyen«, Graz 1979.

115 Zitiert nach McKay, a. a. O.

116 Winston S. Churchill, »A History of the English-Speaking Peoples«, London 1956.

117 »Feldzüge ...«, I. Serie, VI. Band, a. a. O.

118 Zitiert nach Arneth, a. a. O.

119 »Feldzüge ...«, a. a. O.

120 Zitiert nach McKay, a. a. O., aus den Memoiren der Mother Ross, einer Frau, die als Soldat verkleidet am Krieg teilnahm, von Daniel Defoe nach ihren Erzählungen 1740 verfaßt.

121 Zitiert nach Henderson, a. a. O.

122 Zitiert nach McKay, a. a. O.

123 »Feldzüge ...«, a. a. O.

124 Ernst Trost, »Die Donau – Lebenslauf eines Stromes«, Wien 1968.

125 »Saint-Simon«, a. a. O.

126 Zitiert nach Henderson, a. a. O.

127 »Feldzüge ...«, a. a. O.

128 Zitiert nach McKay, a. a. O.

129 Bernard Law Viscount Montgomery of Alamein, »Weltgeschichte der Schlachten und Kriegszüge«, Band 1, Frankfurt am Main 1968; interessant auch für die Schlacht von Höchstädt.

130 Trost, a. a. O.

131 »Feldzüge ...«, I. Serie, VII. Band, a. a. O.

132 Zitiert nach Henderson, a. a. O.

133 Zitiert nach Braubach, a. a. O.

134 »Feldzüge ...«, a. a. O.

135 Zitiert nach Henderson, a. a. O.
136 »Feldzüge ...«, a. a. O.
137 Hans Bleckwenn, »Unter dem Preußen-Adler – das brandenburgisch-preußische Heer 1640–1807«, München 1978.
138 »Feldzüge ...«, a. a. O.
139 Zitiert nach McKay, a. a. O.
140 »Saint-Simon«, a. a. O.
141 Zitiert nach McKay, a. a. O.
142 Helmut Oehler, »Prinz Eugen im Urteil Europas«, München 1944.
143 »Feldzüge ...«, a. a. O.
144 Zitiert nach Henderson, a. a. O.
145 »Die Briefe ...«, a. a. O.
146 Umberto Eco, »Der Name der Rose«, München 1982.
147 Giovanni Gaddo, »La Sacra di San Michele«, Turin 1977.
148 »Feldzüge ...«, a. a. O.
149 So schrieb Max Braubach für das Sammelwerk »Die großen Deutschen« ein Prinz-Eugen-Essay (Frankfurt – Berlin 1956).
150 Oehler, a. a. O.
151 »Feldzüge ...«, a. a. O.
152 »Feldzüge ...«, a. a. O.
153 Henderson, a. a. O.
154 »Saint-Simon«, a. a. O.
155 Zitiert nach Henderson, a. a.O.
156 »Feldzüge ...«, a. a. O.
157 Zitiert nach Braubach, a. a. O.
158 Winston S. Churchill, »Marlborough, His Life and Times«, London 1947.
159 Zitiert nach Braubach, a. a. O.
160 Zitiert nach Braubach, a. a. O.
161 Zitiert nach Henderson, a. a. O.
162 Zitiert nach Bibl, a. a. O.
163 Zitiert nach McKay, a. a. O.
164 »Die Briefe ...«, a. a. O.
165 Zitiert nach McKay, a. a. O.
166 »Saint-Simon«, a. a. O.
167 »Saint-Simon«, a. a. O.
168 Zitiert nach Henderson, a. a. O.
169 Pierre Gaxotte, »Ludwig XIV.«, München 1951.
170 »Saint-Simon«, a. a. O.
171 Louis Trenard, »Historie de Lille«, Lille 1981.
172 Aus einem anonymen Tagebuch, das unmittelbar nach der Belagerung als Flugblatt gedruckt wurde (Stadtarchiv Lille, Carton 730/Dossiere 3).
173 Johann Mathias Reichsgraf von der Schulenburg, »Leben und Denkwürdigkeiten«, Band I, Leipzig 1834.

[174] Dumont and Rousset, »Memoirs of the Life of Prince Eugene«, London 1742, zitiert nach Henderson, a. a. O.
[175] Arneth, a. a. O.
[176] Trenard, a. a. O.
[177] Anonymes Tagebuch, a. a. O.
[178] William Thackeray, »The History of Henry Esmond«, London 1852.
[179] Laurence Sterne, »Tristram Shandy«, deutsche Ausgabe, Frankfurt am Main 1982.
[180] Zitiert nach »Epochen der deutschen Lyrik«, Band 5, 1700–1770, hg. von Jürgen Stenzel, München 1969.
[181] »Die Briefe ...«, a. a. O.
[182] »Saint-Simon«, a. a. O.
[183] Durant, a. a. O.
[184] »Saint-Simon«, a. a. O.
[185] Durant, a. a. O.
[186] »Die Briefe ...«, a. a. O.
[187] »Feldzüge ...«, II. Serie, 2. Band, a. a. O.
[188] »Feldzüge ...«, a. a. O.
[189] »Feldzüge ...«, a. a. O.
[190] »Feldzüge ...«, a. a . O.
[191] Zitiert nach Braubach, a. a. O.
[192] Arneth, a. a. O.
[193] Zitiert nach Braubach, a. a. O.
[194] Zitiert nach Arneth, a. a. O.
[195] Charles W. Ingrao, »Joseph I., der ›vergessene‹ Kaiser«, Graz 1982.
[196] Zitiert nach McKay, a. a. O.
[197] Zitiert nach Durant, a. a. O.
[198] »Die Briefe ...«, a. a. O.
[199] »Feldzüge ...«, II. Serie, 3. Band, a. a. O.
[200] Zitiert nach Braubach, a. a. O.
[201] Walter Elze, »Der Prinz Eugen – sein Weg, sein Werk und Englands Verrat«, Berlin 1940.
[202] Churchill, »Marlborough«, a. a. O.
[203] Henderson, a. a. O.
[204] Jonathan Swift, »Ausgewählte Werke«, hg. von Anselm Schlösser, Band II, Frankfurt am Main 1982.
[205] Henderson, a. a. O.
[206] Zitiert nach Oehler, a. a. O.
[207] Zitiert nach Henderson, a. a. O.
[208] Zitiert nach Oehler, a. a. O.
[209] Zitiert nach Oehler, a. a. O.
[210] Zitiert nach McKay, a. a. O.
[211] »Feldzüge ...«, a. a. O.

212 »Saint-Simon«, a. a. O.
213 Zitiert nach Oehler, a. a. O.
214 »Feldzüge ...«, a. a. O.
215 Zitiert nach Oehler, a. a. O.
216 Oehler, a. a. O.
217 Dietrich Rentsch, »Barockstadt Rastatt«, Karlsruhe 1985.
218 Zitiert nach Hans A. Bloss, »Rastatt – Dokumentation zur Stadtgeschichte«, Karlsruhe 1984.
219 »Feldzüge ...«, II. Serie, 7. Band, a. a. O.
220 Johann Bernhard Fischer von Erlach, »Entwurf einer historischen Architektur«, Dortmund 1978.
221 »Feldzüge ...«, a. a. O.
222 »Feldzüge ...«, a. a. O.
223 »Feldzüge ...«, a. a. O.
224 Arneth, a. a. O.
225 »Feldzüge ...«, a. a. O.
226 »Feldzüge ...«, a. a. O.
227 »Feldzüge ...«, a. a. O.
228 »Feldzüge ...«, a. a. O.
229 Lady Mary Montagu, »Briefe aus dem Orient«, Stuttgart 1962.
230 »Feldzüge ...«, a. a. O.
231 Otto Kumm, » ›Vorwärts Prinz Eugen!‹ – Geschichte der 7. SS-Freiwilligen-Gebirgs-Division ›Prinz Eugen‹ «, Osnabrück 1978.
232 »Feldzüge ...«, a. a. O.
233 Liselotte Popelka, »Die päpstlichen Ehrengaben für Prinz Eugen«, in: »Prinz Eugen und sein Belvedere«, Wien 1963.
234 »Feldzüge ...«, a. a. O.
235 Lady Montagu, a. a. O.
236 »Feldzüge ...«, a. a. O.
237 Dietrich Fischer-Dieskau, »Texte deutscher Lieder«, München 1968.
238 Oswald Redlich, »Das Lied vom Prinzen Eugen«, Wien 1934.
239 »Epochen der deutschen Lyrik«, a. a. O.
240 »Feldzüge ...«, a. a. O.
241 »Feldzüge ...«, a. a. O.
242 Zitiert nach Braubach, a. a. O.
243 »Feldzüge ...«, a. a. O.
244 Katalog der Prinz-Eugen-Ausstellung im Heeresgeschichtlichen Museum, Wien 1963.
245 »Feldzüge ...«, a. a. O.
246 »Feldzüge ...«, a. a. O.
247 »Feldzüge ...«, a. a. O.
248 Lady Montagu, a. a. O.
249 »Feldzüge ...«, a. a. O.

[250] »Feldzüge ...«, a. a. O.
[251] Zitiert nach »Das Winterpalais des Prinzen Eugen«, Wien 1979.
[252] Zitiert nach »Das Winterpalais ...«, a. a. O.
[253] Zitiert nach Braubach, a. a. O.
[254] Zitiert nach Braubach, a. a. O.
[255] Zitiert nach Braubach, a. a. O.
[256] So der bayerische Resident Mörmann, zitiert nach Braubach, a. a. O.
[257] Lady Montagu, a. a. O.
[258] Eleazar Mauvillon, »Histoire du Prince Eugène de Savoye«, Paris 1752.
[259] »Die Briefe ...«, a. a. O.
[260] Lady Montagu, a. a. O.
[261] Lady Montagu, a. a. O.
[262] Schulenburg, a. a. O.; Braubach, a. a. O.
[263] Zitiert nach Braubach, a. a. O.
[264] Zitiert nach Braubach, a. a. O.
[265] Zitiert nach Alexander Randa, »Österreich in Übersee«, Wien 1966.
[266] Lady Montagu, a. a. O.
[267] Braubach, a. a. O.
[268] Heinrich Benedikt, »Als Belgien österreichisch war«, Wien 1965.
[269] Zitiert nach Benedikt, »Als Belgien ...«, a. a. O.
[270] Zitiert nach Benedikt, »Als Belgien ...«, a. a. O.
[271] Zitiert nach Benedikt, »Als Belgien ...«, a. a. O.
[272] Benedikt, »Als Belgien ...«, a. a. O.; siehe auch Benedikt, »Der Pascha – Graf Alexander von Bonneval«, Wien 1959.
[273] Zitiert nach Braubach, a. a. O.
[274] Zitiert nach Braubach, a. a. O.
[275] Zitiert nach Max Braubach, »Die Geheimdiplomatie des Prinzen Eugen«, Köln 1962.
[276] Zitiert nach Braubach, »Die Geheimdiplomatie ...«, a. a. O.
[277] Braubach, a. a. O.
[278] Benedikt, »Als Belgien ...«, a. a. O.
[279] Salomon Kleiner, »Das Belvedere zu Wien«, erläutert von Elisabeth Herget, Dortmund 1980.
[280] »Feldzüge ...«, a. a. O.
[281] Zitiert nach Hans Aurenhammer, »Der Garten des Prinzen«, in: »Prinz Eugen und sein Belvedere«, a. a. O.
[282] Johann Basilius Küchelbecker, »Allerneueste Nachricht vom Römisch. Kaiserl. Hofe«, Hannover 1730.
[283] Zitiert nach Braubach, a. a. O.
[284] Zitiert nach Braubach, a. a. O.
[285] Küchelbecker, a. a. O.
[286] Hans und Gertrude Aurenhammer, »Das Belvedere in Wien – Bauwerk, Menschen, Geschichten«, Wien 1971.

[287] Küchelbecker, a. a. O.
[288] Aurenhammer, »Der Garten ...«, a. a. O.
[289] »Feldzüge ...«, a. a. O.
[290] Zitiert nach Braubach, a. a. O.
[291] Pierre Chaunu, »Europäische Kultur im Zeitalter des Barock«, München 1968.
[292] Carl Jacob Burckhardt, »Gesammelte Werke«, Band 2, Betrachtungen zur Geschichte und Literatur, Bern 1971.
[293] Zitiert nach Oehler, a. a. O.
[294] Zitiert nach Oehler, a. a. O.
[295] Lady Montagu, a. a. O.
[296] Zitiert nach Oehler, a. a. O.
[297] Zitiert nach Oehler, a. a. O.
[298] Günther Hamann, »G. W. Leibniz und Prinz Eugen«, in: »Veröffentlichungen des Instituts für Geschichtsforschung«, Heft XX, Wien 1974.
[299] Zitiert nach »Propyläen Weltgeschichte«, 7. Band, Berlin 1964.
[300] Keyssler, a. a. O.
[301] Zitiert nach Braubach, a. a. O.
[302] Braubach, a. a. O.
[303] Conte Corti, a. a. O.
[304] Hugo von Hofmannsthal – Franz Wacik, »Prinz Eugen der edle Ritter«, Wien 1915.
[305] Kleiner, a. a. O.
[306] Zitiert nach Braubach, a. a. O.
[307] Fuhrmann, a. a. O.
[308] Zitiert nach Arneth, a. a. O.
[309] »Feldzüge ...«, II. Serie, 10. Band, a. a. O.
[310] »Feldzüge ...«, a. a. O.
[311] »Feldzüge ...«, a. a. O.
[312] »Feldzüge ...«, a. a. O.
[313] Zitiert nach Arneth, a. a. O.
[314] »Feldzüge ...«, a. a. O.
[315] Arneth, »Starhemberg«, a. a. O.
[316] »Feldzüge ...«, a. a. O.
[317] »Feldzüge ...«, a. a. O.
[318] Zitiert nach Braubach, a. a. O.
[319] Friedrich von Oppeln – Bronikowski – Gustav B. Volz, »Gespräche Friedrichs des Großen«, Berlin 1919.
[320] Zitiert nach Arneth, a. a. O.
[321] »Feldzüge ...«, a. a. O.
[322] »Feldzüge ...«, a. a. O.
[323] Zitiert nach Arneth, a. a. O.
[324] Zitiert nach Braubach, a. a. O.
[325] Zitiert nach Braubach, a. a. O.

[326] Zitiert nach Bibl, a. a. O.
[327] Zitiert nach Braubach, a. a. O.
[328] Zitiert nach Braubach, a. a. O.
[329] Conte Corti, a. a. O.
[330] Oswald Redlich, »Die Tagebücher Kaiser Karls VI.«, in: »Gesamtdeutsche Vergangenheit«, Wien 1938.
[331] Peikhart, a. a. O.
[332] Arneth, a. a. O.
[333] Fiedler – Giese, in:»Prinz Eugen und sein Belvedere«, a. a. O.
[334] »Der Dom«, Mitteilungsblatt des Wiener Domerhaltungsvereins, Folge 2/1974.

Personenregister